憲法と学校教育

大西　斎　著

大学教育出版

はしがき

学校が、多くの問題を抱えているといわれて久しい。わが国の教育現場の現状を見ていくと、経済力による学力格差の問題をはじめ、モンスターペアレント、学校での暴力事件、学校・学級崩壊の問題、いじめ問題、指導力不足教員の問題など、子どもたちが安心して学べる教育環境が保障されているのか疑念に思うことが多い。

これらのことは、いいかえれば、憲法で保障された「子どもの教育を受ける権利」が適正に保障されているのかという問題に行き着くことになる。

本書では、教育権論争において、教育権が国家にあるのか国民にあるのかという一面的な論調に立脚して自説を展開するのではなく、客観的な視点から国家の教育権説、国民の教育権説の両説の有益性や問題点を浮き彫りにするという点に重きをおいた。

そのうえで、教育権論争を基底とした法的考察・検討のなかから、現在の学校の諸問題に対応できる新たな枠組みを築くことにより、子どもの学習権を保障し、子どもを主体とした教育行政制度や学校づくりを構築していく足がかりとなれば幸いである。また、今後憲法の教育権研究や教育行政制度の改革などにとり、本書が有用な問題提起とともに新たな教育の課題に取り組む方向性を与えるものになることを祈念するものである。

本書は、第一～四章において、公教育観対立に至る背景を分析しながら、教育権論争における国民の教育権説の類型と国家の教育権説の類型の双方について法的に検討を行っていった。また、フランス・ドイツ・アメリカにおける国の教育権能を考察して、国家が教育内容の決定にどのように関わっているのかを比較法学的に分析した。そのうえで、自説から教育参画のあり方について検討を行った。

第五章では、近年国民の教育権説の課題や問題点を克服する意味で、新たに「新国民の教育権説」が提唱されているが、この新しい学説の意義や問題点を従来の教育権説との違いを含めて分析した。

第六章では、地方分権に伴う教育制度のあり方を憲法・行政法の観点から究明していった。

最後に、第七章においては、現代の学校現場での教育課題の現状に、教育権論がいかに対応していけば問題の解決を図れるのかについて、「国旗掲揚・国歌斉唱」問題、「指導が不適切な教員」の問題を素材に、教育権主体の問題と子どもの学習権が保障されることの重要性との関連を踏まえて検討していった。

以上、第一～四章は、二〇〇〇年三月博士号授与の博士論文を中心に掲載した。そのため現在から見ると内容的に変容している点があることをお断りしておきたい。

第五章以下では、「憲法研究第四一号」「憲法論叢第一五号」「国際公共政策研究第一二巻第一号・第一三巻第一号・第一四巻第一号」「九州産業大学国際文化学部紀要三九号・四九号」の専門誌にすでに掲載済みの論稿を編集し、新たに加筆した。

本書は多数の著書・論文に負っており、諸先生・諸氏に感謝申し上げる次第である。また、常々多くの教えを頂いている土居靖美先生、クリストファー・W・A・スピルマン先生、故佐伯宣親先生、博士課程で大変お世話になった森本益之先生の学恩に対して心からお礼を申し上げたい。

本書が世に出ることができたのは、なにより伊藤公一先生の学恩の賜である。伊藤先生には多大なる教えを頂き、私にとっては人生の恩人でもある。ここに心よりお礼を申し上げる次第である。

最後に、本書の出版に際して、株式会社大学教育出版代表取締役の佐藤守氏・編集部の安田愛氏には、一方ならぬお世話になった。深甚なる感謝の意を表したい。

平成二四年七月

古都エディンバラにて　大西　斎

憲法と学校教育　目次

憲法と学校教育

第一章

戦後公教育制度成立と教育権論争の端緒

第一節　戦後公教育制度成立の沿革

一九四五（昭和二〇）年八月一四日、ポツダム宣言の受諾をもって第二次世界大戦は終結する。それに伴い、連合国軍（General Allied Powers）の進駐、占領が始まる。わが国の教育は終戦を経て大きな転換をせまられていった。「終戦の詔勅」が発せられると行政庁（文部省のことを指す。以下、行政庁というときは文部省を指す）は、機能停止に陥っている学校教育をいかに立て直すかに取り組み出す。行政庁がまず行ったのは、疎開学童の帰還、動員学徒の引き揚げ、学校教育の再開についての通達を出すことであった。通達が正式に出されたのは、一九四五（昭和二〇）年八月二八日のことであった。終戦一カ月後の九月一五日に行政庁は、「新日本建設ノ教育方針」を発表することにより、戦後教育の基本方針を示した。しかし、この基本方針は、天皇と国民との関係はそれまでどおりとして、「主として戦時中の教育の中から特に敗戦後の事態に即しない部分を排除しようとする微温的・消極的な性質のものであった」(一)。

この行政庁の方針を批判し、根本から覆したのが同年一〇月から一二月にかけて発せられた連合国軍最高指令官総司令部（General Headquarters of the Allied Powers、以下、連合国総司令部という）の次の四度にわたる指令である。総司令部はまず、一〇月二二日に、「日本教育制度ニ対スル管理政策」を発表した。そのなかにおいて今後日本の目指す教育制度の管理政策の基本指針を示した。すなわち、軍国主義・国家主義教育の禁止、議会制民主政治の尊重、国際平和主義、個人主義と人権の尊重などの基本的人権を高める教育の内容を奨励し、従来の教科書の変更を指示した。一〇月三〇日には「教育及ビ教育関係者ノ調査、除外、認可ニ関スル件」として、軍国主義者、国家主義者を追放し、退役軍人の教職従事を停止する指令が出された。また、一二月一五日には、「国家神道、神社神道ニ対スル政府ノ保証、支援、保全、監督並ニ弘布ノ廃止ニ関スル件」として、国家と神道との関わりを禁止して、神道を国家から分離することを指令した。それは同時に、学校教育の場から神道に関わる教育を排除することをも命令したものであった。総司令部は第四の指令として一二月三一日に、「修身、日本歴史及ビ地理停止ニ関スル件」を出し、軍国主義との関わりが深いと考えられた修身、国史、地理の授業を停止し、教科書の回収破棄を命じたのであった。以上の四つの指令に則り、軍国主義の排除や民主主義教育を目指す教育行政が実施されていくことになる。

一九四六（昭和二一）年一月一日、天皇陛下の「人間宣言」がなされる。これによりそれまで、神格化されていた天皇制が崩壊し、皇国日本を基底とした日本の教育制度の基盤も崩れさった。連合国総司令部は、日本の封建制体制を破壊するとともに旧教育体制も崩壊させた。しかし、新しく建設する日本の教育体制は、連合国総司令部が自ら立案するのではなく、アメリカ合衆国から来日する教育使節団に委ねたのである。

一九四六（昭和二一）年三月六日、第一次教育使節団が来日する[二]。第一次教育使節団の正式名称は、「日本派遣アメリカ合衆国教育使節団」（The United States Education Mission to Japan）である。第一次教育使節団はジョージ・D・ストダードを団長とするアメリカの二七名の教育専門家によって構成されていた。使節団は、調査をする研究課題別に四つの分科会に分散して活動を行った。連合国総司令部からの要請もあり、使節団を迎えるにあたって日本側は、日本人による教育者委員会を設けて協力にあたった。使節団は、連合国総司令部民間情報教育局（General Headquarters of the Civil Information and Education Section）の計画と協力の下、日本の学校の視察や実態調査、教育関係者との会合を通じて調査を進めていった。これら調査の結果や資料を検討して、一九四六（昭和二一）年三月三〇日連合国総司令部に出されたのが「米国教育使節団報告書」である。その内容は、同年四月七日連合国総司令部より公表された。報告書は、戦後日本の教育改革を行う指針としての重要な意義をもち、新教育制度確立にとり基底的な役割を果たした。

「米国教育使節団報告書」においては、まえがき、緒論で同報告書の目的と意義について述べられている。第一章では、日本の従来の教育を近代型の教育と位置づけて批判し、民主的な教育改革こそ重要であることを示唆している。また、生徒が学校教育に自ら積極的に参加することの必要性を説いている。さらに、教育課程と教科書改革の早急な実施も強調している。第二章では、日本がこのような無謀な戦争に突入したのは、国民に日本語の習得、なかでも漢字の習得ができておらず、そのため大切な情報を得ることができなかったことをその原因としている。それゆえ戦後は、ローマ字の使用により識字率を上げ、民主的な国民の育成に力を入れることの必要性が述べられている。第三章では、教育の機会均等に基づく民主的な学校体系の構築を勧告し、初等・中等教育の学制としては、六・三・三制を提案したうえで、男女共学の実現を目指し、中学校までを義務教育とした。また、地方教育行政では地方住民による公選された教育委員会の設置を提案している。第四章では、教員の研修と教員養成の改革などについて勧告している。第五章においては、民主社会を実現するうえでの成人教育、社会教育の改革を提言している。最後に第六章で、高等教育の改革について提言している。すなわち、高等教育の一般への開放、大学における「一般教育」の重視などである。

報告書全体を通じていえることは、章によっては、内容的に抽象的で不的確な記述と思われる部分もあるが、当時としては大部分においては的確な指摘をなし、具体的な示唆を与えていることである。この報告書をそのまま改革案として用いるには粗雑な面があるのも事実である。しかし、民主主義、自由主義の観点からの問題の提起はわが国の戦後教育改革を行ううえで、「この報告書は正しく日本に於ける民主教育のバイブルである」(三)ということができる。いわば、この報告書はわが国の戦後の新教育制度確立のための基本的な方針をあたえたものといえよう。(四)

一九四六(昭和二一)年五月に行政庁より出された「新教育指針」は、個性の完成、人間尊重の教育理念を根本原理としており、「米国教育使節団報告書」と同一思想のうえにたった教員のための手引書ともいえる。「新教育指針」は、総司令部の指導のもと書かれたもので、二部からなり、第一部は前後二編からなっている。前編は、総論的ともいえるもので、新日本の建設の根本問題として民主的に学校教育の変革、運営を行い、平和国家建設への教育者の使命を述べている。後編は、新日本教育の重点として、個性を尊重した、男女平等思想に立った科学的教育を行うことを説いている。各章の終わりには、「研究協議題目」がつけられており、教員自らが考え研究することを期待している。第二部では、教材の選び方や取り扱い方、討議方法などについて述べている。新教育指針は、わが国の新教育推進に対しても、戦後教育のあり方を模索していた当時の教育界に対しても新教育の指針をあたえ、大きな役割を果したものといえる。(五)

「教育刷新委員会」は、米国教育使節団来日に際し協力するために任命された教育者委員会委員の二〇名に、一八名の新たな委員を加えて、一九四六(昭和二一)年八月、総理大臣の諮問機関として発足した。同委員会は、同年九月七日に第一回総会を開催し、一九五一(昭和二六)年一一月の最終総会まで五年間続くが、この五年あまりの間における教育刷新委員会の活動は、総会一四七回、建議三五回、声明発表四回という大規模なものとなる。なかでも、一九四六(昭和二一)年一二月二七日の第一回の建議は、四項目について行われ、後の日本の教育制度確立にとって大変重要な建議となる。一つ目は、教育勅語に変わる教育理念として教育基本法に関することである。二つ目は、学制に関することであり、三つ目には、私立学校に関すること、そして四つ目に、教育行政に関することである。このうち一つ目の建議は、「教育基本法」、二つ目の建議は、「学校教育法」としていずれも一九四七（昭和二二）年三月の最後の帝国議会で成立し、三月三一日に公布された。このことは、従来の教育理念が詔勅、勅命の形をとるのに対し、初めて教育目的や目標が議会を通じて制定されたということであり、意義深いものがあるといえる。また、四つ目の建議に関しては、教育委員会の設立、委員の公選など教育の地方分権化が推進された。教育刷新委員会では、この他にも、開放制の教員養成、教育行政の民主化、私立学校の振興などの建議を行い日本の新教育制度の指針を築き上げていった。(六)

日本国憲法は、一九四六（昭和二一）年一一月三日に公布され、翌年五月三日に施行された。日本国憲法の基本原理は、国民主権、平和主義、基本的人権の尊重である。国民主権の原理に立脚する新憲法の制定により、教育に関する定めは憲法の理念およびその規定に基づく法律によって定められることになった。議会制民主主義に基づく教育理念の勅令主義から法律主義への転換ということがいえる。大日本帝国憲法では、教育に関する条項は存在せず、勅令主義をもって教育行政や教育理念が決定されていたことを考えると、日本国憲法は、画期的な変革といえる。

教育に関する規定は、二六条において、「国民の教育を受ける権利」が明記された。これにより、「国民の教育を受ける権利」「ひとしく教育を受ける権利」を国民の基本的人権の一つとして認め、教育の機会均等が保障されることになる。いわば、義務教育の根拠が定められ、公教育が制度的に確立する足がかりが築かれたものといえる。また、日本国憲法の教育規定や教育理念に基づき教育基本法や学校教育法など教育関連法規の制定がなされ、それらの規定に基づき教育行政が運営された。(七)教育に関する憲法に定められた条文はその他にも、二〇条の「信教の自由」や二三条の「学問の自由」や二五条の「健康で文化的な最低限度の生活を営む権利」などの規定も関連ある条項ということがいえる。

日本国憲法の教育規定をうけ、教育基本法が教育に関する基本的な理念や諸原則を定めた法律として、一九四七（昭和二二）年三月三一日に公布された。それは、教育刷新委員会の第一回建議において建議された要綱「教育の理念及び教育基本法に関すること」に基づき、行政庁の草案が作成され、帝国議会において成立した。教育基本法の特質は、国会という国民の代表者によって構成される場において法律という形で制定されたこと、教育の理念を宣言するものとして異例の前文を付していること、今後制定すべき各種の教育法の理念と原則を規定したことであり、教育に関することに関しては基本法的な性質を持っているといわれた。(八) 教育基本法は、前文と一一カ条の本文とからなる。前文においては、日本国憲法の理想の実現のため、教育に負わされた役割の大きさを述べ、日本国憲法の理念に則りこの法律を制定したことを明確にしている。一条の教育の目的および、二条の教育の指針は、「米国使節団の勧告」「新教育指針」「教育刷新委員会」の建議のなかで示されていた教育理念を具現した形で新教育理念と指針を規定した。三条の教育の機会均等と四条の九年間の義務教育を課すという規定は、憲法二六条を具体化したものである。五条では男女共学を明確にし、六条では学校教育の公共性を規定した。七条で社会教育の振興、八条では学校における政治的中立性を明示した。九条では学校における宗教的中立性を明示し、一〇条で教育に対する不当な支配の排除を明確にし、教育の目的遂行のため教育行政は条件整備をすることを規定した。一一条では補則として、教育基本法の教育に関する基本法としての位置づけをなした。

教育基本法の制定に関連して、教育勅語の取り扱いが問題となった。それは、戦後、軍国主義・国家主義に基づく思想や教育の払拭が行われ、社会や教育を取りまく価値の変化が見られる状況のなか、日本国憲法制定の審議や「教育刷新委員会」の教育基本法構想の審議において、その取り扱いが議論となったのである。行政庁は、一九四六（昭和二一）年一〇月「勅語及び詔書の取扱について」において、従来の教育勅語の拝読の慣行をやめるように通達を出し、論議を終止させた。その後一九四八（昭和二三）年、国会において教育勅語の失効確認の決議がなされた。

学校教育法は、それまで勅命で定められていた学制を、米国教育使節団の勧告や「教育刷新委員会」の第一回建議に基づき一九四七（昭和二二）年三月三一日に法律として公布されたものである。従来は、学校の種類ごとに学校令が制定されていたが、学校教育法は幼稚園から大学、大学院までの学校を単一化して、一つの法律で取り扱った点で画期的といえた。制定当初は、九章一〇八条の条文によって構成されていた。その骨子は、米国教育使節団の報告書のなかの教育の機会均等の原則を中核として、六・三・三制の実施、義務教育の九年制、男女共学、就学援助、特殊学校の設置、通信制・定時制課程の設置など「均しく能力に応じた教育を受ける権利」の保障という、現代公教育制度確立のための原理的な要素がみられた。学校教育法の制定により、国民学校はもとの小学校へもどり、一九四七（昭和二二）年に新制中学が発足した。翌年、新制高校が発足し、一九四九（昭和二四）年には、大学が新たに始動しだす。

学習指導要領は、連合国総司令部民間情報教育局の要請と指導のもと一九四六（昭和二一）年九月頃より、行政庁で新学制実施の準備として編集が行われ、一九四七（昭和二二）年に発刊された。当初は教員が学習指導を行う際に参考となる事項を示した教員の手引書的なものとして編集された。試案とされたこの指導要領には、法的拘束力は教員に対してなかった。一九四九（昭和二四）年、教育課程に関する調査・審議を行うため教育課程審議会が設置され、翌年三月には答申が出され、一九五一（昭和二六）年に学習指導要領の全面改正になる。[九] ただ、この段階においてもあくまで学習指導要領は、試案として制定されており、教育権論争の兆候はまだ見られていない。

教育の民主化、地方分権化が進むなか、一九四七（昭和二二）年六月八日、日本教職員組合（以下、日教組）が全国統一的に結成された。当初日教組は、教職員の待遇や労働条件の改善、民主主義教育の建設のスローガンを掲げて出発した。しかし、実際は選挙運動など政治的な活動への関わりの深い運動を展開する。一九五二（昭和二七）年、日教組第九回定期大会で「教師の倫理綱領」が決定された。その内容に関しては、日教組の階級闘争観を明白にしたものと批判する向きもあった。

第二節　教育権論争の端緒と広がり

日本における占領政策は当初、民主化、軍国主義の除去を主点とするものであった。ところが、アメリカとソ連の東西対立のなかにおいて日本は西側陣営の一員としての役割を担わざるを得なくなった。一九五〇（昭和二五）年における朝鮮戦争勃発により、その意味合いはより強いものになった。そのような状況のなか、同年八月にウィラード・E・ギヴンスを団長とする第二次教育使節団が来日した。第一次教育使節団の出した教育改革の実施状況を視察検討し、補足的な勧告を出すということを主な任務としたが、当時興隆してきた共産主義勢力に対抗する愛国心に満ちた国民の育成を図りたいとする意向が強く認められた。この第二次教育使節団の出した勧告のうち、後に教育現場で生かされてくるものとして、義務教育の無償の促進、父母の負担軽減、そして道徳教育の強化が挙げられる。（一〇）

一九五〇（昭和二五）年一〇月に行政庁は、国旗掲揚、君が代斉唱についての通達を出した。同年一一月には、天野文相は教育勅語に変わるものとして修身科の復活と国民教育綱要の構想を打ち出した。また、翌年二月には「静かな愛国心」として、静かに国を愛する心を持つことを衆議院で説き、天皇を中心とした国民道徳の考えを示した。同年二月行政庁は「道徳手引書要綱」を出し、道徳教育振興の基本方針を打ち出す。同年一一月サンフランシスコ講和条約が成立し、日米安全保障条約締結など保守勢力の強まりが見られ、その流れにのるかのように道徳教育の強化が行われていった。道徳教育の強化には多くの反対論が出た。なかでも、行政庁と日教組は大きく対立した。特に、道徳教育を教科として新設し、新たに時間を設定するという点と、社会科の改訂による人権教育の低迷に関して両者の意見は相違し、対立を強めていった。そのなか、一九五三（昭和二八）年一〇月に池田・ロバートソン会談が行われた。この会談で、日本側は憲法の改正を要求され、防衛費増強と再軍備促進の方向を確約させられた。このことは、一九五四（昭和二九）年公布のMSA協定のなかでも軍備確保のため日本の負う役割を明らかにした（一一）。そのため教育の持つ役割が重視された。「愛国心」を育成するため道徳教育の強化を図ったり、道徳教育阻止などの反体制的運動を行った組合の弱体化を画策したとして、日教組が反発し、行政庁との反目を深めた。その反対運動のなか道徳教育の設置が、一九五八年の学習指導要領の改訂により認められた。

行政庁と日教組との対立は、教育制度のあり方をめぐって一段と激しくなる。この対立が後の教育権論争での対抗関係の基になっていく。教育委員の公選制から任命制への変更に対して、日教組は行政庁と対抗姿勢を打ち出した。この他にも、日教組と行政庁が対立を深める要因に、地方教育委員会設置反対闘争や免許法闘争、義務教育学校職員法粉砕闘争があり、両者の溝は深まりを見せ、政党や政治団体を巻き込んだ政治闘争の兆候を見せだした。

行政庁は、日教組の教育への影響力を弱らせることを考えていた。そんな折、起こった問題が一九五三（昭和二八）年の山口県の小・中学校での日記事件であり、翌年の京都市旭丘中学校の平和教育をめぐる偏向教育問題である。この二つの問題は行政庁にとっては絶好の指導力確立のためのきっかけとなる。政府は「教育公務員特例法の一部改正案」「義務教育諸学校における教員の政治的中立の確保に関する法律案」の二法案を一九五四（昭和二九）年二月、国会に提出した。世論の反対運動があったものの同年五月に二法案は成立した。これにより教員の政治活動は禁止されることになる（一二）。

わが国は、昭和三〇年代に入ると「もはや戦後ではない」を合い言葉に目覚ましい高度成長期を迎える。学校教育においても高等学校への進学率は、飛躍的な数値の伸びを示し、高等教育機関への進学率も上昇した（一三）。

昭和三〇年代に入り中央の教育行政権は広がりをみせた。一九五四年に「教育の政治的中立性確保法」が制定され、一九五六（昭和三一）年三月、政府は国会に「地方教育行政の組織及び運営に関する法律案」「臨時教育制度審議会設置法案」「教科書法案」のいわゆる教育三法案を提出した。なかでも、「地方教育行政の組織及び運営に関する法律案」は従来の教育委員会法とは理念の面からも相違がみられたこともあり、日教組を中心とした強固な反対運動が展開された。しかし、辛うじて一九五六（昭和三一）年六月三日、政府原案どおり成立した。それにより、教育委員は公選から地方公共団体の長による任命制へとなった。さらに、教育長も承認制になって今日に及んでいる。また、一九五八（昭和三三）年からは学習指導要領が告示とされたのである。そしてさらに、「文部大臣が教育内容の国家基準を設定して、これに教師を従わせるようにし、これに合わせて教科書を書き改めさせ、そのために教科書の検定も強化されるようになり、また、それによって道徳教育の時間が特設されるようになった」。この道徳教育の新設を契機として、宗像誠也博士が、親の権利としての教育決定権を提起し、その後の国民の教育権論の展開の契機となったといってもよい。（一四）

サンフランシスコ講和条約以降、対決姿勢を見せていた行政庁と日教組は一九五八（昭和三〇）年以降も対立は、よりいっそう激しさを増す。日教組を中心とした主だった教育闘争だけでも、先にふれた教育二法案（一九五四年）、一九五五（昭和三〇）年の愛媛県教育委員会に端を発する勤務評定反対闘争や教育三法案（一九五六年）がある。勤務評定反対闘争は「勤評は戦争への一里塚」をスローガンに教育政策の変換を迫るまでに至る。この他、一九五七（昭和三二）年の小・中学校の教頭の職制の法制化反対闘争、一九五八（昭和三三）年学習指導要領改訂に伴う反対運動、高等学校全員入学などの学校制度改革に関わる運動、教育条件の整備の改善を要求する学校白書運動などがある。また、一九六一（昭和三六）年に始まった学力テスト反対運動では、行政庁は全国一斉の学力調査を行い、それが教育内容への国家の統制を強める狙いがあるとして反対闘争が三年間にわたり行われた。（一五）これが、後に裁判闘争となり教育権論争に多大な影響を与えることになる。

　このように、一九五〇年代の後半から活発にいわれ出され展開されるようになった国民の教育権説の理論は、その後、家永三郎氏が、国を相手に提訴した「教科書裁判」が進行するなかで展開されることになる。それは、教育行政のあり方をめぐる教育内容の決定権能の主体ないし限界に関する法制論としての教育権論、いい換えれば「教育の自由」論を中心として、より自覚的に展開され、その論議も深められていったのである。それゆえ、国民の教育権説はむしろ解釈論上の学説として主張されたというよりは、憲法、教育基本法制に基づく国民の〝権利としての教育〟を踏みにじろうとする教育の国家統制ないし権力支配の方向性強化の行政の政策に対する批判論理として登場したといえる。いわば、国民が教育の主体であるという教育運動の論理として、教育の自由の主張と結びついて展開されてきたといえるのである。(一六) それは、「戦後日本の教育のあり方を明文化した憲法・教育基本法制の理念の実現を要求し、国民の〝人権としての教育権〟の現実的確立ないし、保障を要求する国民の要求運動が、いわば憲法運動として必然的に惹起されるようになるわけである。そこにおいて〝国民の教育権〟論は展開され、前進していくことになったわけであり、その科学的研究を課題として、日本の教育法学は出発した(一七)」という論からも続みとることができる。

注
(一)　仲新「学制以前の学校」（仲新・持田栄編『学校の歴史　第一巻　学校史要説』所収）第一法規出版・一九七九年、一八九頁。
(二)　加藤仁平他『新日本教育史（増補版）』協同出版・一九七三年、二九三～二九四頁。
(三)　渡邊彰譯『米国教育使節團報告書』目黒書店・一九四七年、あとがき二頁。
(四)　以上の記述については、次の文献に拠った。國際特信社編輯局譯『マックアーサー司令部公表　米國教育使節團報告書』日刊國際特信社・一九四六年、三～八一頁、渡邊彰譯・前掲書『米国教育使節團報告書』一一～一〇二頁、仲新・前掲書「学制以前の学校」一九六～一九七頁、文部省『学制百年史　記述編』帝国地方行政学会・一九七二年、六八六～六八八頁。
(五)　文部省・前掲書『学制百年史　記述編』六八八～六八九頁。

（六）　加藤仁平他・前掲書『新日本教育史（増補版）』二九五頁。
（七）　文部省・前掲書『学制百年史　記述編』六九〇～六九一頁。
（八）　文部省・前掲書『学制百年史　記述編』六九一～六九二頁。
（九）　仲新・前掲書「学制以前の学校」二〇九頁、文部省・前掲書『学制百年史　記述編』六九四～六九五頁。
（一〇）　文部省『学制百年史　資料編』帝国地方行政学会・一九七二年、六一頁。
（一一）　鈴木英一『教育行政』東京大学出版会・一九七〇年、一〇七～一〇八頁、「池田・ロバートソン会談覚書」一九五三年一〇月二五日、朝日新聞。
（一二）　加藤仁平他・前掲書『新日本教育史（増補版）』三〇一～三〇四頁。
（一三）　高等学校への進学率は、昭和三〇年五一・五パーセントだったのが昭和三五年には五七・七パーセント、昭和四〇年には七〇・六パーセント、そして昭和五〇年には九一・九パーセントと九〇パーセントをこえる。また、大学・短期大学へは、昭和三〇年一八・四パーセントだったのが昭和四〇年には二五・四パーセント、そして昭和五〇年には三四・二パーセントと上昇する。仲新・前掲書「学制以前の学校」三七七頁。
（一四）　宗像誠也「教育権論の発生と発展」（永井憲一編『教育権　文献選集・日本国憲法八』三省堂・一九七七年、所収）五二頁以下、永井憲一「解説」（永井憲一編『教育権　文献選集・日本国憲法八』三省堂・一九七七年、所収）四三頁。
（一五）　斎藤太郎『日本教育史　近世の教育―江戸時代―』時事通信社・一九九六年、二七五～二八〇頁。
（一六）　永井憲一『憲法と教育基本権（新版）』勁草書房・一九八五年、三五頁、同「教育権」（永井憲一編『教育権　文献選集・日本国憲法8』三省堂・一九七七年、所収）四三頁編者の解題。
（一七）　永井憲一・前掲論文「解説」四三頁。

第二章

教育権論争の法的考察

第一節　国民の教育権説の類型の考察

第一項　序

一　教育権論争を考察する意義

教育とは、国にとっても、一人ひとりの教育の享受主体にとっても大変意義深いものがある。教育の指針のあり方によっては、個人はいうに及ばず、国のあり方をも左右するといっても過言ではない。それだけに、教育というものは明確な方針を持ち安定して継続的に行われる営みでなければならず、その問われるものは大きい。それゆえ、教育権の所在のあり方を分析し、明らかにすることの意義は計り知れないものがあるといえる。

従来、教育権の所在を明らかにする論議の目的は、教育内容を決定する権利や権限が国家にあるのか、それとも保護者・教員を中心とする国民の側にあるのかということを明確にさせることにより、教育内容を決定する権利や権限の担い手を明確にさせ、その権能の及ぶ範囲はどこまでかを考察することにあった。教育権の所在のあり方を明確にするには、教育の本質や各々の教育主体における権利の持つ性質を考慮して検討していく必要があることはいうまでもないのである。

以前から、教育権論争に関しては、多くの議論をまきおこしてきた。それだけに教育権の概念は、一面的に定義づけて、型にはめるにはなじみにくい性質を持っている。教育を受ける権利、教育の自由、親の権利、学習権など多くの憲法上、教育法学上の研究課題において教育権という用語が登場し、各種の権利・権限とともに多くの捉え方が存立しているからである。学説においても「国家の教育権」説、「国民の教育権」説といった二つの大きな対立が生じており、教育法学上の研究論題はほぼこの学説対立の俎上に載せられて考察されてきたといってよい。この二つの学説の対立を中心とした教育論題の研究は、一面で憲法学や教育法学の発展をもたらしたといえよう。ただ、これらの学説がお互いの立場を主張し、対立を深めていった背景には、行政庁と日教組などとの対抗関係といった政治的色彩が強かった。

しかし、これら双方の学説の論者が強調してきた教育闘争ともいえる運動は、東西冷戦解消後の現在、時流にそぐわなくなってきている。今後新たな教育権の展望が望まれる今、従来の教育権論争を見直し、本来の教育権そのものの持つ意味を明らかにしていく意味からも、国民の教育権説、国家の教育権説双方の学説の主張を考察していき、対立の構図を明らかにしていく。そのうえで教育権論をめぐる判例とその流れを考察して、従来の教育権論を見直し、私見を交えて検討を行いたいと思う(一)。

二　近代教育思想における教育権論の源流

（一）　歴史的にみた近代教育思想家（コンドルセを中心として）

国民の教育権説の立場に立脚し提唱する学者が、私事性の延長としての公教育という観点から、国民の教育権説立論の根底を支える論理として重視するのが、コンドルセ（Marie-jean-Antoine-Nicolas de Caritat, marquis de Condorcet）やルソー（Jean-Jacques Rousseau）、カント（Immanuel Kant）などの近代教育思想家の思索である。なかでも、コンドルセの公教育論に関しては、家永教科書検定訴訟において公教育制度における私事性との関わりから争点となり、教育権論争を考えるうえにおいて重要な意味を持つといえる。なぜ重要な意味を持つかというと、教育を受ける権利の保障など公教育原理の形成に大きな影響をあたえたのが、公教育思想やそのものに裏打ちされた運動であるからである。以下コンドルセを中心にした近代教育思想家の思索が、いかに国民の教育権説の立論をなすのに影響をあたえたかを考察していく。

①アンシャン－レジーム（Ancien Régime）、革命期の教育体制

一七八九年のフランス革命前の絶対君主政およびこれに対応する封建的な社会体制であるアンシャン－レジーム（Ancien Régime）の教育体制下においては、国民は富国強兵の名のもと国王によって義務教育を強制された。この強制された義務教育は、無償制を伴うものではなく、学校設置義務についてもまったくふれられておらず、自ずと費用は父母、雇用主が負担させられた。(一)

市民革命期の公教育論として、アメリカの独立期、フランスの市民革命の時期には、多くの公教育論が創出された。それは、アンシャン－レジームの教育体制を根底から見直す意味合いがあり、国王や教会の支配から教育を解放し、すべての人に教育を開放して、保障していくというものであった。市民革命のイデオローグが、公教育、国民教育の創設を提唱したのは、学校教育をすべての市民にあまねく保障するためであり、そのためには、国や公共体が

公費で多数の学校を設置することが必要不可欠であると考えたからである。ただ、公教育の設置主体が国、公共体であることから、イデオローグたちは、教育の自由・独立の保障を強く要請し、これを現実に確保することに意を用いた。それは、教育に国が関与するため、国によって教育の独立や自由が侵害されるおそれがあると感じたからである。「すなわち教育の自由・独立の原理は、公教育体制と矛盾するものではなく、むしろ公教育体制なるが故に必要な原理として、公教育論とともに登場し、その重要な一環をなしていた」とする。それゆえ、公教育における国の役割遂行は、政治力や宗教などの権力から解放され、一人ひとりの市民の能力を開発する機能を完全に果たすことができ、知識の進歩に貢献し、「国民の思想の独立を侵すことのない自由な教育を、公費で普及拡張することであった」といえる。この意味でコンドルセの公教育論は、公教育の本質をついており、国家による公教育をなすとともに反面、国家に支配されない公教育を求めたのである。(三)いわば、この時期に公教育の制度化が提唱されたのは、国家によって民衆学校を公営の学校に整備し、普及して拡張することが目的であったからである。それは、国王や教会中心の旧教育体制を見直し、民衆の教育を構築する基盤を用意することが目的とされたのである。そのうえで一七九一年の憲法において「すべての人々に不可欠な教育の部分については、無償の公教育が組織される」と立法議会（Assemblée legislative）において宣言されたのである。そしてこの規定を具体化するための教育計画案「公教育の一般組織に関する法案」（Projet de decret sur l'orianisation generale de l'instruction publique）が、一七九二年一月三〇日コンドルセの手により小委員会に報告された。これがいわゆる、革命議会におけるコンドルセの教育計画である。この法案は一七九二年四月二〇日および二一日には公教育委員会の名によって国民議会に提出されたが、外戦の勃発や革命下の内外情勢は教育計画審議の機会を議会から奪い、法律として日の目を見るには至らなかった。(四)

②近代における人権思想家

近代における人権思想は、人間一般の人格性や尊厳性というものとも関連し進展していったといってよい。当然そのなかにおいて子どもの人格権としての権利性が認められていく。(五)このことに関しルソーは、人間一般としての子どもとしてではなく、大人とは異なる一個人としての子どもの発見と、権利を認める見解を明らかにし、教育思想上の意義を見いだすことを考えた。(六)堀尾輝久博士は、子どもの権利の思想は、思想史的には、すでに近代の思想に内包されていたという。その代表的人物としてコンドルセを挙げ、次のようにいう。「子どもの権利は、コンドルセにおいては、その進歩の歴史哲学と結びついて、『新しい世代の権利』としても表現された。そして、その権利の主要なものは、学習＝教育に対する権利であった。教育は、子どもの人権の一つであり、同時に、すべての人がもろもろの人権を有効に行使し、その平等を実現するための手段と考えられた」(七)とする。このことは、教育する権利は、自然権としての親権に属し（カントやコンドルセ）、教育は、絶対主義国家ないしは家父長のものから、両親の手へと回復されることを意味する。それは、このこと自体、親の人権の拡大であり、人権思想への模索であったといえる。その結果として、家庭教育の延長でもある教育の私事性と私教育の自由が確認されるのである。

コンドルセが公教育を構想するときは、人類の知性の無限の進歩の可能性を前提にしており、その歴史哲学は、当然、古い世代に対する新しい世代（子ども）の権利要求を含むものであったといえる。(八)堀尾博士によれば、「人権としての教育」という思想は、子どもの学習権と親の教育権の両方を含むのであり、子どもの権利と親の権利の関係は、後者が前者の権利を実現するための義務を履行する権利として解釈されることによって、整合的に理解されるとする。そして、理想とする学校のあり方としては、「コンドルセに典型的にみられるように、親義務の共同化・社会化として学校が設けられ、社会（ないし公的機関）は、公費によって教育条件を整備する義務を負うという近代公教育の思想を生んだ。したがって、そこでの学校は、家庭の延長としての性格をもつと同時に、そこでの教育は知育を中心とし、しかもそれには、権力からの独立性が獲得されるべきだ」と主張されたのである。

近代公教育の思想においては、教育の権利主体は子どもないしは新しい世代であり、教育の機会配慮の義務を負うものは親であり社会であると同博士は考える。そうすると、このことも一つの義務教育の主張と捉えることができるが、就学強制とは論理的には相反する義務教育であると同博士は考える。それは、就学強制・義務教育制の排除を意味し、コンドルセは、「公教育の一般組織に関する法案」のなかにおいて、就学の強制・義務教育制を排しているのである。公教育は、市民が自らの生成発達と幸福追求のために、権利として受けるものであり、国家のためなどに受けるものではなく、強制する性質のものでないとするからである(九)。そして、例えばコンドルセの公教育案に、無償の規程はあるが義務就学の規程がないのは、「その思想的遅れ」ではなく、むしろ権利としての教育の思想の必然的帰結であったというのである。権利としての教育の思想の必然的帰結はさらに、公費学校と無償教育の原則、親および社会(政府)の教育機会の配慮の義務という義務教育の主張と結びつくとするのである。この結びつきは同時に、そこでの教育内容は職業教育ではなく、身分的・階級的差異を越えて、すべての人間に共通して、人間たるに必要な教育が要求され、重視されたことを意味しており、近代における平等思想と人権思想が現れているといえるのである(一〇)。

コンドルセは、親の教育権と、子どもの教育を受ける権利の思想は、いわゆる「近代」においては、固有のものということができるとする(一一)。それは、コンドルセは、近代の社会において親権が自然権として認められることは必然とし、次のように述べる。「幼少期にある自らの子弟を監督し、その無知を補い、無力を助け、生まれたままの理性を導き、幸福への準備をなさしめる権利は疑いもなくこの(両親の)自然権に含まれなければならない」(十二)というように公教育思想の代表者であるコンドルセにおいては、教育する権利が第一義的に両親の自然権として捉えられていることは注目に値する。堀尾博士によれば、このことがコンドルセにおけるl'éducationとl'instructionの区分論の一つの論拠になり、さらには義務教育反対の論拠ともなるとする。そして、「このような教育についての基本的思惟は、フランス民法における親権の規定と対応し、かつまた、教育の自由(liberté d'enseignement)の思想と照応している」(一三)とし、親の教育権と私事性としての教育とが結びつき、教育を親の私事として捉え、さらに親に教育の自由を認めていくとするものであるとするのである。

堀尾博士によれば、コンドルセにおける公教育の捉え方は上述のごとくであるから、公教育制度は、私立学校の設置やこれを利用する親の教育の自由を制約するものではなかった。コンドルセは、子どもを教育することは、親の不可譲の自然権であると考えており、したがって公教育制度の確立によって子どもを教育する権利が親から国に移転したというのではなく、公教育はあくまでも親の自然権との関連で捉えられていたのである。すなわち親は、自らの子どもを教育するかわりに、子どもを学校に通わせ、そこで教育を受けさせるという形で、親権を行使しているのであり、それは親権行使の一形態に他ならない。すなわち、公教育、学校教育は、親権（親の義務）の共同化、私事の組織化に他ならないと考えるのである。

また、コンドルセは、親権の濫用を念頭におき、「家庭教育のうちに生じる偏見は社会の自然的秩序の一つの結果であり、知識を普及する賢明な教育（公教育）は、その治療である」と述べている。この点に関して、「ただ彼は、その故に親の自然権を制限・否定するというのではなく、あくまでこれを承認し、親の自然権の行使を十全ならしめるものとして、公教育を位置づけている」とする見解もある。(一四)

（二）　権利としての教育（コンドルセを中心として）

コンドルセは、「公教育の一般組織に関する法案」、『公教育について』（Sur l'instruction publique）、「公教育の必要性について」（Sur la nécessité de l'instruction publique）のなかにおいて、国民教育（l'instruction nationale）の目的について次の記述をなす。「すべての個人に、福祉と権利を保障し、また義務の履行を図りやすくすることにより、個人が技能を修得し、才能を十分開花させる環境を整備することは大切である。そうすることによって人々の間に学ぶことへの平等の観念が芽生え、法が認めている政治上の平等を現実のものとすることができる。このことが国民教育の目的であり、公権力に課せられる義務である」。(一五)要するに、公教育というものは、すべての市民が自らの生得の才能を開花させるための、あるいは憲法によって保障された人権を適切に行使できるようになるための必要不可欠の手段とされており、それゆえに、公教育を組織して、すべての人びとに教育の機会を提供することが国家の義務とされているのである。このように、教育が本来市民のために必要不可欠のものであるとの認識から教育を市民の権利=国家の義務と捉える思想は、市民革命期の公教育論に共通のものである。日本国憲法二六条は、その延長線上に位置するものであり、教育の人権性をさらに明確にした発展形態であるということができるとする(一六)。また、コンドルセは、教育を「既成の意見を承認することではなく、逆にそれは、つぎつぎに現れる世代の、しかも常にいよいよ明知なる世代の自由な吟味に、既成の意見をさらすということでなければならない」という(一七)。

コンドルセは「公教育の一般組織に関する法案」において、教育の機会均等の原則とそれを担保するための措置として、男女を共学とし、かつ貧富の差によって実質上の不平等を生じることのないよう初等学校、中学校、アンスチチュ、リセー、国立学士院(Sociéti nationale des sciences et des arts)の五段階の全学校階梯を無償とする(一八)。

公教育の独立とそれを担保するための制度的保障として、市民革命は、政治権力および教会の教育支配の打破を目指したものであり、それが政治権力や教会からの教育の解放と独立を主張する公教育思想を生み出したとする。コンドルセは、前記の法案のなかで、公教育の独立を、真理教育の実現・子どもの能力の伸張・市民の思想の独立を確保するなどの点から理論的に基礎づけた。これら公教育の独立を理論づけるものは、人権の一部をなしており、その分析結果と論拠は、「今日の公教育の本質とそのあり方を考えるうえでも、きわめて示唆に富むものである」(一九)として、コンドルセの上記法案の報告が、かなりの歴史を経た現在においても公教育制度を考えるうえで重要な役割を担っていると考えられる。

第二項　国民の教育権説に関する諸説の考察

国民の教育権説の立場をとる学者の数は多いが、なかでも宗像誠也博士、有倉遼吉博士、高柳信一博士、兼子仁博士、永井憲一博士の五人の学者は、国民の教育権説立論に対して独自の観点から学説を提唱する中心的役割を担った学者である。それゆえ、これらの学者の国民の教育権説の捉え方の相違は、その独自性に基づく立論の仕方の相違にあるといえる。この五人の学者の学問的見解は、国民の教育権説を提唱し、発展していくうえにおいて大きな意義を見いだしたといえる。それだけに、本項においては、五人の学者の国民の教育権説の論理的特徴を中心に各々の学説の提唱の関連と時間的流れとを踏まえて考察していきたいと思う。

一　宗像誠也博士の自由主義的国民の教育権説

(一)　国民の教育権説の創始的提唱

従来のわが国における教育に関する人権は、憲法二六条で教育の機会均等を、憲法二三条では学問の自由を大学に限定する形で保障してきた。すなわち、憲法二六条一項でいう権利とは、国家が教育の機会均等について配慮すべきことを国民の側から権利として把握したものであり、憲法二三条においては、学問の自由と教授の自由を別のものとして捉え、学問の自由は学校体系を問わず認められるが、教授の自由は下級教育機関においては制限されると考えられていた。(二〇)

上記のそれまでの憲法学界の通説的見解に対し、異論を唱えだしたのが教育学の学者である。すなわち子どもの学習権を基底とした親および教員の教育をする権利が教育権の内容と考え、憲法二三条の学問の自由は下級教育機関の教員にも保障されているという立場に立った。この異論提唱の創始的役割を果たしたのが、教育行政学者である宗像誠也博士である。同博士は昭和三三年の学習指導要領の告示に際して、新設された道徳教育の時間をめぐる護憲運動の憲法問題研究会第一三回総会における講演で次のような問題提起をした。「私は、私の子どもの価値観を、文部省という役所に告示でどうでもおきめ下さいと、おまかせする約束をしたおぼえはないのだが。……私に、君が代を拒否する権利があるのかどうか。……私の価値の決定について、教育行政権に対抗して、親たる私が発言する権利があるのかどうか」(二二)。この同博士の問題提起が教育の権利に関し広く一般に考えさせる契機となり、国民の教育権論を展開するうえでの流れをつくる要因となる。この後、同博士の研究は、権利としての教育権の保障というより、教育行政や国家の教育権に対抗する批判論理として、また国民が教育の主体としての地位を高め、固めるための教育運動の論理として、教育の自由論と結びつきながら教育内容に対する国家の干渉を排斥する論理として展開されていく(二三)。

親の義務は、戦前は民法上の親の子どもに対する私法上の義務があると考えられていた。また、国民として子どもに教育を受けさせるという国に対する義務があるとも考えられていた。この戦前の考えに対し、同博士は、明治憲法の教育されることが国民の義務であるとする考えとは、日本国憲法は立場を変えて異なり、教育を受けることが国民の権利になったとする。そのうえで、教育権の構造の基礎は、国民の教育を受ける権利から出発すべきと考える立場に立つのである。

同博士は、親の教育権を考えるうえにおいて重要となるものとして、憲法二六条二項の「親の義務」を挙げる。憲法は、二六条一項の教育を受ける権利を保障するために、同条二項で親の義務と国家公共団体の責務ないし義務とを定めていると考えるからである。

上記のことからも、同博士は、日本国憲法においては教育権の構造の基礎は国民の教育を受ける権利であり、親の教育権に関してもこのことがあてはまると考える。それは、憲法二六条には親の権利が明示的には出てはいないが、国民の教育を受ける権利を高く掲げ、子どもの教育を受ける権利を表面に出し、その文脈から親の教育を受けさせる義務を取りあげるということなので、子どもの教育について親が国家に対して発言する権利を否定したものとは受けとれないし、受けとってはならないと考えるからである。

同博士は、国民的立場に立つ親の発言権は、大いに強化される必要があると考える。その理由として、教育内容に対し権力による軍国主義思想の押しつけが行われ、教育も軍国主義化の傾向にある。人間の尊厳が教育の名によって破壊されるという教育の荒廃が、国家権力の教育政策の結果として生じている。それゆえ、最高の義務を伴う権利として、親たちが子どもの民主主義的な教育を受ける権利を守るために、教育に対して発言する必要性を大いに感じているからだとする。

（二）　教員の教育権

同博士の論理の特徴としては、教員の教育権を保障していくことの重要性を強調していることが挙げられる。それは、国民の教育権を維持するためには、親を中心とした国民の集団から子どもの教育の信託を受けた教員が、自己の信念に基づき自由に教育を行うことにより、民主的な教育が行えるからこそ教員の教育権を堅持することが大切だとする考えがあるからである。

同博士はこのことを、子どもと教員との関わりを通じて次のように説明する。子どもに直接的に接するのは親と教員である。親の教育権に関しては、自然権的権利であることはいうまでもないことである。問題は、教員の教育権の根拠である。教員の教育権は、教員が真理の代理者たることに基づくという他ないと考えられるとする。すなわち、真理の代理者とは、真理を伝えるもの、真理を子どもの心に根づかせ、生かし、真理創造の力を子どもに持たせるものというような意味である。このことを同博士は、子どもの学習権という側面からも説明している。公立学校の教員は行政制度のなかにあっては、教育する権利を有するのではなく教育する権限を与えられているのである。あるいは教育する権利ではなく義務を負っているのである。その教員が子どもの前に立ち、子どもの人格に影響を与えるということは、文化・真理の代理者だからと、子どもの学習権を保障するうえから教員の教育権を捉えられる。子どもは文化を継承し真理を学びとる権利を有するが、教員はその権利に奉仕するために、文化・真理の代理者として子どもの前に立ち現れることをしているとする。同博士は、教員の教育権は子どもの学習権の照り返しだという。それゆえ、教員は行政制度のなかにいるが行政にすべてを支配されていいのではなく、行政が真理に反することを教えろと命令しても、真理を教える義務と権利を有しているがゆえ従う必要はないとする。同博士はこれらのことから、教員の教育権の権利性は、むしろ行政権に対するものとする。

ただ、真理の教育をすることに関し、同博士は、親の教育権に対する教員の教育権の関係を「親に代わって」行うのではなく、「親の信託を受けて」行うとするのである。それは、教員は職業的専門職であり、小学から大学までの教員を通じて、親が教員に異論を出すのは自由だが、理解されないときは、教員は真理の代理者として対抗し、また親を説得しなければならないとする。このように同博士の考える教員は親に代わって真理教育を行う崇高な役割を果たす。

また、同博士は、真理を教育する教員にとり重要になってくるのが、憲法二三条の学問の自由であるとする。同博士は、憲法二三条に関し、それまでの憲法学界の通説的見解[二三]に対し異論を唱えた。下級の教育機関の教員にも憲法二三条の学問の自由によって教育の自由が保障されているとした。それは、教育の本質論的には低学年の児童ほど画一化ではなくむしろ個別化が要求されるからでもある。下級教育機関で教員の教育の自由が制限されるのは、児童・生徒の教育を受ける権利、すなわち学習権からであるとする。

同博士が、この教員の教育権の存立を考え、堅持するに際しての法的根拠あるいは法的出発点としたのは、教育基本法一〇条である[二四]。同条で問題となる点は二つあるとする。一つは、一項の「教育は、不当な支配に服することなく、国民全体に対し直接に責任を負って行われるべきものである」のなかの「不当な支配」の主体は何かということである。同博士はこの点について、不当な支配の可能的な主体として、政党の他に、官僚、財閥、組合などが考えられるが、教育基本法一〇条一項がいうところの「不当な支配」は教育行政権に他ならないとする。問題点の二つ目は、二項の「教育行政は、この自覚のもとに、教育の目的を遂行するに必要な諸条件の整備確立を目的として行わなければならない」の中の「条件整備」の内容は何かという問題が取りあげられる。同博士はこの点に関して「教育行政の特殊性からして、それは教育内容に介入すべきものではなく、教育の外にあって教育を守り育てるための諸条件を整えることにその目標を置くべきだ[二五]」というのである。そのうえで、「ここに教育行政の使命とその限界が明確にせられている[二六]」という戦後まもなくの文部省の見解が正しく説明されているとする。そしてこれら見解の根本には、学校教育における内的事項（interna）と外的事項（externa）とを分ける世界の民主教育の伝統があるとする。同博士は、教育課程に関することが内的事項であり、施設設備や教育財政に関することが外的事項とする。これは、教育行政は教育の条件整備をするものであり、教育行政は教育の内的事項の権力的統制をしてはならないことを意味するとする。

（三）　憲法二六条の保障の意味するところ

同博士は、教育権問題の基底を子どもの教育を受ける権利と考える。憲法二六条は、教育について権利という言葉を用いているのは国民の教育を受ける権利についてだけであり、親の教育権、教員の教育権は、国民の教育を受ける権利を守るために、必要ならば国家権力に対抗する権利なのであって、子どもである国民の教育を受ける権利に対しては、親義務であり、真理を伝える教員の義務なのだから、親の教育権は子の教育を受ける権利の前には謙虚でなければならず、また先に取りあげたが、教員の教育権は子どもの真理を学ぶ権利の照り返しの権利とする。

憲法二六条の保障する教育を受ける権利の実質は何かという問題に関して、同博士は、教育を受ける権利の実質とは、憲法・教育基本法の趣旨に添った教育を受ける権利であって、どんな教育でも受けさえすればこの権利は満たされるというものではないと考えている。そのうえで、憲法二六条の通説的見解は、すべての国民にひとしく教育を受ける機会を保障するものであり、その教育の内容までを保障したものではないという立場に対し、同博士は、次のような考えを示す。憲法二六条を教育の機会の均等化あるいはその拡張に重点をおく考えには反対はしないが、それだけではこの条文の解釈は浅慮といわざるをえない。教育を受けることは、明治憲法下の義務から国民の権利になったのであり、憲法二六条はそのことを意味するのである。憲法学者がこの点に気づいていないとすれば、それは憲法学者の教育への配慮が浅く、憲法史の捉え方が的確でないといわざるをえないとする。そして、これらのことを踏まえたうえで、教育を受けることが国民の権利になったのだということの意味が正しく捉えられたならば、その教育の内容がどんなものであっても、機会均等に受けられさえすればいいという結論は絶対には出てこないはずだという(二七)。

宗像博士の国民の教育権説の立論は、第二次家永教科書訴訟第一審判決(二八)、いわゆる杉本判決に多大な影響を与えたといってよい。このことを宮沢俊義博士は次のようにいう。国民の教育権説の論者である「宗像君のいったような教育を受ける権利、教育権というものを当事者が非常に強調したのを受けて、それを相当に論じていますね。判決もそういう権利を認めていますが、それから、すぐ今回の判決の結論が出てくるといったような議論ではないようで、判決の考え方の前提として、当事者の主張を受けて説明しているようです。ですから、この点［教育を受ける権利などを認めることと今回の判決の結論。カッコ内筆者、以下同じ］についての判決の趣旨は必ずしも明瞭でないと思うのですけれども、私はその趣旨がおそらく宗像君の本に論じられているようなこと、ああいうところからきていると思います」といい、この論を受けて、小林直樹博士は、杉本判決の「教育権に対する基本的な考え方は、ほとんど同じです。ですからそれを辿ってゆけば、宗像説につながっていく」とする(二九)。いわば、杉本判決は宗像説に近似の論理を用いた判決ということができるといえよう。その意味においても宗像博士の提唱する国民の教育権説は創始的、中核的な役割を果たしてきたといえる。

上記のように、国民の教育権説の基礎づくりを果たした宗像博士が提唱する国民の教育権説の独自性を要約すると、第一に、その立論は、従来の憲法学界の憲法二三条、二六条の通説的見解にとらわれない点である。第二に、第一の点を踏まえて、憲法二六条から子どもの学習権保障を導き出し、この二六条を自説の中核とした点である。第三に、子どもの学習権を基底として親、教員（同博士は「真理の代理者」という）の教育をする権利を教育権の内容と位置づけ、第四に、親を中心とした国民の集団から信託を受けた教員にとり教育の自由が重要であり、憲法二三条の学問の自由によって下級の教育機関の教員にも教育の自由が保障されるとした点が挙げられる。

この教育行政学者である宗像博士と比較的近い学問的見解を法律学の立場から説いたのが有倉遼吉博士である。次に有倉博士の国民の教育権説の立論を考察していく。

二　憲法二三条を中心とした有倉遼吉博士の国民の教育権説

（一）　憲法二六条と憲法二三条、教育基本法との関係

有倉遼吉博士の国民の教育権説立論の特徴は、憲法二三条の学問の自由を中心とした自由権論的な観点から教育権を提唱した点である。同博士によると、国民の教育権説といっても、国家の教育権説に反するという一点の共通性を別にすれば、その発想や具体的問題への対応はさまざまであり、本来は直接国民の教育権説の思想の基本にさかのぼり説明しなければならないとする。

同博士は、国民の教育権説の根拠を、憲法二三条、二六条を中心に、教育基本法八条、一〇条との分析のなかに求めている。そして、これらの条項の関わりこそ重要と考えるのである。

また、憲法二六条と教育基本法との関連を次のように捉える。それは、従来の通説的見解は二六条の立法趣旨を、教育を受ける機会の平等を保障するという観点から、義務教育制度を憲法上認め、生存権の文化的内容をなす教育の

平等を制度的に保障するということを主眼において考えてきた(二〇)。この通説的見解に対し、同博士は、教育を受ける権利の本質・内容・主体・名宛人にふれておらず、二六条の解釈としては狭義であるとする。そしてその原因は、二六条を教育基本法との関連で把握していないからだと考えるのである。同博士は、これらのことから二六条を解明するためには、教育基本法との関係において考察する必要があるとともに、憲法二三条との関係を論じることも必要と考える。以下これらの法条の関連に対する同博士の見解を見ていく。

①教育基本法の準憲法的性格

教育基本法がなぜ準憲法的性格を有する必要があるのかということに対して、同博士は、「憲法―教育基本法の体制が、その成立当初の志向どおりに成長発展しているならば、ことあたらしく教育基本法の準憲法的性格を取りあげる現実的必要は乏しいともいえる。しかし、現実は教育基本法の順調な発展を阻害してきたのみならず、ついには、教育基本法改正の名のもとに、正面からその破壊をさえ試みる意図が現れている。現在の時点において、基本法を守り、かつ発展させる必要は特に大きく、したがってまた基本法の準憲法的性格を確認高揚すべきものといいうる(二一)」とし、教育基本法を破壊しようとする力に対する防御のためから準憲法的効力を堅持する必要性を説く。

教育基本法の準憲法的性格の根拠として同博士は、まず、教育基本法の前文を注視する。前文に「日本国憲法の精神に則り、この法律を制定する」とあることは、教育基本法が全体として憲法の具体化規範すなわち憲法の付属法律というべき性格を持っているということが明白であり、準憲法的性格を有しているとする。次に、立法過程において、国会での議員の教育の自立性を憲法で規定すべきとの質問に対し、政府答弁は憲法自体に教育規定を明記すると憲法全体のバランスから不適当であり、教育根本法の制定を研究中であるという答弁がなされている点からも準憲法的性格を有するとする。さらに同博士は、教育基本法一一条は「この法律に掲げる諸条項を実施するために必要がある場合には、適当な法令が制定さてなければならない」と定めているから、各種の教育法令は、教育基本法の施行法令的性格を持つとする。そうすると、施行法令によって教育基本法は破れないとする。ただ、「後法は前法を破る」の原則に対しては、この法原則の根拠は、「法は国家意思の発現としてつねに統一的でなければならないから、同一の事項について新法令が既存の法令と抵触矛盾する場合には、その限度において旧法令の規定は当然に廃止されたものと見なければならない」(三二)と考えられ、例外を許さない絶対の原則ではなく、国家意思の推定の結果にすぎないとする。同博士は、これらのことを踏まえて、国家意思が後法を優越させるところに存在しないことが立証されれば逆の結論が成り立つと考え、教育基本法と施行法との位置づけはこのことをあらわしているとする。それゆえ、施行法の性格を持つ教育法令は、たとえ後法として制定されたとしても、教育基本法の優越性を承認する国家意思を黙示的に内包しているものと考えられ、国家意思が後の教育法令の制定により、教育基本法を破ろうとする場合には、その旨の明文の規定を必要とし、その場合には、その法令は、もはや教育基本法の施行法たる性質を失い、教育基本法を改正する別個の法律となると解している。

上記のことからも同博士は、教育基本法は一面において憲法付属法たる性格を有し、また、他面において他の教育法令の上位法たる性格を有し、両者を考え併せたとき準憲法的性格を持つのは明らかであり、憲法二六条を考察する場合、教育基本法を一体として捉えなければならないとする(三三)。

②憲法二三条と二六条との関連を主として

従来の学説は憲法二三条と二六条との関連に対し、二三条を大学に限定し、二六条を初等・中等教育に限定することによって、両者を無関係なものとして把握する傾向にあった。二三条を大学に限定する代表的な論理として、同博士は次の三点を挙げる。「『学術の中心として、広く知識を授けるとともに深く専門の学芸を教授研究し、知的、道徳的及び応用的能力を展開させることを目的とする』大学(学校教育法五二条)での教授の内容は、その性質上『学問の自由』の保障を確保するために、公権力の干渉から自由であるべきである」(三四)「歴史的・沿革的には主として高等な学術研究機関、特に大学の自由、すなわち大学における研究と、教授の自由を意味する。これは歴史的由来に基づいて学問の自由が最も尊重されなければならないのは大学においてであると認められるからである」[三五]「大学その他の高等の教育機関については、教授の自由をも広く認めることは本条の要請するところであるが、下級の教育機関についてはそこにおける教育の本質上、教材や教科内容や教授方法の画一化が要求されることがある。このような教授の自由の制約が常に本条にいう学問の自由と矛盾するとはいえない。本条にいう学問の自由と教授の自由とは概念上別箇のものであり、学問の自由は学校体系の如何を問わず、又私人についても認められるべきものであるが、教授の自由は、教育ということの本質上、下級の学校に至るにつれ制限されることがある」[三六]という主張が、二三条が大学に限定されるとする論旨とする。

また、従来二六条は二項との関係から、普通教育を対象として論じられてきたと捉えられがちになり、大学教育を除外はしてないが、大学教育を積極的に論じられていることは考えられにくく、むしろ普通教育を管轄する規定と印象づけるところが強かったといえるとする。

同博士は、これらの憲法二三条、二六条に対する従来からの見解に対し、次のような問題点を挙げる。まず第一に、二三条が大学における「教授の自由」に限定される理由はないとする点である。同博士このことを次のようにいう。「教授の自由は『教育ということの本質上』、下級の学校に至るにつれ制限されることがあると説かれるが『教育の本質上』と言うだけでは説明にならないとおもわれる。現に、『教育の本質』を研究する専門家である教育学者は、『教育の本質上』教育の自由が制限されるとの見解を否定している」として、そのうえで、学問の自由は、大学教授が共有するとまったく同様に小学校教諭も共有するとする。また、「世界教員憲章（一九五四・八・一〇）四条の『教育課程と教育実践とにかんする問題では、教育学上および職業上の自由が尊重されねばならない』」[三七]という条項からも二三条が、大学における「教授の自由」に限定される理由とはならないとする。

同博士は、このように、憲法二三条と二六条の関連を考えるに際しては、二三条と二六条の人権相互規定の調整の必要性を説く。すなわち、「二三条の『教授の自由』から、『教育の本質上』下級学校の『教育の自由』を除外するという見解を否定し、大学における『教授の自由』とまったく同様に、下級学校の『教育の自由』を位置づけながら、ただ憲法二六条の『教育を受ける権利』から一種の制約を受ける場合がある」(三八)と考える。このことは、大学教授と同じように「教育の自由」が認められる下級教育機関の教論が唯一「教育の自由」が制限されるのは、被教育者である児童・生徒の学習権からのみ説明されることであり、一方的な教育の強要は児童・生徒の「教育を受ける権利」の侵害にもつながり許されないとする。この意味からのみ二三条における下級教育機関の教員の「教育の自由」が制限されるとするのである。

第二に、二六条の「教育を受ける権利」は、大学を除外するものではなく、むしろ大学における学生の地位を論ずる場合の憲法的基礎になるものとする。そして、第一の場合とは反対に、二三条と二六条との相互関連において、二六条が二三条の制約を受ける場合が考えられる。同博士は、その例として、「大学における『教授の自由』と、学生の『教育を受ける権利』との対抗関係が生じ、後者が前者のために制約を受けるがごときがこれにあたる」(三九)とし、教授内容に対して不満であったときに、学生はこの教授内容を批判して希望を述べることは、二六条の「教育を受ける権利」の行使として可能であるが、教員に対して強制的に講義を中止したり、罷免をすることは二三条によって教員に保障された「教授の自由」を侵害するものとして許されないとする。そして、この両者を調整する方法として同博士は、「学生や同僚の学問的批判を通じて教員の自省を期待し、または競争講座を設置する等によって、学生の教育を受ける権利の充足をはかることに求められるべきである」(四〇)として融和をなそうとする。要するに、同博士は、二三条と二六条とはともに大学にも、それ以外の下級学校にも妥当し、それらの具体的内容は、教育基本法を媒介として、二三条と二六条との相互の関連において決せられるというのである。

③憲法二三条と教育基本法一〇条との関連を主にして

同博士は、教育基本法一〇条を、憲法二三条の具体的な規定と考える。それは、二三条のなかに行政権力からの教育の自由が含まれていると捉えるからである。それゆえ、教育に対する行政権力の不当な介入は、教育基本法一〇条違反であるとともに二三条違反となるとする。

そして、このように憲法二三条から教育の内容への行政権の権力的介入を排除する実益として、第一に、憲法二六条の解釈に与える影響を指摘する。それは、教育を受ける権利の「名宛人」から、教育内容・方法に関するかぎり教育行政権は権限を有しないというのである。いわば、二三条に内包される教育の自由は、教育の本質としての「教育の自主性・自立性」であって、単なる自由権として法形式論的に扱われるものではなく、教育理論的要素を前提としたものとして試みると、教育の自由を二六条から導くよりも二三条から導く方が妥当とする。同博士はその理由として、「社会権規定には自由権的効果が含まれると解しても、二六条からは『教育を受ける自由』を析出することができても『教育の自由』を析出することはできない」とする。また同博士は、「教育を受ける権利を学習権と解し、その反面から『教育の自由』をみちびきだすことも不可能とはいえないであろうが、そうなると学習権と教育の自由との相関関係を解明する必要がある」(四一)ことになり、二三条に根拠を求めた方がより端的であるとする。典型的な二三条説といえよう。

第二の実益として同博士は、憲法よりも下位の法令や告示の解釈に対する影響力を挙げている。同博士は、その事例の一つとして、学習指導要領を挙げる。学習指導要領に対する行政庁の見解は、文部省令である施行規則で定めた以上、学習指導要領の形式いかんにかかわらず、法的拘束力があるとする。同博士は、この行政庁の見解を「要するに文部省令である施行規則で『学習指導要領による』と定めた以上、学習指導要領の形式いかんにかかわらず法的拘束力ありとするものである」(四二)というように解し、この行政庁の見解に対し、行政庁の著作物の形式をとる場合と、現在のごとく告示の形式をとる場合とを区別して考えなければならないとして、法令の根拠規定さえあれば、著作物であっても法的拘束力を生ずるという見解には、一般国民に公知させる手続を欠いているとして、賛成することができないとする。同博士は、学習指導要領が告示に切りかえられたのなら法的拘束力を持つ可能性があるとする。ただ、この場合法的拘束力の有無は、学習指導要領自体の内容・表現と、憲法・教育基本法との相互関係で決せられるべきとする。同博士は、指導要領の規定がその内容、表現からみて教員を拘束するものと考えらるときは、学校教育法施行規則や学習指導要領の上位法である憲法・教育基本法からの価値判断を受け、教育の自由に反することになるから法的拘束力を否定し、指導、参考意見として取り扱うものとする。その意味からも憲法二三条から教育の自由を考える実益があるものとするのである。

（二）　教育基本法八条を媒介とした憲法二三条、二六条との関連

教育基本法八条は一項において「良識ある公民たるに必要な政治的教養は、教育上これを尊重しなければならない」と定め、二項において「法律に定める学校は、特定の政党を支持し、又はこれに反対するための政治的教育その他政治的活動をしてはならない」とする。同博士は、教育基本法八条の主眼とするところは一項の「良識ある公民たるに必要な政治的教養は、政治上これを尊重しなければならない」との規定にあり、二項は、一項の政治教育尊重を担保するための規定にすぎないとし、一項の政治的教養を尊重するためには、二項にいうような教育は障害となるため、これを排除しようとするものであるとした。

そのうえでこの教育基本法八条を憲法との関連で考察している。これを憲法的段階でみていくならば、教育基本法八条一項は二六条の教育内容に関するものであり、教育基本法八条二項は二三条の教育の自由に関するものであって、二六条によって二三条が制約される事例といえるとする。同博士は、逆に教育基本法八条二項すなわち二三条の教育の自由の制限を強調することは教育基本法八条一項すなわち二六条の教育を受ける権利を侵害することとなる

が、現実には教育基本法八条二項が強調されやすい傾向がみられるとし、その原因として第一に、教育基本法八条一項と二項の関係を正確に把握していないこと、第二に、一項違反が不作為に対し、二項違反が作為の形をとるので注目が集められるとする。そして最後に、国家権力による規制の重点が、一項違反よりも二項違反に目が向けられる傾向にあるという点を挙げる。

これらのことから教員は教育基本法八条二項違反をおそれるあまり八条一項違反に追い込まれるといった事態が生じたのである。(四三)それは、「八条二項の意味が必ずしも明確でなく、解釈のいかんによっては違反の危険性があるためと思われる」(四四)と考えるが、しかし、政治教育を尊重するという眼目を達成するために必要最小限の例外として偏向教育が禁止されるのであるから、同博士は、八条二項の意味を厳格に（限定して）解釈し、この厳格に（限定して）解釈された八条二項に違反しない限り教育の政治的中立性は保持されており、中立な教育という特殊な教育ではなく、幅の広い創意と工夫によった自由で闊達なものとして教育は行われなければならないとする。

上記の有倉博士の見解を要約するなら、第一に、同博士が提唱立論する国民の教育権説はその根底に憲法二三条の学問の自由をおく。同博士は、同条を初等・中等教育の教員にも適用される自由権論的な側面の強い条項と考えたからである。第二に同博士は、憲法二三条が大学だけにとどまらず下級教育機関にも適用されるとするのと同じように、憲法二六条はそれまで下級教育機関を主として対象とすると考えられていたものを、憲法二六条を教育基本法や憲法二三条との関連で考察し、従来の憲法学界の通説的見解をより広く捉えることにより、大学での学生の地位を論ずる場合にも憲法的基礎として適用できるとした点が挙げられる。第三に、教育基本法を準憲法的地位に位置づけ、憲法の付属法として憲法二三条、二六条を考察するうえにおいて重要な役割を果たし、また他の法律の上位法としての性格を持つとする。

これら、宗像博士、有倉博士の自由権論的国民の教育権説と立場を変えて、憲法一三条を基底として国民の教育権説を説いたのが高柳信一博士である。次に高柳博士の説く憲法一三条説を見ていく。

三　憲法一三条を中心とした高柳信一博士の国民の教育権説

（一）　憲法的自由としての「教育の自由」

高柳信一博士が説く憲法的自由としての「教育の自由」は、田中耕太郎博士に代表される民法八二〇条説や教科書裁判のなかで国側が主張する「教育の自由ということは、憲法上に明文の根拠があるわけではない」という見解に対する批判論理として登場したという。いわば、国家の教育権説と国民の教育権説との教育権論争のなかで中心的な命題をなすものとして「教育の自由」論が取りあげられたといってよいからである。なかでも、国民の教育権説側に立つ学者が「教育の自由」論を主に展開するが、この「教育の自由」の憲法上の根拠を考えるに際しては、国民の教育権説の学者のなかでも学説は幾通りかに分かれる。主だったものをみていくと、憲法一三条説、憲法二三条説、憲法二六条説があるが、高柳博士はこれら学説のうちでも憲法一三条説に立脚し、自説を展開する。

同博士は、「教育の自由」を、主権を有する日本国民が次代の国民を教育するのに権力に干渉されずに国民的立場において教育する自由と位置づける。また、「教育の自由」は憲法上に明文の規定はなく、「日本国憲法において特に明示的に正面から掲げられてはいない」とする。そこで同博士は、コンドルセの見解の一部に注目する。「教育の独立は人類の権利の一部である」という点であり、新しい真理の知識は、人間にとって幸福と栄光との源泉である以上どのような権力といえども教育の押しつけを行うことはできないとする考えである。この考えを基底におき、「教育の自由」の根拠が、憲法条項に明示されていなくても、近代憲法において性質上当然に保障される憲法的自由に属するとし、次のように論述する。「日本国憲法は、もろもろの自由を名ざして列挙し、これを保障しているが、それは列挙した自由以外のものはこれを保障しないという趣旨ではない。人類の自由獲得の努力の歴史的経験に即し、典型的なものが例示的に揚げられているのであって、これら以外の『我々が日常生活において共有している権利や自由』も『一般的な自由または幸福追求の権利の一部』として広く憲法によって『保障』されているものと考えなければならない」(四五)として、憲法一三条に立脚した「教育の自由」から教育的人権を展開するのである。

(二) 学問の自由と教育理念の再考

高柳信一博士の学問の自由と教育理念の再考を行った研究は、憲法学界、教育法学界において大いに評価された。同博士は、学問の自由と教育理念の再考を行う要因を、従来の憲法学界の考えだと学問の自由と教育とがつながらないという疑念があったからとする。すなわち、従来の憲法学界が捉える学問の自由の理念には、教育という観念を念頭においていないという根本的な問題があるのではないかと考え、この点を解明していくことの必要性を感じたからである。そこで、同博士は、学問の自由の理念を再構成し、そのうえにたって、あらためて学問の自由と教育の関係を考えなおしてみるという試みを行ったのである。

従来の学問の自由の理念を同博士は、一般市民の通常の精神的諸活動の自由である思想の自由、良心の自由、表現の自由などとは違うものだという考え方が基礎にあるといってよいという。同博士は、ドイツの議論だと、学問の自由は、一般の精神の自由の一亜種ではなく、「一般的な思想の自由・思想の表現の自由があって、それが宗教の分野に適用され具体化されると、信仰の自由、説教の自由になり、学問研究の分野において顕現せしめられると学問の自由になるというようなものでは、少なくとも学問の自由に関する限り、ない」のだという。

わが国では、学問の自由と一般的な精神の自由との違いについては、学問の研究はとりわけ高級な精神作用であると考えられるから、学問の自由は一般市民の通常の思想活動の自由とは別に、特に保障する必要があるという考え方が一般的という。また、多少いい方をかえるなら「学問研究は人類文化の発達を担う知的先達・碩学の高尚な営為であるから、その自由を特に厚く保障する必要がある」といういい方をする。ドイツの公法学者のスメント(R.Smend)

はこれらのことを前提として、「学問の自由はドイツ的精神生活の一つの最高の形式の擁護のための公の制度であると説いており」、また、ホルシュタイン（G.Holstein）によれば、「学問の自由とは、認識し創造する学問的精神の自己法則的展開の保障であるとされることにな」るという。(四六)

上述の論議でいくと、学問の自由と教育の自由は結びつかないことになる。同博士はこのことを、「研究と教育とは、現実には、しばしば結びつけられて存在しているのに、理念の観点からは、たえず分けて、対立させて考えられ」ているといい、その要因を学問の自由が、絶対王制下において、一般的な市民的自由の保障のないところで、これらに先立って先駆的にその保障をかちとったということと関係するという。そこで、このような伝統的な学問の自由の理念の構造的特質を同博士は、現代的関心から以下の五つの観点より考察している。

それは、まず第一に、伝統的理念の下では、研究と教育とが、自由の観点からは峻別されるからである。すなわち、学問研究は、「文化の最先端であり、新しい知識の開拓」であり、これに対して、教育は、「当該共同社会の既存の共有の知識の伝達であ」るからである。このことは、学問研究の自由は、その高度な自由は必然的に要請されるが、教育は、自由でなければならないという結論には結びつかないのである。むしろ、「教育という社会の機能を適正に果たすための合理的規制が必要だ」ということになりやすく、ここから、研究結果を教育する大学教授は自由でなければならないが、初等・中等教育においては、教員は自分の考えを教えてはならず、現代社会の共有財として一般的に認められた知識を、社会の何らかの公共意思がきめたところに従って教えなければならないということになると同博士は考える。第二に同博士は、学問の研究は高級な精神作用であり、大学特有の自由であって特権でもあるという点を問題点として挙げる。第三に、学問の自由、大学の自治は大学教授会メンバーという国民のなかの知的上層部に国家が特にあたえた特権であるから、大学、あるいは教授会のメンバーは「特権を与えられるにふさわしい自治能力のあかしを絶えず政治権力に対してたてなければならない」とする点である。第四に、「伝統的な学問の自由論は、すぐれた頭脳活動の所産を政治権力の恣意的な侵害・干渉からまもろうとするものでありますから、その自由は国家権力に対するもの」となると明確にする。第五に、学問の自由、すなわち大学の自治論において、大学と政治との峻別ということが強調されることになり、同博士は、このことを、政治というものは、卑俗な機能であり、卑俗な政治を行うところの政府は、高尚な学問研究を営む大学に対してくちをはさむべきではないとし、そのかわり大学もまた、そういった卑俗な政治に関わらないということをいう。

以上が、伝統的な学問の自由、大学の自治の理念的な構造と機能の分析であるが、同博士は、そこには何か根本的な欠陥ないし誤謬があると考え「市民的自由としての学問の自由」を考える(四七)。

同博士は、思想の自由、表現の自由、またその思想を実現するための集会・結社の自由などの市民的自由が保障されていれば、「学問の自由というような特別の特権、特別の自由の保障は必要ないのだということから出発すべきだと私は考える」という点に要約されているように、学問の自由を、学問研究あるいは高等教育という精神活動の内容が普通の思想の表現などと違うし、質的に上位にあるから特別に保障する必要があるというふうに考えるべきではないと考え、市民的自由としての精神活動の自由が保障されていれば学問研究の自由は特に保障する必要はないと考える。

同博士の見解に対して、学問研究、高等教育を正しく遂行するうえにおいて市民的自由の保障だけで十分かという疑問が出てくるが、この点に関して同博士は、「かっての人文科学を主とする牧歌的な古典大学ならいざしらず、十九世紀中葉以降の自然科学や古典の訓詁に止まらない人文科学・社会科学を研究教育する現代大学においては、個々人の思惟活動や表現活動の自由を保障しただけでは、自由な研究教育は不可能であることがわかります。ここにおいて、学問の自由を特別に保障する必要があるというならば、それをかかる研究・教育が営まれる社会的諸条件の特殊性に即して理解するという考察態度が必要になってくる」という(四八)。

この「研究・教育が営まれる社会的諸条件の特殊性に即して理解するという考察態度」とは何かを、以下同博士の見解に即して見ていく。まず同博士は、学問研究・高等教育は一つの「専門的職能として営まれる」とする。それは、研究や教育という仕事は、現にそれにあたる者の精神的な創造力や知的な誠実性を必要とするからと考えるからである。次に同博士は、現実の研究・教育は、常に他人のつくった研究教育機関に雇われた研究者として行われるという点から、研究・教育という専門的職能が正しく行われうるための自由・独立性と、雇われ人としての従属性とは両立しないという。それは、現実には、研究・教育はこういう矛盾的状況において営まれることを意味し、真の研究・教育でありうるためには、単に市民としての精神活動の自由を保障されているだけでは足りないのであって、そのうえにさらに研究教育を大学設置者や雇い主の諸権能下への従属から解放されて遂行しうる自由を保障される必要があるという。さらに、「学問研究・高等教育は単に文化の発達にとって大事であり、社会に役立つという面だけをもつのではないことを認識する必要がある」とし、それは、同時に、「実は、きわめて営為なのである」としたうえで、「学問研究・高等教育は、現在の体制のよって立つ価値を批判し、現在の多数者が当然自明と考える価値観に挑戦するという危険な面を絶えずもっている」。そして、大学設置者は、国家や地方公共団体であったり、私立大学の場合なら教育・研究に関心のある者・集団であるが、相当の資産がなければならない。このように、国家や地方公共団体、資産家などの勢力によって設置される大学における研究・教育は、現在の社会に挑戦する面を抑えて、社会に役に立つ面だけを生かす方向に運営されやすい。そこでそれをはねのけて、研究・教育を真に全面的に自由な、学問と教育自身の論理に従った営為たらしめるためには、大学構成員に特別の学内的自由を保障する必要があるとするのである。これが同博士のいう「研究・教育が営まれる社会的諸条件の特殊性に即して理解するという考察態度」の意味するところである。(四九)

そして、この考察態度の見地に立つと、学問の自由の理念をどういうふうに新たに理論構成していったらよいかという課題に当面することになる。このことは、学問の自由は大学に限定すべきではなく初等・中等教育にまで認めていくという高柳博士の見解を論証していくうえにおいても重要な課題である。同博士は、この課題を念頭に、学問の自由理念の新構成を以下の五つの観点から試みるのである。学問の自由を大学だけでなく初等・中等教育にまで認めていくという観点から見ていく。

同博士は、第一に、学問の自由を市民的自由を基礎にして考えるとする立場を明確にする。すなわち、教育研究者といえども個人としては、一般市民とまったく同様の自由を持ち、教育関係者の自由は、一般市民の自由以上でも以下でもないとするのである。第二に、上述のことは、大学の自治における財政自治の重要性を意義づけるものでもあるとする。それは、研究自体の自由はあくまで保障され、そのうえで研究には財政上のバックアップが必要であり、「その金を国家として提供し、しかも金の力で研究を左右しない、そういうところに学問の自由の重要点がある」とする。第三に、同博士は、学問の自由においては、大学の設置者の諸権能からの自由というところに重点があるという。このことは国公立にとどまらず、私立大学でもこの自由は保障されなければならないとするのである。第四に、市民的自由を基礎にして学問の自由というものを考えれば、大学内において大学が知的創造という機能を果たすためには教授会メンバーの特権としてではなくて、そういう大学内の知的創造の営みがその目的を達し得るように営まれるような自由の保障ということが大事になってくるとする。最後に第五として、学問の自由・大学の自治においては、伝統的にいわれるような、学問と政治の峻別ではなく、教員研究者の政治的自由、政治的責任が重要な要素になってくるとする。それは、同博士によれば、本来基本的人権というものは、「変革をおそれない自由であり、進歩と創造のための自由である」とするからである。(五〇)

（三）　学問の自由と教育の自由の同質性

上述のように、市民的自由を基底に据えて、学問の自由を再構成するなかで、高柳信一博士は、研究と教育とはもはや相互に異質的に分裂・対立するものではなく、両者の同質性というものが認識されてくるとする。そのことは、「大学における学問の自由と学校における教育の自由との連続ないし結合の展望が開けてくる」との面からも同博士の説く同質性の概念は明らかである。以下、学問の自由と教育の自由の同質性について同博士の見解を考察する。

まず、第一に同博士は、教育を「こども・生徒の精神的・肉体的能力を全面的に発達させることを目的とするものであり、教育の受け手に接し、その個性・才能をみぬき、これを引き出すという人と人との精神的ふれあいとして営まれる営みである」とする。すなわち、教育とは、教育の受け手の能力と個性を十分発達させる意味からそのてだてを構想展開させる自由な創造的な精神活動であり、研究すなわち真理の探究と同様、本来的自由であり、また自由でなければならないと考えるのである。それゆえ、上からの指揮命令によって遂行されることに本質的になじまない作用と考え、これを学問の自由を教育の自由の同質性の一つとする。

第二に、同博士は、教員の仕事は、「研究と同じく専門的職能」であるという点を挙げ、同質性を有するとする。同博士は、その論証として、ＩＬＯ・ユネスコの「教員の地位に関する勧告」（一九六六年）第八章「教員の権利と責任」の Professional Freedom において「教員が教育という仕事をとおしてその社会的使命を果たすに当っては、固有な自由と創造性を必須不可欠とすること、そして、これらが、とりもなおさず、教員の専門職能上の自由の内容をなすものであることをあらわしているには他ならない」からとする。

第三に同博士は、上記の専門職としての教員は、研究者と同様「社会構想的に、他人に雇われて、他人の設置した組織体のなかで、これらの物的手段をあてがわれて、社会的使命を遂行せざるをえない立場におかれている」とする。いわば、教員は、公教育制度形成後の現代においては、学校設置者に雇われる被傭者として仕事を行うものになっており、教員が教育という社会的使命を果たすためには、専門職上の自由が労働の従属性のなかにおいて踏みにじられてしまわないことが特に重要になるとする。そして、このことが研究者の研究の自由と、全くといってよいほど相似的であり、この点に関して、同博士は、同質的として捉えるのである。

第四に、民主主義における教育は、必然的に真理教育でなければならないという意味において、教育と研究とは一層密接に接合していると説く。その場合、同博士によると、真理教育とは、教育方法に関する場合と教育内容についての場合が挙げられるとし、前者においては、子どもの個性を洞察した個に応じた教育方法を指し、後者では、「インドクリトネーションとしての教育にあっては、教えることは科学的真実であることを必要としない」という。それは、戦前の歴史教育がその典型であり、嘘を教えることを強要され、嘘とわかっていて教えなければならなったからとする。それは、「教師の学問の自由＝真理探究の自由は教師の職務遂行上の不可欠の基礎であったのではなく、むしろ学問の自由と教育とが結びつくことは当時の教育においては却けられなければならなかったといえます。そこに、学問研究と教育とが乖離・対立せしめられた根拠があった」という考えをし、真理教育と学問の自由との同質性の重要性を説くのである。

第五に同博士は、教育もまた、学問研究と同様、社会にとって役に立つ面と危険な面との二面性を有しており、その意味でも両者は同質性を有すると説く。このことを同博士は、体制は、教育に対して強い関心を示し、体制側に都合のよい運用を行ってきたと考える。他方、教育は真理を知ることによって体制に反発する勢力の拡大をもたらし、体制側にとり不都合な面を生じさせるおそれも見受けられる。このことは、「体制の利害の観点から歪められるおそれのある教育を、人間能力の全面発達という国民の人間的要求に基づく教育たらしめるのが人権としての教育の理念であり、それを実現する梃子が教育の自由の原理」であると考えるのである。この教育の人権の理念を堅持し、教育の自由の原理を保持するうえにおいて必要なものとして同博士は、教育を学問研究と同様、未知の力をひっぱり出す営為と考え、絶えず政治的に利用され歪められる危険の下にある以上、「教師はこれに抗して、教育を〝国民の人権としての教育〟たらしむべき政治的責任があるのでありまして、そのためにはその政治的自由を行使しなければならない」という考えを挙げ、対国家との関係から、研究と教育の同質性を説く。

さらに同博士は、以上のことを総括的に「人権と民主主義を基底にする限りにおいては、研究と教育とは、かつてのわが国やドイツで考えられ、扱われたように、互いに切り離され、異質的に対立せしめられるものではない」ことが認識されており、真理の探究と教育とは同質的であり、密接不可分に結びつけられていて、権力対自由の視点から見ると、極めて相似的な問題状況におかれているとする。そこで先進的な西欧諸国では、コンドルセに代表されるように「教育の自由」が理念化され、一八三一年のベルギー憲法、一八四八年フランス憲法などにも明記されたが、「学問の自由は理念的にも憲法的にも、市民的自由のカタログ内に掲げられたことがなく、ブルジョア民主主義革命の観点からみた場合の後進国であるドイツだけが、学問の自由の理念を唱道し発展させるという特殊性を呈した」とする。(五一)そこで、英語でもフランス語でも学問の自由に当てはまる語がなく、ドイツ語のアカデミッシェ・フライハイト（akademische Freiheit）の直訳英語が現在の英語の Academic Freedom となると考えるのである。(五二)

（四）　教育の諸主体と人権教育

高柳信一博士は、国民の教育権説の論理を発展させるためには、教育に関わりのある主体を析出し、教育をめぐるこれら諸主体の自由と責任、権利と義務を相互に正しく関係づけて理解することが必要だとする。このことは、諸主体を個別に分析し、またその関連を考察していくことにより、国民の教育権説のより一層の論理的発展を期そうとその分析を行うことができるからである。同博士の分析は、諸主体を大きく五つに分けて考察している。それは、第一に子どもであり、第二に親であり、第三に教員であり、第四に国民ないし、地域住民であり、そして、第五に政府である。

第一の主体である子どもは、学習権ないし教育を受ける権利の主体になると考えられ、教育を人権として把握する考え方の中核に位置づけられるから「こどもの無限の可能性を畏敬の念を以て価値として捉え、これを発達開花させることをもってこどもの生来的権利であるとし、これを教育論の基底に据えた」とする。この意味で子どもの教育を受ける権利は、国民の教育権説の理念的基礎であると捉える。そして、このことは、第一の権利主体である子どもが、他の諸主体とどのように関わりあいを持つかが重要になると考えるのである。以下、子どもを中心として他の諸主体を見ていく。

同博士は、人権としての教育と国家との関わりについては次のように考察する。同博士は、基本的人権を、「多数決によっても奪えない個人ないし少数者の基本的な自由」であり、「自然の法則や社会の正しいあり方についての現在の多数者の認識や思想は不完全」であると考える。そして教育は、人類の歴史の創造において極めて重要な役割を担っており、次世代に対してもよりよいものとして継承していかねばならないものだとする。この意味でも現在の教育は重要であり、同博士は、「政府は、人権としての教育を行ないえない」と明言する。それは、政府は現在の力関係のうえにのっかかっているのであり、もし「こどもの未知の潜在的可能性が全面的に現実化されたら、現在の秩序、現在の力関係は大きく変動せしめられる」ことになり、政府にとり危険きわまりないと考えるからである。多数決は、この現在の力関係を反映するから、教育の内容からこの危険な側面を摘み取り、去勢して教育をただ国家社会に役立つ人間をつくりだすものだけに利用するというように行わしめることになり、大変危険な要因を含むと考えるのである。

同博士は、上述のような国家教育に対し、国民の教育権説の立場から教育を考察した場合に大切になるものとして、人権としての教育においては、先に挙げた五つの主体のうちの残る二つ、生きた具体的な子どもに接してこれを知っている親と教員が重要な役割を担うことになるとする。このことは、教育をめぐる第二、第三の主体として先に掲げた親と教員の教育における役割に注目せざるをえないということであり、子どもの教育を受ける権利と、親の教育の自由と、教員の教育についての専門職能的自由とをどう構造的に正しく位置づけ、関係合わせたら、人権としての教育を実現できるかという大きな問題があるとする。

同博士は、親は、子どもに最も身近な存在であり、子どもが最初に接する人間であり、親との自然の愛情の交換のなかで子どもは、人間性を学ぶと考える。しかし、親が常に子どもの個性や教育要求の最大の理解者であるという保障はどこにもないし、現在の複雑な文明社会のなかで子どもが社会化していくうえにおいての教育は一般的には困難であり、教育できない親は、親の人権と規定される教育の自由ないし権利を、教員に委託するとする。ただ、親は子どもの教育を選択する権利をもち（世界人権宣言二六条三項）、その権能を教員に委託するのであって、親は、知識教育について、自らそれを行うことができなくても、そのあり方や結果については批判の権利を持っているとする。それは、教員は親から教育を委託されるが、それにより親の教育権がなくなるのではなく、「親が委託したのは、主として知識教育であり、道徳教育・宗教教育は親に留保されていると考えるべき」であるとする。

教員は教育の専門家として、子どもの個性を洞察し、それを真に開花させる方法を、その専門的能力に基づいて見いだし、これを知的誠実性を持って実行していく。そして、人権としての教育の観点から、この教員の社会的使命を果たしていくうえにおいて必要になってくるものに、専門職能的自由があるとする。それゆえ、教員は、教育の専門家として、その専門的能力を高め、知的誠実性を厚くして、他人の代替遂行しえない固有の社会的使命を果たすべきであると同博士は考えるのである。

ただ、親の教育の自由も、教員の教育についての専門職能的自由も戦後の能力主義的教育観のもと多くの矛盾や歪みとなって、マイナス的側面を含むことになるが、家永第二訴訟控訴人（文部大臣）のいう民主的手続で国民全体の合理的な教育意思を確定し、それに基づく教育内容の有効な規制（議会制民主主義における法律制定など）を肯定するのではなく、「生来的権利としての学習権をもったこどもをはさんで、教育の自由をもった親と、教育に関して専門職能的自由をもった教師とがあい対し、両者がお互いの要求と判断とをぶつけ合い、それを自ら或いはお互いにこどもの教育要求にてらして修正し発展せしめるという、緊張関係を含んだ豊かな対抗・協力関係を展開することが、国民の教育権を実現する道だ」と同博士は考える。

教員は教育の専門家として、親の利己的な教育要求に対しては、子どもの人権としての教育を実現するうえにおいて、よりよい方向に親の教育要求を矯正し指導していくべきだと同博士はいう。それと同様「親が教育内容に関して根拠のない非難を加えたり要求を出して来た場合には、真理教育の原理に立って正しく対応すべき」である。ただ、このことは、教育に関しては、常に教員の判断が優越することを意味しているのではないとするところに特徴があるといえよう。いわば、教員と親は、同じ子どもについて部分的権能を持って向かい合うことになるからであり、「人間の人格は分割できるものではなく、……どうしたって、教師と親とは、共通の教育の受け手をめぐって教育観を交換し合い、具体的教育について話し合い、批判し合わなければならないはず」だからである。また、知識教育についても、「教師は自らの教育の権能が、その存在をそもそもの基礎を、親の人権としての教育選択の自由の行使の結果としての教育の委託にもとづくもの」であり、教員自らの意識のなかでこのことをたえず再認識すべきとする。

同博士は、教員は、親の拒否権を原理的に前提として、「自分の教育がそれをのりこえうる内容をもつものであるかどうかについて、たえず親の判断をなんらか措定して、それにてらして点検するということ」の必要性を説き教員の自省を促す。また、現代において教員は、専門家としての思い上がりが、教育を非人間的な方向に暴走せしめることに留意していく必要があり、その意味からも親の素人としての素朴な懐疑を謙虚にうけとめ、これに誠実にこたえていく必要があり、それがまた専門家としての教員の独善を修正することにつながるとする。「教師はその専門職能的自由の本質を認識し、この自由を正しく行使するとともに、その侵害からの防護に対して戦闘的責任をもつべき」であるとする。そのためにも、教員の専門職能自身の自律を高めていく必要性があり、教員集団は、職員会議とか研究会で相互批判の雰囲気を意識的につくっていき、教員の教育の自由を支えなければならないとする。

専門職能的自由に関してもう一つ大事なこととして同博士は、「本来、その役務の受け手の利益を確保するためのものだということ」であるとする。それは、「専門職能的自由は、当該職務がその社会的使命を正しく果たすための不可欠の要件であり、その自由が侵害されると、当該役務を社会に正しく十分に提供できなくなり、役務の受け手の利益が害される」と考えられるとする。そして、教員についても同様のことがいえるとする。すなわち、教員が「専門職能的自由としての教育の自由を奪われ教育現場の外でなんらかの権威がきめた教育内容の注入の道具になり下がるならば、こどもが人権としての能力の発達を奪われる」とするのである。

同博士は、教員の教育の自由が上述のように、性質を持っているとすると、二つのことが考えられるとする。一つは、「教師は、その自由を行使して教育をしながら、たえず、こどもの生来的権利としての学習権に立ちかえって、自分の教育の自由がその本来の存在目的どおりに正しく行使されているかどうかを点検すべきことであ」る。二つ目として、教員は、自らの専門職能的自由を擁護することについて、教員の自由に対する侵害は、教員自身が我慢すればよいというように考えては絶対ならないとする。それは、「教師は、自らの専門職能的自由を確保することについて、社会や教育の受け手に対して、責任を負っている」からとする。

いわば、親と教員の対抗関係は、国家（同博士は、政府と表現している）に対する関係と異なり、「両者がともに人権としての教育観に立ちうるものとであるということにもとづく利害の本質的共通性があり、そこにまた協働関係が成立しうる根拠」があるとする。また、両者は、「子どもの潜められた無限の発達可能性を現実化させることについて共通の関心をもち、そのことに協働」しなければならない。さらに同博士は、親と教員の関係を「緊張関係を含んだ協働関係であり、それは、つねに、こどもの生来的権利としての学習権にてらして律せられなければならない」とするのである。

子ども、親、教員の三つの主体においては、「最終的決定権限を事項的に分割・配分し、最終決定権者の下した判断について他の者は文句をいわないというような方式をたてることによっては、問題は少しも正しく解決しない」と断言する。同博士がいうこの三者は、教育内容に関して、固有不可譲の自由ないし権利を重層的に持っており、三者がある種の対抗関係を含みながら、人類の歴史の創造の起動力たる「人権としての教育」の実現という共同の目的のために協働することが重要だという。このように見ていくと同博士は、国民の教育権というのは、一つの単純な権利ではないという。「複数の主体の間の動態的な社会的営みが自由でなければならないということなのでないかと考える」という点からも明らかである。

このことは、つまり先の親と教員の協働関係をさらに進め、「生来的権利としての学習権をもったこどもを中心にして、一方に専門職能的自由をもった教師がおり、他方に教育の自由をもった親がいる。両者の関係は、親の教師に対する教育の委任にもとづくものであり、したがって親の拒否権の発動によって、いつでも解消せしめられるという緊張関係を胎むものでありますが、同時に、教師の教育がこどもの教育要求に応える限り、強い信頼関係を伴って再生産される協働関係」であるとする。この他、親と子どもの関係、教員と子どもの関係も、初めから何らの対立矛盾的契機のない同質的な親密な関係なのではなく、時には対立や矛盾を相互の協力によって克服して築くべき信頼関係とする。そして、「このような幾重もの緊張関係を含んだダイナミックな協働の営み」が、三者の間で営まれることが人権としての教育を実現するうえにおいては重要とする。そして、このような社会的営為が政府権力からの干渉や侵害を受けないで自由に行われるということが本当の意味での教育の自由であると同博士はいう。また、主権者たる国民が、このような「こどもの学習権、親の教育の自由および教師の教育に関する専門職能的自由に支えられた教育という自由な社会的営為を、国民の歴史創造の重要な一環として認め、支持し、擁護すること」こそが国民の教育権ということを育む大きな要因になるとする。

同博士は、上述のことを理解したうえで、教育をめぐる五つの主体のうちの第四の主体である国民に立ち帰って、これを理解しなおすべきとする。同博士は、教育の自由を思想の自由、宗教の自由、表現の自由などのような「突き放しの自由」とは異なり、教育への国の関与は認めないという点では同質に考えられるが、教育に関する財政的支出に対しては、国家社会が積極的・一方的に負担すべきであるという点で「突き放しの自由」とは異なるとする。いわば、財政支出がまかなわれてこそ、すべての国民に、水準の高い、質のすぐれた教育を提供することができるとするのである。

同博士は、この財政支出に関して、イギリスの教育財政上の原理である support but no control（援助すれども統制せず）と比較して説く。このことは、イギリスにおいては、国民の教育権の理念が確立されており、「こどもと親と教師による自由な動態的な営為を価値あるものとして理解し承認する時、国民はそのような自由を擁護しながら、この営為に必要な財政手段をよろこんで提供し、国民の教育権を実現せしめるうえにおいて重要な役割を果たすだろうと思われる」とする。(五三) 同博士は、わが国においても support but no control の原理の浸透を説くのである。

上記の高柳博士の論を要約するなら、第一に同博士は、国民の教育権説立論の論拠を憲法一三条の規定から幸福追求の権利の一部として捉えるのである。第二に、第一の立場からそれまでの学問の自由と教育との不明確な論理的結びつきを学問の自由論の再構築を行うことにより、教育の自由との同質性を明確にして、学問の自由を大学に限定せずに初等・中等教育にまで認められると論証していくのである。これは、それまでの学問の自由は大学の教員の特権的と捉えていた考え方を市民的自由と同質として捉えたといってよい。第三に、教育主体である子ども、親、教員、国民、政府の個別の分析とその関連の考察を通じて、国民の教育権説の論理的発展を図った点である。これらの点から同博士の国民の教育権説は、それまでの学問の自由と教育の自由との関連を再構築し、教育権主体の意義を科学的に分析、論証したという点において、国民の教育権説を学問的に発展させたといえる。

高柳博士の学問の自由を違う立場である、学習権論の観点から捉えているのが、兼子仁博士である。以下兼子博士の教育権説を考察していく。

四　学習権を基底とした教育条理論に基づく兼子仁博士の教育権説

（一）　子どもの学習権を中心とした国民の教育権

兼子仁博士の国民の教育権説の特徴は、子どもの学習権説を理論の基底において立論を行っている点である。それは、個人の学習の成果として人間成長が行われていくという立場からすれば、「学習の自由」は教育法原理としてその根底にあるものとして考えねばならないとするからである。ただ、問題としては、子ども・国民の「学習の自由」の憲法的位置づけをどう考えるかにある。

同博士は、この学習の自由に関し、憲法一三条の幸福追求権から推論の結果として学習権概念が生み出されるとする。それは、各人の幸福を追求する能力は、学習することによって身につけさせられなければならないからであろう。また、西欧諸国で顕著であるように、人生における幸福追求に関わる「学習の自由」として信教の自由に連なる宗教教育を選ぶ自由もあるとする。さらに、憲法一九条に連なる学習内容としての思想的選択の自由が根本的になければならないとし、上述の憲法上の位置づけをなすものとする。

同博士は、国民の真理を学ぶ権利として「学問学習の自由」の保障の重要性を説く。それは、人間が成長発展していくためには真理の探究が何より大切であるという観点から出発しているといってよい。そして、憲法上の規定により保障される「学問学習の自由」の権利は、いわば、真理の学習とも密接に関連しており、真理を学ぶという子ども・国民の真理学習の自由は、憲法二三条の「学問の自由」に含まれるものと条理解釈されるものと考える。このことは、従来のドイツ憲法の伝統から、「学問の自由」は「学問研究の自由」とのみ考えられがちであったが、日本国憲法下にあってはすべての国民が学問研究の自由を有するものと解されている。(五四)これに対し同博士は、すべての子どもと国民が真理に近づくために十分に学習できることが、学問を中心として人間の文化の再生産と発展を堅持するのであり、子ども・国民の「学問学習の自由」がそれ自体「学問の自由」の一翼をなすものと条理解釈してよいとする。いわばそれは、「学問の自由」の文理にも適い、また近代における国民的学問観に即応すると条理解釈の重要性を訴えるのである。(五五)

同博士は、生存権的学習権としての教育を受ける権利を、人間が学習によって成長発達する権利が、近代憲法下における自然権的自由権たる「学習の自由」（教育を受ける自由）として原理的に存在していると考える。現代憲法は、この学習の自由（学習権）が実現されるように国家に積極的に条件整備を要求しうる生存権として、「教育を受ける権利」を保障するに至った。(五六)いわば、同博士は「教育を受ける権利」を、旧来の生存権の理解におけるような現代憲法政策的意味にとどまるのではなく、人間の生来的学習権の現代における発展という教育条理的な意味を担う「教育人権」として捉えるのである。

さらに、同博士は、教育人権によって裏打ちされた学習権を充足するためには、教育と学習の自由が保障されているだけでは、すべての子どもの学習権（人間的成長発達権）は保障されにくいとする。特に教育関係者にとり、教育をなすのに必要な経済力・財政力を自己調達することが困難であり、また、学校制度づくりをはじめ制度的組織力に欠け、さらに、教育内容向上のための文化的組織力も不足しがちとなる。そこで、同博士は、学習権を保障していくうえにおいて教育関係者に必要なこれらの教育条件を国家が統治団体としての社会的実力を持って整備していくという「公教育制度」が、義務教育制度を中心に必要になってくるとする。そして、その憲法的裏づけとして、子ども・

国民の学習権の生存権化である「教育を受ける権利」の保障の必要性が生じてくるものと条理解釈されるとするのである。(五七)

学習権説は、「教育を受ける権利は、他の社会権のように現代国家における憲法政策的意味にとどまるものでないと解したうえで、それは子どもが教育を受けて学習し、人間的に成長・発達していく権利と把える説であって、教育法における有力な学説」(五八)であり、同博士は、この「人間的成長・発達」ということに関して、人間の生来的学習権の現代的発展という教育条理上の必然性を担うものとする。

同博士は、子どもの生来的学習権は、近代憲法下において、学問学習の自由、教育を受ける自由とそれに対応する国民の教育の自由として国家権力の支配介入を受けないことが保障されていたが、このような保障は消極的な保障であることが歴史のなかで判明してきたという。そこで子ども・国民の学習権が、現代に生きる人間としての能力を全面的に発達させうるような教育が受けられるように、国家に対し積極的な条件整備を要求する社会権的人権に高められていったとする。いわば、教育の自由という観念が教員などの教育主体本位の教育基本権であったのを、教育を受ける側からの権利としての学習というものを主眼として、学習主体者本位の教育基本権に転換せしめられたことをも意味するとする。このことは、教育主体はあくまで学習主体の成長・発達を基点として寄与することを念頭に考える必要があるし、国も当然この学習主体の社会権的人権を最大限尊重する必要があるというのが同博士の見解であろう。

さらに同博士は、この学習権による条理的解釈はわが国の教育法学だけの見解ではなく国際法規上の文理上でも合致するものであるとして、世界人権宣言二六条二項前段や国連の児童権利宣言七条一項後段の同種条項をその根拠として挙げる。このことは、同博士は、いかに学習権説に関する見解が世界の趨勢や国際法規の視点から見ても優れているかということの現れと考えており、社会権の権利の性質を考察していくうえにおいても大変有用な学説というよ

うに捉えている。(五九)

子どもの学習権説は、一九七〇年代の教育裁判(六〇)を通じて、より一層明確化され、教育人権保障にまで高められていった。同博士はそれを、判例上は憲法二六条の「教育を受ける権利」の解釈論として述べられているが、その教育条理解釈は明らかに自由権・自然権的な教育人権原理に関わっているとする。

同博士は、この判例上確認された「学習権」説は大きく二つの特徴を有するとする。第一に人間の特質は、人が人と生まれた以上学習によって人間らしく成長発展していく権利を当然に有し、この教育を求める人の学習の権利こそまさに人権というに相応しいとする。そしてそのなかにこそ、学習と教育の人権性にとっての本質的な権利性が捉えられるとする。同博士は、この条理解釈には、教育思想・教育理論の裏づけが必要として、ルソーの『エミール』にその源泉を求める。(六一)第二の特徴として、人間としての成長発達に関し、とりわけ「子ども」の権利性を強調するということを挙げる。このことに関し、現在の教育学は、学習による子どもの人間的能力の合法則的な発達の保障を重視しているとして、人間として子どもが成長発達していくことが、子どもの学習する権利性との関連において、いかに重要かを同博士は取りあげている。

教育条理解釈を考えるとき、上記教育裁判のなかで注目すべき点として、同博士は、学習権の主体としての「子ども」という用語の使用であるとする。従来、法律用語として、「子」「児童」「子女」という用語が使われており、それが「子ども」という語を用いるようになったということは、教育理論を背景として持つ教育条理解釈であることは明らかだとする。そのうえで、子どもの学習権保障はすでに判例上の解釈になっており、今日の人間教育は、人権を踏まえた教育として機能しなければならず、学習権を十分保障することが、他のすべての文化的・政治的・経済的な人権を有効に働かせうるための前提であるから、学習権こそがその意味で人権中の人権といえるとする。(六二)そして、この学習権を保障していく意味でも必要になってくるものに「教育の非権力性」を挙げる。旭川学力テスト最高裁大法廷判決(六三)(以下、最高裁学テ判決)のなかにおいて、教育条理解釈としては、子どもの学習権を保障する人間教育というものは支配的な権能ではなく、むしろ文化的な非権力的作用に他ならないと明言していることを、同博士は指摘するのである。

(二) 親の教育権(子どもの学習権を基底にして)

同博士は、「親の教育権」を二つの観点から捉える。まず一つ目が、子どもの学習の自由を代位する親の教育の自由を保障するという観点から親の教育権を見ていくものである。それは、親の教育の自由を、子どもの人間的な成長・人生の幸福面に関して、子どもの学習の自由を必要に応じて代位する性質の自由権として捉えるとする点である。第二の点として、親の学校・教員に対する教育要求権を挙げる。

従来、親の教育権は、民法八二〇条の「親権を行う者は、子の監護及び教育をする権利を有し、義務を負う」を中心に、民法八二二条の懲戒権などの規定により論議されてきた。いわば民法学の親権論に委ねる立場をとってきたといってよい。それを親権論議だけではなく、むしろ子どもの教育法原理としての公教育法をも念頭においた研究を心がける必要性を説く。

同博士は、親の教育権の教育条理的根拠を次のように考察する。いわゆる子どもに対する親の権能は、ローマ法上の家長権から近代の民法の親権およびその義務性へという歴史的変遷を踏まえたうえで、現代法制においては、子どもの学習権を保障する人間教育という教育特有な条理によって根拠づけられているものと条理解釈できるとするのである(六四)。ただ、乳幼児や低学年児では、子どもの養育は監護を伴うとみられるが、同博士は、子どもの養育はどの時点でも深い教育的意味を持ち、乳幼児から親の教育権は保障され、子どもの学習権(同博士は、学習による人間的成長発達権ともいう)を保障するように行使されなければならないとする。それゆえ、学校教育の教育的専門性においては、子どもの人間的成長と人生の幸福についてまでに全面的に対応しきれるわけではなく、両親がおのおのの子どもについて包括的な教育の責任者であるとする。そのうえで「この親の教育権は、自然の親子関係に条理上基づいている権利として『自然権』とよばれてよいが、親が血を分けたわが子だから自然に教育権をもつというのではなく右のように自然の親子関係に教育的意味が認められることに基づくのである」(六五)として、国家の教育権説の立場に立脚する田中耕太郎博士や相良惟一博士の見解(六六)と同じ観点から両親の教育権の発生を見る。これらの親の自然権的教育権論に対して批判的な見解(六七)に対して同博士は、問題となるのは、親子関係と家庭が持つ教育的意味を学習権保障の教育条理上においていかに評価するかにあろうと上述の自然の親子関係に教育的意味を認めることが教育条理に基づくものという考えを明示する。そして、この教育条理に基づく考え方は、子どもの教育を受ける権利の現代的保障に伴って明確にされたものであり、一九五九年の国連児童権利宣言七条二項の「児童の教育および指導について責任を有する者は、児童の最善の利益をその指導の原則としなければならない」という文言にも明らかに示されているとする。

また、前述した子どもの学習の自由に代位する親の教育の自由に関して同博士は、「親の教育の自由は性質上わが子の教育についての自由であるが、ここにあらわれる『教育の私事性』は、親個人の私生活的自由というよりは、子ども一人びとりにとっての学習による人間的成長と幸福追求の個人性にほかならない」とし、日本国憲法上、子どもの親の教育の自由は明記しておらずこれをどう位置づけるかという問題があるとする。これについて同博士は、「明文の自由権条項外で憲法上保障されている『憲法的自由』の一種であると解することができようが、この真理学習の自由が問題になる範囲では、それに代位するものとして親の教育の自由も『学問の自由』条項（憲法二三条）による保障を受けると解してよいように思われる」(六八)とする。

親の教育権のもう一つの側面として、教員や学校教員集団（この用語に関しては後述するが、教員集団が学校の最高意思決定をなすことと密接に関係がある）に対する教育要求権がある。同博士は、民法八二〇条における親の教育権には、学校教員に対する教育要求権が認められるのか定かでないとしながら、現行教育法たる教育条理上では確実に、親には子どもの教育について教員・学校に対して要求を出す権利が認められるとする。いわば、現代公教育法制においては、前述した子の学習の自由に代位する親の学校教育内容選択の自由や親の教育選択権ないし拒否権について、それを超えて、親は子どもの学校教育に関する積極的な要求権をも有するものと条理解釈されるとする。それは、子どもの学習権やそれを代位する親の教育権には、たんなる教育選択の自由を超えた人間的発達・成長権と人間として幸福に生きたいという側面が強いからであるとする。

それゆえ同博士は、親が学校教員に教育的な要求を求める根拠としては、本来学校教育による専門的な能力の発達の保障も、「学習者子ども本人の権利の問題であるとともに、人間的成長や人生的幸福の追求と有機的にむすびついており、加えて親は学校教育に連なる家庭学習について責任を負う立場から、学校教育への要求を持ちうるからである」とする。そのうえで、同博士のいう「学校教師」は、親からの教育要求を受けて立ち、それに応えていかなければ、「学校教師」としての教育権を生かした教育責任を全うできないとする。この親との教育権に関しては、もう少し詳しく後述する。

次に、同博士は、上述の親の教育要求権を実効性あるものにするのにはどうすればよいのかを見ている。すなわち、子どもの学校教育の選択権ないし拒否権を代位して親が行使する場合、親個人がその主体となる。ところが、教員や学校に対して要求を出していく場合、子どもたちの学習が集団性を持つだけに、親からの教育要求は集団化される必要が生じるという。ここに、教育要求権の主体としての父母集団の必要を生ずるとする。それはまた、「多数の親が集団的にまとまって教育要求権を行使する方が、教員・学校が応答しやすい有効な教育要求」になるからである。要求事項が、学校行事や教育課程編成、生徒の身分の取り扱いなど学校全体の活動に関わるときにはより全校的な統一による父母集団の団結の必要性があるとする。そして何より、父母集団を考える場合の国民の教育権説に立脚する同博士の論の特徴としては、「教育は国政の一部ではないので、父母が主権者国民として公立学校の公務員教師に要求をなしうるという民主政治的ルールは通用しえない。父母集団が教師・学校に教育要求を出しうるのは、子どもの学習権に対応する親の教育権および国民の教育の自由という文化的な教育人権に基づいているのである」(六九)という考え方が挙げられる。

(三)　教員の教育権

①教員の教育権をめぐる兼子仁博士の学説の変遷

「教育権」の体系において教員の教育権はそれが学校教育活動に最も密接であるだけに重要であることは明らかであるが、より広く国民または国家の教育権が論議され、また子どもの「学習権」も唱えられており、それらとの関係において教員の教育権がいかなる地位・性格を有するかが問題とされるべきである。

教員の教育権に関して、同博士は、かつて「教師の教育権限の独立」説に基づいた「職務権限」説を提唱していた。「職務権限」説とは、教員の教育権とその独立は、憲法二三条による保障を満たすだけでなく、憲法二六条による子どもの教育を受ける権利の保障の一環として、社会権的な人権価値を担うことになるとする学説である。

当時、同博士が、教員の教育権が個人的自由ではなく公教育組織における職務権限だとした根拠は、学校教員が教員個々人の主観に任されることなく、子どもの学習権を現代国家が積極的に保障すべく条件整備として専門的自律的な教員組織を設けた、ということの現れに他ならないと考えたからである。このことは、憲法二三条の「学問の自由」の精神をうけた教員の真理の教育と密接に関連を有しているといえる。すなわち、児童・生徒の人格の完成を実現するため、何が教育内容たる真理で何がよりよい教育方法かの真理の見定めが必要になる。その場合、法的な上下関係で決定するのではなく、教員免許状による裏づけのある専門職たる各学校の教員組織により、自律的集団的に決定されるのでなければならないとする。それゆえ、行政庁や教育委員会および私学理事会などの学校管理権による法的支配は「教育に対する不当な支配」にあたるとして禁止されるとする。それゆえ、教育課程の編成権が、各学校の教員組織にその固有の権限として授権され、個々の教員は教育権限（内的事項・教育課程管理）の行使については、大綱的な基準立法および職員会議などの学校内の教員組織の議決に拘束される他は、職務上の独立を保障されており、文部大臣や教育委員会、校長の指揮監督や職務命令は受けないとする。ただ、校長や指導主事は、法的拘束力のない教育の倫理・法則に則った専門的権威のある教育上の指導助言はできるとするのである。

このように、同博士の旧説でもある教員の教育権限の独立説は、児童・生徒の「中立な教育を受ける権利」を国家的に保障するために学校管理権などに加えられた制限の反射として学校教員に認められる社会法上の制度的保障であり、司法権の独立や大学教員の教育の自由などとは沿革や根拠本質を異にし、現代的な公教育法の原理としてのみ理解することができるとするのである。(七〇) この同博士の旧来の学説でもある教員の教育権限の独立説に対し疑問を唱えたのは、有倉博士である。

有倉博士の兼子博士の教育権限独立説への批判(七一)や、後述する理由により、兼子博士は、教員の教育権の複合性に重点をおいた複合説に学説を変更するのである。(七二) 兼子博士は、複合説を次のように説明する。「学校教師」に人権としての教育権の保障があるかどうかは、従来、憲法二三条の「学問の自由」のなかに教育の自由が含まれるかといった形でのみ議論される傾向があり、真理教育の自由という面からは学問の自由との関連はあるが、「学校教師」の「教育の自由」はもっと広く、文化を担う国民としての文化的教育の自由や子どもの成長を見定めていく専門的教育の自由をも意味する。さらに、「個人および集団としての『学校教師』の専門的教育の自由は、子どもの教育をうける権利の保障（憲法二六条）の一環を成すという意味で現代的な教育人権性を有していると解される」。そして、「学校教師とその集団は、公教育組織内において自治的権限としての独立な『教育権限』を保障されて」おり、「この範囲での教育権はそれ自体が教師の人権ではないが、やはり子どもの教育をうける権利保障の一環をなすという教育人権的価値を担っている制度」であり、現行公教育法制における教員の教育権を見定めるためにはその複合性を十分留意せ

ねばならないとする。(七三)

この複合説の法的根拠について同博士は、教員の教育権の複合的な性格ゆえ、その法的保障の根拠もまたある程度複合的にならざるをえないとし、「学校教師」の人権性の点も含めて、事物の性質にさかのぼった条理解釈によって決する他ないとする。この複合的な教員の教育権の法的保障を根本において根拠づけられる条理解釈のなかでも一定の共通する観念が見いだされているとして、以下の四点を挙げるのである。まず、第一に教育・学習には人間的主体性が不可欠であるということ（同博士は、教育の人間的主体性ともいう）である。すなわち、教育活動を行ううえにおいて、教員の人間的な主体性のある活動が大切であり、この活動を通じて子どもの人間性を育成していくのであって、教員も子どもも人間の証である主体性・自主性を保有していなければならないとする。第二に、真理を教えるのに必要な自由と権力的多数決になじまないこと（同博士は、真理教育の自由性ともいう）を挙げる。それは、コンドルセの真理教育に対する姿勢を援用し、真理教育がいかに権力決定から自由であることが大切かを述べ、学問研究と同じく、もし真理教育の自由を認めないなら学問的成果としての新しい真理が教育内容となることを権力によって妨げられる可能性があるとする。第三に、子どもの発達の法則性を見定めていく教育の専門性に伴う自律性（同博士は、教育の専門的自律性ともいう）を挙げる。これは、同博士が立脚する現代教育学説(七四)で、教員は科学的事実と芸術的価値に基づく教育内容の研究者であり、子どもの発達についての専門的知識を持つ専門家なのであって、授業過程における教材と子どもの出会いのなかに一人ひとりの子どもにとり何が必要かを探り、子どもの多様な発達へ対応していくことを見極められるのは、教育の専門家として日常子どもたちの学習に接している教員の自主的な研究と判断によって真に確保されるもので、ここに他者（権力者など）が介入すると、専門的な助言とは異なってしまうおそれがあるとして、いかに教員の専門性を保持するうえにおいて教員の自律性が大切かということを教育条理のなかに入れているのである。そして第四として、教員が子ども・父母に教育責任を負えるために教育の自主性（同博士は、教育の自主的責任性ともいう）が必要ということである。ここにいう責任とは、行政責任とは異なり、あくまで現実の教育担当者が子ども・父母からの教育要求に専門的に応えていくという日常的な直接の責任をいうとする。その場合教員は、自らの専門性をかけて教育責任を果たす意味からも教育活動について自主性が保障されていることが必要であるとする。さらに、同博士は、教育基本法一〇条一項の規定からも上述の条理を明示したと読めるとし、このことは、最高裁学テ判決においても「教育が国民から信託されたものであり、……信託にこたえて国民全体に対して直接責任を負うように行われるべく、その間において不当な支配によってゆがめられることがあってはならないとして、教育が専ら教育本来の目的に従って行われるべきことを示したものと考えられる」として、原理的に確認されているとするのである。(七五)

上述のように、同博士の複合説の捉え方は、個人および集団としての学校教員の専門的教育の自由は、子どもの教育を受ける権利の保障の一環として憲法二六条により教育人権性を有していると捉える。同じく、個人および集団としての学校教員は、公教育組織内において自治的権限としての独立な教育権限を保障されるとするのである。

教員の教育人権性の保障と教員の独立した教育権限の保障は、複合説のなかにおいて、教員の教育権の人権性と権限性がまざりあっているとするのである。同博士は、教員の問題行動に関連して、教員が生徒の教育権を侵害するような場合、教員の教育権そのものの権力性を主張することは、妥当ではないとするのである。(七六)それは、教員の教育権は、国家から何らかの権利侵害を受けたとして国家との関係において人権性を有するとする論議とは別に、生徒との関係においては、教員の教育権の人権性は生徒の教育を受ける権利の保障（憲法二六条）の一環としての現代的な教育人権性を有しているからである。

全体を通じて同博士の複合説を考察していくなら、「人権説のほうに重点がおかれ……大まかにいえば、人権説ととらえていいであろう」(七七)という考えも当然出てくるといえよう。

②学問の自由としての教員の教育の自由

同博士は、最高裁学テ判決において公認されたとする教員の教育の自由の法的性質を考察する。それは、憲法二三条における伝統的な学問研究発表の自由ではなく、子どもの教育における本質的要請という教育条理に基づくものとするのである。それは、最高裁が、人格主義的教育観を重視しており、教員の教育の自由・教育権の一部分を捉えたのにとどまっているからであり、教育の真理性や専門性に関わる教員の教育の自由・教育権の検討が、最高裁判例の今度の課題になるとするのである(七八)。

同博士は、教育法学の進展に伴い、教育の自由や教育権にも種別があるということが認識されだした。教育条項としての憲法二三条によってまず保障されるのは、国民一般の教育の自由であり、同博士は、このことを、「『教育を受ける権利』解釈の深まりとしての『子どもの学習権』論が、新たに子女国民の『学問学習の自由』という自然的人権と、そしてそれに対応する『国民の教育の自由』を解釈上明らかにしたことによる」として憲法二三条が国民一般の教育の自由を考えるうえにおいていかに重要な教育条項かということを、教育条項説の立場（二つの教育条理を根拠とする立場）から明らかにする。

同博士は、親の教育の自由と子どもの学習の自由を憲法二三条との関連において次のように解釈する。子どもが生来的権利として真に人間的成長に役立つような学習を行う自由を「子女国民の『学問学習の自由』なのであって、憲法二三条『学問の自由』は別に専門的な学問研究の自由に限らねばならない理由はなく、この学問学習の自由をも保障していると解される」とし、親の教育の自由は子どもの学習の自由の代位であり、そうすると憲法二三条の保障を受けていることになるとする(七九)。そして、同博士は、この「子女国民の学問学習の自由」に直接対応すべき教育の自由は親だけにとらわれず、私立学校設置者、教科書執筆者、社会教育指導者など広く国民一般がその主体であるとする。いわば、同博士は、教育というものを個人的性質と社会的性質の二面的性質を有しているものと考えるが、社会的性質に関しては「近代憲法下ではもはや国家的・政治的性質ではありえず、社会全体の文化的作用であることを意味していると考えられる」とするのである。ここにいう教育の自由を享受する国民一般の「国民」とは、「国権の源たる主権者国民とは異なり、まさに自由権の主体としての個々人であり、しかも全体として『文化のにない手』にほかならないものと解される」とする。国民の教育の自由は、信教の自由や思想の自由、表現の自由、学問研究の自由などとともに国民の「文化的自由」を構成しているのでありそれは個人的自由でありながら、その行使は社会性を示すという。そのうえで、「このような『国民の教育の自由』を日本国憲法はたまたま明文化していないが、子女国民の学問学習の自由に直接対応するものである以上、これもともども憲法二三条が保障するところと解される」とするのである。

次に学校教員と国民の教育の自由とはいかなる関係に立つかであるが、このことについては、同博士は、下級教育機関の教員が学校で授業する場合、教育というものの持つ人格作用的本質から当然教員本人が持つ自主的人間としての自由が保障される必要があるとする。ただ、学校教員の教育権は憲法二三条に含まれる個人的な教育の自由を超える面が多いという考えを有力に説かれる。その点を踏まえて同博士は、国民の教育を受ける権利を真に専門的に実現していけるように教員集団に教育権限の独立が保障されなければいけないということを条理上解釈できるとする。なお、学校教員の教育権については、憲法二六条との関係が考慮されてはじめて問題が十分に論じられることになるという(八〇)。

③教育を受ける権利を保障するための学校教員の教育権

先にも述べたように同博士は、学校教員の教育の自由は、子どもの教育を受ける権利という社会権保障の場にある現代的自由に他ならないとする。それは、人間的主体性や真理教育の自由性に根ざした教育の自由が「学問の自由」に含まれるとともに、現代の憲法上より広く教育の専門的自律性や自主的責任性に根ざす教員の教育の自由・教育権が、「教育を受ける権利」の積極的保障に含まれる制度原理をなすものと条理解釈できるからであるとする。また、この条理的根拠から教員の人権性を超えた子どもの教育人権保障に関わっているとする。そして、その教育の自由・教育権は集団的自由および権能としての性質も併せ持つとするのである。

また、子どもの教育を受ける権利を保障する点に関わり、憲法二六条一項は「すべて国民は法律の定めるところにより、……教育を受ける権利を有する」としており、このことは、子どもの学習権を積極的に保障するために、学校制度を法定するにあたっては、上述の教育の専門的自律性と自主的責任性の条理を生かす意味からも、教員の教育の自由と各学校の「教育自治」の保障を明確にしなければならないとする。ただ、この「教育を受ける権利」保障の一環としての教員の教育の自由と学校の教育自治がいかなる範囲において憲法上の保障を受けるかということに関しては、当面、憲法二六条一項の「教育を受ける権利」保障の憲法原理の具体的確認規定である教育基本法一〇条をどう内容解釈するかということにかかっており、教員・学校の教育権の保障原理を明らかにするうえからも重要なことであるとする。(八一)

④親の教育権と教員の教育権との関連

親の教育権に関しては、子どもの教育権を代位して学習権を保障するという観点からその重要性が説かれる。そして同博士が、この親の教育権を二つの側面から捉えることは前述したとおりである。それは、子どもの学習の自由を代位する親の教育の自由と、親の学校・教員に対する教育要求権であり、ここでは、後者の学校・教員に対する教育要求権が、教員の教育権とどのような関連を有するのかという点を中心に同博士の見解を見ていきたいと思う。

教員は、親・父母、父母代表から教育要求を出されたらこれに然るべく応じなければならず、その出された教育要求についてはは教育専門的に判断して採否を決め、その教育専門的理由を然るべく説明する義務を負うとする。同博士によれば、この教員の教育専門的な判断・応答義務は、学校教育法二八条六項の「教員の専門的教育権」と教育基本法一〇条一項の「直接的教育責任」に教育条理上由来するとする。それゆえ、教員が親・父母との話し合いを一方的に拒否することは、義務違反であるとともに親の教育要求権の侵害になるとするのである。また、学校・教員の教育権行使が誤って子どもの学習権ないし親・父母の教育権を侵害した場合には、問題が学校内の事象の時には親・父母の教育要求権の活用により自治的に是正を図ることが望ましいとし、最終的手段として親・父母が学校の違法教育の是正を求める訴訟を提起することも可能であるとする。

「学校教師」の専門的教育権に関しては、同博士は、学校教育法二八条六項の規定から「学校教師」の教育権の中心は、子どもの人間的能力発達の保障に関する教育専門的事項についての決定権とする。このことを、親・父母の教育要求権と鑑みて同博士の見解を見ていくなら、「授業内容・教育方法・教材の選定、成績評価、全校的な教育課程編成などの『教育専門的事項』を決定することは、子どもの学習権を専門的責任をもって保障するために公認されている教師の『専門的教育権』に属すると考えられなければならず、ここに親・父母が決定的な介入をすることは越権であろう」として、教育の専門的事項に関する教員の専門的教育権の尊重を挙げている。このことは、ＩＬＯ・ユネスコ「教員の地位」勧告六七項において「児童・生徒の利益のために、教員と父母の緊密な協力を促進するあらゆる可能な努力がなされるものとするが、教員は、本質的に教員の専門職上の責任である問題について父母の不公平または不当な干渉から保護されるものとする」と定めていることと併せて、教員の専門的教育権の重要性を明らかにするのである。

上述の親・父母の教育要求権と学校教員の専門的教育権に関しては、一面で背反しがちに見えるが、同博士は、この点に関して、これら二つの権利は、論理的にも現実にも決して矛盾することはなく両立できるものとする。「親・父母が教師に対して一定教育内容の請求権までをもつことは、教師の自主的な教育内容決定権と矛盾するが、親・父母が学校教育内容に関して要求を出していくという手続法的な『要求権』を持つことは、教師・学校の最終的な教育決定権と両立する」(八二)からであるとする。そして、わが国の教育界の現状から、親・父母からの教育要求が教育専門的に必要があっても、教育行政が条件整備に積極的でない場合には、親・父母と教員という教育権者は一体となって、子どもの学習権保障の責任を現実に全うできるように、教育行政当局に働きかけていかなければいけないとする。それは、子どもの学習権・教育を受ける権利の保障を実現するために、これらの権利を代位することを、条理上、親・父母と教員の教育権に求められているからであるとする。(八三)

（四）　教育の内面に対する国の介入

①教育基本法一〇条一項でいうところの国の不当な介入

本条項において論争点に挙げられるものの一つが、「不当な支配」とは何を指していうのかということである。同博士は、本条項の根本趣旨を教育の政治的中立性の確保と見る。この政治的中立性を確保する意味からも「不当な支配」を排斥する必要性を説くのである。それでは不当な支配の主体はどのようなものであるのか。同博士は、この主体を広く政治的・社会的勢力一般であって、政党・労働組合・財界・宗派・マスコミ・一部父母などの他、教育行政・学校管理者が含まれるとする。同博士は、この不当な支配の主体による教育への関与の形態は多岐にわたるのであって、主体が不当な支配といえるには、関与の仕方を押さえる必要があるという。ただ同博士は、教育行政による教育関与に関しては、その制度的・恒常的なものとなるその性質からして、他の主体による教育関与とは別個に、法論理的にも本条の解釈適用上特に重視して論ずることにするという見解を示す。これに対し行政庁は、教育行政は法律の根拠に基づくのであって、法律に基づいた教育行政としての教育支配は正当かつ適法として次のように述べる。「国民に主権を与え、国民全体に責任を負う民主主義の政治体制をとる限り、国会において立法上認められた範囲内における行政上の支配は一〇条が不当な支配であると否定しているものではないであろう。むしろ教育基本法が否定しようとする不当な支配とは、国民全体に対し責任を負えないような、政党・組合などによる独善的な支配である」（八四）とするのである。

同博士は、この見解に対して、この行政庁の解釈では、「教育を簡単に国政の一部視してしまい国民と教師の教育の自由の憲法的保障を踏まえていないという問題の他に、教育基本法一〇条の立法者意思にも盛られていた『教育の自主性』の法的保障という本来的原理が無に帰してしまう」（八五）として、教育基本法一〇条の立法趣旨の観点からも問題があるとする。これらの問題に対し、教育法学会の通説的見解として同博士は、教育行政による法的拘束力を持つ教育支配は、その制度的強さから定型的に、教育行政を不当な支配と考えているとする。同博士は、これらの点を包括するように最高裁学テ判決が出されたとする。すなわち、最高裁は憲法解釈に基づいて、一定範囲における教育内容の行政的決定の余地を認めており、それと「不当な支配」との具体的区分の問題を残してはいるが、ここで、法律に基づく教育内容行政にも教育基本法一〇条一項による「不当な支配」禁止原理が適用されるという解釈を公認したことは、大いに評価されるという見解を持つ。

同博士は、これらのことより教育基本法一〇条一項の「不当な支配」の禁止により教育行政による法的拘束力を持つ教育支配の全部ないし大部分が禁ぜられるなら、それにより教員の教育権が法的に保障されることになるとする。また、本条項は私立学校においても条理上ひとしく適用されるとするのが同博士の考えであり、同旨の判例（八六）もあるとする。

②教育基本法一〇条二項でいうところの条件整備

同博士は、教育基本法一〇条は、一項において「教育」を主語において考え、二項においては「教育行政」を主語において考えており、教育と教育行政との原理的および制度的な分離を確認しているとする。そして、立法者意思としては、教育行政は教育内容に介入すべきものではなく、教育の外にあって教育を守り育てるための条件整備を整えることに意義があるとする。そのうえで同博士は、条件整備作用としての教育行政は、「教育行政の最終目的というだけでなく現行教育行政の原理的および制度的な性質を規定しているものと解される」とするのである。同博士は、教育基本法一〇条二項でいうところの諸条件の整備確立は公教育の発展にとって意味深いとする。

同博士は、教育基本法一〇条二項の諸条件の整備確立を外的条件の整備とし、子どもの学習権を中心として考察していく。すなわち、子どもの学習権は、教育内容面に関して親・父母や教員に対して教育要求をする権利を主とし、憲法二六条の「教育を受ける権利」としては教育行政に対する教育条件整備要求権を含んでいるとする。また、学校教師や親・父母も教育権者として子どもの学習権を現実に保障していく意味から、教育の外的条件整備を教育行政当局に要求する権利があるとする。その場合、子どもの学習権を代位するものと解されるが、教育権者たる「学校教師」および親・父母は条理上原理的に教育条件整備要求権を共有するとする。

教育基本法一〇条二項にいうところの教育行政の教育条件整備は、憲法二六条に対応するものであり、教育条件整備は教育行政にとり原理的に義務性を伴っているとする。そのうえで同博士は、教育行政に対する参加権というものを考える。それは「学校教師」や親・父母だけでなく文化の担い手として教育の自由を有する国民・住民にも学校制度に関わる地域的・全国的な規模の外的教育条件整備について、子どもの教育を受ける権利に代位する条件整備要求権をもって参加していく教育法的資格があると考えられるからであるとするのである。[八七]

③兼子仁博士の大綱的基準説から学校制度基準説への学説の変遷

教育の内容に関わる国の行為の限界に関して、教育内容（教員の教育権など）への国の法的介入がどこまで許されるかということに関して同博士は、当初（教育権限独立説と相まって）大綱的基準説を提唱していた。[八八]大綱的基準説は、杉本判決において「下級教育機関における公教育内容の組織化は法的拘束力のある画一的、権力的な方法としては国家としての公教育を維持していくうえで必要最低限度の大綱的事項に限られ、それ以外の面については、教員の教育の自由を尊重しつつ、これに対する指導助言、参考文献の発行等の法的拘束力を有しない方法によることが十分可能であり、かつ、これらが実質的に高い見識とすぐれた学問的成果に基づけばこのような方法によっても十分の指導性を発揮することができるから、こうした方法によるべきである」というように判示されているごとく、大綱的事項について国の教育内容への介入の権限を認めている。この大綱基準説に対しては、大綱的基準という用法は、大まかな基準という意味で使われ、その基準が明確ではなく、もう少し細分化された基準が使われることが大綱的基準説をとる論者に求められるに至った。

そこで大綱的基準説にかわり学校制度基準説へ同博士の学説は変遷をしていく。学校制度基準説(八九)においては、学校の体系から各学年の科目名や授業時間数などの教育課程の枠を示す学校制度的基準に限って国家の法的介入は許されるとする立場をとることになるのである。要するに、兼子博士が説く教育内容に対しての国家の関与は、法的強制を持っては許されず、指導助言なら認められるという立場に立つものと考える(九〇)。

上記の兼子博士の国民の教育権説を要約すると、第一に同博士は、憲法一三条の幸福追求権、同一九条の思想的選択の自由から子どもの学習権概念を捉えている。第二に、子どもが学ぶという真理学習の自由は憲法二三条の学問の自由に含まれるものと条理解釈できるとする。第三には、親の教育権を子どもの学習権を基底として考え、子どもの教育権を代位するという点から親が学校や教員に対する教育要求権を有すると理論づける。第四に、教員の教育権を憲法二六条の生徒の教育を受ける権利の保障の一環として教育人権性を有すると人権面から捉えると同時に、教員は公教育の組織内においては自治的権限として独立した教育権限を保障されているとして、人権面と権限性がまざりあった複合的な観点から複合説として捉えている。さらには、子どもに教育を行う教員のあり方が条理解釈上一定の意味を持つとして複合説を考えるうえにおいて教育条理の重要性を説くのである。第五に、教育基本法一〇条からも教育内容に対する国家の関与は、指導助言にとどめるのであれば法的に許されるが、法的拘束力を伴った介入の場合は法的には許されないとする。

国民の教育権説立論の見解のなかでも主流的な兼子博士に対して、同説の立論に新しい流れをもたらしたのが永井憲一博士を中心とした主権者教育権論に裏打ちされた教育内容要求権説である。以下その立論を考察していく。

五　永井憲一博士の教育内容要求権説に基づく国民の教育権説

（一）　永井憲一博士における教育法の捉え方

永井憲一博士が考えるわが国の教育に関する法律主義は、第二次世界大戦後の日本国憲法が「学問の自由」と「教育を受ける権利」を保障するようになってから明確になったという。ただそれは、教育に関する人権を現実に保障するという本来の教育法の全体構造を十分に考慮して法体系を形成したというわけではなく、教育基本法制を形式的に整備することを急いだ面があるとする。それゆえ、理論的な検討が不十分なまま教育法は理解されており、現在に至っている。このことが、現在でも教育法の位置づけが論者により異なる要因になっていると同博士は考えるのである。それでは、この教育法に対する異なった見解の主要なものにはどのようなものがあるのか。また、同博士は自説をどのように展開しているかを以下概観していく。

教育法の捉え方として、まず第一に、典型的な考えとして挙げられるのが、「教育法規は教育行政に関する法規である」「教育という営みは、現在、国や地方公共団体の事業として行なわれることが多く、これを公教育というのであるが、その場合、それはまた行政すなわち国や地方公共団体の作用として行なわれる」（九一）という相良惟一博士を中心とした論者の「教育行政法規」説である。同博士は、この説の特徴としては、教育と教育行政の不分離を唱え、教育を国や地方公共団体の事業もしくは作用と捉える点にあるとする。そしてこの考え方が、国家の教育権説の論拠となる教育法の捉え方の基底になると考察している。

次に同博士は、教育法は教育制度に特有な法論理の体系であるとする「教育特殊法」説の学説を考察している。この学説は兼子博士を中心に説かれ、その考えは「教育と教育行政は法的に分離される……教育法の一部としての教育行政法は一般行政法に対して教育法的な特色をもつ」「教育法は、教育制度だけに独特な法論理が現行法として有するかぎりのそれであり……現代における社会生活の各分野ごとに独特な法として生じている〝特殊法〟の一つである」(九二)という。永井博士は、この学説の特徴として、教育と教育行政を分離し、教育行政を含む教育制度の特殊性が強調されている点にあるとする。そしてこの学説はいわば「教育行政法規」説に対する批判的検討のなかで提言されたといってよく、国民の教育権説の論拠となり、戦後多くの教育学研究者や教育裁判のなかなどでも支持されたという見方をする。

第三の見解として、永井博士の自説でもある「教育人権法」説が挙げられる。この学説は、教育法を次のように捉え展開する。それは、教育法は教育基本権（教育人権）を保障するための法の総体とその体系であるとする考えであり、具体的には、教育法と教育に関する国際人権法をも含めて、教育基本権（教育人権）を保護するための戦後日本の憲法・教育基本法制の総体とその体系であるとする。同博士は、「教育人権法」説は国民の教育権説を教育人権論を根拠として論証するときなどに有益とする。その特徴は、教育に関する現代的人権の実現に重点をおき、その保障を現代法としての教育法に期待する点にあるとする。(九三)

この教育基本権（教育人権）であるが、同博士は、それは、広義においては国際条約などの国際人権法の保障されている範疇に含まれるとし、狭義においては日本国憲法二六条一項に保障された「教育を受ける権利」が、教育基本権（教育人権）と理解されるという。(九四)以下、これら教育法の捉え方の相違を念頭においたうえで、憲法の教育人権規定に則して、教育基本権（教育人権）における同博士の見解を考察していく。

（二）　憲法の教育人権規定に基づいた教育権の法的権利性

日本国憲法二六条は、日本国憲法制定後暫くの間、その解釈は経済主義的な理解の仕方を主としてしていた。[九五]すなわち、二六条一項においては「すべて国民は、法律の定めるところにより、その能力に応じて、ひとしく教育を受ける権利を有する」と明記しており、戦前、親の経済的事情で学校教育を受ける機会を満たされなかった子どもがいたことの反省から、憲法一四条の理念を教育的人権に押し広め、国民に教育の機会均等を与えたのであるというように考えた。そして、二六条二項においては、保護者に教育を受けさせる義務を課し、国に義務教育の無償などの義務を課したのである。

永井博士は、上述の見解に対して「このように、日本国憲法上の教育基本権は、国民が教育を受けるのに必要な費用を国に要求して支出させ教育の機会均等を確保する権利であると、いわゆる社会権条項の一つとして、それに限定して理解される理解が多かった。このような理解は、今日なお基本的に必要かつ重要ではある」として、経済的に教育を受ける権利保障の必要なことを是認しながらも、「その後しだいに〝教育を受ける権利〟といえども、ただ教育を『受けるだけの権利』ではなく、それが国民に保障された教育人権として、戦後の憲法・教育基本法制の法意に即して、より幅を広げて理解することの必要性が自覚されるようになった」[九六]と説く。そして、教育人権の広まりの原動力になったものとして、教科書裁判と日本教育法学会の創立を挙げるのである。

同博士は、教育基本権（教育人権）を人格権としての学習権、基本的人権としての教育の自由、生存権としての教育要求権、公民権としての主権者教育権という観点から分析している。以下これらを考察していく。

（三）　人格権としての学習権

日本国憲法においては明文をもって教育目的を規定していないが、教育基本法一条においては、教育の目的を「人格の完成」として位置づけている。永井博士は、このことを「教育の個人主義を採っている」とし、戦後の教育は、一人ひとりの人間としての個性的な自律を促し、人格の完成というものを目標として行わなければならないとする。当然そのなかにおいては、「一人ひとりの人間の発達に即した学習権―つまり教育における人権主体としての学習権―が、いわば人格権として保障されなくてはならない」とする。それは、国民の教育基本権（教育人権）としての教育を受ける権利は、本来国民の一人ひとりを人権主体とする人格権としての学習権とするのであり、このことは最高裁学テ判決において、憲法二六条の「背景には、国民各自が、一個の人間として、また、一市民として、成長、発達し、自己の人格を完成、実現するために必要な学習をする固有の権利を有すること、特にみずから学習することのできない子どもは、その学習要求を充足するために教育を自己に施すことを大人一般に対して要求する権利を有するとの観念が存在している」というように是認せられたものとする。(九七)

これら、人格権としての学習権を現実に保障するためには、教育の内容や方法を国民自身が形成し、決定する国民の教育権と、国からの不干渉を堅持する「教育の自由」が大切になると同博士は考えるのである。

(四) 基本的人権としての教育の自由

永井憲一博士は、上述の人格権としての学習権は、市民的権利あるいは市民的自由としての教育人権と捉えることができるという。「いわば自由権としての教育人権」と表現できるとするのである。そして、教育現場においてこの学習権が保障されるためには、「教員の教育の自由」の保障が不可欠なものであるとして、その保障の必要性を説く。

同博士によると、国民の教育権説の立場から提唱される従来の教育の自由論は、国家権力からの教育の自由を内容的に強調するものが多かった。それは、教育内容に対する国家権力の干渉を排除するための、「法制度論としての〝教育の自由〟論」であり、このような「論理が先行していたのに対し遅れていたのは、いわば人権としての〝教育の自由〟論」であるとする。

上述のことから同博士は、国民の教育権説は、国民の教育を受ける権利を原点としており、この教育を受ける権利を保障することを目的とする国民の教育権説においては、その中核に人権としての教育の自由論を据え論理的に深めていかなければならないとする。従来のような法制度論としての国家権力からの教育内容に対する干渉の排除のための教育の自由論は、根底的な面での論理を固め、「七〇年代において『国民の教育権』を現実に形成するために〝教育を受ける権利〟の保障を要求する自由としての、人権としての〝教育の自由〟論を展開させていかなくてはならない」ということを意味しているとする。そして、それは憲法二六条と教育の自由との関連を論理的に明確にする作業から始めなければならないとする。

憲法二六条において保障される教育を受ける権利は、教育の自由の保障がその前提条件として必要不可欠なものとして同博士は考える。それは、教育を受ける権利が各家庭の経済基盤にまかされていた時代において、本人の能力に応じて均しく教育を受けられるように要求することを当然に含み、教育の自由が前提として保障されていなければならないとする。また、教育を受けることは人間らしく生活を営む基礎能力を修得し、自ら民主的国家を形成し、維持していくような国民に一人ひとりがなりうることを条件として充足していくための要求を含む教育の自由が保障されなければならないとするのであり、同博士は、このような理解のうえにたって、人権としての教育の自由を原点とし、そのような人権としての教育の自由を現実に保障するための法制度論としての教育の自由論が展開されていくことが望まれるとするのである。(九八)

（五）　生存権としての教育要求権

永井憲一博士が、教育内容要求権説を立論する背景には、従来の教育権論では、主に教員の教育の自由を要求する国民の教育権説の理論形成に力が注がれており、むしろ、それよりも「教育権の内容論つまり国民の『教育を受ける権利』理論を中心に据えて、それが『だれの、何を』保障するためのものなのか、が前提とされる理論」(九九)形成こそ重要と考えたからである。

同博士は、教育に関する生来的権利を社会的に人権として保障し、維持・継続していくのには、社会的承認を含む人権保障の制度化が必要とする。それは、教育人権というものを、人間が自立して生活する権利の基礎をなすものとして捉え、「人権の基礎となる人権」と考えるのである。この人権を保障するための制度化は人間の要求行動から出発するものであり、教育人権が保障されるためには、憲法二六条を法的根拠とする生存権としての教育要求権が承認され、保障されなければならないとするのである。このことを同博士は、「いい換えれば、それは教育人権の制度保障を実現するための人権であり、社会権としての教育人権である」といえるとする。

そして、この教育要求権という教育人権は、教育の内容や方法に関しては、先述の人格権としての学習権と結びつき、その保障を社会的に制度として実現させる人権であるから、同博士は、それに反する国家の教育内容への介入や強制を排斥する教育人権でもあるという見解を示す。なお、この教育要求権は、国あるいは地方自治体の教育条件整備に向けられるのであり、その例として、同博士は、就学から修学まで必要とする学用品費の無償、学童保育所などの設置、教職員の増員、校則の改定、教科書の採択、教材の選択、教育委員会のあり方など多岐にわたるとする。(一〇〇)

（六）　公民権としての主権者教育権

教育内容要求権説は、民主的な内容の教育を要求するという側面で捉えると、公民権的主権者教育権説となって現れる。永井憲一博士は、このことを、教育的人権のなかには、日本国憲法のもとで、よりよき次代の主権者となるための公民権・文化権などの主権者教育権を含めるとする。その根拠として同博士は、教育基本法前文と一条および八条を挙げる。すなわち、教育基本法前文は、「われらは、さきに、日本国憲法を確立し、民主的で文化的な国家を建設して、世界の平和と人類の福祉に貢献しようとする決意を示した」とし、その理想を実現するためには、「根本において、教育の力にまつべきものである。われらは、個人の尊厳を重んじ、真理と平和を希求する人間の育成を期する」として、民主国家を形成するうえで主権者として自覚ある国民を育成するうえにおいて教育に期待されるものが大きいことをうかがわせるのである。また、一条においても、教育の目的として「教育は、人格の完成をめざし、平和的な国家及び社会の形成者として…心身ともに健康な国民の育成を期して行われなければならない」と規定し、さらに八条では、「良識ある公民たるに必要な政治的教養は、教育上これを尊重しなければならない」として前文同様、民主国家を形成していく主権者を育成していくうえで、教育が重要な役割を担っていることが考えられる。これらの根拠条項を踏まえて同博士は、次のようにいう。「これらの条規の法意は、戦後教育の目的が、単なる〝人格の完成〟にあるのではなく、よりよき主権者として日本国憲法の理念とする『平和主義と民主主義』の国を維持し発展させる主権者としての資質（政治的教養）を備えた〝人格の完成〟を求めている、といえる」と述べる。ただ、この同博士の見解に対しては、憲法の理念とはいえ、それは改定されることもあり、それを教育目的とするのは教育の自律性に反しはしないかという反論が出るおそれがあるが、それは、憲法の理念とする平和主義と民主主義は人類普遍の原理であり、教育に求められる真理であり、そのことに留意する必要性を説くのである。兼子博士のように、「それは政治的レベルで考えるのではなく、文化・教育の中で考えるべきだ」という見解に対して永井博士は、現実的には簡単に区別できるものではないとするのである。

上記の永井博士の国民の教育権説を要約するなら、第一に同博士は、憲法二六条を次のように捉えて自説の論証を行う。すなわち、二六条一項は、教育の機会均等の保障を定め、同条二項は、保護者に教育を受けさせる義務を課し、国に義務教育の無償などの義務を課した。この憲法二六条を教育を受けるだけの権利としてだけ捉えるのではなく教育人権としてより幅広くその権利性を捉える必要性があると考える。第二に、第一で提唱した教育人権を四つの観点から分析しており、人格権としての学習権を教育基本法一条の「人格の完成」から位置づけている。この学習権を保障するものとして教育の自由の重要性を説き、さらに憲法二六条を法的根拠とする生存権としての教育要求権が承認されて保障されなければならないとし、民主的な内容の教育を要求するという側面で捉えると、公民権としての主権者教育権が大切になる、とするのである。

以上、国民の教育権説を独自の立論で提唱する五人の代表的な学者の見解を考察してきた。これらの立論には注目に値する側面と同時に疑問点や問題点も指摘されるところがあるように思われる。それだけに次項においては、国民の教育権説共通の問題やここで取りあげた代表的な五人の学者の国民の教育権説について、私見を交えて検証していきたいと考える。

第三項　国民の教育権説に対する私見

一　国民の教育権説全体を通じての疑問

国民の教育権説を考察していくなかにおいて、多くの疑問点が挙がってくる。なかでも大きな疑問に、国民の教育権説の論者は先に一定の方向性を念頭においたうえで論議を進めていっている学説ではないかということがある。このことを、いみじくも田中二郎博士は次のようにいう。「教育法学についていだけいうのではなく、法律学の各分野、特に新しい法律の分野に共通していえることであるが、最近の法律学者の見解のなかには、実定法の定めを離れて、時には理論の名において、一定のイデオロギーを主張し、そのイデオロギーに基づいて結論を先取りし、その結論に至る理論的基礎づけを軽視する傾向が強いように思われる。しかし、説得力をもった理論的基礎づけを欠く法律的見解は、法律論としては、無価値にひとしいといってよいであろう」(一〇四)。以下、国民の教育権説を主張する論者に比較的共通する事項に関して問題点を見ていく。

（二）私事性強調の現代公教育論理に対する疑問点

本来、国家的制度としての側面を有する公教育論に対して、必要以上の私事性の強調は当然のことながら疑問が生じるといえる。この点、国民の教育権説の論者や家永教科書裁判における原告側が自説の展開を行ううえにおいて引き合いとして出すものに、近代教育思想家であるコンドルセとルソーがある。

この近代思想家を援用した立論の特徴は、フランスの一八世紀に成立した子どもの教育を受ける権利と教育の自由を中核とする近代教育思想の私事性の理論を、現代における実定憲法および公教育法制のなかに生かされていると捉えた点である。さらに、この近代教育思想家が唱える「教育の自由」から国は教育内容へ関与することができないとするのである。

しかし、この考え方は、現代の公教育をかつての教育の私事性の延長の観点からのみ捉えるもので、近代と現代を混同していると考える。また、「近代教育思想」は、公教育の原理と見られるのではなく、公教育成立前の教育を私事と見る私教育の理論というべきものである。もし仮に、一八世紀の近代教育思想が、現代に生きていると考えたにしても、所詮、近代教育思想についての一つの学説を取りあげたのにすぎないと思う。(一〇五)

また、国民の教育権説の論者が引用するルソーの思想も公教育についての思想ではなく、いわば私教育の思想である。なぜなら、そもそもルソーは、祖国愛に基づいた徳の形成というものを重視しており、国の手による公教育によって組織的な教育を行うことを考えていた。それゆえ、国の教育内容に対する関与を当然と考えたのである。さらに、教育行政については、徹底した中央集権主義と行政の立法への従属の形をとっているからでもある。(一〇六)

コンドルセの教育思想は、フランス革命議会に提案されたが、一つの案として討議されたにしかすぎず、コンドルセの考え方は、当時においても反対が多く、現代に至ってもいずれの国においても実現されておらず、本来教育制度史的においてはあまり意味のないものであったと思える。さらに、コンドルセは、公教育私事性論の論者がいう、公教育は国家権力から常に独立したものでなければならない、と主張しているわけではない。コンドルセは、その著書において[一〇七]、公権力の設置する教育機関は一切の政治から独立する必要性があると説くが、この「独立性は絶対的なものとはいってなく、教育機関は議会に従属せしめられるべきである」とする。その理由は、「あらゆる権力のなかでこれ［人民の代表者で構成される議会］こそは腐敗するおそれが最も少なく、また個人的な利益で誘惑されることも最も少なく、さらに知識を有する人々の総意の影響を最も反映し易いものであるからである」[一〇八]とする。それゆえ、コンドルセの教育思想は、国民の教育権説の論者のいうように、公教育と国家を分離することを目的とするものではない。要するに、国民の教育権説の論者は、コンドルセの見解が自己の見解に近いということで自説を堅持するうえにおいてコンドルセの学説を出しているように考えられる。

フランスにおいて教育の自由が規定されたものとしては、一八四八年のフランス憲法が挙げられる。しかし、同憲法の規定する教育の自由は、教育の私事性を前提とする親の家庭教育の自由および私学経営の学校設置の自由をいうのであり、国民の教育権説の論者がいう「教育の自由」とはもともとの意味が違うのである。興味深いのは、現行のフランス憲法は、教育の自由に関する規定がなく、単に教育については法律で定めると規定しているにしかすぎない点である。もし、近代教育思想が現行の憲法および公教育法制に生かされるというのであれば、現行憲法をぬきにしてこれを論ずることは意味がないと考える[一〇九]。

(二)　国民の教育権説概念の曖昧さ（国民と国家を対立的に捉えることへの疑念）

国民の教育権説の論者は、子どもを教育する債務を担っているのは「親を中心とした国民全体」と説くが、もし、この「国民」が「国民全体」を意味するのであれば、この国民を国家と対峙させるのは無理がある。なぜなら、わが国の憲法下における国家統治形式である民主制は、統治される者と、統治する者の統一性を理念とする。いわば統治する者される者は永続的な関係ではなく、主権者たる国民の意思に委ねられる性質のものである。

それゆえ、そこにおいては、国民全体が国政に参加し、国民全体の意思を基礎として国政が行われるべきものである。このことから国家の意思は国民の意思であらねばならず、本来対立的契機をいれる余地がないといえる。それにもかかわらず、「国家」と対峙する「国民」が「特定の国民」ではなく、国民の教育権説論者のいう「国民全体」の「国民」とするなら、憲法における民主制に反する論理といわねばならない。国家の教育権批判を目的として「国民の教育の自由」を説く国民の教育権説論者のいう「国民」は、明らかに「国民全体」の「国民」であり、この意味からも大いに矛盾する見解といえる[一〇]。

いわば、国民の教育権説がいうところの「国民」とは、名称こそは「国民」となっているが、実質的な意味でいうところの「国民」は、結論的には教員のことを念頭においており、教員にこそ教育内容の決定権があると主張することを目的とした所説ということがいえる[一一]。

この点、奥平康弘氏の批判が大変興味深い。同氏は、国民の教育権説の論者がいう「国民」が、どの主体をいうのか不明確とする。また、「教育権」という言葉の多義性を指摘する。そのうえで、本来「国民の教育権」と「国家の教育権」は二者択一ではなく、「国民」に教育権があるからといって「国家」の教育権を否定することにはならないという[一二]。同氏の見解は、教育権論争を考察するうえにおいて本来の法解釈学を客観的に行った見解といえよう。

また、それまでの「国民」対「国家」の曖昧な概念の論議に対して、近年は、学校・教員対親・子どもという対抗関係が多く見られる。このことは、教育裁判[一三]の流れを見ると一目瞭然といってよい。今橋盛勝氏は、この対抗関係に関して一九八三年に「二つの教育法関係論」と称してその問題点を提起した。すなわち、従来いわれていた「国民」対「国家」という曖昧な対抗関係では近年の教育問題に対応できないとする。同氏は、「第一の教育法関係」を、国（行政庁）、都道府県市町村（教育委員会）対学校、教員、子ども・生徒、父母、住民、国民の教育関係を意味し、「第二の教育法関係」としては、国、教育委員会、学校、教員対、子ども・生徒、父母、住民・国民の教育関係を意味するとした。教育行政当局と教員の関係は、前者を指し、学校や教員と、子どもや親との関係は後者を意味するのである。同氏は、従来の国民の教育権説は前者の「第一の教育法関係」を中心に組み立てられた議論とするが、今後は「第二の教育法関係」を重視して、子どもや親の教育権を尊重していく必要性を説くのである。(一一四) 同氏の「二つの教育法関係論」に対しては、問題を指摘する見解もあるが、(一一五)「現実の教育」を見据えた教育権論の再構築が行われているということがいえ、従前の国民の教育権説の論者の曖昧な用語概念によるものとは異なり、論理の緻密化・正確性を考えると意義のある提唱といえる。

そもそも国民の教育権説の論者は、教育内容に国が法的介入をすると、それをもって生徒や教員の自由が抑圧され、親の教育権が侵害されるといった一面的、単調的な考え方で教育権のあり方を判断をしがちである。しかし、果たしてそうであろうか。国家が教育に関与すれば常にマイナスの作用を及ぼすとは限らない。むしろ積極的にそれに関与することが望ましい面があるのも事実である。国民と国家とを対立的に捉え、教育内容の決定に国家が関与するというにおいてはいつも国家を悪ときめつける論理は、一面的・単調的といった批判が投げかけられるものと考える。

むしろ批判能力の乏しい段階の子どもに中正な教育を保障していくうえでも、中正な教育は自由放任のなかからは生まれない。それだけに一定の基準が必要であり、この基準は、「憲法の定める国民主権・議会制民主主義の原則に則り、国民の意思に基づいて、国家が行うのが、憲法の要求するところである」(一一六)と伊藤公一博士は考える。この議会制民主主義に関しては、わが国では、国民の意思は法律に反映される建前になっており、憲法二六条一項も「法律の定めるところにより」としているから、法律の定めるところにより国が教育内容に関与することは認められているとの主張を打破する説得力ある論理とはなり得ないことは明らかである。(一一七) 教育の持つ特質性はたしかに考慮しなければならないが、過度に特質性を強調し、議会制民主主義を否定することには問題があるといわねばならない。

以上のことからも明らかなように、憲法も法律も、国家が教育内容に関与することを国家の責務として位置づけており、国民全体と国家を恣意的に対立させ国家を教育内容に関与させせまいとする所論には問題があるといえよう。

（三）　親の委託と教員の範囲に関しての疑問点

国民の教育権説の論者は、親が子どもを教育する権利を教員に委託し、教員はその委託に基づいて児童・生徒を教育する関係と解している。いわゆる、公教育の親の義務の共同化ないしは親権者集団と教員集団による社会的組織化であるとする。この見解に関しては多くの疑問点が挙げられる。なかでも、親と教員との間の委託に関しては、どのような根拠法規により、どの程度の親が、どの教員に、どの程度権利を委託したのかという疑問が挙げられよう。(一一八)

わが国は、あくまで法治国家である以上、教育に特質性が有るとしても、法的根拠のない委託が成立するのか疑問が残る。ましてや、教員が行う教育は、単位の認定をはじめとする多くの権限が付託しており、児童・生徒の損益に直結するものである。このことを考えると、法的裏づけの欠く「漠然とした国民」による、権利性も範囲も明らかでない「教員」への委託の提唱には問題が残るといえる。

むしろ反対に、公教育の強制面（義務教育など）や親の価値観の多様性を考えたときには、より多くの親に受けいれられるよう考えねばならないし、何より、子どもの学習権をいかに保障する教育を行うかということを考えたときに、公教育を親と教員の委託に任せるなどあまりにも法的（根拠性）にも現実的（上述の今橋氏の「二つの教育法関係論」からも明らか）にもそぐわないといえる。(一一九) その意味でも国家が教育内容に関与することの必要性がある。ただ国家が教育内容に関与するにしても、決して無制限なものではなく、法の支配の原則に基づく合理的な範囲で、教育の特質性を十分考慮したうえで関与する必要性があるといえよう。

また、国家が教育内容に関与することに関しては、歴史的に見ても親が自らの子弟を教育することが困難になり、教育をすることを国家に付託し、国家はこの付託に応えるべく国民の教育の責務を肩代わりして公教育を実施するのであるから、国家が教育内容に関与することを否定できないといえよう。(一二〇)

現実に親と国家の信託とする法的根拠も多数ある。例えば憲法では、前文と二六条、教育基本法六条、学校教育法二〇、二一、三八、四〇、四三、五一条などが挙げられる。(二一)

二　国民の教育権説の諸説の見解に対する疑問

(一)　憲法二三条と真理の代理者たる教員に対する疑問点

国民の教育権を支えていくために重要なものとして「教員の教育の自由」を初期の段階で強調したのが、宗像博士である。それは、親を中心とした国民の集団から子どもの教育の信託を受けた教員が、自己の信念に基づき自由に教育を行うことにより、民主的な教育が行えるからこそ教員の教育権を堅持することが大切だとする考えである。いわば、教員の教育権は、教員が真理の代理者たることに基づくという他ないと考える(二二)のである。

この宗像博士の国民の教育権を維持する見解に対する疑問点を上述の国民の教育権説全般で考察した点を除いて見ていくなら、第一に教員が自己の信念に基づいて自由に教育を行うことによって同博士のいうように本当に民主的な教育が行えるのかその根拠が明確でないといえよう。むしろ、教員が自由に教育を行うことにより、その教育が恣意的になるおそれがあるように思われる。第二に同博士は、真理の代理者とは、「真理を伝えるもの、真理を子どもの心に根づかせ、生かし真理創造の力を子どもにもたせるもの、というような意味である」(二三)として真理の代理者についてはその意味を明確にするが、真理とは何かについては同博士の意図は明らかではない。同博士が真理の意味を明らかにしたにせよ、それはあくまで数多くの価値のなかの一つであり、主観的要素が強い一つの目標でしかないといえる。

同博士は、上述のように教員の自由は憲法二三条によって学問の自由の保障の延長として、下級教育機関の教員にも大学の教員と同じく認められ、広く研究の自由を踏まえたうえで教育を行うべきであるとし、例えば教科書の採択

やそれに基づく授業活動などもすべて教員の自由として考えられるとする。（一二四）

しかし、同博士のこの見解から憲法二三条から下級教育機関の教員に教育の自由を認めることに対しては、二三条は元来大学の教員を対象としているものであり、（一二五）児童、生徒は批判力に乏しく大学における教授の自由を下級教育機関にそのまま認めることのできないことは明らかである。それは、大学が教授の自由を有する沿革を考えても明らかなことであるし、また、児童、生徒が下級教育機関において受ける教育は、学問研究という域にまでまだ達していないことからも明らかであって、これらの意味からも筆者は、憲法二三条から下級教育機関の教員に大学の教員と同じように教育の自由を認めるのには無理があると考える。（一二六）

この点、杉本判決が宗像博士の論を取り入れて、教育には「真理教育が要請される」と判示するが、橋本公亘博士は、「真理教育」が不可欠ということと、「教員の教育の自由」とが直ちに結びつくであろうかという疑問を明らかにする。それは、ある教員の自ら正当とする学問的見解が常に真理であるわけではないし、また、児童、生徒にある教員の個人的見解を絶対的なものとして教え込むようなことがあってはならず、特定の学説などにかたよらないことが望まれるとする。同博士がこう捉える背景には「単に教師はその教育内容について他の誰からも干渉さるべきでないとすると、教師の独善を放任することになり、教育が国民全体に負うべき責任がどうして遂行されるのであろうか」（一二七）という問題があることがうかがわれる。

（二）　宗像誠也博士、兼子仁博士の内的・外的論

杉本判決に取り入れられ、宗像誠也博士の中核理論の一つとしても挙げられるものに教育の「内的事項、外的事項」の論議がある。それは、教育について内的事項、外的事項というように役割や目的において明確に分け、内的事項には教育行政は及ばなく、教育行政は外的事項に限るとする国民の教育権説の論者の論調である。

内的事項、外的事項という見解を当初主張しだしたのは一〇〇年ないし一五〇年前のドイツにおいてである。それ

は、ドイツにおける一つの教育行政の理論であった。すなわち、ドイツにおける内的事項とは、「学校における教育活動に関することがら」であり、国の学校に対する、あるいは教育行政に関する監督の問題であり、誰がそれを監督するかの問題である。また、外的事項は、内的事項が円滑に行われるための諸々の条件や手段に関する事柄などの法律的な問題である。内的事項は教育活動に関することであるから、教育の専門家といわれる視学官（Inspector）が行う。それに対し、外的事項は教育行政の専門家である行政官が行うというのがドイツの理論である。（一二八）

このドイツの内的事項、外的事項を分ける考え方は戦前の日本においても採用されていた。それは、戦前の日本の教育行政は、ドイツ、フランスを中心とした大陸系諸国の影響を受けており、学校法規、なかでも明治一九年の小学校令はドイツのやきなおしといわれるほどであった。それゆえ、わが国における戦前の地方の教育行政などにおける、「教育の内容に関して」は地方視学官が、「外的事項に関して」の一般の行政事務は地方事務官が行うというやり方は、ドイツの影響を多分に受けたものといえる。（一二九）

内的事項（interna）、外的事項（externa）は、アメリカの教育学者キャンデル（Isac.L.Kandel）がその著書『比較教育 "*Comparative Education*"』の第五章 Administration of Education において論議している。（一三〇）キャンデルは、終戦直後の第一次米国教育使節団のメンバーとして来日し、わが国に対しても多くの影響を与えた学者である。

キャンデルの内的事項、外的事項の捉え方は、おおむね上述のドイツの分け方と同じであるが若干の相違がある。それは、教育に関する事柄を内的事項と外的事項に分けた場合、外的事項は教育行政当局が独自に行うことである。これに対し、内的事項は教育内容、教育方法に関するものであるから現場で教育活動に従事している教員を行政参加させるべきであるといういい方をしており、（一三一）決して、教育行政が内的事項には関与してはいけないといういい方をしていないのである。その意味からも宗像博士が、キャンデルを引用して内的事項に教育行政が関与してはいけないとする見解は誤っているといえる。（一三二）

同様に、同博士の影響を多大に受けた杉本判決においては、国家の責務を教育の条件整備として、教育内容に介入することは基本的には許されないとするが、このことに対し、橋本公亘博士は、判決が、「公教育としての学校教育が必然的に要請される」としていることは、「国民全体すなわち国家がその学校教育の内容について無関心でなければならないとする結論とは、結びつかないはずである」という。そのうえで「教育内容についてはできるだけ権力的介入を避けるのが当然の要請であると思うが、『基本的に許されない』とする断定には疑問がある」[一三三]とその問題点を指摘することには肯けるところがある。

キャンデルによると、上述の教育現場で教育活動に従事している教員の行政参加がうまく行われているのはイギリスであるとする。それは、教育行政当局と教員（教員組合を含む）と保護者の三者が緊密なパートナーシップを保って教育行政が行われているからである。しかし、この場合も内的事項に教育行政が関与してはいけないということはどこからも読みとれない[一三四]。むしろ、イギリスの教育行政は、道徳教育を一歩進めた宗教教育について、法律をもってそれを強制しており、これこそ立派な内的事項への関与であると考える。

また、宗像博士が「内的事項はこれは人間の価値観に関することであるから、ふれてはならないオフ・リミットの境地、聖域である」[一三五]という論に対して、相良博士は、そのようなことは、キャンデルも、それから、ドイツにおける内的事項・外的事項の論でもいってないことは明白であるとする[一三六]。

興味深いのは、兼子博士が、教育をめぐる事象においても確定的に内的・外的事項を区別することは困難であり、前述の事項配分はあくまで原理的な例示とする点である。同博士は、むしろこの点を補完するものとして、西ドイツのH・Heckel教授のいうところの第三の概念による補完[一三七]を考える必要があるとする。同博士は、これを「混合事項性」とし、例えば学校制度は、教育法制史上は学校教育の社会制度的条件をなすものとして法定される外的事項とされてきたが、学校種別や教科目が多分に内的事項面を有する混合事項というべきであるとする[一三八]。この兼子博士の内的事項・外的事項に対する見解は、教育活動を行う権利と教育事業を行う権利とを同視して考えており、いずれも教育権と称している点においては、矛盾が生じるといえよう。

(三) 兼子仁博士の指導助言と法的介入

上述のように、国家が教育内容に法的根拠をもって適正に関与することは法制度上、問題はない。この点、先述したように、兼子仁博士は、教育内容に対する国家の関与をすべて否定しているわけではなく、指導助言に止めるのであれば法的に許されるという立場から、校長や指導主事は、法的拘束力のない教育の倫理・法則に則った専門的権威のある教育上の指導助言はできるが、法的拘束力を伴った介入の場合は教育基本法一〇条から許されないとする。[一三九]この同博士の見解をもう少し詳しく見ていくなら、警察や税務署などのように強制的に国民を従わせていく行政指導とは、学校教育の場の指導行政は区別されると捉えている。ただ、同博士の指導行政に関しての分析は緻密とはいえない面がある。それは、指導行政の実体は「現行の〝指導行政〟では、教育法社会学的に、真の指導助言行政は実在しえていない」[一四〇]として、現実には上述の「指導助言に止めるのであれば法的に許される」という同博士の理想とする指導行政が行われていないことを認めている点からも明らかであるといえよう。

また、今後の指導行政のあり方として「指導助言権の教育法理は、わが国の教育内容行政に対して一刻も早く法的命令権と絶縁し教育専門的水準のみに依っていく文化的体質に転換することを要請する」[一四一]と同博士自身の説く行政指導のあり方に理念的な側面が強いことを間接的に認め、行政指導のあり方の変革を説いたものといえる。この点、内野正幸教授の「今日の日本の教育行政においては、兼子氏がいうような理想的な指導助言は、少ししか実在していないのではなかろうか」[一四二]という見解が兼子博士の説く論の問題点を的確に指摘しているといえる。

さらに、兼子博士の説く指導助言に関する見解に対しては、国民の教育権説の論者から批判が挙げられている。[一四三]また、教育支配批判論の立場からは、「民主・国民教育論においては、『指揮命令』行政がきびしく批判されるのに比較して、『指導助言』行政が免罪される傾向がある。しかし、……『指導助言』行政といえども公的支配の一つの様式である」（二四四）という批判もある。これら批判が出てくる要因は「兼子氏などの教育法学者は、あるべき指導助言について主張しながらも、現実の指導行政を批判してきたからである」（二四五）ということがいえる。

上述のことから筆者は、兼子博士のいう指導助言に関して、次の問題点があると考える。それは、指導助言といったとき、現実のわが国の教育行政においては、強制的性質が強いものであるにもかかわらず、「強制力を伴わない指導助言」を理想的な指導方法として捉える反面、現実に行われている「法的介入を伴う指導行政」を批判するということにより、もともと区別するのに困難な面がある「強制力を伴わない指導助言」と「法的介入を伴う指導行政」が混在してしまい、混乱を招く結果になったといえる。それゆえ、「指導助言ならいいが、権力的な介入は認めない」という兼子博士の論は、現実にわが国において行われている教育行政の指導助言を勘案するなら、明らかに矛盾があるといえる。

（四）一三条説の問題点

憲法は、あらゆる権利関係を規定しているわけではないことはいうまでもない。ある権利や自由が憲法のなかに具体的に規定がなく、他の条文からも解釈できない場合で憲法による保障を主張する場合に、憲法一三条の「幸福追求権」を用いるのが一般的である。

高柳信一博士は、国民の教育権説立論の論拠を上述の憲法一三条から幸福追求の権利の一部として捉え、学問の自由と教育の自由との同質性を学問の自由論の再構築を行うことにより明確にし、学問の自由を大学の教員の特権としてではなく市民的自由と同質として捉えたことは先述のとおりである。同様の見地から、奥平氏は、教育に関する権利を国などに侵された場合、教育権の侵害と位置づけてもよいが、「憲法学的な次元でいえば、思想・信条の自由、言論・出版の自由、学問の自由といった、多かれ少なかれ伝統的な市民的自由（civil liberties）にほかならないのではないか」[一四六]という。

これに対して、兼子博士を中心とした教育法学説からは、「憲法の人権規定の『条理解釈』の必要性を強調するなどして、反論」が試みられている[一四七]。

両者の対立の背景を内野正幸教授は、二つの観点から捉える。一点目は、「〝教育の自由〟など憲法にでてこないことばで示されるものを、憲法上の人権としてとりあげることにたいして、どういう態度をとるか、ということ」であり、「消極的なのが奥平説などであり、積極的なのが兼子説など」とする。二点目としては、「奥平説などは、具体的に権利を主張する場面を念頭においている。これに対し、兼子説などは、いろいろな問題を包括的なことばで整理しようとする色彩をもっている」[一四八]とする。この内野教授がいう二点目に関しては、奥平氏は「教育権」などの用語の使用が憲法上の権利主張にとりマイナスであるという見解ではとくに捉えているようには思えず、その観点からは差異は少ないといえる[一四九]。問題なのは、一つ目の憲法に出てこない用語を憲法上どういう位置づけとして捉えるかということである。

筆者は基本的には奥平氏や高柳博士が説くように、教育に関する権利侵害に対しては、伝統的な市民的自由として捉えてその救済にあたる必要性を感じる。しかし、教育に関する権利には、「既成の人権カタログに解消されない独自の人権として位置づける余地」[一五〇]がないとはいえないことも事実である。それゆえ、「教育に関する権利」の侵害に関しては、一概に割り切って考えるのではなく、むしろ権利侵害の主体や客体、内容などのケースにより法的な分析が行われ、憲法二六条により、権利救済を行うことが合理的と考えられる場合もある。その意味から高柳博士の説く憲法一三条説はあまりにも一三条で、すべての教育に関する権利侵害などに対応していこうとする側面が強すぎるのではないかと思われる。

（五）　教育要求権説の問題点

永井憲一博士の憲法二六条に基づく教育内容要求権説に対して、国民の教育権説の立場から疑問を呈したのが、有倉博士である。有倉博士は、先述の二三条説の立場から教育内容要求権説を次のように捉える。教育に関連する事項のうち、教育の方法・内容に関する事項については、国は教育を受ける権利要求の相手方、すなわち、教育を受ける権利保障を充足する機関（主体）とはなりえないとするのである。その理由として、憲法二三条から導かれる教育の自由の効果は、教育内容・方法については、国の行政権力の権力的関与の排除が要求され、関与が排除されるものに対して、要求することは矛盾があるからだとする。[一五一] すなわち、二三条説のいう教育の自由の観点からは、国は教育内容に関与することができないにもかかわらず、国に教育内容の充足のことを要求するとしたら、その要求自体が、矛盾することになると同博士は考えるのである。

この有倉博士の疑問に対し、永井博士は、憲法二六条に基づく教育内容要求権説から、「教育権についても、それが国家権力の政策ないし行政に対する積極的な教育内容までわたる要求権をも含む」[一五二]という反論をする。その理由として、同博士は、今日、事実として国家の教育権説に基づいた、教育内容に対する政治的統制・支配が現存し進行しているなかにおいては、それを抑制するためにも、個々の国民の教育を受ける権利の最も重要なものとして教育内容要求権を特に積極的に評価しなければならず、また、経済的措置要求権に限定して考えることは、経済的措置要求権と教育内容とは密接に関連していることから考えてもこれらを分離して考えるのは不自然とするからである。ただ、同博士は、「教育内容要求権説はそれ自体が国の教育権を肯定する前提に立つものではない」[一五三]とわざわざ断って、国家の教育権説とは異なることを強調している点が注視される。

また、有倉博士を中心とした自由主義法学者からは、教育内容要求権説がいう「現実の政治権力」の考えに対し次の疑問点が挙げられる。それは、現実に政治権力によって教育内容が決定されていることに対抗する手段としては、教育の自由権的効果としてその排除と無効を裁判上で争うべきであって、違憲・違法な現実を是認するような形での前提とすべきではないとする点である。同博士は、「現実の政治権力」に関する教育内容要求権説の考え方は、一種の運動論としてならば意味を持つかもしれないが法律論としては不適切であるという批判を行う。(一五四)この批判に対し、永井博士は、「運動論と法律論に分けられる『法律論』こそ、まさに非科学的論理」(一五五)であるとするのである。

上述の有倉博士が指摘する疑問点は、本来国の教育への関与を排除することを目的とした立論を行う色彩の強い自由主義的な国民の教育権説の立場からは、たとえ現在、政治的統制・支配が現存し進行しているからといって、教育への関与を否定する客体である国に諸々の教育要求を行うということは、矛盾が内在しているという点を強調するものである。その意味において同博士の指摘は肯ける面があるといえよう。ただ、「現実の政治権力」(一五六)に対し、いかなる意味でも行政権・司法権に教育内容の決定権を認める教育内容要求権説には賛成できないとする同博士の見解は、自由主義的な国民の教育権説の論理とすれば大変わかりやすいが、国と教育との関わりという点から見た場合に、その見解は国民の教育権説の諸説のなかでもあまりにも極端な論といえよう。

最後に、経済的措置要求権と教育内容とが密接不可分な関係であるとする教育内容要求権説の主張(一五七)に対して、「密接不可分だからといって経済的措置要求と教育内容要求とが同一でなければならないという結論は生じないし、ボーダーラインの不明確という例外現象のゆえに原則部分を否定することはできない」とし、その上で、このような教育内容要求権説の論法は、国家の教育権説の論法を彷彿させるとする。(一五八)このことを具体的にいうなら、外的事項に見える学校の建物や教職員定数、生徒数などであってもどのような教育を行うのかといった教育内容の決定のあり方と密接に関係しており内的・外的事項を今日の教育行政で峻別するのは不可能であり、外的事項の関わりを教育内容への関与とする国家の教育権説の考え方に、経済的措置要求権と教育内容とが密接不可分な関係とすることが非常に類似してくるといえる。それゆえ、教育要求権説は、国民の教育権説を提唱しながら実質は国家の教育権説と同じ見地に立っていたということにもつながりかねない問題点を含んでいるように思える。

第二節　国家の教育権説の類型の考察

第一項　序

国民の教育権説の立論が多岐にわたるのは、国家の教育権説に対抗するということを共通の目的としてさまざまな観点から立論を試みたからである。これに対し、国家の教育権説は、少数説ということもたしかにあるが、学説としての立論の仕方、理由づけなど多少の違いはあるものの全体として一貫性を保った学説ということがいえる。いうまでもなく、わが国は法治国家である。公教育は、法規に基づいて運用されていく必要があることは当然のことである。公教育を他の行政と全く同様に考えることはできないにしても、法規を超越する理由において、一部の人や団体が自由に公教育を運用するならもはや教育法規のみならず、法そのものが存在する意義すらなさないといってよいであろう。また、国民の一部の人や団体が、全体の国民を代表するかのごとき論理をもって教育を行ったとしたら、それは、もはや国民のための公教育とはいえず、一部の人や団体のイデオロギーを植えつけることを目的とした教育となってしまう。

筆者は、国家が公教育を行うことが最善といえるかどうかに関しては、疑念の余地があると考える。なぜならば、強制力を持つ国家ゆえに、戦前のわが国は一定のイデオロギーの強制を強権的に行った事実があるからである。しかし、そのことを理由に国家を必要以上に警戒し、遠ざけ、悪者扱いする理由にはならない。それは、現在のわが国は、日本国憲法によって裏打ちされた民主的福祉国家であり、その源泉は、国民主権に求められているからである。

この国家意思の結集の場である議会において制定された法規により行われる公教育こそ、教育の特質性を加味したとしても憲法の趣旨に一番即した教育体制ということができるのではなかろうか。このように考えるなら、国家が公教育の主体として教育を行うことは、最善とはいえないが、最良のものと考えるのである。以下、国家による公教育を正当となす国家の教育権説を見ていき、その後私見を述べたいと思う。

第二項　国家の教育権説の諸説

一　両親の教育権を根元とした田中耕太郎博士の国家の教育権説

国家の教育権説は種々の立場から説かれているが、最も早期の段階に説かれた、先駆的かつ代表的な学説として挙げられるのが、田中耕太郎博士による見解である。同博士の教育権の学問的研究は、人が人を教育するとはいかなることかという極めて哲学的な問題提起から出発する。そのうえで、教育の文化的活動を法的性質を有するものとして分析し、権利義務の関連を明確にしていく。いわば、教育という文化的活動を可能ならしめるものとして、法的な関係が存立するという立場を前提として、それを明確に論証するのである。

（一）　民主主義教育と日本国憲法

日本国憲法、教育基本法の制定により、教育は民主的文化的国家の建設、世界平和、人類の福祉への貢献という理想の実現にとり、根本的な過程として位置づけられた。戦前の教育は、極端な国家主義・民族主義に奉仕し、その結果無惨な戦争に突入したのであり、同博士は、このことを「いずれにしても教育が政治理念と関連せしめられていることに代りはない」というように考える。

同博士は、国家は教育政策を樹立するにあたって民主主義の原則に準拠するという。それは、教育は民主主義国家内において存在しており、教育自体が福祉国家の重要な機能の一つをなしており、「国家自らが教育の重要な部分を管理する以上は、その教育が国家目的を背反することは、国家共同体として矛盾を包蔵するものとして容認できない」と国家と民主主義の原理との関連を捉えるからである。また、教育基本法が定めている教育の機会均等や男女共学などは、憲法の民主主義原理の教育における具体的な適用であるという。ただ、教育においては、国家公民教育が重要な地位を占め、その内容も民主主義の原理に適合するものでなければならないとする。それは、教育は民主主義をもって終始するものではなく、教育制度・内容に民主主義要素が取り入れられ、もし学校行政に生徒の参加が認められたとしても「教育にとっては外部的条件か単なる素材的なもの以上」ではないとするからである。同博士は、戦後のわが国の民主主義教育を是とする。これは民主主義教育を限定的に解した場合であって、「教育の目的が民主主義にあるという意味ならば、それは教育の本質を見誤った」ものだと考えるからであり、このことを同博士は、「民主主義と教育自体とはちがった次元に所属しているのであり、それを民主主義と直接に関連させることはできない」という。それは、教育は民主的人間（政治的人間）を形成することではなく、「全人」（der ganze Mensch）的な人間を形成することであると考えるからである。それゆえに、「民主主義国家によって教育は人間自身を形成することによって国家に貢献するのであり、政治的人間を形成することではない」とするのである。（一五九）

同博士は、上記の論述を総括する意味で次のようにいう。教育は「民主主義にしろ他のイデオロギーにしろとにかく政治に奉仕することを目的とするものではない。つまりその目的は国家でない」と考える。同博士の論の卓越性は、学問や教育を特定のイデオロギーと結びつけ、特定の運動と結びつけたり、政争の道具にしたりしない点である。

（二）　教育基本法と教育のあり方

教育基本法一条は教育の目的を定めている。田中耕太郎博士は、教育基本法は国家や民族の価値に直接言及すべきことはさけているとする。ただ教育基本法は国家についてまったく度外視するわけにはいかないので、育成されるべき平和的な「国家及び社会の形成者……としての国民」の概念のなかに含めているとするのである。同博士は、国家や民族の価値に直接言及しないことに関して、教育基本法の教育の目的と教育勅語とを比較して、「教育勅語がその内容において軍国主義や極端な国家主義民族主義を代表しているとは思われないが、過去においてあやまってこの方向に解釈されたからして、教育基本法はとくにこの点を警戒した」からとする。教育基本法一条の「勤労と責任を重んじ」といっていることも、国家と社会に関係があることは認められうるとする。ただ、そのことは国家や社会自体の教育上の価値が積極的に表明されておらず、「とくに道徳の揺籃である家族」がまったく姿をあらわしてないという。それは、「憲法が廃止した封建的な家族制度に対し未練をもつものと誤解されないことの用意であったかもしれない」というように同博士は解する。

教育基本法一条の教育の目的を考察していくうえにおいて重要になるのが、「人格の完成をめざし」という一文である。この「人格の完成をめざし」を分析するうえからもこの後の、「平和的な国家及び社会の形成者として真理と正義を愛し、個人の価値をたつとび、勤労と責任を重んじ、自主的精神に充ちた心身ともに健康な国民の育成を期して行われなければならない」という文言の解釈が大切になる。「人格の完成をめざし」は、二つの見方ができるとする。一つは、人格の完成が国家社会の形成者（国民）として後の文言にいう要件（諸資格）と別個に考えられるという点であり、二つ目は、人格の完成が後の文言にいう要件（諸資格）にいうところの人格の内容をなしているという考え方である。同博士は、一つ目の立場に立つと、「『人格』の概念の内容については法は立ち入らず、これを教育学の理論や教育者の見識にまかせてしまったことになる。こう解すれば本条でいう教育は人格形成であり、それにあわせて国家公民教育が考慮されていることになる」とする。また、二つ目の立場に立つなら、「人格の完成と国民の育成とは結局同一」であり、良き国民は良き人格であり、良き人格は良き国民であることを意味するという。これら二つを加味したうえで、一つ目のように解するなら、国家公民の要請として掲げられている要件には、個人の人格の完成において要求されるものを多く含んでいるはずであるし、「国家公民としてもっていなければならない徳目としてもっと附け加えなければならない重要なものが他にもある筈である」という。また、二つ目のように解するならば、包括的な人格の完成の内容を予定しないかぎり、本条のかかげている徳目だけではははなだしく不完全たることをまぬがれないとする。

同博士は、教育基本法は起草の際、十分論理的に整理されたか疑問であるとする。それは、「前文と『教育の目的』に関する第一条と、『教育の方針』に関する第二条の三者を比較対照すれば明瞭」とするというところからも明らかであるとする。同博士は、国家が法律をもって完全なる教育の目的を明示することは不可能に近いことと考えた。国家の目的を法律学的に示すことが不可能なことと同様と考えたからである。それは、「憲法が国家目的を条文中に明示することをせず、ただ前文において民主憲法の政治理念を宣明しているにとどめているごとく、教育基本法も第一条と第二条は前文的のものとし、第三条から始まるものとする方がよかったのではあるまいか」というように教育基本法を分析するのである。そして、教育基本法が教育の目的やその方針を示したのは、「過去において教育勅語が教育の目的を宣明する法規範の性質を帯びていた結果として、それに代わるべきものを制定し以て教育者に拠りどころを与える趣旨」であるとその立法趣旨を解釈する。

いわば、教育基本法一条と二条にいう教育の目的と方針は、教育者と被教育者の関係において実施されることは明確であり、自己教育（self-education, Selbsterziehung, éducation de soi-même）はここでいう教育の概念には入らないと同博士はいう。すなわち、自己教育とは「他人教育（fremderziehung）すなわち普通の意味の教育とちがって教育者と被教育者が一人に帰する場合をいう」のである。この自己教育と教育との関連を同博士は、「教育は、他人教育を一応完了した後において自己教育によって人格完成の過程を続け得るようにすることを目標」とするのであり、それゆえ「教育は自己教育の始めであり、自己教育は教育の終りである」というのである。教育者は、被教育者に自己教育のあり方を教えねばならず、そのためにも自己教育について内的反省と体験を持つことが要求される（一六〇）。

同博士は、われわれが普通に教育というときは、自己教育を指すのではなく、二者間での関係をいうとする。同博士は、教育は一種の文化的活動であると同時に法的性質のものであるという。それは、文化的倫理的性質の関係であるとともに、権利義務の関係でもあることを指し、教育の両当事者の間には、「教育という一種の文化的活動を可能ならしめるための、法的な関係が存在することを認めなければならない」というのである。以下、両者間における法的関係を分析していく。

まず同博士は、教育者はいかなる法的根拠に基づいて被教育者に対して教育的働きかけができるのかという問題を提起している。このことは、いわゆる「教育権」の問題として考えることができるのであり、学校教育（国家や地方公共団体）のみならず、家庭教育（両親）、私立学校などによる教育権個々の場合に従って具体的に検討し、「各教育権者相互の関係が明らかにされなければならない」という。

次に、教育の普及は民主的で文化的な国家形成のため重要であり、日本国憲法は二六条一項において、能力に応じてひとしく教育を受ける権利を有することを明言しており、それを受ける形で教育基本法三条は、教育を受ける権利の機会均等の原則を宣明しているとする。

さらに国民は、教育を受けることを国家に請求する権利を認められているにとどまり、教育を受けるかどうか自由でありえるかという問題がある。これは、普通教育を義務的強制的とする必要上、憲法二六条二項や教育基本法四条一項において規定している点を挙げる（一六一）。

（三）　家族と教育の関係

家族は、人類の発生とともに存在し、人類社会とともに存在してきた。従って家族は、自然法上の存在であり、「国家に先行するもの」としてあり、国家といえども家族協同体というシステムをなくすことはできないとする。むしろ同博士は、「家族を保護し、その健全な発達を助成することは、国家自体の基礎を強固ならしめる所以」と捉え、それゆえ多くの国家では家族の保護を重要視しているという。

この点に関し世界の多くの国々では、法律をもって家族制度の保護を図ろうという立法例が見られるが、（一六一）日本国憲法二四条二項は、家族に関する事項について法律が個人の尊厳と両性の平等に立脚して制定さるべきことを規定しているにとどまっており、旧来の家族制度こそ廃止されたが、積極的に家族（家庭）の意義を認め、保護・保障することをしなかったとする。その結果、日本国憲法は自然的な家族の意義まで認めないかのような誤解を生じたが、日本国憲法の真意は「国家構成の単位としての家族的紐帯の意義を否定するどころか、十分これを承認しているものと解せざるを得ない」というところにあり、日本国憲法の根底においては、家族の保護・保障は包含されていると考えている。

また、同博士は、「両親の子女に対する教育権」に関しても「家族の本質からして、家族が保障されなければならず、さらにその本質的機能の一部を形成している両親の子女に対する教育権もまた、当然の帰結として保障されなければならぬと考える」としている点が重要であり注視していく必要があると思う。（一六二）

（四）教育権の考察

①教育権の意義

同博士は、教育権（Education Right, Erziehungsrecht）とは、「広義に解すれば、教育を受ける権利又は請求権（Recht oder Anspruch auf Erziehung）と教育をなす権利又は権能（Recht oder Befugnis zur Erziehung）を含む」（一六四）とし、教育権の意味するところを二つの観点より捉える。第一が、教育を受ける被教育者の権利または教育の請求権としてであり、第二としては、教育をなす権利または権能としてである。第一の主体は、教育を必要とする者であり、第二の主体は教育者を指す。同博士が通常、教育権という場合は、この第二の教育をなす権利または権能を指すのである。同博士は、これを狭義の意味での教育権という。また、この狭義の教育権実現のため大切になってくるものとして二つの権能を挙げる。教育目的活動を行ううえでの妨害排除の権能と、被教育者に教育上の従順を要求する権能である。

また、同博士は、教育権に対応するものとして教育義務（Compulsory Education, Erziehungspflicht）を挙げる。これは、教育を受けなければならぬ拘束（就学義務）と、教育者的活動をしなければならない拘束を意味し、普通に教育義務といった場合、後者のことをいうとする。

同博士は、教育に関する権利義務を「あるいは自然法的のものであり、あるいは実定法的のものである」とする。それは、同博士は、教育に関する事項を家族に関することと同じように人間性と人間の使命に密接に関連していることから「根本において自然法にその基礎をおいている」とする。しかし、現代の複雑な社会においては「単なる自然法的規範による規整のみに依存することはできず、自然法の原理を具体化した実定法の細目的規定が必要になってくる」とする。いわば同博士は、両親の教育権のようなものは自然法的な権利として捉え、法律や契約によって発生するその他の教育権との差異を述べるのである。(一六五) さらに、同博士は、教育関係の本質を権威と愛という観点から分析しており、学校教育で考察していくなら教員の権威が重要な意味を持ち、あらゆる学習と学校秩序の基礎となるとする。当然、権威の行使は児童生徒の学齢により生徒の自治との兼ね合いを吟味せねばならないことを勘案して明らかにしている。(一六六)

②両親の自然法的教育権

同博士は、教育の原点を家族として考えた。先の権威と愛に満ちた教育も本来家族においてその起源（同博士は、始源的という語を用いる）を発するものとする。同博士は、両親の教育権について、「人類普遍の原理である自然法上の権利」として位置づける。いわば、両親の教育権は普遍的なものであり、永久の権利として現在および将来にわたり保障されるものであり憲法は一一条において明記している。この両親の普遍的教育権の絶対性を同博士は、「両親の教育権は不可侵であり従って奪うべからず性質のものなるばかりでなく、その自然法的性格からして自己の意思を以ても譲渡し得ない性質のものである。それは国家に先行して存在し、国家の意思を以てするもこれを否定しまたは奪うことはできない」というように述べるのである。（一六七）

上述の同博士の自然法を中心として論述に対し、「自然法的教育権否認」の諸思想がある。同博士は、この思想を二つに大別して分析する。第一が「極端な自由主義」の家族哲学であり、第二が「国家による教育の主義」である。前者は、自由主義ゆえ教育自体が否定され、教育的アナーキズムが認められるから両親の教育権のごときはまったく問題とされないという。後者は、二つに区別される。一つが個人主義的傾向であり、婚姻を当事者間の私事として、両親と子どもとの関係は希薄となり、両親は養育・教育の義務を負わないことになり、両親から委棄された子どもは国によって養育・教育されるとする。二つ目が、国家絶対主義的傾向である。これは一つ目の個人主義的傾向よりも国家の教育への役割が積極的であり、子どもに対する家族の有する意義を否定し、国家が家族に代わって子女を教育する権利義務を有するとする。同博士は、国家による教育の独占を「国家が子女を両親から奪うことであり、重大な基本的人権と自由の侵害となる」として、承服しないのである。

以上二つに大別した上述の極端な諸主義・諸思想に対して、同博士は、結局これらの思想は「両親の教育権を否定し教育自体を否定するか、子女両親の手より奪って国家の教育に委ねるかの二途を出ない」とし、自然法に基づく家族の意義と両親の教育権の否定が、真のヒューマニズムの精神に反し、「人間生活および人類社会にははなはだしい不幸と害悪とをもたらすものと認めざるを得ない」と自然法的教育権否認の思想を否定する。

教育をなす権利または権能の実定法上の根拠として同博士は、民法八二〇条を挙げる。ただ、教育をなす権利は両親のみが有するものではなく、義務教育に関する憲法二六条二項の「すべて国民は、その保護する子女に普通教育を受けさせる義務を負ふ」の反面からして国家に教育する権利が認められることによるという論証をなす。すなわち、教育をなす権利または権能は、両親の本源的（始源的）な権利であり、いかなることがあろうと侵害できる権利ではない。それは上述したように、自然権として明確に捉えられるからである。本来教育という営みは親と子の間に生じたものであり、教育をする権利、受ける権利というものはそこから派生してきたといえる。文明が進展し近代国家が勃興して国家が教育に関わるようになると、公教育という制度が構築されだしてくる。

上述の論議を踏まえて、同博士は、国家の教育権を歴史的に考察する。それは、国家は公教育制度を築き上げていくうえにおいて、両親の自然権的教育権ともいえる本源的（ursprünglich）教育権より委託を受け、二次的な意味において伝来的に教育権を持ちうるとする。伝来的（abgeleitet）教育権は、両親以外の者である「家庭教師、私立学校、教会、国家、その他の公共団体等種々」が有する。同博士は、伝来的教育権は、本源的教育権の補充にすぎないと考え、「その教育はその本質においてあくまで補充的（subsidiär）性質のものであり、両親の教育の延長と認められなければならない。その権利は両親のそれのごとく包括的無制限なものではなく、事項的かつ時間的に限定されている」として、両親の自然権的教育権である本源的教育権に対して伝来的教育権は一定の制約があることを明らかにした。これは、国家の教育権においても当然あてはまると考えるのである。

また、同博士は、国家による義務教育のあり方を次のように述べる。国家の目的は、包括的であり、教育的活動は第一次的な国家目的には包含せられない。しかし、文化の進展に伴う社会の複雑化に対して両親の教育能力は及ばなくなり、人が国民や公民として尽くす義務の範囲も拡大する。それゆえ、「両親は教育の目的を以て一定の年齢に達した子女を一定の期間他人に委ねる必要が起こってくる」とし、両親が真に子どもの教育義務の重大性を自覚し、その完全な履行を念願するならば、両親が教育の一部について他人の協力を要請するのは、両親の当然の義務と考えるのである。このように、同博士は、義務教育は子どもを平均的な国民または公民に育てるために両親が国家に対して負担する義務であるが、それは両親の教育義務の内容の一部をなすものと見なければならないとする。これらのことには、義務教育の理論的基礎があるとする。(一六八)

③教育請求権

国家が教育に関して負う役割を同博士は、「一般に教育を奨励、助長することをその任務とする」という。それは、国家による教育の独占を意味するのではなく、むしろ、家庭教育を保護し、私学制度や社会教育を奨励するとともに、自ら学校の整備を設け、家庭教育や私学教育の不足を補うなどの役割を国家は負うとするのである。この国家の役割に対して、国民は、教育を受ける権利を有するのであり、これは「教育を請求する意味における教育権」であって、この教育権が「教育請求権」であるとする。

「教育請求権」は近代国家の文化的福祉国家的任務に由来するのであり、それゆえ、日本国憲法の基本的人権の条項で規定されていたにしても、これと「同様な自然法的性格を有するものではなく、国家の文化的任務を明らかにしたのにとどまる」とする。このことを同博士は、もう少し噛み砕いて、個人の尊厳とか、生命、自由および幸福追求、思想の自由などは国家を離れた永遠の権利として存在するが、「教育請求権は、国家の創造にかかるところの、実定法的性格のものであること福祉国家の使命に関する［憲法］第二五条第二七条、第二八条等と同様」の性質を有するものとする。つまり、教育請求権は国家に対するもので、それゆえ、義務者は国家である。その意味で教育請求権は相対権であり、妨害排除の機能を有する絶対権ではないとする。同博士は、教育請求権の上述のような性格からして、国民に無制限に認められるものではないとする。それは、この教育請求権の性質から、国民が教育を受ける権利を有するというにしても、どのような内容の教育をどのくらいの期間にわたって受ける権利を有するかを導き出せないからであるという。

次に同博士は、現行制度化（一九六〇年代当時）において国民は、教育のいかなる程度に、どの種の学校でこの教育請求権が有するかを分析した。この点に関して同博士は、この教育請求権は、国公立の義務教育のすべての学校については完全な実施が認められなければならないとする。そしてまた、高等学校や大学についても存在するという。むしろ、義務教育の小・中学校は就学義務が存在しており、教育を受ける権利という実益は少なく、高等学校教育や大学教育にこそ意義があるとする。

教育請求権は、「法律の定めるところ」による条件以外に、「能力に応ずる」という条件（日本国憲法二六条、教育基本法三条）がある。この点に関して、教育は一種の文化的活動であり、被教育者に一定の理解力や消化力が存在することを前提に行われるものであり、能力を具備しない者に、能力以上の教育を施すことは、国費の浪費のみならず、被教育者の利益にもならないとする。ただ、この「能力に応」じということは、被教育者の純粋な教育を受ける心身の適格性を指し、被教育者またはその保護者の経済的能力を含むものではないことを明確にしたうえで、教育を受ける権利は日本国憲法二七条の規定する勤労の権利とその趣を異にするとするのである。（一六九）

上記の田中耕太郎博士の説く国家の教育権説の見解を要約するなら、第一に同博士は、教育という営みを民主的人間（政治的人間）を形成することではなく、「全人」的な人間を形成することと捉えている。それは、学問や教育を特定のイデオロギーと結びつけ、特定の運動と結びつけたり、政争の道具にしたりしないという同博士の考えが示されている。第二に、戦前の教育勅語を例にとるまでもなく、国家が法律をもって完全なる教育の目的を明示することは不可能に近いことと考える。それゆえ、本来教育基本法において教育の目的を明示することはなじみにくいと考えるのである。第三に、教育権を、教育の請求権と教育を行う権利（権能）として捉え、後者を狭義の教育権として、妨害排除の権能と被教育者に教育上の従順を要求する権能を認める。第四に、家族を自然法上の存在として、国家に先行するものとして捉える。それゆえ、両親が子どもに対して持つ教育権は自然法上のものと考える。日本国憲法は戦前の反省から、家族の意義を認めなかったように見えるが、その真意は、家族の保護・保障は憲法の根底において包括されていると考える。また、両親の教育権の実定法上の根拠を民法八二〇条に求める。第五に、教育を行う権利は両親のみが有するものではなく、義務教育に関する憲法二六条二項の反面解釈から国家に教育する権利が認められると論証する。第六に、国民は、憲法二六条、教育基本法三条から教育請求権を有する。教育請求権は、教育を請求する意味における教育権であって、その権利は、国家に対する相対的権利である。

この田中耕太郎博士の国家の教育権説の考えを継承し進展させたのが、相良惟一博士である。相良博士の論は、国家も家庭と同じく、自然権として教育権を有するという考えに立っており、国家の教育権と家庭の教育権は相反するものではないとして、国家の教育権説の根拠づけをより強固なものへとした。以下、相良博士の国家の教育権説の見解を見ていく。

二　相良惟一博士の自然法的権利としての国家の教育権説

(一)　法律的概念としての教育権

①各国の教育権の捉え方

相良惟一博士は、国民の教育権説の論者の説く教育権説は、概念規定が明確でないとする。それは、「きわめて無造作に、また、本来教育権というものは法律的概念であるのにもかかわらず、……本来の意味ではなく、特に外国において社会通念として用いられている教育権ということと若干別の、いわば特殊日本的な用法をしているから」であるとする。このように、元来教育権は、すぐれて法律的な概念であり、外国では法律を前提として用いられている概念である。それゆえ、Educational Rights を同博士は、「教育に関する権利、教育上の権利、あるいは、教育を行なう権利」として捉える。民法八二〇条の親権者の「教育をする権利および義務」もこの Educational Rights と同義の法律的な概念であるとするのである。これに対し、日本国憲法二六条一項にいうところの「教育を受ける権利」は、同博士が説く本来の意味での教育権（Educational Rights）の範疇には入らず、むしろ、Right to Educational とするのが正しいとする。（一七〇）

同博士は、ヨーロッパにおいて、国家が両親と同様に教育権を自然法的に有することを是認していた学者として、「ゲットラー、フバッカ、アンテルナなどの新スコラ学派の学者、メスナー、ロンメンなどの自然法学者」を挙げる。これらの学者に共通する論調は、両親の教育権は始源的かつ固有なものであり、国の教育権は伝来的・承継的かつ二義的・補充的なものである。しかし、いかなるときも両者は相反するものではないとする。同博士によれば、ヨーロッパ諸国においては、古くから両親の教育権は提唱されていた。これと同様に国家や教会に教育権があることも承認されていたし、現在も承認されているという。特に教会においては、ヨーロッパの各国でフランス革命勃発前は教育権を独占的に有していた。これに対して、フランス革命後、国家が国民教育（公教育）を行うということから教会から教育権を奪取し公教育を行うに至るが、さらに教会側は、国家に対して巻き返しを図る。同博士はこの国家と教会とやりとりのなかから生み出された教育をなす自由こそ「本来の意味の教育の自由」という。すなわち、同博士がいうところの教育の自由とは、学校の自由、学校設置の自由をいうのであり、わが国での国民の教育権論者がいう教育の自由は、本来の意味からはずれているとするのである。（一七一）

②わが国における教育権の捉え方

わが国で教育権という語を最初に用いだしたのは、福沢諭吉氏であり、その後下中弥三郎氏が用いている。しかし、両氏はいずれも法律的な意味で用いたのではなく、教育に関する権威（Authority）という意味で使用していると同博士はいう。また、昭和前期から中期にかけていわれた「教育に関する権威」「教権確立のための教権」は、法的な概念や外国でいわれている本来の意味での教育権とは異なるという。

教育権を法的な観点からわが国に紹介したのは、田中耕太郎博士である。田中耕太郎博士は、昭和二六（一九五一）

年の「両親の教育権の自然法的考察」という論文のなかで、両親の教育権を自然法上の権利とした点で画期的であった。この自然法的権利である両親の教育権から委託される形で国家に教育権があるとする見解を、相良博士は是とするのである。

相良博士は、田中耕太郎博士の両親の自然法的教育権の考え方を受け継ぐ形で昭和三七（一九六二）年に「両親の教育権の実定法的考察」という論文において、両親の教育権を明らかにする。それは、民法八二〇条は、「親権を行う者は、子の監護および教育をする権利を有し、義務を負う」と記しており、相良博士は、この条項がいうところの教育をする権利ということについて、民法八二〇条がいう教育をする権利とは何であるのかを問い、また、何ゆえにこういう規定が民法に見いだされるのかということについて、民法八二〇条の沿革やその解釈を明らかにしているのである。(一七二)

③国家の教育権説の根拠

田中耕太郎博士の国家の教育権説を、さらに一歩踏み込み理論化したのが、相良博士である。相良博士の論は、先述の田中耕太郎博士がいうところの国家が教育権を伝統的に有するのは、自然権が根底にある本源的権利である「両親の教育権」より委託を受けているからであるという見解をさらにおしすすめ次のように述べる。人間が存在する以上、国家を形成するのは当然の理であり、家庭と同じように自然法的に国家が教育権を有するのは、天地自然の理である。そのうえで、国家の教育権と家庭の教育権は相反するものではないとする。国家が存続し発展していくうえにおいて国民がいかに教育を受けるかということは重要な意義を持つといってもよい。当然のことながらどこの国家にとっても重大な関心事である。そのことから、むしろ国家に自然権的な教育権がないということの方が不自然であり、無理があるとするのである。

国家に教育権があるとすることに関して、相良博士は、次のような興味深い論述をしている。ヨーロッパにおいては、ほとんどの国においてキリスト教会が教育権を独占的に有し学校教育をなしていたが、これがフランス革命前後から、子どもを教育するということは当然のこととして国家にあるという考えが主になり、子どもの教育を国家が行うという公教育制度ができ上がったということは先述のとおりである。それゆえ、ヨーロッパの国ぐにおいて、国家が義務教育の実施のような重要なことが可能であるのは、国家に教育権があればこそと考えられているという。また同博士は、公教育が一般的な考え方になっている今日において、次代の国民を育成する意味からも国家が国民の教育に関心を持つことや、国民を教育する権利義務を有することは当然のことであり、外国においては一般的なこととする。(一七三)

また、国家に教育権があるとする実定法上の根拠を、相良博士は次のように挙げる。国家に教育権があるとする根拠の一つには、田中耕太郎博士と同じく憲法二六条において見いだせると考えるのである。また、相良博士は憲法二六条も国家の教育権説の法的根拠であるが、むしろ憲法前文の「そもそも国政は、国民の厳粛な信託によるものであって、その権威は国民に由来し、その権力は国民の代表者が、これを行使し、その福利は国民がこれを享受する」という文言のなかや、憲法六五条の「行政権は内閣に属する」とあることに法的根拠を見いだすことこそ、国家の教育権の法制上の根拠としてより的確に捉えることができ、かつ妥当であるとする。同博士はその理由として、現在の公教育は、国または地方公共団体の公権力が主体となって行うものであり、国立・公立学校など教育機関の設置、教育方針や学習指導要領などの設置基準を明確にする権限を公教育の一般的な内容として有している。いわば、国家は国政の一環として公教育を行っており、現在の公教育はこのように国が行う教育であり、国の政治、国政として行っている。このことは国民の厳粛な信託によるからである。それゆえ、この国民の信託に応える意味でも公教育における国家の教育権は、是認されなければならないとする。また教育行政権は、国においては内閣にその権限が属し、内閣の一国務大臣を長とする行政庁に教育行政権は属すると同博士は説く。

教育行政権に関しては、田中耕太郎博士も、「教育は現代国家において衛生、保健、社会保障等とならんで福祉国家の最も重要な機能の一つとして確固たる地位を占めるにいたった。国家が教育を行う場合において教育は司法と対立する意味で行政の分野に所属する」(一七四)というように、教育における行政権が国に属することを明確にしている。

教育行政権をめぐる考えに対して、兼子博士から次のような見解が提示されている。教育基本法一〇条は一項と二項で教育と教育行政との原理的および制度的な分離がなされているとのことである。(一七五)この兼子博士の見解は、教育権と教育行政権を別のものとして捉え、教育行政権は国家にあるが、教育権はないということを意味し、教育と教育行政とは法的な性質が違う作用とした理論構成をとる考え方である。この兼子博士の見解に対し相良博士は、教育基本法一〇条の解釈や教育権と教育行政権を分離して考えること自体無理があり、たとえそう解釈しても憲法はそのことを予想しておらず、法律である教育基本法の解釈でそのような結論を導くこと自体、本来の憲法の趣旨に反し、違憲といわざるを得ないとする。そのうえで同博士は、どこの国でも、国家の教育と国家の教育行政を二つの権利として分離していることはなく、行政法の理論からも出てこないとして、(一七六)兼子博士のいうところの教育内容への介入としての教育権と、条件整備を主とする教育行政権とは同一のものであるとして、兼子博士の論旨を否定して教育基本法一〇条に対する自身の見解を述べるのである。

また、昭和二二（一九四七）年に教育基本法が制定されるに際して、行政庁において原案作成にたずさわった官吏が教育法令研究会を設け、教育基本法の解説を著した。そのなかの教育基本法一〇条二項の「条件の整備」ということについての解説で、教育行政は「教育内容に介入すべきではなく、教育の外にあって教育を守り育てるための諸条件を整えることにその目標を置くべきだ」(一七七)とする記述がみられる。相良博士によれば、この当時の行政庁内では、この教育法令研究会の解説のような考え方が大勢を占めていたという。また、この教育法令研究会の解説が、後の宗像博士の「内的事項、外的事項」論を先取りして述べているという点も特筆すべきことであるとする。

このことは、教育基本法一〇条二項が争点となる教科書裁判をはじめとした教育権の所在をめぐる裁判において、国民の教育権説側からしばしば追及されることになる。そのことを関して相良博士は次のように考えた。この教育法令研究会の解説については、「文部省の役人が当時そういうものを書き、そういう論をなしていたのだということは、鬼の首をとったように」裁判になると原告側（国民の教育権説）が主張するという。たしかに「当時文部省の一部にこのような論があったことは、これは、私は肯定いたします」としたうえで、「終戦直後、文部省の廃止されようとした事態にあった教育行政が、占領軍当局の全面的な規制下にあった当時の情勢」では、このように国民の教育権説に近い論理を取らざるを得ない状況があり、行政庁の一部が当時そのような考えをしたことに対しては率直に認めざるを得ないとする。しかし、反面「文部省は、日本が独立を回復してから文部省の考え方、あるいは法規の解釈に修正をしたということは、これもやはり、率直に認めなければならない」ことだと同博士はいう。いわば、占領軍という一つの勢力・圧力がなくなったのであり、「事情が変わったのであるから法律の解釈が変わるということは、国際法上その他でもよくある」ことで、これを「事情変更の原則」とする。それゆえ、教育基本法の解釈に変更があっても、それをもって許されないとするのはかえって無理があるとするのである。(一七八)

（二）　教員の教育権に対する考察

相良博士は、宗像博士ら国民の教育権論者が説く、教員は真理の代表者ゆえ、教育へ参与する権利や決定権を有するとすることや、兼子博士の「教員の教育権限の独立」があるから校長や教育委員会、文部省は教員に命令など出せないとする論調に疑念を呈する。(一七九)相良博士は、以上のことを教員の教育権と校長の職務権限との関わりで考えていくと、教員に教育権があるゆえ校長には命令監督権はなく、校長はせいぜいできても助言指導であり、校務を事務的にしかつかさどることができないということになってしまうとする。

同博士は、教員の教育権が外国においてどのように捉えられているかについて比較研究を行う。外国において、教員の教育権という捉え方をしている国があるかを、「一々これは具体的に調べましたが、アメリカにおいてもイギリスにおいてもフランスにおいてもドイツにおいても耳にすることはありません」として、教員の教育権という発想自体ないと断言する。ただ、教員の教育の自由（Fredom of Teaching）、教えることの自由、教員の教育の自由といういい方はしばしば用いられ、アメリカにおいても多々用いられるとする。しかし、ここでいうこれらの自由は、国家の教育権や両親の教育権と対置するような教育権として用いられていないという。そもそもドイツではアカデミッシェ・フライハイト（akademische Freiheit）は、大学教員にしか認められず、初等・中等学校の教員には認められないし、また、フランスにおいては、教員は二重の意味において教育権の委託を受けるとする。一つが親の教育権であり、もう一つが国家（地方公共団体）の教育権である。それゆえ、フランスの教員は双方に対して忠実な受託者として行動して信託に応えなければならないと考えるのがフランスでは一般的な考えという（一八〇）。

わが国では、当時の通説や最高裁の判例は（一八一）、初等・中等学校における教育が必ずしも学問の自由のなかには含まれないとする。行政庁も、初等・中等学校での教育の自由は学問の自由と異なるとし、日本国憲法二三条の学問の自由から教員に教育の自由があるという見解を否定している。この教員の教育の自由を否定する行政庁の見解に対して、相良博士は、異なる見解を示す。同博士は、アメリカ的な考え方に立脚しており、次のようにいうのである。すなわち、Academic Fredorm という本来の意味での学問の自由は、ドイツにおいては大学についていわれた。しかし、現在では国際的に拡張されており、初等・中等教育の学校における教育の自由についても学問の自由に含めており、「教員の地位に関する勧告」六一項においても、限定つきではあるが認められるに至る（一八二）。日本の行政庁も保留せずに受け入れた。「だから、文部省も一応憲法二三条の学問の自由の中には、教育の自由も含まれるのだということは、それを否定することは、ちょっと、むずかしいのではないか」という。また同博士は、本来教育の自由は、学問の自由とは発生的に異なっているという。教育の自由の原語は、Freedom of school であり、学問の自由よりもむしろ学校の自由とするからである。ドイツ語では、Schule der Freiheit であり、具体的には学校設置の自由という意味であるが、本来は教育活動をする自由であるという（一八三）。

上記、相良博士の説く国家の教育権説の見解を要約するなら、第一に、わが国で用いられる教育権概念は、外国で用いられている法律的概念としての教育権とは異なり、特殊性を持つとする。第二に、田中耕太郎博士がいう、国家が教育権を有する根拠は、両親の教育権より委託を受けているからであるという見解からさらに一歩踏み込み、人間が存在する以上、国家を形成するのは当然の理であり、家庭と同じように自然法的に国家が教育権を有するのは、天地自然の理という。第三に、国家に教育権がある実定法上の根拠を、憲法前文、二六条、六五条に見いだす。第四に、国民の教育権説の論者の、教育行政権は国にあるが教育権は国にないという考え方に対して、教育基本法一〇条の解釈でそのような結論を導くこと自体、本来の憲法の趣旨に反し、違憲といわざるを得ないとする。第五に、教育基本法一〇条二項の「条件整備」について大戦直後の文部省の見解と後の文部省の見解が異なってくるのは、「事情変更の原則」であるとする。第六に、教員の教育権については、教員に教育権、あるいは教育権限の存在を認めるとしても、それは決して固有かつ無制限の権利、権限と解するべきではなく、特に公教育に関する限り、教育行政権の介入は必然的であり、そのような制約は当然そこに内在するものと考えるべきであるとする。

上述のように、田中耕太郎博士によって説かれた国家の教育権説は、相良博士によってより進展するに至った。ただ、国民の教育権説が多数説として学説の展開をなしていくのに対して、少数説である国家の教育権説は、今ひとつ学問的に論証され、体系化が確立されていなかったといえる。この国家の教育権説の法的論証をなし、体系化を行ったのが伊藤公一博士である。以下、同博士の国家の教育権説の立論を見ていく。

三　伊藤公一博士の国家の教育権説

（一）　公教育の特徴

伊藤公一博士は、国家の教育権説を論理的、実証的に体系だてた人物としてその功績が挙げられる。「これまで、憲法研究者などの何人かが、『国民の教育権』への批判、『国の教育権』への支持を教育委員会月報、雑誌の座談会で部分的・断片的に表明してきたが、体系的に『国民の教育権』を批判し『国の教育権』論を展開することがなかった」（一八四）だけに、体系的に集大成されたその研究内容は、教育権論議を通じ憲法・教育法学界に大きな影響を与えた。

同博士は、その著書『教育法の研究』において、公教育における国の権能を論証する。いわば公教育の基本的部分でもある公教育の成立と概念において、国家的制度としての公教育論と私事制の延長としての公教育論の二つの立場を考察し、自説を展開する。同博士は、まず国家的制度としての公教育論の特徴を、公教育制度の歴史的流れのなかで考察することによりその必要性を説くのである。いわゆる産業革命期のヨーロッパにおいては、社会的に有用な人材を育成し、もって国家の興隆をなすことを考えた。教育を受ける権利保障を堅持することは、本当の意味で子どもの人権を保障することになり、国家社会の共同の利益保障にとっても重要である。このようにして必修のものとして登場した公教育制度は、義務制、無償制、非党派制を唯一担保できるものとする。同博士は、これらのことを包括的に「公教育はその私事性の原則の否定に通じる修正の過程として、成立したのである。公教育をして教育の国家化、世俗化と称せられるゆえんである」と述べ、国家的公教育制度が歴史的要請のなかで教育の私事性のいう教育の自由を含めた福祉国家観において成立・発展してきたという。

同博士は、公教育における国の役割を上述の歴史的考察を踏まえて次のように述べる。そもそも「公教育制度は、自分の子どもをどのように教育するかを親の自由としていたいわゆる教育の私事性が捨象ないし制限されるところに成立した国家的な制度である。公教育が国家的制度であるからには、国家が責任を負う形でその制度全体を制度の目的に適うように機能させせなければならない。これは教育内容も例外ではない」(一八五)という観点から、国家の公教育に対する役割を考え、そのうえで「公教育」という以上、国が教育制度を整備する最終責任を負っているとする。ただ、同博士は、国が責任を負っているといっても教育の内容のすべてに国が関わる必要はないという。その例として教科書検定制度についても、国に代わる機関があるなら、その機関に委任することも可能であるし、教科書検定制度自体を行わなくとも中立性が保たれ適切、中正な教科書が確保されるのであるならば、国は教科書検定を行わずにすむと考える。また、国が教育内容に責任を有するとしても、一定の限界があり法的に広く強く介入することは許されないとし、親や児童・生徒、教員などの公教育の関係者の裁量をできるだけ広く認めることも必要であるとする。

このように見てくると、公教育に関わる国家のあり方を分析した同博士の国家の教育権説は、決して国家や国家権力の拡大や尊重を前提としたり、目的としたものではなく、むしろ、多くの子どもが、偏向し、誤った組織や勢力から正しく中正な教育を保障していくうえにおいて、国家という各人の意向が行き着いた組織にその責任を負わすのが最適と考えるのである。そのうえで、同博士は、あくまで国家が最終的に公教育に責任と持つことにはかわりはないとして、その理由を三点挙げて説明する。まず、多くの価値観の親がいるなかで、特定の価値に縛られた教育は本来の公教育の趣旨から逸脱する点である。それは、公教育は親の共通の希望や期待を抽出した内容の教育を行わなければならないという理由からである。次に、有為な人格を育成するうえからも子どもの学習権を保障するのに適合した教育を確保しなければならないからである。三点目として、社会にとって子どもは次代を担う大切な人材である。それゆえ、親以外の公教育の担税者にとっても重大な関心事であり、国民の意思も公教育に反映されなければならないということを挙げる。(一八六)

(二)　国家の教育権説の法的根拠

伊藤公一博士は上述の歴史的考察をしたうえで、国家が教育内容に関与することの法的根拠を、憲法における規定、教育基本法、その他の法令の規定から理論づける。また、公教育と議会制民主主義に関する反対説に対する批判も交えながら、国民的合意としての民主主義的教育制度を論じる。これらのなかでも特に、国家が教育内容に関与することの法的根拠を中心に同博士の論を考察していく。

①憲法上の法的根拠

同博士は、国家の教育権説の法的根拠として憲法上の論拠を憲法前文、二六条一項、二六条二項、八九条から解明する。

憲法前文に関して同博士は、相良博士の立場と同じく、「ここに主権が国民に存することを宣言し、この憲法を制定する。そもそも国政は、国民の厳粛な信託によるものであつて、その権威は国民に由来し、その権力は国民の代表者がこれを行使し、その福利は国民がこれを享受する」という主権在民、議会制民主主義の観点から公教育を考察している。すなわち、親の「共通」の教育権や子どもの学習権を中正・均等に保障していく責務を公教育遂行の主体たる国家は信託されており、この信託に応えることがとりもなおさず国民主権、民主主義の原則の保持につながり、むしろ公教育にこの憲法前文の原理があてはまらないとする論理は成り立たないとするのである。それゆえ、この公教育における国民主権および民主主義の原則に基づいて、国家は公教育の外的事項はもちろん、必要で適切な範囲において教育内容にも関与することができるとする。同博士は、教育内容にた対する国家の法的関与をまったく否定する見解を、公教育における国民主権・民主主義の原則を無視した所論といわなければならないとする。憲法前文の原理原則でもある国民主権、民主主義原則の適切な解釈という面を同博士は勘案しているのである。

同博士は、国家の教育権説の憲法上の法的根拠の一つとして、憲法二六条一項を次のように考える。すなわち、わが国の教育法の分野で最も峻烈に対立し、重要な問題に「学校教育の内容の決定に関する問題」がある。それは、教員に学校教育の内容決定権を認めるのか、それとも国家が教育内容の決定に関われるかという問題でもある。同博士は、この国家が教育内容の決定に関われるかという問題や教育のあるべき方向性を考える場合、「そのいちばん基本になるのは、教育を受ける権利の尊重である」とする。それは、「教員の教育の自由も、国の教育関与権も、また親の教育権も全て、どのようにすればこの教育を受ける者の権利の保護、尊重に最も適うことになるかという観点から、整合的に考察されるべきであって、教育を受ける権利は、いわゆる各種の教育権の基盤をなすものである」と同博士は考えるからである。

教育を受ける権利が、各種の教育権の基盤をなすという意味でも憲法二六条一項の持つ意味をどう捉えるかということは重要である。同博士は、教育を受ける権利は、日本国憲法二六条一項に「すべて国民は、法律の定めるところにより、その能力に応じて、ひとしく教育を受ける権利を有する」と明記されており、この規定をどのように解釈するかにより、先の教育内容の決定や各種教育権の位置づけが異なってくるとする。

同博士はまず、教育を受ける権利はどのような法的性質を有しているのかを考える。教育を受ける権利の性質を論じている学説としては、生存権説、公民権説、学習権説の大きく三説がある。生存権説は、「教育を受ける権利を生存権の文化的側面と把える説であって、憲法学界における通説である」。公民権説は、「教育を受ける権利は、単に義務教育段階までの学校教育に就学する機会を経済的に保障されるにとどまらず、主権をもつ国民として育成される教育を受ける権利を意味する」とする。学習権説は、「教育を受ける権利は、他の社会権のように現代国家における憲法政策的意味にとどまるものではないと解したうえで、それは子どもが教育を受けて学習し、人間的に成長・発達していく権利と把える説」である。同博士はこの三つの学説のなかでも学習権説に注視する。学習権は、憲法によって保障された子どもが教育を受けて学習し、人間的に成長・発達していく権利であり、この学習権を保障しているのが、「法律の定めるところにより」保障されている教育を受ける権利である。そして、教育を受ける権利には、子どもが公教育を受ける権利も含まれているとする。同博士は、教育を受ける権利を社会権的人権として捉え、その権利の性質を学習権説の立場から次のように説く。教育を受ける権利は、子どもが教育を受けて学習し、成長し発達していくための基本的な権利であり、学習権説の見解は「教育を受ける権利が親・教員・国などの各教育権の根拠をなすものであるだけに、きわめて正当で重要な把握の仕方と思われる」とする。また、生存権説については、教育を受ける権利の規定が生存権規定の次におかれている点やそこに述べられている文言からして通説であるのは当然とする。ただ、生存権説や公民権説は、教育を受ける権利の一面しか見ていなく、憲法二六条一項を表面的にしか捉えておらず、解釈上問題があるとする。この点、学習権説はこれらの問題点を補完しており、高く評価されるとするのである。

　学習権説は子どもを中核において考えており、それゆえに実質的な意味において教員の教育の自由を限定するとする見解（一八七）があり、この見解からは大きく対立する二つの立場が出てくる。一つが、子どもの学習権を守る意味でも教員の教育の自由を法的に規制すべきであるとする立場であり、二つ目が、学習権を保障するためにこそ、教育内容に対する国家の介入を排除すべきであるとする立場である（一八八）。一つ目の立場に立脚する伊藤博士は、二つ目の立場に立脚して学習権説を提唱する兼子博士ら国民の教育権説の見解（一八九）に対して次の疑問を呈する。「学習権は、教育を受ける権利についてのこうした理解を土台に、親ないし国民の教育の自由を措定し、教員の全面的な教育の自由を肯定する反面、国の教育内容への法的関与を否定するのであるが、右の意味での子どもの学習権の本質を毀損しないように保護し、学習権の本来の意味を達成するには、なぜ教員が学校教育の内容を決定することになり、国は原則として法的には一切それに関与することができなくなるのか（一九〇）」理解しがたいとするのである。

　また、同博士は、憲法二六条一項の「法律の定めるところにより」という規定は、公教育の基本的事項は国民の代表機関である国会が制定する法律によって定められることを意味し、公教育の基本的事項のなかには、教育内容も含まれるから公教育の教育内容の枠や基準は本来国会の法律によって定められるべきであるとするのが本来の憲法二六条一項の法意であるとする。同博士の憲法二六条一項の法意の捉え方は、教育を受ける権利を公教育制度上子どもに保障していくうえでの法的な位置づけをしており、国家が教育内容に必要で適切な範囲において関与することができる法的根拠といえるとする。

憲法二六条二項は、「すべて国民は、法律の定めるところにより、その保護する子女に普通教育を受けさせる義務を負ふ。義務教育はこれを無償とする」としており、同博士は、この憲法二六条二項に関しては、上述の田中耕太郎博士の「教育をなす実定法上の根拠として、民法八二〇条に規定があるが、教育をなす権利は両親のみが有するのではなく、義務教育に関するこの憲法二六条二項の反面解釈からして国家に教育する権利が認められることになる」という論を是認するのである。

また、伊藤博士は、田中耕太郎博士の「国民が子女に普通教育を受けさせる義務を国に対して負うということは、権利と義務の二面関係からいって、国は普通教育を行う権利（権能）を有する」とし、憲法二六条二項が国家に普通教育に関する権能があるとする権利と義務の本質を見極めた考えを正当なものと考える。

②教育基本法上の国家の教育権説の法的根拠

国家の教育への関与を否定する国民の教育権説の論者が根拠とするものに教育基本法一〇条の規定がある。田中博士は、この規定があるから国家が教育内容に関われないとするのは本条の誤った解釈であると指摘し、次のように解する。

伊藤博士は、まず、教育基本法一〇条の法解釈を考察する前に、教育基本法の法的効力の問題を検討している。それは、教育基本法の法形式を法律としてではなく、準憲法的な地位にあるとする国民の教育権説の論者の主張を分析するのである。教育基本法一〇条をもって、国家の教育への介入を否定する根拠と考える国民の教育権説に立つ論者にとっては、教育基本法を通常の法律として考えるのではなく、準憲法的性質を有しているとした方が自己の主張がより説得性があると考えるのであろうから、その意味からも教育基本法が準憲法的性質を持つものであるのかを明らかにすることの意義があるからである。

伊藤博士は、有倉博士の唱えるこの準憲法的な法規という論調を取りあげ、それに対して反論を行う。(一九一)有倉博士の論を要約すると、教育基本法が制定される立法過程での政府の態度や、教育基本法前文における「日本国憲法の精神に則り、この法律を制定する」という文言、教育基本法の内容が憲法法規の確認的なものとする点、教育基本法一一条の規定を根拠として、国家意思の統一の点から「後法は前法を破る」の原則は適用されず、教育基本法に反する法律は原則として無効としている。この有倉博士の見解に対して伊藤博士は、教育基本法といえども国会の多数決によって制定、改正されることでは他の法律と変わらず、教育基本法自体に憲法としての効力はなく、あくまで通常の法律と変わらぬ点を考えると教育基本法の準憲法的効力は否定されるとする見解をとる。また、「後法は前法を破る」という考えは国家意思の統一からというよりも前に成立した法よりも後で成立した法の方が、より新しい国家の意思（国民の意思）を表すという原則をいっており、有倉博士のいうように教育基本法に関しては「後法は前法を破る」の原則が適用されないとするなら、法論理的にも民主主義の精神からも認められるものでないとする。伊藤博士はまた、教育基本法一一条について「これは同法の規定がおおむね一般的・抽象的であるので、場合によっては別に法令により具体化する必要のあることを命じている」のであって、これをもって教育基本法が他の法律より上位に位置づけられるものではないとする。さらに理解しにくいのは法律にその旨の明文の規定が有れば教育基本法を破りうるという点であって、同じ法形式の法律のなかで明文の規定があるかどうかにより効力に差異を設けるのは、いささか形式的な見方といわざるをえないとする。伊藤博士は、教育基本法の立法の沿革を考慮するにしても、佐藤功博士の見解が限界とする。すなわち、「準憲法的」という意味は「教育基本法は以後の教育法令の立法の基準となり、また他の教育法令の解釈・適用の基準となる」機能を営むということであり、法的効力まで他の法律より上にあることではないという考えを挙げるのである。(一九二)

上記において明らかなように、教育基本法の効力を他の法律と同じように考え、そのうえで教育基本法一〇条を考察する。教育基本法一〇条は、国民の教育権論者の論理からいくと、教育行政権が教育内容に関与できないとする考えの根拠となる。教育基本法一〇条は、一項において、「教育は、不当な支配に服することなく、国民全体に対し直接責任を負って行われるものである」と明記し、同二項においては「教育行政は、この自覚のもとに、教育の目的を遂行するに必要な諸条件の整備確立を目標として行わなければならない」とする。以下、教育基本法一〇条をめぐる論点を同博士の論旨から考察していく。

国家の教育関与を否定する考え方の論者が、不当な支配の主体を教育行政権の行為として、教育行政が法的拘束力をもって教育活動に関与することは、教育基本法一〇条にいうところの「不当な支配」に該当するという見解を示す。これに対して、同博士は教育行政当局が法的に教育に関与するということが、常にこの不当な支配にあたるとはとても考えられないとする。その理由として、適正な手続に基づいて制定され、憲法に適った法律に基づく教育行政の行為は、原則として不当な支配にはあたらないとし、具体的には、国家に教育を行う責務と権能があることを憲法二六条は明記しており、国会はその責務を果たすため教育立法をなし、教育行政はその法律に基づいて行為するのであり、そうした法律を根拠とした教育行政の行為は、教育を不当に支配していることにはならないとする。この見解に関しては、これでは、不当な支配にあたるのは、行政権が法律に根拠を持たないで教育に干渉する場合に限られるとする反論があるが、それに対し、同博士は、国会の制定する法律自体、反憲的でありえないのはもちろん、公教育の実施上必要にして合理的な範囲内にあらねばならないから、法律に基づく行政権の行為は不当な支配にあたらないと解すると、行政権の不当な支配を防ぎえないというのは妥当でないとする。また、教育基本法の立法の沿革からも、教育行政権の行為には規制が加えられなければ教育の国家統制になるとする議論に対し、同博士は、誇張にすぎるとする。

同博士は、立法権と司法権に対しては、「不当な支配」といった論議がなされず、なぜ行政権のみ取りあげるのか疑問を呈する。いわば、立法権の行為も司法権の行為も、教育への関与は権力的な関与には変わりがなく、なかでも裁判所による教育内容への判断・決定が許されるとするなら、それは、もはや法理論ではなく政治論であって得手勝手な理論であるとする。

次に、同博士は、教育基本法一〇条一項後段における「教育は……国民全体に対し直接責任を負って行われるものである」という文言の「直接責任を負って」という点を国民の教育権論者がその理論的根拠とすることに対し反駁をする。国民の教育権論者は「直接責任を負って」の意味を、教育を直接責任を負えるのは現場で直接教育にたずさわっている教員であって、国家機関は間接的にしか教育に責任を負えないから国家は教育内容への関与を認められるものではないとする。これに対し同博士は、まず、条文に「国民全体」に責任を負うと書かれてある以上、「直接に」という文言を根拠に、教員の教育内容の全面的な決定権を読みとることはできないとする。次に、「直接に責任を負って」という文言から教育には直接民主主義が妥当であり、間接民主主義がなじまないのではないかという疑問が考えられ、議会制や議院内閣制は、否定される結果になる。しかし、同博士は、「国民全体」に対する教育責任と、学校の「公の性質」を考えると、ここでは必ずしも直接民主主義をいっているのではなく、学校教育は教員だけで成り立つものではないという点をも強調する。さらに、同博士は、教育における直接民主主義とは何を意味するのかという疑問を呈する。この点を抽象論的に捉えると実効性のない教員における独占的な教育内容の決定を認めてしまうことになるとする。さらに、同博士は教育基本法一〇条一項の教育責任の性質を「文化的責任」とすることに疑問を呈する。現行法上もありえないし、立法論上も困難が予想されるとする。

教育基本法上の問題として、最後に同博士は、条件整備の論議を挙げる。教育基本法一〇条二項においては、「教育行政は、この自覚のもとに、教育の目的を遂行するに必要な諸条件の整備確立を目標として行わなければならない」としており、国民の教育権論者においては、教育行政機関は教育内容に関われない根拠とする。同博士は、国民の教育権論者はさらに根拠として本条文の他、本条文への立法者意思、立法の沿革を挙げることに対し反論をなす。この点に関しては上記の相良博士のところでも明記したが、項を改めてもう少し詳しく見ていくとして、同博士の見解を見てわかるように、本条があるから国家は教育内容に関われないのではなく、むしろ本条があるゆえに公教育を適切に管理運営するため、合理的な相当な範囲において法的に関与することができる規定とする。

また、同博士は教育基本法八条二項、同法九条二項、文部省設置法などからも国家が教育内容に関わりを持つことができる法的根拠を明解にしている。

③その他の法令上の国家の教育権説の法的根拠

伊藤博士は、上述の憲法および教育基本法一〇条の規定の解釈から、国家は公教育の実施主体として、一定限度において教育内容にも法的に関与しうることは間違いないとするが、さらに現行の他の教育諸法令の規定からも、それは実証できるとするのである。

その一つが、教育基本法八条二項であり、同博士は、同条を「党派的偏向教育を禁止することは、そのこと自体ですでに教育内容に深く関わっているのであって教員は自由に政治教育を行えないという点で、これは教員の教育の自由に制約を加えている」としており、このことは、教育基本法九条二項の宗教教育の制限に関する規定にも当てはまるとする。

また、教育基本法一条は教育の目的を定めているが、これを受けて学校教育法は一七、三五、四一条で教育目的を定め、それを実現するために、教育目標を同法一八、三六、四二条において規定している。同博士は、「教育の目的・目標は、教育事項の内でも最も重要であり、教育内容の根源ともなるもの」として、「この［教育］目的・目標を達成するには、これに相応しい基準、方法、手段を必要とする」として、教科に関する事項は学校教育法二〇、三八、四三、一〇六条により、文部大臣が学習指導要領を制定することになっている。また、学校で用いる教科用図書は文部大臣の検定を経たものか行政庁の著作の名義を有するものでなければならないと、学校教育法二一、四〇、五一条によって定められているとする。このことは、議会制民主主義において制定された法律に明確に国家の代表者としての文部大臣が、教育内容に関与しうることを明確にしたものといえる。

同博士は、この他にも国家の教育権説の根拠として、議会制民主主義の原則を挙げる。また、国民の教育権説がいうところの「教師にも親の委任を受けた教育内容決定権があり、そこから派生される教師の教育の自由に基づく教育」がなされた場合、もし教員に恣意的な教育内容があったとしても、学齢的な面で子どもの適正な判断能力の乏しい点から大いに問題があることも指摘されるという点を挙げる（一九二）。

上記の伊藤博士の説く国家の教育権説の見解を要約するなら、第一に同博士は、公教育制度は、私事性の原則の否定に通じる修正の過程として成立したとする。それゆえ、公教育をして教育の国家化、世俗化と称せられるとするのである。そのうえで、公教育制度は、義務制、無償制、非党派制を唯一担保できるものであると考える。第二に、国家の教育権説の法的根拠を憲法からは、前文の主権在民、議会制民主主義の原理、二六条一項の「教育を受ける権利」の位置づけを学習権説から試みた。さらに、二六条二項に関しては、田中耕太郎博士の見解と同じく「二六条の反面解釈」から国家の教育権説の根拠性を見いだす。第三に、国家の教育権説の根拠を法律の面からは、教育基本法八条二項、九条二項、一〇条、一一条を挙げる。また、学校教育法のなかにもその根拠を見いだすのである。

上述の三人の学者以外にも国家の教育権説を考察していくうえにおいて重要なのが、判例と、当該行政庁である文部省の見解である。以下において、国家の教育権説に立脚したと思われる最高裁判決、行政庁の法的見解を考察していく。

四　国家の教育権説に立脚した判決

教育権の所在をめぐる論争は、最高裁学テ判決において、一定の方向性が示された。同判決は、「二つの見解はいずれも一方的であり採用できない」という判断が示されるのであるが、同判決の持つ意味は多義的であり、その憲法論的特徴としても、「最高裁はいわゆる国家の教育権説も国民の教育権説も共に採用しないとしながら、その実、実質的には国家の教育権説を、あるいは少なくともそれに極めて類似した見解をとっている」（一九四）ということがいえる。すなわち、判決の実体は、国民の教育権説に配慮しながら実質的には国家の教育権説を是認したものである。それゆえ、最高裁学テ判決は多義的な捉え方があるものの、実質は国家の教育権説であることから国家の教育権説を取り扱っている本項において、その理由を含めてその意味するところを見ていく。

学力テスト事件とは、行政庁の全国中学校一斉学力調査の実施に対する反対運動に関わる事件である。被告人四人は、昭和三六年旭川市立中学で実施された学力テストを実力行動により阻止することを行い、建造物侵入罪、共同暴行罪および公務執行妨害罪によって起訴された。第一審（一九五）、第二審（一九六）は、学力テスト実施にははなはだ重大な違法があり、他罪では有罪ながらも公務執行妨害罪は成立しないとした。これに対して最高裁は、一五裁判官全員一致で、学力テストを適法であると判断し、公務執行妨害罪についても有罪の判決を下す。以下、教育内容決定権における教育権を中心として最高裁学テ判決を見ていく。

最高裁学テ判決は、子どもの教育と教育権能の帰属の問題として、「公教育制度の発展に伴い、教育に対する国家の関心が高まり、教育に対する国家の介入、支配が増大」してきたことにに対し、子どもの教育に国家が関与できるのか議論が出てきたとする。そのうえで最高裁は、上述のごとく、「子どもの教育の内容を決定する権能が誰に帰属するかについては、二つの極端に対立する見解があり……当裁判所は、右の二つの見解はいずれも極端かつ一方的であり、そのいずれをも全面的に採用することはできない」という判断をする。

子どもの公教育の内容を誰が決定するかという問題に対しては、最高裁は、憲法二六条を次のように捉える。「この規定は［憲法二六条］、福祉国家の理念に基づき、国が積極的に教育に関する諸施設を設けて国民の利用に供する債務を負うことを明らかにするとともに、子どもに対する基礎的教育である普通教育の絶対的必要にかんがみ、親に対し、その子女に普通教育を受けさせる義務を課し、かつ、その費用を国において負担すべきことを宣言したものであるが、この規定の背後には、国民各自が、一個の人間として、また一市民として、成長、発達し、自己の人格を完成、実現するために必要な学習をする固有の権利を有すること、特に、自ら学習することのできない子どもは、その学習要求を充実するための教育を自己に施すことを大人一般に対して要求する権利を有するとの観念が存在していると考えられる。……しかしながら、このように子どもの教育が、専ら子どもの利益のために、教育を与える者の債務として行われるべきものであるということからは、このような教育の内容および方法を、誰がいかにして決定すべく、また、決定することができるかという問題に対する一定の結論は、当然には導き出されない」と憲法二六条からは教育権主体を明らかにすることはできないとするのである。

また、学問の自由を保障した憲法二三条は、「単に学問研究の自由ばかりでなく、その結果を教授する自由をも含むと解される」。これが、「普通教育の場においても、たとえば教師が公権力によって特定の意見のみを教授されないという意味において、また、子どもの教育が教師と子どもとの間の直接の人格的接触を通じ、その個性に応じて行わなければならない」として、教授の具体的内容やその方法については、初等・中等学校の教員にも、ある程度自由な裁量が必要であるとしている。ただ、「大学の教育の場合には、学生が一応教授内容を批判する能力を備えていると考えられるのに対し、普通教育においては、児童生徒にこのような能力がなく、教師が児童生徒に対して強い影響力、支配力を有することを考え、また普通教育においては、子どもの側に学校や教師を選択する余地が乏しく、教育の機会均等を図るうえからも全国的に一定の水準を確保すべき強い要請があることなどに思いをいたすときは、普通教育における教師に完全な教育の自由を認めることは、とうてい許されないところといわなければならない」とした。最高裁はこれらの判示を前提に、国家が教育に関与する権限の結論を次のようにいう。「一般に社会公共的な問題について国民全体の意思を組織的に決定、実現すべき立場にある国は、国政の一部として広く適切な教育政策を樹立、実現すべく、また、しうる者として、憲法上は、あるいは子ども自身の利益の擁護のため、あるいは子どもの成長に対する社会公共の利益と関心にこたえるため、必要かつ相当と認められる範囲において、教育内容についてもこれを決定する権能を有する」とするのである。

教育権の所在をめぐる学説は、国家の教育権説と国民の教育権説とでは、国民の教育権説の方が圧倒的に多数説といえる。最高裁学テ判決は一応、各々の要素を取り入れて折衷的見解をとっているかには見えるが、実質的には国家の教育権説の考え方に立脚しているということは前述のとおりである。この最高裁学テ判決をどう評価するかについては、国家の教育権説の論者や行政庁は、判決をもって国家の教育権を承認したものとして捉えている(一九七)。問題は国民の教育権説の立場に立つ論者で、論者の間ではその評価が二つに分かれる。一つが、最高裁学テ判決を教育内容に対する国の「正当な理由に基づく合理的な決定権能」を肯定しながら、憲法二六条による子どもの学習権を教育権の基底におき、憲法二三条による教師の教授の自由を一定の範囲において認め、憲法二六条、一三条を根拠にすると見られる親の教育の自由や私学の教育の自由を承認したものであるとするなど(一九八)、判決を自説にかなり好意的な立場として評価する立場（兼子博士など）と、判決の本質は国家の教育権説であるとして厳しく批判する立場（有倉博士など）とに見解が相違する。

最高裁学テ判決に対して、説を同じくする国民の教育権説より、このように異なった評価が出てくる背景には次のようなことが考えられる。それは、国民の教育権説を、憲法学的解釈論として捉えるか、それとも教育運動（教育学者を中心にして）の一環として捉えるかの違いである。最高裁学テ判決を肯定的な立場として捉える見解は、国民と教員の教育人権を制約づきながら最高裁として始めて宣言したとする。(一九九) 批判的な立場は、国の教育内容に対する関与を「必要かつ相当と認められる範囲」や、「正当な理由に基づく合理的な決定権能」とはいかなるものかということを理由に、最高裁学テ判決は国民の教育権説の立場に立脚していないと捉える。

判決が基本的に国家の教育権説の立場に立脚し、教育内容の決定に国家が関与することが是認される根拠として次の二点が挙げられる。まず、国家による教育内容への「介入についてはできるだけ抑制的であることが要請される」と国家の関与に一定の枠をはめつつも、「教育内容に対する国の正当な理由に基づく合理的な決定権能」を認めている。もともと国家の教育権説においても、無条件に教育への関与が認められるといっているわけではなく、そこには、自ずと限界があることは、前項の国家の教育権説の諸説の論述内容からも明らかである。それゆえ、「正当な理由に基づく」ことを前提に国家が教育内容に関与できるとするなら、国家の教育内容への関与を実質的に認めたものと考えられる。次に、国民の教育権説がいう「国家」に対する概念である「教員」（形のうえでは「国民」）の教育内容についての決定権（教員の教育の自由）に関して、最高裁学テ判決は、初等・中等教育の教員においては、一定範囲の教授の自由は保障されるが、一定の制約（児童・生徒の能力、教員が児童・生徒に与える影響力、教員の選択の余地がない、全国均等の教育水準の確保）があり、完全な自由は認められないとする。この一定の制約を考えると、教育の内容決定はかなり制約され結局のところ国の教育権能には及びえないといえる。

以上のことからも、最高裁学テ判決は国家が教育内容に関与する権限を基本的に認めていることには間違いなく、評価できるものと考えるが、次の問題点も指摘できる。それは、「本判決に対する評価は、何よりも、かかる範囲（国の必要かつ相当で、正当な合理的介入）につき判決が具体的にどのように考えていたか、という視点からなされるべきであろう」[二〇〇]という点である。この問題点に関しては、「前後の文章から推測すると、最高裁は、①家庭教育など学校外における教育や学校選択の自由に現われる親の教育の自由、②一定範囲における私学教育の自由、③同じく一定範囲における教員の教授の自由は、『必要相当の範囲』から除外される、つまりこれらについては国の教育権能は及びえないと解しているようである」[二〇一]とする。なかでも③の「一定範囲における教員の教授の自由」に関しては、「必要相当の範囲」を画定するうえで重要である。この「必要相当の範囲」はあいまいな表現であって、これからの判例の積み重ねによって解明されていく面があるが、それにしても理解しづらく、もう少し明確に表現されることの必要性を感じる[二〇二]。

その後、家永第一次教科書訴訟において最高裁第三小法廷[二〇三]は、家庭教育などにおける親の教育の自由、授業などにおける教員のある程度の裁量権を前提としたうえで、国の文部行政は、「必要かつ相当と認められる範囲」において、子どもに対する教育内容を決定する権能を有することを認め、「教育行政機関が法令に基づき教育の内容及び方法に関して許容される目的のために必要かつ合理的と認められる規制を施すことは、必ずしも教育基本法一〇条の反するところでない」とした。この判決は、後の教科書検定第三次訴訟最高裁判決[二〇四]や伝習館事件[二〇五]とともに、最高裁学テ判決を踏襲するのである。ここにおいて、判例上における国家の教育権説は強固なものへとなっていく。

五　行政庁の法的解釈

（一）　国民の教育責務の遂行と教育内容への関与

国民の教育権説の論者は、憲法二六条が教育を受ける権利を保障した趣旨を、子どもは未来における可能性を持つ存在であり、生来的権利として学習する権利を有しており、この権利を保障するために教育を受けることは国民的な

課題であるとする。行政庁は、この論旨を是認するのである。（二〇六）

公教育制度存立の契機の一つに、学問的、社会的進展に伴い、個々の国民が子どもを教育することが難解になったことが挙げられる。この公教育のあり方について、国家は「国民の教育責務の遂行を助成するためにもっぱら責任を負うものであって、その責任を果たすために国家に与えられる権能は、教育内容に対する介入を必然的に要請するのではなく、教育を育成するための諸条件を整備することであると考えられ、国家が教育内容に介入することは基本的には許されない」（二〇七）という国民の教育権説の論者の見解がある。この見解に対して行政庁は、公教育本来のあり方からも、公教育は国家が単に公教育としての学校教育の施設を提供し、そのなかにおいて個々の国民が教育の自由を行使するといった趣旨のものと解することは不合理とするのである。すなわち、国家は、教育の専門化などの理由から子どもの教育することが困難になった国民から、教育をすることを付託されており、国家はこの付託に応えるべく国民の教育の責務を肩代わりして公教育を実施する。それゆえ、国家が教育内容に関与できる。このことを行政庁は、「国民の教育の付託こそ国家の教育内容への関与の法的根拠となるべきものである」とするのである。さらに、国家が教育内容への関与を禁止するということに対し、国民の国家への教育の付託は、付託した限りにおいて、「国民の教育の自由」は、すでに公教育制度によって制約されているという結果にならざるをえず、親の教育の自由を根拠に公教育における国家の教育内容への関与を制限するのは、論理的に誤っているとする。

国民の教育権説の論者がいうように、公教育の沿革から「教育の自由」があり、そこから国の教育内容への関与の禁止の命題を導き出す一つの根拠とする論調は明らかに誤りであると行政庁はいう。（二〇八）要するに、国民の教育権説の論者の論調は、本章本節第一項において述べたように、公教育以前において、親は自由に子弟に教育を行っていたので、公教育制度が確立後も沿革的に親の教育の自由は尊重されるという立場に立つ（二〇九）のに対し、行政庁は、そもそも公教育制度は上述したように子どもの人権や社会の進展に対する親の教育することへの限界から、親の付託を受けた国家が公教育制度を確立し、公教育制度のなかにおいて、子どもの教育を受ける権利（学習権）や親の教育の自由を尊重することをもって国家が教育内容に関与することを制約されることはおかしいとするのである。

ただ、国家が教育内容に関与することに関して注意を要するのは、行政庁は、「国家が教育内容に無制約に介入してもよいとするのではない」としている点である。国家の教育内容への関与は、「公教育制度のもとで、国や地方公共団体の教育行政担当機関、学校およびこれら相互間における役割の分担をどのように定めるか」は、「教育政策の問題として、国民全体の意思によって決定されるべきことである」と行政庁は考えているのである。上述の行政庁が説く、国家が教育内容に無制約に関与してよいとするのではないとする見解は、あくまで公教育制度の内部の問題とする。それゆえ、「国家の行なう公教育と、国民が行なう私教育との限界、あるいは、その相互間における役割の分担の問題（国家の教育権と国民の教育の自由との間における限界の問題）とは異なる」とするのである。なお、国民は、公立学校、私立学校のいずれにおいても子どもに教育を受けさせるかを選択する権利を保留しており、私立学校における教育も公教育制度の一環として行われているのであり、国家の関与という点では、公立学校と異なるところはないと、行政庁は考える。(二〇)

（二）　議会制民主主義

行政庁は、公教育においては民主主義の原理が妥当するという。その理由は、議会制民主主義をとるわが国では、国民の総意は法律に反映されるのであるから、法律の定めるところにより国家が教育内容に関与することは、認められるべきであるからである。

ただ、行政庁も法律が存在さえすれば、国家が必要以上に関与ができるかということに関しては、法の支配の原則からも「法律にさえよればどのようにでも教育内容に介入することができるなどと主張するつもりはない」とする。それは、教育には国家の関与を不可能とし、あるいは相当としない部分もあるし、個々の教員の教育活動の自由を尊重すべき部分もあるからと、（二一）行政庁はいうのである。

しかし同時に、教育の内容に関する事項であっても、国家の関与が可能であり、また関与を相当とする部分もあるとする。国の関与が可能なものとして行政庁は、全国的視野で教育水準を定め、これを維持することは公教育において欠くべからざるものであり、その実現のためには、教育の内容に関する事項についても法律で規定し、または法律に基づいて国家の教育行政機関が関与する必要があるとする。

それゆえ、前述の「教育政策の問題として、国民全体の意思によって決定されるべきことである」ということとも関連するが、教育内容に関する「事項については、［国家の関与が可能もしくは相当とする部分においては］政治的、行政的判断を必要とし、国家の立法機関、行政的機関の関与を相当とする教育の分野であると考えられ、個々の教員の研さんと努力のみによってこれを確保することができると考えるのは、あまりにも非現実的な見解である」とするのである。（二二）

上述のことからも行政庁は、公教育において民主主義の原理が支配すると考える。それは、議会制民主主義において、国民の総意の結集とでもいうべき法律の定めるところにより、国家が教育内容に適正に関与することは当然のことであるとする考えであることは、先にも述べたとおりである。

（三）　教育の自由（教員を中心に）

国民の教育権説の論者の主張する「教育の自由」の内容に関して行政庁は、「必ずしも明らかでないが、国家が教育内容に介入することを禁止することをいうものと思われる」として、教育の自由が成立する根拠として、「憲法二三条、二六条、教育基本法一〇条の外、公教育の原理ないし近代教育原則を挙げる」とする。

上記の国民の教育権説の論者の見解に対して、先述したように行政庁は、公教育は成立の事情から見ても、国家の教育内容への関与を何ら禁ずるものではないとする。また、近代教育原則なるものは、教育思想に関する学説の一つにとどまるものであって、わが国の実定法の解釈原理ないしは実定法を超えた指導原理たりえるものではないとする。そこで、行政庁は、教育の自由が存在するかどうかは実定法上、かかる自由が存在するか否かにかかっているとするのである（二二三）。

国民の教育権説の論者は、国家の教育内容への介入は必要最低限度の大綱的事項に限られるべきであるという。では、国家の関与の限界をどのように考えるかについてであるが、国家が教育内容に介入することが大綱的事項しかできないとするなら、「小・中学校においては教科と時間配当、高等学校においては教科・科目・授業時数・単位数などに限定される」。そうすれば、「国家の教育課程への関与は、実質的に排除されていることになり、これでは国民の信託を受けて公教育を行なう国の責務は果たされ得ない」ことになるとして、行政庁はとうてい承服できないとする。

行政庁は「教育の自由」に関して、国民の教育権説の論者が説くような「意味における教師の教育の自由を主張する学説は、諸外国では少数であり、またそのような教師の教育の自由を認める法制も諸外国には存在しない」とする。また、国民の教育権説の論者が引用するユネスコの教員の地位に関する勧告についても、教員の役割に付せられた条件である“within the framework of approved programs”を国民の教育権説の論者が考えているように、本来大綱的事項に限定して理解すべきものではないし、また同勧告の前文は、「すべての者に適正な教育を与えることが国家の責任であることを自覚」すべきであるとしているのであり、上述の意味からも教員の教育の自由が承服されるものではないとする。

また、行政庁は、いわゆる教員の教育的な配慮について、完全に教員の自由に委ねられるべきものであるとは考えていないが、「教師の教育活動において、本質的に教師の創意、工夫に委ねるべき領域が存在することを拒否するつもりはない。しかもその領域は相当に広いであろう」とする。国民の教育権説の論者の論調は、教員が何をどう教えるべきかということについて、教員の創意、工夫に委ねられた領域の存在を捉えて、これを学問的実践であるとし、そのことから学問の自由、教育の自由を導き出し、何をどのように教えるべきかはすべて教員の自由に委ねるべきものとするのであって、教育的配慮の一面を教育の全領域に不当に拡大する誤りをおかしていると行政庁はいう。

行政庁は、国民の教育権説の論者のいう学問的実践としての教育的配慮を、学問的実践の領域に関する限り正当であると同時に、教育的配慮の必要、教育的配慮が正しくなされることの必要こそ、下級教育機関の教員の教育活動に一定の制約を課すべき根拠であるとして、教育的配慮の正しい適用のためには制約が加えられる必要性があることを説くのである。この制約こそが、国家が適正な教育を保障していくうえでの国家の教育関与の根拠の一つとなるのである。

教員の教育の自由に関して行政庁は、「国民一般が偏向教育と考えるような教育が現実に行なわれた場合に、教師に教育の自由を認める以上、この偏向教育の是正を求める根拠自体が失われてしまうのであり、また教師の自律にゆだねていたのでは、偏向教育是正の法的手段、偏向教育を行なった教師の責任を追求する法的手段を国民は有しないことになり、教育の中立性の確保についての制度的保障は存在しないことになる」とする。そして、「このような事態が、本源的な教育権者である親＝国民の意思に背馳するものであることはいうまでもない」と考えるのである。それゆえ行政庁は、前述のごとく国民の意思に則って教育が行われるためには、公教育の場にも民主主義の原理が適用されなければならないと説くのである。そして、この民主主義の原理が制度的保障として存在するのは、国会を中心とした国家機構である。行政庁は「国民が子どもの教育を付託したのは、教員にではなく、国家に対してである」と述べたのは、まさに上述の国民の意思である民主主義原理が、公教育の場で生かされるべきであるという意味においてであるとする。

教員の教育の自由を考えるうえにおいて、重要な争点になるものに憲法二三条がある。行政庁が考える「憲法二三条が保障する学問の自由は、教授の自由とは概念上は別箇のものであり、同条が下級教育機関における教授の自由を保障するものでない」ことは通説であり、最高裁の判例〔二一四〕も同様の見解を示している。そして、二三条によって保障されているとされている「大学の自由、大学の自治については、各国によってその沿革を異にするものではあるが、歴史的に見て、学問の自由と大学の自治とは密接不可分の関係にあり、大学は古くから学問研究の中心であり、国家権力その他の外部的勢力の支配に従属するときは、大学の使命である真理の探究が妨げられるため、大学の自治が形成された」と考える。

大学において教授することとは、同時に学問の発表たる意味を持ち、教授を受ける学生も、十分に知的能力が発達しており、学生は教授を受けることにより、自らも学問の研究に参加するとする。そして、「大学における教授がそのような意義［真理の究明］を有するものであればこそ、教授の自由が保障されるのである」とするのである。行政庁は、この大学の真理の究明に対して、下級教育機関においては事情がまったく異なると考える。そして、国民の教育権説の論者が「下級教育機関においても教授の自由が認められるとするのは、大学における教育との差異を看過したものといわなければならない」とするのである〔二一五〕。

上記の行政庁の説く国家の教育権説の見解を要約するなら、第一に、憲法二六条から国民は教育を受ける権利を有しており、それを担保するのが国家の役割と考える。そもそも公教育は親から国家への教育の付託であり、国家は国民の教育の債務を肩代わりして公教育を実施している。この国民の教育の付託こそ、国家の教育内容への関与の法的根拠とする。それゆえ、国家は教育内容に関与できるとするのである。第二に、公教育においては、民主主義の原理が妥当するという。議会制民主主義をとるわが国では、国民の総意は法律に反映されるのであるから、法律の定めるところにより国家が教育内容に関与することは、認められるべきであるからである。第三に、行政庁も法律が存在さえすれば国家が必要以上の関与ができるかということに関しては、法の支配の原則からも「法律にさえすればどのようにでも教育内容に介入することができるなどと主張するつもりはない」とする。それは、教育には国家の関与を不可能とし、あるいは相当としない部分もあるし、個々の教員の教育活動の自由を尊重すべき部分もあるからと行政庁はいうのである。第四に、教員の教育の自由に関し行政庁は、教育の特質性に鑑み、本質的に教員の創意、工夫に委ねるべき領域が存在することを拒否するつもりはないと考える。ただ、この教員に委ねられるべき領域は、教育的配慮としての一面であって、教育の特質性をもってしても教育の全領域に教員の教育の自由に拡大することにはならないという見解を示す。

第三項　国家の教育権説に対する私見

一　国家の教育権説の問題点

国家の教育権説に問題点がないかといえば決してそうではなく、いくつかの問題点が挙げられる。以下、その問題点を指摘していきたいと思う。

（一）　田中耕太郎博士の国家の教育権説の問題点

田中耕太郎博士が提唱される国家の教育権説においていくつかかの問題点が挙げられるが、そのなかでも国家の教育権説の立論に関わって提起された二つの問題点を取りあげてみたいと思う。まず、一つ目の問題点として、田中耕太郎博士が説く国家の教育権説では、両親の教育権や教員の教育権の独立は自然法上の権利として重視されており、このことから、両親、教員の教育権が自然法上の権利とされる。その意味で、教育の自由は否定されておらず、国家の教育権はあくまで両親の教育権を補充するものでしかなく、同博士の学説を国家の教育権説と位置づけすることは適当ではないとする見解が出されている。(二一六)

筆者は、上述の見解のようには、同博士は、両親と教員の教育権を同じ自然法上の権利と捉えていないと考える。

また、仮に両親、教員の教育権が自然法上の権利として教育の自由が否定されていないとしても、そのことからして無制限にこの権利が認められるものでないことはいうまでもなく、それをもって国家の教育権が制約されるという根拠にもならない。ただ、同博士がいう両親の教育権を自然法上の権利と捉えることには異論はないが、教員の教育権を両親から委託を受けた二次的な意味における伝来的教育権と捉えることは、あたかも両親の自然権的教育権の分権のごとく教員の教育権が捉えられてしまいがちになり、国民の教育権説の論者がいう「親からの委任を受けた教師の教育権論」という観念と同様に見られてしまうおそれがある。ここに同博士の国家の教育権論は課題を残した形になったといえよう。

田中耕太郎博士は、国家の教育権説の立論の根拠を、憲法二六条二項の反面解釈から国家に教育権が認められると提唱した。この見解は、相良博士に引き継がれ、国家も天地自然の理から家庭と同じように自然法的に教育権を有するとし、国家の教育権と家庭の教育権は相反するものではないとしてその論を発展させたことは先述のとおりである。さらに、この見解は、伊藤博士にも継承され、国家の教育権説をより強固なものにするうえにおいて重要な論拠となる。この憲法二六条二項の反面解釈の考えに対して、国民の教育権説の立場から有倉博士と兼子博士が問題を提起する。この問題提起が、二つ目の問題点として挙げられるのである。

有倉博士は、憲法二六条二項の反面解釈の問題点を次のように指摘する。「『公』概念は、『私』概念と基本的に対立するものではなく、むしろその延長線上にある、との見解、またこれに即応する教育学的成果として、『親義務の共同化』としての公教育概念の把握などが参照されるべきであろう。この観点からすれば、憲法二六条二項の国民の『子女に普通教育を受けさせる義務』も、義務を負う相手方は子どもであるべきであって、国家に対して負う義務ではない」(二一七)というのである。要するに、有倉博士は、公教育を私事性の延長として捉えており、保護者が子どもに普通教育を受けさせる国民の義務は、国家に対するものではないと考え、国民の義務の反面から国家が教育内容に関与することの権能は導き出せないと考えるのである。

同じく国民の教育権説の立場から兼子博士は、次のように憲法二六条二項の反面解釈の問題点を指摘する。「日本国憲法上の義務教育が、国民の教育の自由を踏まえつつ子どもの教育をうける権利の保障に対応するしくみであって、明治憲法下のそれから原理的に転換している点を忘れていることになろう。言いかえれば、義務教育には異なる法制度的類型があり、法論理的に必ず国の教育権力を前提とする国家教育であるというわけではなく、それは戦前の日・独の立憲君主制における国策的義務教育の場合にほかならず、現代の西欧諸国において子どもの教育をうける権利を国家が条件整備的に保障していく『公教育の中心としての義務教育』の場合はそれと原理的に異なり、この類型を日本国憲法は適切に採択しているわけである」[二一八]。また、「憲法はまず子女国民の教育をうける権利を保障し（二六条一項）それに対応して国がある種の条件整備義務を負い、その義務履行として父母国民の就学義務を法律で定めるとともに無償原則の実施に努めるべきこととなる」[二一九]とする。それゆえ、「日本国憲法二六条二項後段の『義務教育は、これを無償とする』という規定は、現代国家の教育条件整備義務をそれが最も強い部面について宣言した」[二二〇]とするのである。そして、父母国民の就学義務と国家の条件整備義務に関して同博士は、「現憲法下においては、就学義務を目安にした『義務教育』よりも、国民の教育をうける権利を保障するために国が条件整備義務を負っている教育を、ひろく『公教育』と観念するほうが重要である」[二二一]として、私事性の延長としての公教育を堅持するためにも、国は教育内容に関与できず、条件整備に関してのみ関われるという考え方を明確にする。

要は、兼子博士は、有倉博士とは異なった国民の教育権説の視点から次のように問題提起をしているのである。それは、第一に、「義務教育における原理的転換」は、明治憲法と日本国憲法とでは異なり、明治憲法下では国民の義務は天皇の教育大権に基づく国家に対するものであったが、日本国憲法では、この国民の義務を国民に対するものとした。第二として、国民が就学義務を負うのは「子女の普通教育を受ける権利」に対応してであり、それゆえ、子女・国民の教育を受ける権利に対応して国家は条件整備に専念する義務があるとする。以下、有倉博士、兼子博士の見解を検討する。

有倉博士の批判論に対して、伊藤博士は、次の三点において有倉博士の批判自体に問題があると反論する。それは、第一に、有倉博士の論はその前提に私事性公教育論があり、国民の義務を子女に対するものとする主張には納得できないとする。第二に、公教育は国家による公制度であり、二六条二項の国民の義務は国家に対する意味を含んでおり、それゆえに義務の不履行には罰則（学校教育法二二条一項、三九条一項、九一条）が設けられているとする。第三に、憲法第三章は原則として国家と国民間の定めであり、また、国民の基本義務の沿革からも二六条二項の国民の義務は国家に対する義務と考える（三二）。

筆者はこの伊藤博士の反論のなかでも第二の点に注目する。それは、憲法二六条二項の国民の義務の不履行には、罰則が法律において明記されており、二六条二項でいう「国民が負う義務」を国家でなく、子女に対して負うとすることは、不履行に罰則を設けている実定法上からも矛盾が挙がってくると考えられる。それだけに、憲法に関する多くの書物においては、この国民の義務は子どもに対するものか、国家に対するものかなどは書かれていないものがほとんどであり、この国民が負う義務が国家に対してのものであることは当然といえるために、改まって書くところまでいかなかったということがいえると考える。

次に、兼子博士が問題として指摘する「義務教育における原理的転換」については、天皇主権の公教育から国民主権の公教育への転換を意味しているものと思われる。そうすると、国民主権に基づいた公教育ということとすると、そこからなぜ二六条二項の国民の義務を国民に対するものになるのか理解できないといえよう。本来国民主権に基づく公教育における、「国民の教育を受けさせる義務についてみても、主権者である国民がその子女に普通教育を受けさせる義務の相手方は、主権者国民で構成されている国家であると考えるのが、公教育における国民主権主義の筋道」(二二三)であり、議会制民主主義の原理に基づくものといえる。

また、兼子博士がいう、国家は義務として条件整備に専念するべきであるということに対しては、伊藤博士は憲法二六条一項を国家は教育内容には介入しえないと捉えていることは先述したが、この一項において捉えた解釈を同条二項にも持ちこんでおり、一項の解釈の論理が二項の結論を導き出しているということがいえる。これは、前項の「伊藤公一博士の国家の教育権説」において考察したように、憲法二六条一項の教育を受ける権利の法的性質をどのように解するかによって、国家の義務と権能の捉え方が異なってくるということを意味しているといえる。憲法二六条一項の教育を受ける権利をめぐっては、生存権説、公民権説、学習権説の三つの学説の対立があることは先述した。筆者は、この三説のなかでも、子どもが教育を受けて学習し、人間的に成長・発達していく権利が一番保障される側面を有する学習権説の見解が一番優れていると考える。同様に伊藤博士、兼子博士もこの学習権説に立脚する。ただ、同じ学習権説に立っにしても両博士の学習権の捉え方は、大きく二つの考え方に分かれる。一つが、子どもの学習権を守る意味でも教員の教育の自由を法的に規制すべきであるとする立場で、もう一つが、学習権を保障するためにこそ、教育内容に対する国家の介入を排除すべきであり、そのためにも教員の教育の自由が大切とする立場である。いうまでもなく兼子博士は後者の見解をとる。

この見解の対立に関して、筆者は以下の理由から、兼子博士の憲法二六条一項の解釈は、誤謬が含まれているように思う。それは、「学習権の本来の意味を達成するには、なぜ教員が学校教育の内容を決定することになり、国は原則として法的には一切それに関与することができなくなるのか」(二二四)という疑問と、下級教育機関の教員に完全な教育の自由は認められないことを前提に考えるなら、教員の自由を一定の制約の下で、法的に根拠づけたいのなら、子どもの学習権から根拠づけようとするのでなくむしろ、教員免許に裏打ちされた教員専門的性質から根拠づけを考えた方がむしろ自然であると考えるからである。また、子どもの学習権が、教員の権利に先立つ場合ばかりあるはずはなく、(二二五)

その意味でも憲法二六条一項を兼子博士のように説くことには疑問がある。このように考えていくなら、自ずと兼子博士の説く憲法二六条一項の解釈が、二項の結論を導き出すということにはならず、一項において国の教育内容への関与を排除するということは、正当なものとはいえないのである。それゆえ、同博士がいうように、憲法二六条二項の「国民」が負う義務の相手方は「子女が教育を受ける権利」ではなく、あくまで「国家」に対して負う義務ということになり、国家は条件整備のみに徹し、教育内容に関与できないとする論は、承服できない論といえよう。

（二）伊藤公一博士の国家の教育権説の問題点

今橋盛勝氏は、伊藤博士の国家の教育権論に対して次の五つの問題点を指摘する。第一に、伊藤博士がいう「各学校の教員が国民全体に対して直接に教育責任を負うということはありえない」（二二六）という見解に対して、憲法二六条の下で学校法制が整備され、学校教育の直接的担い手は教員であり、学校教育の維持・運営に要する費用が公費であることなどからいって、教員が教育について国民全体に対し直接に責任を負うということは当然とする。第二に、伊藤博士がいう「広く国民全ての教育意思に基づいてそれを決定しなければならない」（二二七）という見解に対して、国民全体は常に一つにたばねられている必要性も合理性もないとする。第三に、議会制民主制によって国民全体の教育意思が反映しうるとする論理は観念的形式論でしかない。第四に、父母の持つ教育意思・教育権を国民全体の教育意思・教育権に解消し、埋没させている。第五に、国民に全体に対する教育責任の法理は、父母に対する直接責任性を中核的・不可欠の内容としていると解することの方が合理的であり、現実性を持っている。（二二八）

上述の伊藤博士に対する今橋氏の問題提起に対し、筆者は、第一と第二の点に関しては、従来の国民の教育権説の立場に立脚する論者に共通する反論であり、特に真新しいものとはいえないと思う。第三点目に関しては、国民主権・民主主義原則からいって伊藤博士の見解は基本的には誤ってはいないといえる。また、伊藤博士は、決して国家や国家権力の拡大や尊重を前提としたり、目的としたものではなく、むしろ、多くの子どもが、偏向し、誤った組織や勢力から正しく中正な教育を保障していくうえにおいて、国家というより多くの人の意向が議会を通じた議院内閣制の下で、行き着いた組織にその責任を負わすのが最適と考えるのである。このことは、教育の持つ特質性を考えるとき、他の行政と同等に考える論には少し特殊性があることはいうまでもない。この点、行政庁も「法律にさえすればどのようにでも教育内容に介入することができるなどと主張するつもりはない。教育には国家の介入を不可能とし、あるいは相当としない部分がある」(一二九)とする見解が注視に値するといえよう。ただ、国民の教育権説の論者が主張するように、教育には特質性があるから、国民代表制・議会民主制の手続きは、議会政治的多数決であるという実質を持ち、何事もそれによって決すればよいというものではなく、特に国民の教育意思のとりまとめを図るのには、国民代表制・議会民主制の手続きはなじまないという考えには、筆者は同意できない。また、第四、第五の問題提起に関しては、今後ますますその役割が重要になっていくことは明らかであり、学習権を基底とする子どもの教育権の保障、その救済を考えるうえにおいて、なくてはならない教育権主体であると考える。それだけに、伊藤博士やその他の国家の教育権の論者の論がとどきにくかったことを今後補っていく必要性があるかもしれない。いわば、第四、第五で問題提起されたの父母の教育権に、今後独自の教育法的意義と法的地位を与えることを考えていく必要があると思う。

二　国家の教育権説の意義と今後の公教育への役割

一般に「国家」や「国家権力」という言葉は、民主主義というものと対峙しがちと考えられがちである。同様に、学校教育についても教育内容に法的規制を設けたり、政府による命令的な強権が発動されたり、教育内容に行政庁が法的関与をすると、それをもって生徒や教員の自由が抑圧され、親の教育権が侵害されるといった一面的、単調的な考え方で善悪の判断を決しがちになる。しかし、果たしてそうであろうか。国家や国家権力といったとき悪になり、自主性や民主主義といったとき善となって国民の自由が保障され、本当の意味での自主性、民主性が育成されるのであろうか。

このことに関し、一つの例として内野教授は、現在の高等学校における家庭科の男女履修必修化への改革を挙げる。もし、この改革を自主性の尊重という観点から民主的に取り組んでいたら、全国的な実現はおろか改革そのものが散発的なものになるおそれがあり、国家が改革に参入して、上から強引に引っ張っていくなかでこそ改革が実現できたと同教授はいう。国家の教育権説に批判的な立場の人びとは、ややもすると上述のように一面的で単調に判断してしまいがちになることもある。国家＝悪、国家権力＝人権侵害、という短絡的な学問的姿勢は、学問的な進展をなさないばかりか害悪とさえいえる。[一三〇]

今日の国家の教育権説でいう「国家」は、前述のごとく「絶対主義国家における、国家自体神聖国家としての価値の具現者であり道徳の最高の形態として国民の教化者であるといった国家論を基礎におくのではなく、福祉国家論を基礎にするのが主流となっている」[一三一]のである。国家の教育権といった場合の国家は、戦前のような強権的国家ではなく、日本国憲法によって裏打ちされた戦後の民主的福祉国家のことを指すことは明確であり、いわば現代の公教育はこの福祉国家によってなされる国家の権限であり義務なのである。

現実に、公教育制度があるからといって、国が教育機関をすべて独占するものではなく、一定の条件の下に私立学校を設置する自由および親の学校選択の自由などその要求は増大し、国（地方教育行政）もできうる限りそれを認めており、その限りでは教育の自由が、現在の教育法制にも存していることは明白であるといえる。

それゆえ、国家の教育権説の立場に立脚して、教育権論争のなかの一つである「教員の教育の自由」といったものを見るにしても、教員の教育の自由を全面的に否定するものでないことは上述の議論からも明らかである。このことは、学テ判決がいう一定の範囲の教員の自由とも関連するが、結局のところ教員の教育の自由を認めるか否かは、教育の中立性を維持・確保するために国家が教育内容に関与した方がよいのか、それとも国家の関与を排除し、教員の完全な自由に任せた方がよいのか、あるいは国家の関与を認めるとしても、その範囲をどの程度に限定すべきであるか、という価値判断に帰着する。

この教員の教育の自由を認めるか否かの問題は、教育内容への国家の関与から生ずる利害得失とを比較考量のうえ決定されるべきである。そしてこれを決定するのは、国民の代表者で構成される国会であり、現在の教育法制は、国家の教育内容への関与を認めている。(二二) このように考えてくると、国家か国民（教員）かの教育権の論議は、国民の民意の反映とされる議会で制定される法規によるべきものか否かによるものというところにある。(二三)

今後の公教育のあり方について、現代福祉国家観に基づいた子どもの学習権保障に対する要請は、ますます厳しさを増していくものと考えられる。それゆえ、国家は、第四章で提唱する趣旨に基づき国民の声を最大限尊重する形で、この要請に積極的に対応していく役割を果たさねばならないのであり、その負うべき役割は重大であるといえる。

注

（一）永井憲一「教育の自由」（清宮四郎・阿部照哉・佐藤功・杉原泰編『新版憲法演習』有斐閣・一九八九年改訂版、所収）五一～五四頁，内野正幸『教育の権利と自由』有斐閣・一九九四年、一〇～一一頁。

（二）教科書検定訴訟を支援する全国連絡会編『家永・教科書裁判　高裁篇　準備書面篇Ⅰ』総合図書・一九七二年、三三九～三四〇頁、平野一郎「近代民衆教育史」（松島鈞編『国民教育への道』黎明書房・一九七一年、所収）二二一～二二六頁、梅根悟『近代国家と民衆教育』誠文堂新光社・一九六七年、一〇一～一一〇頁。

（三）教科書検定訴訟を支援する全国連絡会・前掲書『家永・教科書裁判　高裁篇　準備書面篇Ⅰ』三四五～三四六頁、梅根悟「ヨーロッパ的公教育思想についての若干の補説」（日本教育学会『教育学研究』、二七巻四号）一九六〇年、二七七～二七九頁。

（四）教科書検定訴訟を支援する全国連絡会編・前掲書『家永・教科書裁判　高裁篇　準備書面篇Ⅰ』三三九〜三四〇頁、平野一郎・前掲論文「近代民衆教育史」三五〜三六頁、コンドルセ「公教育の原理」（松島鈞訳、梅根悟編『世界教育学名著選20』明治図書出版・一九七三年、所収）二二三〜二二六頁。

（五）イマヌエル・カント『法律哲學』（恒藤恭、船田享二訳）岩波書店・一九三三年、一五三頁において「子は人格者として、出生と共に彼等が自らを保持する能力を有するに至るまで、両親によって扶助されることについて、原本的に、天賦の権利を有する」とする。

（六）ルソーの教育観は、ルソー『エミール』（今野一雄訳）岩波書店・一九六二年、梅根悟「エミール」（安藤尭雄他編『教育大学講座六教育制度』金子書房・一九五一年所収）に詳しい。

（七）堀尾輝久「近代教育思想の展開と義務教育観」（宗像誠也編『教育基本法』新評論・一九七一年、所収）一六〇頁。

（八）堀尾輝久「教育を受ける権利と義務教育―教育権理論の一前提」（永井憲一編『教育権　文献選集・日本国憲法8』三省堂・一九七七年、所収）一三〇頁。

（九）梅根悟・前掲論文「ヨーロッパ的公教育思想についての若干の補説」（日本教育学会『教育学研究』二七巻四号）一九六〇年、二八二〜二八三頁。

（一〇）堀尾輝久・前掲論文「近代教育思想の展開と義務教育観」一六〇〜一六一頁。

（一一）堀尾輝久・前掲論文「教育を受ける権利と義務教育―教育権理論の一前提」一三〇頁。

（一二）堀尾輝久・前掲論文「教育を受ける権利と義務教育―教育権理論の一前提」一三〇〜一三一頁。

（一三）堀尾輝久・前掲論文「教育を受ける権利と義務教育―教育権理論の一前提」一三〇〜一三一頁。

（一四）堀尾輝久「現代における教育と法」（『講座現代法　八巻』岩波書店・一九六六年、所収）一一〜一二頁、教科書検定訴訟を支援する全国連絡会編・前掲書『家永・教科書裁判　高裁篇　準備書面篇Ⅰ』三四二頁。

（一五）堀尾輝久・前掲論文「教育を受ける権利と義務教育―教育権理論の一前提」一三〇〜一三一頁。

（一六）教科書検定訴訟を支援する全国連絡会編・前掲書『家永・教科書裁判　高裁篇　準備書面篇Ⅰ』三四一頁。

（一七）堀尾輝久・前掲論文「教育を受ける権利と義務教育―教育権理論の一前提」一三〇頁。

（一八）教科書検定訴訟を支援する全国連絡会編・前掲書『家永・教科書裁判　高裁篇　準備書面篇Ⅰ』三四一頁、平野一郎・前掲論文「近代民衆教育史」三六～三七頁・四九～五一頁、梅根悟『西洋教育思想史』誠文堂新光社・一九六八年、一九七～二二八頁・二六一頁・二七三頁。

（一九）教科書検定訴訟を支援する全国連絡会編・前掲書『家永・教科書裁判　高裁篇　準備書面篇Ⅰ』三四二頁。

（二〇）法学協会編『註解　日本国憲法上巻（二）』有斐閣・一九五三年、四六〇～五〇〇頁。

（二一）宗像誠也「教育行政権と国民の価値観」（『国民教育研究所論稿二』一九六〇年、所収）二二頁。

（二二）宗像誠也『教育と教育政策』岩波書店・一九六一年、九一頁、宗像誠也「憲法と『国家の教育権』」（兼子仁編『法と教育』法学文献選集八、学陽書房・一九七二年、所収）四二～四三頁、宗像誠也「国民と教師の教育権」（国民教育研究所編『全書国民教育』第一巻、明治図書出版・一九六九年、所収）四七～五一頁。

（二三）法学協会編・前掲書『註解　日本国憲法上巻（二）』四六〇～五〇〇頁。

（二四）一九四七年（昭和二二）年制定の旧教育基本法一〇条一項をいう。以下、本書での教育基本法一〇条をめぐる論議はこの旧教育基本法一〇条を指す。

（二五）文部省内教育法令研究会『教育基本法の解説』（辻田力・田中二郎監修）國立書院・一九四七年、一三一頁。

（二六）文部省内教育法令研究会『教育委員会―理論と運営』時事通信社・一九四九年、二三頁。

（二七）宗像誠也・前掲論文「憲法と『国家の教育権』」四七～六四頁、宗像誠也・前掲論文「国民と教師の教育権」一五～五一頁、宗像誠也「教育行政（第一〇条）」（宗像誠也編『教育基本法』新評論・一九六六年、所収）二九九頁以下。

（二八）東京地判昭和四五年七月一七日（『行裁例集』二一巻七号別冊・『判例時報』六〇四号）一九七〇年、四七頁。

（二九）我妻栄・宮沢俊義・蠟山政道・小林直樹座談会「教育・教科書を考える」（『ジュリスト』臨時増刊号、有斐閣・所収）一九七〇年、二～三頁。

（三〇）法学協会編・前掲書『註解　日本国憲法上巻（二）』四六〇～五〇〇頁。

（三一）有倉遼吉「教育基本法の準憲法的性格」（有倉遼吉編『教育と法律』新評論・一九六四年、所収）三頁。

（三二）和田小次郎『法学原論』敬文堂書店・一九四八年、九七頁。

（三三）有倉遼吉『憲法理念と教育基本法制』成文堂・一九七三年、五一～七四頁、有倉遼吉「憲法と教育」（永井憲一編『教育権　文献選集・日本国憲法八』三省堂・一九七七年、所収）六五～八一頁、有倉遼吉・前掲論文「教育基本法の準憲法的性格」三～一五頁。

（三四）宮澤俊義『日本国憲法〔本編〕』（法律學体系1部コンメンタール篇1）日本評論新社・一九五五年、二五五頁。
（三五）佐藤功『憲法』有斐閣・一九五五年、一七〇頁。
（三六）法学協会編・前掲書『註解　日本国憲法上巻（二）』四五九～四六四頁。
（三七）有倉遼吉・前掲論文「憲法と教育」六七頁。
（三八）有倉遼吉・前掲論文「憲法と教育」六七～六八頁。
（三九）有倉遼吉「大学における学生の地位」（有倉遼吉編『大学改革と学生参加』成文堂・一九六九年、所収）六一～七一頁。
（四〇）有倉遼吉・前掲書「大学における学生の地位」六一～七一頁。
（四一）有倉遼吉・前掲論文「憲法と教育」七一頁。
（四二）有倉遼吉・前掲論文「憲法と教育」七一頁。
（四三）『日教組教育情報号外』昭和三〇年五月九日号。
（四四）有倉遼吉・前掲論文「憲法と教育」七一頁。
（四五）高柳信一「憲法的自由と教科書検定」（永井憲一編『教育権　文献選集・日本国憲法八』三省堂・一九七七年、所収）一一〇～一一三頁、永井憲一『教育法学』エイデル出版・一九九三年、二〇二頁、永井憲一『教育法学の目的と任務』勁草書房・一九七四年、九四頁、中村睦男「教育の自由」（奥平康弘・杉原康雄編『憲法学二　人権の基本問題Ⅱ』有斐閣・一九七六年、所収）一八〇頁、高柳信一『学問の自由』岩波書店・一九八三年、一二一頁。
（四六）高柳信一「学問の自由と教育」『日本教育法学会年報』創刊号『教育権保障の理論と実態』）有斐閣・一九七二年、一七頁。
（四七）高柳信一・前掲論文「学問の自由と教育」一九～二四頁。
（四八）高柳信一・前掲論文「学問の自由と教育」二四頁。
（四九）高柳信一・前掲論文「学問の自由と教育」二五～二四頁。
（五〇）高柳信一・前掲論文「学問の自由と教育」二六～三一頁。
（五一）高柳信一・前掲論文「学問の自由と教育」三一～三六頁。
（五二）R. KIRK, *ACADEMIC FREEDOM*, John Wiley, New York, 1955, p.22 et seq; 高柳信一・前掲論文「学問の自由と教育」三五～三六頁。

（五三）　高柳信一・前掲論文「学問の自由と教育」三八～五三頁。
（五四）　法学協会編・前掲書『註解　日本国憲法上巻（二）』四五九～四六四頁。
（五五）　兼子博士は「学問学習の自由」が「学問の自由」の一翼をなす条理解釈の根拠となるものの例として、ルソーの『エミール』の「人間の学問を……一方はあらゆる人間に共通のもの、他方は学者に特有のものに分けてみるとしたら、後者は前者に比べほとんど言うにたりないものになるにちがいない」の一節や、福沢諭吉の『学問のすゝめ』の「人は生まれながらにして貴賤貧富の別なし。唯学問を勤て物事をよく知る者は貴人となり富人となり」という有名な一節を挙げる。また、教育基本法二条の「すべての人々が本来もつている真理探究の要求が自由になされなければならない」という条項も広義の意味での条理解釈の根拠になるとする。兼子仁『教育法（新版）』有斐閣・一九八三年、二〇二～二〇三頁。
（五六）　兼子仁博士の挙げる学習権説の立場をとる学者と著作には、小林直樹『憲法講義上（改訂版）』東京大学出版会・一九七四年、四二五～四二六頁、同『現代基本権の展開』岩波書店・一九七六年、八九～九〇頁、山崎真秀「教育を受ける権利、教育の義務」（伊ヶ崎暁生編『教育基本法文献選集三』学陽書房・一九七八年、所収）一一六頁などが挙げられる。
（五七）　兼子仁・前掲書『教育法（新版）』二二八～二二九頁。
（五八）　伊藤公一『教育法の研究』法律文化社・一九八一年、三頁。
（五九）　兼子仁「憲法二三条・二六条および教育基本法一〇条の体系的解釈」（永井憲一編『教育権　文献選集・日本国憲法八』三省堂・一九七七年、所収）一五三頁、兼子仁・前掲書『教育法（新版）』二二七～二三四頁、兼子仁『国民の教育権』岩波書店・一九七一年、一一五～一一六頁・二〇九頁、堀尾輝久『現代教育の思想と構造』岩波書店・一九七一年、二九七頁・三一一頁・三三九～三四一頁。
（六〇）　兼子博士は、この教育条理解釈を教育人権原理に関連しており、意義深いものとした、代表的な裁判の判例を二つ挙げる。それはまず、第二次家永教科書裁判一審判決の杉本判決である。「子どもは未来における可能性をもつ存在であることを本質とするから、将来においてその人間性を十分に開花させるべく自ら学習し、事物を知り、これによって自らを成長させることが子どもの生来的権利であり、このような子どもの学習する権利を保障することは国民的課題である」という判旨と、もう一点が最高裁学テ判決が二六条でいうところの「背後には、国民各自が、一個の人間として、……成長、発展し、自己の人格を完成、実現するために必要な学習する固有の権利を有すること、特に……子どもは、その学習要求を充足するための教育を自己に施すことを大人一般に対して要求する権利を有するとの観念が存在していると考えられる。換言すれば、子どもの教育は、教育を施す者の支配的権能ではなく、何よりもまず、子どもの学習をする権利に対応し、その充足をはかりうる立場にある者の責務に属するものとしてとらえている」という点である。兼子仁・前掲書『教育法（新版）』一九七～一九八頁。

（六一）ルソー・前掲書『エミール』六九～七一頁によれば、「私達は学ぶ能力がある者として生まれる」「人間の教育は誕生とともにはじまる」というように、人間にとりいかに教育というものが意義深いものかということや人として生まれたときから教育を受ける存在として生まれることが記されている。

（六二）兼子仁『入門教育法』総合労働研究所・一九七六年、五一～五三頁。

（六三）最大判昭和五一年五月二一日（『刑集』三〇巻五号）六一五頁。

（六四）兼子博士は、この見解と同旨のものとして、堀尾輝久・前掲書『現代教育の思想と構造』一九九頁、堀尾輝久「国民の教育権の構造」（有倉遼吉博士還暦記念『教育法学の課題』総合労働研究所・一九七四年、所収）八四～八六頁を挙げる。また、参考文献として、伊藤公一「『親の教育権』の公法的考察」（『阪大法学』九二号）一九七四年も挙げる。

（六五）兼子仁・前掲書『教育法（新版）』二〇五頁。

（六六）田中耕太郎「教育権の自然法的考察」（『法学協会雑誌』第六九巻第二号）有斐閣・一九五一年、一〇二～一〇五頁、同『教育基本法の理論』國立書院・一九六一年、一四六頁・一五四頁、相良惟一「両親の教育権の実定法的考察」（『京都大学教育学部紀要』八号）一九六二年、一七二～一八三頁は、日本国憲法一一条に確認された自然権的人権と解している。

（六七）持田説においては、階級教育論の主張をなす。すなわち、資本家階級における教育を通じての国民を経済的、思想的に支配する構造を批判する見解を基底とする。持田栄一『教育における親の復権』明治図書出版・一九七三年、七二頁以下。

（六八）兼子仁・前掲書『教育法（新版）』二〇五～二〇六頁。

（六九）兼子仁・前掲書『教育法（新版）』三〇三～三〇四頁。

（七〇）兼子仁『教育法（旧版）』有斐閣・一九六三年、一二六～一二八頁、同「教員の教育権と国民の教育権」（『ジュリスト』臨時増刊四六一号）有斐閣・一九七〇年、七五～七六頁、内野正幸・前掲書『教育の権利と自由』一一八～一二一頁。

（七一）兼子仁・前掲論文「教員の教育権と国民の教育権」七六頁、同・前掲書『教育法（旧版）』一二六～一二八頁。

（七二）兼子仁・前掲書『教育法（新版）』二七三～二七四頁によれば、「本書旧版一二六～一二七頁において筆者は『教員の教育権限の独立説』を表明していたが、今では、それは部分的に妥当するものであると考えている」と自身の学説の変更を認める。

（七三）　兼子仁・前掲書『教育法（新版）』二七三～二七四頁。
（七四）　堀尾輝久・前掲書『現代教育の思想と構造』三二六～三二七頁。
（七五）　兼子仁・前掲書『教育法（新版）』二七三～二七八頁。
（七六）　兼子仁「教育人権と教育権力」（星野安三郎先生古希記念『平和と民主教育の憲法論』勁草書房・一九九二年、所収）二六三頁。
（七七）　内野正幸・前掲書『教育の権利と自由』一一八～一二〇頁。
（七八）　兼子仁・前掲書『教育法（新版）』二八八～二八九頁。
（七九）　兼子仁・前掲論文「憲法二三条・二六条および教育基本法一〇条の体系的解釈」一五二頁、同「教育の自由と学問の自由」『公法研究』三二号）一九七〇年、六一頁。
（八〇）　兼子仁・前掲論文「憲法二三条・二六条および教育基本法一〇条の体系的解釈」一五二頁。
（八一）　兼子仁・前掲書『教育法（新版）』二八九～二九一頁。
（八二）　兼子仁・前掲書『教育法（新版）』三〇〇～三〇一頁。
（八三）　兼子仁・前掲書『教育法（新版）』三〇〇～三〇三頁、同・前掲書『入門教育法』六三～六四頁、六七～六九頁。
（八四）　文部省地方課法令研究会編著『全訂　新学校管理読本』第一法規出版・一九八六年、一二三～一二七頁。
（八五）　兼子仁・前掲書『教育法（新版）』二九四頁。
（八六）　東京地判昭和四七年三月三一日（『判例時報』六六四号）一九七二年、一二三頁。
（八七）　兼子仁・前掲書『教育法（新版）』三四四頁。それ以外は同書三四三～三四六頁。
（八八）　兼子仁・前掲書『教育法（旧版）』一三九頁。
（八九）　兼子仁・前掲書『教育法（新版）』二一六～二一八頁。
（九〇）　内野教授は、兼子博士の学校制度基準説の見解に対して、このように説くことにより、大綱的基準ということばが曖昧であるという難点が取り除かれ、教育内容への法的介入が許されないとする立場がすっきり打ち出されるとする。ただ、次の問題点も指摘する。まず、高校三年生で週何時間教えなさいといった法的介入が仮にあったとしたら、それは学校制度基準説の立場からは許容されてしまう。しかし、これは教育内容への法的介入とあまり変わりがないのではないかとする。また、兼子博士の「学校制度基準についてなら法で定められる」とするところの法とは何を指すのか疑問とする。すなわち、現状では文部省令が法として力を発揮していることを考えるなら、省令で定められるくらいなら国会で定めた法律こそ重視すべきであるというのである。内野正幸・前掲書『教育の権利と自由』六七〜六八頁。

（九一）相良惟一・林部一二『教育法規の基礎知識』明治図書出版・一九六〇年、一二頁。
（九二）兼子仁・前掲書『教育法（旧版）』四頁、同・前掲書『教育法（新版）』七頁。
（九三）永井憲一・前掲書『教育法学』二六〜二八頁。
（九四）永井憲一・前掲書『教育法学』二八頁。
（九五）法学協会編・前掲書『註解　日本国憲法上巻（二）』四六〇頁・五〇〇頁。
（九六）永井憲一・前掲書『教育法学』二九頁。
（九七）永井憲一・前掲書『教育法学』三〇頁。
（九八）永井憲一・前掲書『教育法学の目的と任務』九八〜一〇一頁、同・前掲書『憲法と教育基本権（新版）』七八頁。
（九九）永井憲一『主権者教育の理論』三省堂・一九九一年、二三八頁。
（一〇〇）永井憲一・前掲書『教育法学』三一〜三二頁。

（一〇一）永井憲一・前掲書『教育法学』三一頁。

（一〇二）兼子仁「教育法とその今日的基本問題」（『日本教育法学会年報』一〇号「八〇年代教育法学の展望」）有斐閣・一九八一年、四頁。

（一〇三）永井憲一・前掲書『教育法学』三二〜三三頁、同・前掲論文「教育権」一八七〜一八八頁。

（一〇四）田中二郎「教育基本法三〇年」（『季刊教育法』二三号「教育基本法三〇年」）エイデル出版・一九七七年、一一頁。

（一〇五）同旨の見解としては、伊藤公一・前掲書『教育法の研究』四六頁がある。

（一〇六）教科書検定訴訟を支援する全国連絡会編・前掲書『家永・教科書裁判　高裁篇　準備書面篇Ⅰ』三六〜三七頁。

（一〇七）コンドルセ・前掲書『公教育の原理』一三二頁。

（一〇八）コンドルセ・前掲書『公教育の原理』一三二頁。

（一〇九）同旨の見解として、教科書検定訴訟を支援する全国連絡会編・前掲書『家永・教科書裁判　高裁篇　準備書面篇Ⅰ』三六〜三八頁、伊藤公一・前掲書『教育法の研究』四四〜四七頁。

（一一〇）　この国民と国家の対立に関して、同じく疑問を持つ論として、伊藤公一・前掲書『教育法の研究』五二～五四頁、蝋山正道・前掲座談会「教育・教科書を考える」六頁、榎原猛「教科書検定」（林・中山・奥原編『基本的人権・判例演習シリーズ憲法二』成文堂・一九七三年、所収）一〇七～一〇八頁、橋本公亘「教科書検定判決を読んで」（『ジュリスト』四六一号）有斐閣・一九七〇年、三八頁。

（一一一）　菱村幸彦氏は同様に、「『国民の教育権』となってはいるけれど、親の教育権については、いわば名目的・つけ足し的に語られていたに過ぎず、国民の教育権論は、結局のところ、『教師の教育権』論にほかならなかった」と明言し、この国民の教育権説の真のねらいを、「教師は国家からいかなる制約も受けることなしに、自由に教育をする権利があるという」ことを認めさせるところにあるとする。菱村幸彦「教師の教育権論の終焉」（『教職研修』二七九号）教育開発研究所・一九九五年、二二頁。同様の見解として、伊藤公一「国民の教育権説」（菱村・下村編『教育法規大辞典』エムティ出版・一九九四年、所収）四一八頁がある。

（一一二）　奥平康弘「教育を受ける権利」（芦部信喜編『憲法Ⅲ　人権（二）』有斐閣・一九八一年、所収）四一二頁・四一四頁・四一五頁。

（一一三）　例えば、麹町内申書裁判（東京高判昭和五七年五月一九日『高民集』三五巻二号、一〇五頁）、丸刈り訴訟（熊本地判昭和六〇年一一月一三日『行裁例集』三六巻一一・一二号、一八七五頁）、高校バイク禁止校則違反による自主退学勧告事件（最高裁平成三年九月三日第三小法廷判決『判例時報』一四〇一号、一九九一年、五六頁）など多数。

（一一四）　今橋盛勝『教育法と法社会学』三省堂・一九八三年、二一五～二一七頁、同「教育行政と国民の権利」（『ジュリスト』八五九号）有斐閣・一九八六年、六三頁。

（一一五）　内野正幸教授は、教科書検定の位置づけについてその問題点を指摘する。内野正幸・前掲書『教育の権利と自由』八五頁。また、批判としては、兼子仁「子どもの人権と教師の教育権」（『日本教育法学会年報』一九号「子どもの人権と教育権」）有斐閣・一九九〇年、六二頁、堀尾輝久『人権としての教育』岩波書店・一九九一年、三六一～三六二頁が挙げられる。

（一一六）　この点に関して、伊藤公一博士は憲法二六条一項が「法律の定めるところにより」としていることは、このことを意味すると考える。そして、その具体化の一つとして、教育基本法八条二項の政治的偏向教育の禁止を挙げる。

（一一七）　綿貫芳源「教科書検定判決を読んで」（『ジュリスト』臨時増刊号　有斐閣・一九七〇年、所収）三四頁。

（一一八）　同様の疑問は、榎原猛・前掲論文「教科書検定」一〇八頁、伊藤公一・前掲書『教育法の研究』四七頁。

（一一九）伊藤博士はさらに、国家を教育内容の決定から排除する国民の教育権説の論者は、子どもの学習権の尊重・保護と親の教育の自由の確保と考える。しかし、なぜこの理由をもって教育内容の決定から国家を除外し、教員の大幅な決定権へとつながるのか理解できないとする。また、教員の決定した教育内容が不適切な場合、子どもや親、国民などはどういう手段・方法においてその是正を求め、責任を追及できるのか疑問であるとする。さらに、教育内容と大いに関連する義務教育や教員の人事権についてそれに関する権能が国など公権力側にあることに、公教育私事性論の論者はなぜ異議を唱えないのか疑問とするのである。教員の人事権に関しては、校長・教員の資格、教員免許状の所持の必要性や、教育目標・教科に関する事項・検定済みの教科書の使用などを、法的決定しているることに対しても同様に、なぜ公教育私事性論の論者は異議を唱えないのか疑問とするのである。伊藤公一・前掲書『教育法の研究』四七～五二頁。

（一二〇）伊藤公一・前掲書『教育法の研究』四七～五〇頁。

（一二一）教科書検定訴訟を支援する全国連絡会編・前掲書『家永・教科書裁判　高裁篇　準備書面篇Ⅰ』一七頁、伊藤公一・前掲書『教育法の研究』四七～五二頁。

（一二二）宗像誠也・前掲論文「憲法と『国家の教育権』」五五～五八頁。

（一二三）宗像誠也・前掲論文「憲法と『国家の教育権』」五六頁。

（一二四）宗像誠也・前掲論文「憲法と『国家の教育権』」五五～五八頁。

（一二五）法学協会編・前掲書『註解　日本国憲法上巻（二）』四六〇～五〇〇頁。

（一二六）同旨として、覚道豊治『憲法』（法律学全書1）ミネルヴァ書房・一九七三年、二五八～二五九頁、教科書検定訴訟を支援する全国連絡会編・前掲書『家永・教科書裁判　高裁篇　準備書面篇Ⅰ』二四頁、伊藤公一・前掲書『教育法の研究』五五～五六・九三頁。

（一二七）橋本公亘・前掲論文「教科書検定判決を読んで」三九頁。

（一二八）相良惟一『教科書裁判と教育権』法友社・一九七一年、五九頁。

（一二九）相良惟一・前掲書『教科書裁判と教育権』五九～六一頁。

（一三〇）Isac. L. Kandel, *Comparative Education*, Boston: Houghton Mifflin, 1933, pp.207-348. 以外にもキャンデルは、The Erain Education（『教育における新時代』一九二九年初版、一九五四年改版）の第六章の The Administration and Organization of Education のなかでも

interna, externa（内的事項）の問題を論議している。

（一三一）キャンデルは、participation of teachers in administration といういい方をしている。Isac. L. Kandel. ibid. p.217.

（一三二）宗像誠也・前掲論文「憲法と『国家の教育権』」七八頁。

（一三三）橋本公亘・前掲論文「教科書検定判決を読んで」三九頁。

（一三四）Isac. L. Kandel. ibid. pp.207-228.

（一三五）宗像誠也『教育行政学序説（増補版）』有斐閣・一九六九年、四～五頁。

（一三六）相良惟一・前掲書『教科書裁判と教育権』六三頁。

（一三七）兼子仁博士は、このことを次の書物より参照する。H.Heckel-P.Seipp, *Schulrechtskunde*, Neuwied , Luchterhand, 4th edition. 1969, S.86; 兼子仁・前掲書『教育法（新版）』三五二頁。

（一三八）兼子仁・前掲書『教育法（新版）』三五二～三五四頁。

（一三九）兼子仁・前掲書『教育法（新版）』三五五～三五六頁。

（一四〇）兼子仁・前掲書『教育法（新版）』三五七頁。

（一四一）兼子仁・前掲書『教育法（新版）』三五七頁。

（一四二）内野正幸・前掲書『教育の権利と自由』六九～七〇頁。

（一四三）例えば、指導助言には制約があるとする田村和之「改訂学習指導要領と子どもの学習権」（『日本教育法学会年報』八号「公教育と条件整備の法制」）有斐閣・一九七九年、七一～七二頁、山内敏広「教育の自由と国家的介入の限界」（『法律時報』五四巻一〇号）日本評論社・一九七二年、四六頁。

（一四四）持田栄一「教育における管理主義批判の論理」（『持田栄一著作集五』明治図書出版・一九八〇年、所収）二四頁。

（一四五）内野正幸・前掲書『教育の権利と自由』七一頁。

（一四六）奥平康弘・前掲論文「教育を受ける権利」四一六頁。

（一四七）内野正幸・前掲書『教育の権利と自由』一〇三頁。

（一四八）内野正幸・前掲書『教育の権利と自由』一〇四頁。

（一四九）同旨の見解として、内野正幸・前掲書『教育の権利と自由』一〇五頁がある。

（一五〇） 内野正幸・前掲書『教育の権利と自由』一〇五頁。
（一五一） 有倉遼吉「憲法と教育」（『公法研究』三二号）有斐閣一九七〇年、九～一五頁。
（一五二） 永井憲一・前掲書『憲法と教育基本権』二七三頁。
（一五三） 永井憲一・前掲書『憲法と教育基本権』二七三～二七七頁。
（一五四） 有倉遼吉・前掲書『憲法理念と教育基本法制』六六～六七頁。
（一五五） 永井憲一・前掲書『憲法と教育基本権』二七七頁。
（一五六） 有倉遼吉・前掲書『憲法理念と教育基本法制』六七頁。
（一五七） 永井憲一・前掲論文「教育権」一八七～一八八頁
（一五八） 有倉遼吉・前掲書『憲法理念と教育基本法制』六六～六七頁。
（一五九） この全人的な人間の形成に関して田中耕太郎博士は、次のように説明する。
「教育は民主社会の構成員たる人間を形成することによって、民主国家の建設に貢献する。教育は『民主的人間』を、つまり『政治的人間』の一つの類型を形成することではなく、人間自体つまり『全人』または全一的な人間を形成することである」同・前掲論文「教育権の自然法的考察」一〇一頁・九頁。

（一六〇） 田中耕太郎・前掲書『教育基本法の理論』八～一四頁・一四〇～一四一頁。
（一六一） 田中耕太郎・前掲書『教育基本法の理論』一四一頁。
（一六二） 以下、田中耕太郎・前掲書『教育基本法の理論』一四四頁による。
世界各国の家族制度の保護を図ろうとした立法例として、以下のものが挙げられる。まず、一九四六年一〇月一九日公布のフランス第四共和国憲法が挙げられる。同憲法は、前文において「国家は個人および家族に、それらの発達に必要な諸条件を確保する」ということを宣言している。また、ドイツ連邦共和国基本法第六条第一項は、「婚姻および家族が国家的秩序の特別な保護の下におかれる」としている。さらに、中華民国憲法第九六条、タイ王国憲法第三三条、大韓民国憲法第二〇条、リビア連合王国憲法第三三条も家庭の保護を規定している。

同博士によると、家族の保護は特にカトリック系諸国において、自然法の理念から要求され国家が認めていく。その代表的なものとしては、アルゼンチン共和国憲法第三七条第二項、イタリア共和国憲法第二九条ないし三一条、スペイン共和国憲法第二二条が挙げられ、国家による家族の承認と保護を明確にしている。ブラジル連邦憲法第一六三条は家族に対する国家の特別保護を規定し、ポルトガル共和国憲法第一二条ないし一四条は家族の組織と擁護の保障を規定している。特徴的なのは、チェコスロバキア共和国憲法一〇条、朝鮮民主主義共和国憲法二三条、ドイツ民主主義共和国憲法三〇条、ユーゴスラビア連邦人民共和国憲法二六条、ルーマニア人民共和国憲法八三条などの共産主義系国家においても家族の保護を憲法において規定していた点である。

（一六三）　田中耕太郎・前掲書『教育基本法の理論』一四二〜一四五頁。

（一六四）　田中耕太郎・前掲論文「教育権の自然法的考察」九九頁。

（一六五）　田中耕太郎・前掲書『教育基本法の理論』一六五〜一六八頁。

（一六六）　田中耕太郎・前掲書『教育基本法の理論』一四六〜一四九頁。

（一六七）　田中耕太郎博士は、両親の教育権は民法上（八二〇条）認められているが、自然法的性格については、わが国の民法は、憲法はふれていないとする。この点、ドイツのワイマール憲法は一二〇条において両親の自然法的権利を承認し（oberste Pflichtund natürliches Recht der Eltern）、一二二条において、国家には青少年の保護のための監視権を与えているのみである。また、ドイツ連邦共和国基本法第六条第二項は、子どもの養育や教育は両親の自然の権利とし、何よりも先に両親に課せられた義務とする。さらに、教会法法典第一〇一三条、第一三七二条や、カトリック諸国の憲法であって家族の保護と両親の教育権を認めている国の憲法や、世界人権宣言第二六条第三項においても両親の自然法的教育権が認められているとする。

同博士は、わが国において直接教育権の自然法的性格を規定した法規が存在しないにしても理論上これを承認せざるをえないとするのである。同・前掲書『教育基本法の理論』一五四〜一五五頁。

（一六八）　田中耕太郎・前掲書『教育基本法の理論』一四〇〜一六五頁、同・前掲論文「教育権の自然法的考察」一〇四頁、同「司法権と教育権の独立」（兼子仁編『法と教育　法学文献選集八』学陽書房・一九七二年、所収）二一九頁、佐藤秀夫「田中耕太郎の教育権論」（『法律時報』四七巻一三号）日本評論社・一九七五年、二五〜三一頁。

（一六九）　田中耕太郎・前掲書『教育基本法の理論』一六五〜一六八頁。

（一七〇）　相良惟一・前掲書『教科書裁判と教育権』三九〜四一頁、同「教育権をどう考えるべきか」（兼子仁編『法と教育』法学文献選集八、学陽書房・一九七二年、所収）一一七頁。

（一七一）　相良惟一・前掲書『教科書裁判と教育権』四三〜四四頁、相良惟一・前掲論文「教育権をどう考えるべきか」一一九頁。

（一七二）相良惟一・前掲論文「両親の教育権の実定法的考察」一七二～一八三頁。
（一七三）相良惟一・前掲書『教科書裁判と教育権』三八～八五頁、同・前掲論文「両親の教育権の実定法的考察」一七二～一八三頁。
（一七四）田中耕太郎「司法権と教育権の独立」（兼子仁編『法と教育』法学文献選集八、学陽書房・一九七二年、所収）二〇九頁。
（一七五）兼子仁・前掲書『教育法（新版）』三四三頁以下。なお、同様の見解は、国民の教育権説の立場をとる学者がよく用いる学説である。
（一七六）相良惟一・前掲論文「教育権をどう考えるべきか」一二〇～一二一頁、同・前掲書『教科書裁判と教育権』五六～五八頁。
（一七七）文部省内教育法令研究会・前掲書『教育基本法の解説』一三一頁。
（一七八）相良惟一・前掲書『教科書裁判と教育権』六四～六六頁。
（一七九）相良惟一博士は、宗像誠也博士のいう教員の「権利」としての参与権より、「権限」としての教員の参与権をとなえる兼子博士の「権限」ということばの方がより妥当という。それは、権利ということは法律で認められていないと権利とはいえず、むしろ国あるいは地方公共団体の機関の一員である教員は権利というより権限という方が妥当だとするからである。
（一八〇）アメリカにおいては、Academic Freedom（学問の自由）は大学のみならず、Public School にも存在することは一般的に承認されているということは相良惟一博士も了知している。同・前掲書『教科書裁判と教育権』七三頁。
（一八一）通説的見解としては、法学協会編・前掲書『註解　日本国憲法上巻（二）』四九五頁。また、最高裁判例であるポポロ事件は、『刑集』一七巻四号、三七〇頁。
（一八二）「教員の地位に関する勧告六一項」の審議の過程において、当時西ドイツは、学問の自由（akademische Freiheit）は大学の自由だという観点から反対した。同じく旧ソ連も教員にこのような自由は存在しないという立場から真っ向から反対した。これに対して、アメリカでは、初等・中等学校の教員にも学問の自由は認められるということが一般化しているということから賛成した。同じくイギリスも賛成するのである。日本とフランスがこれに対して折衷案を出した。その結果、六一項に、あらかじめ計画され承認された計画の枠内ということと、教育行政当局の援助をえてという、二つの制限を加えることで承認されるに至った。相良惟一・前掲書『教科書裁判と教育権』七二～七三頁。
（一八三）相良惟一・前掲書『教科書裁判と教育権』六四～六六頁、同『教育行政学（新版）』成文堂新光社・一九七〇年、四二～五〇頁、同「教育法規の本質」（現職教育研修会編『教育法規の基礎知識』明治図書出版・一九六九年、所収）二六～三一頁。
（一八四）今橋盛勝・前掲書『教育法と法社会学』一五四頁。

（一八五）伊藤公一「公教育における国の教育内容介入権」（阿部照哉・伊藤公一編著『現代国家の制度と人権　榎原猛先生古稀記念論集』法律文化社・一九九七年、所収）四八五〜五〇六頁。
（一八六）伊藤公一・前掲書『教育法の研究』三八〜四三頁。
（一八七）森田明「教育を受ける権利と教育の自由」（『法律時報』四九巻七号）日本評論社・一九七七年、八八頁。
（一八八）内野正幸・前掲書『教育の権利と自由』二一四〜二一五頁。
（一八九）伊藤公一博士は、その代表的な学者と著書として次のものを挙げる。堀尾輝久・前掲書『現代教育の思想と構造』三三九〜三四〇頁、兼子仁・前掲論文「憲法二三条・二六条および教育基本法一〇条の体系的解釈」二一〇頁、同・前掲書『国民の教育権』一一五〜一一六頁、同・前掲書『教育法（新版）』一九八頁、同・前掲書『教育法の研究』五頁。
（一九〇）伊藤公一・前掲書『教育法の研究』五〜六頁。
（一九一）有倉遼吉・前掲論文「教育基本法の準憲法的性格」七〜八頁、一〇頁、一二〜一三頁。
（一九二）佐藤功「日本国憲法と教育基本法」（『季刊教育法』二三号「教育基本法三〇年」）エイデル出版社・一九七七年、一四〜一六頁。
（一九三）伊藤公一・前掲書『教育法の研究』一〜一〇一頁。
その他にも国家の教育権説の論拠として、法治行政を強調し、福祉国家ゆえに教育行政についても国家が責任を持つとする。教育行政は教育の条件整備を任務とするものであり、その条件整備は教育の内容にまで及ばなければならない。国が教育水準の維持と適正を確保することが国民の教育の機会均等のために必要なことなのだ、という論拠が注目にする。平原春好「国家の教育統制を支える理論」（宗像・伊ヶ崎編『国民と教師の教育権』明治図書出版・一九六七年、所収）。
（一九四）伊藤公一「学力調査の適法性」（『法律のひろば』第二九巻第八号）ぎょうせい・一九七六年、一七頁。
（一九五）旭川地判昭和四一年五月二五日『判例時報』四五三号、一九六六年、一六頁。
（一九六）札幌高判昭和四三年六月二六日『判例時報』五二四号、一九六八年、二四頁。
（一九七）菱村幸彦・前掲論文「教師の教育権論の終焉」二一頁、内野正幸「教育権と教育を受ける権利」（芦部信喜編　別冊ジュリスト『憲法判例百選Ⅱ』有斐閣、二〇〇〇年、所収）二九〇頁。
（一九八）中村睦男『社会権の解釈』有斐閣・一九八三年、一二六頁。
（一九九）兼子仁「最高裁学テ判決における教育人権論」（『ジュリスト』六一八号）有斐閣・一九七六年、二七頁、中村睦男・前掲書

「社会権の解釈」一二六頁。

(二〇〇) 内野正幸・前掲論文「教育権と教育を受ける権利」二九一頁。

(二〇一) 伊藤公一・前掲書「学力調査の適法性」一八頁。

(二〇二) 同旨の見解として、伊藤公一・前掲書「学力調査の適法性」一八頁がある。

(二〇三) 最高裁第三小法廷判決平成五年三月一六日『判例時報』一四五六号、一九九三年、六二頁。

(二〇四) 最判平成九年八月二九日『民集』五一巻七号、二九二一頁。

(二〇五) 最判平成二年一月一八日『民集』四四巻一号、一頁。

(二〇六) 教科書検定訴訟を支援する全国連絡会編・前掲書『家永・教科書裁判　高裁篇　準備書面篇Ⅰ』一六頁。

(二〇七) いわゆる前掲判決・杉本判決の判旨である。

(二〇八) 教科書検定訴訟を支援する全国連絡会編『家永・教科書裁判　第一部Ⅱ』総合図書・一九六九年、三六九〜三七一頁。

(二〇九) 文部省内教科書研究会編集『教科書と公教育』第一法規・一九七三年、一二一頁によれば、国民の教育権説の論者は、「公教育の沿革において『教育の自由』があったものとして、この教育の自由が現代の公教育法制の前提ないし原理であるかのごとく主張する」としている。

(二一〇) 教科書検定訴訟を支援する全国連絡会編・前掲書『家永・教科書裁判　高裁篇　準備書面篇Ⅰ』一七〜一八頁。
(二一一) 教科書検定訴訟を支援する全国連絡会編・前掲書『家永・教科書裁判　高裁篇　準備書面篇Ⅰ』一八頁。
(二一二) 教科書検定訴訟を支援する全国連絡会編・前掲書『家永・教科書裁判　高裁篇　準備書面篇Ⅰ』一八〜一九頁。
(二一三) 文部省内教科書研究会編集・前掲書『教科書と公教育』二一六〜二一七頁。
(二一四) 通説的見解としては、法学協会編・前掲書『註解　日本国憲法上巻（二）』四九五頁。また、前掲判決・ポポロ事件。
(二一五) 教科書検定訴訟を支援する全国連絡会編・前掲書『家永・教科書裁判　高裁篇　準備書面篇Ⅰ』二〇〜二四頁。
(二一六) 中村睦男・前掲論文「教育の自由」一八一頁、佐藤秀夫・前掲論文「田中耕太郎の教育権論」二五〜三一頁。
(二一七) 有倉遼吉「国民の教育権と国家の教育権」（兼子仁編『法と教育』法学文献選集八、学陽書房・一九七二年、所収）九〇〜九一頁。
(二一八) 兼子仁・前掲書『教育法』二三五頁。
(二一九) 兼子仁・前掲論文「憲法二三条・二六条および教育基本法一〇条の体系的解釈」一五五頁。

（二二〇）兼子仁・前掲書『教育法』二三五頁。
（二二一）兼子仁・前掲論文「憲法二三条・二六条および教育基本法一〇条の体系的解釈」一五六頁。
（二二二）伊藤公一・前掲書『教育法の研究』六四〜六五頁。
（二二三）伊藤公一・前掲書『教育法の研究』六八頁。
（二二四）伊藤公一・前掲書『教育法の研究』五頁。
（二二五）例えば、教員の単位の認定権や教員が平穏に授業をする権利など多数考えられる。
（二二六）伊藤公一・前掲書『教育法の研究』七六頁。
（二二七）伊藤公一・前掲書『教育法の研究』七六頁。
（二二八）今橋盛勝・前掲書『教育法と法社会学』一八五〜一八七頁。
（二二九）教科書検定訴訟を支援する全国連絡会編・前掲書『家永・教科書裁判　高裁篇　準備書面篇Ⅰ』一八頁。
（二三〇）内野正幸・前掲書『教育の権利と自由』一九〜二一頁。
（二三一）持田栄一「国民の教育権とは何か」（兼子仁編『法と教育』法学文献選集八、学陽書房・一九七二年、所収）一二七頁。
（二三二）教科書検定訴訟を支援する全国連絡会編・前掲書『家永・教科書裁判　高裁篇　準備書面篇Ⅰ』三五〜三六頁。
（二三三）第四章における議会制民主主義における教育の特質性を勘案する論調は、主に国民、なかんずく子ども・保護者の教育参画をめぐってであり、前述のごとく特質性ゆえに、議会制民主主義の原則がなじまないとするものではない。

第三章　フランス・ドイツ・アメリカにおける国の教育権能

教育権論争は、他国にあまり例を見ないわが国における多少特異な事象という側面を有している（一）。それだけに世界の主要国として、フランス、ドイツ、アメリカの教育行政機構を考察し、国の教育内容への関与のあり方を分析することは、日本の教育権論争のあり方を考えるうえでも意義深いものがあるように思われる。以下、フランス、ドイツ、アメリカの順に考察していく。

第一節　フランスの公教育における国の教育権能

第一項　フランスの教育行政機構

フランスの教育行政の特徴は、ナポレオン教育体制下の教育行政制度を基本的に維持しており、伝統的に極めて中央集権的な制度となっていることである。中央政府には文部省（Ministére de l'instruction publique）がおかれ、文部大臣（ministre de l'Education nationale）がその最高責任者としてその任にあたる。文部大臣は、内閣総理大臣の指名に基づき、大統領により任命される。文部大臣は、閣僚の一人として、内閣総理大臣の指揮命令と閣議の決定に従うのである。

フランスの教育行政組織は、文部大臣を中心とした中央組織、大学区（académie）、県（département）により形づくられている。中央組織の教育行政機構の長たる文部大臣の行政行為は、国民の代表機関である国民議会（Assemblée nationale）により制定される法律に根拠を持つものである。文部大臣は教育行政について大きく以下の八つの権限を有する。正教授を除くその他の学校の教職員の人事、各段階の学校教育の目的の設定、教育課程・教育方法の決定、公立学校の管理法規・服務規律の制定、私立学校の監督、学校の各種試験・受験に関する規程の制定、補助金の交付の決定、人事に関する規程の制定である。

文部省事務部局の要職のうち、各局長（directeurs）は、後述の大学区総長（recteur）や総視学官（inspecteur généraux）などから任命される。総視学官は大学区視学官やパリ所在のリセ（Lycée、長期中等教育機関）教授から任命される。

また、文部大臣の下部組織として、全国を二五に分け、数県を一つの特別行政単位とする大学区がおかれる。大学区には大学区総長と大学区評議会（Conseil supérieur de l'instruction publique, Conseil académique）がある。大学区総長の任務は、管轄下の教育機関（中等教育、師範教育、実業教育）の指揮監督をなし、中央政府とのパイプ役となることなどがある。この地方教育行政の最高責任者である大学区総長の資格要件は、博士号を有することとされ、ふつう大学学部長経歴者のなかから文部大臣の上申に基づいて大統領により任命される。そこで重要になるのが、大学区総長が、自分を任命する政府に対して、どこまで独立を保てるかという問題である。この点、大学区総長の在任期間が長期にわたること、大学の伝統によって大学区総長が地区の大学に引き継がれる形態をとり、政府に対しては、他の行政機関に比べれば比較的独立が保持されるものと考えられるが、大切なのは知事など地方の長からの独立をいかに保持するかという問題がある(三)。

大学区の下部組織として、各県ごとに(県単位は独立の行政単位ではなく、大学区行政の一単位を構成している)大学区視学官事務局を設置する。県段階での教育行政の長である大学区視学官(inspecteur d'académie)は文部大臣の指名に基づき大統領が任命する。大学区視学官の資格要件は、博士号、アグレガシオン(agrégation、大学・リセ正教授資格)、初等教育視学適格証のいずれかを所有して、そのうえで大学の教授・講師、リセの校長・教授、師範学校長、初等教育視学官(inspecteur de l'enseignement primairé)、国立技師学校長の職歴を持つことが求められるのである。

大学区視学官は、大学区総長と知事の指揮に服し、大学区総長に直属するという形で、大学区という広域な教育行政区では処理しきれない教育行政を県単位を学区として、この学区内の初等教育の大部分および中等教育の一部分の行政を執行する。大学区視学官は、中等教育機関では一般的な監督を行い、初等教育機関については学校の視察監督権として、大学区総長に代わって監督権限を執行するのである。この初等教育機関と中等教育機関への大学区視学官の監督権の関わりの違いは、フランスでは中等教育機関は比較的自治的な色彩が強いので、監督権は相対的に小さく関わった方がよいと考えられていることがある。それに対し、初等教育機関では、中等教育機関に比べ自治的な側面が弱く、大学区視学官の視察監督の役割が大きい。

また、大学区視学官は、毎年、県教育評議会(conseil dé partemental)に県下の学校の状況を報告する。この報告は県評議会の審査を経て県議会に通知され、文部大臣に伝達される。大学区視学官は、人事同数委員会の助言に基づき、小学校の教員の任用、昇進、異動などについて大学区総長に具申する。このことは事実上大学区視学官が小学校教員の人事権を掌握することを意味する。大学区視学官の任務に、学区内の初等教育の視察監督があるが、一人では職務の遂行に限界があるので、数人の初等教育視学に補佐させる。初等教育視学官は初等教育視学区に一人おかれ、各学校を巡回して教育内容、教育方法などについて視察監督する。なお、市町村は学校施設の設置維持について責任を負うが、教育課程などについては権限を有しない。

また、上述の地方教育行政の担当者（大学区総長、大学区視学官）は、文部大臣の当該事項についての代行者にすぎず、その意味からもフランスでは、文部大臣を頂点とした指揮命令系統に基づいた中央集権的教育行政機構の形式がとられているということができる。ただ、フランスにおける教育行政権は、他の行政権と全く同じように国政一般として行使されるかというと決してそうとばかりいえない側面があることも事実である。それは、前述のごとく文部省事務部局の要職（大学区総長を含む）が大統領や内閣総理大臣の権限から比較的独立が保たれていることからもうかがえる。

さらに、フランスでは、中央集権的教育行政機構の弊害を緩和するために、各行政段階に各種の評議会・協議会・委員会が設けられている。これは、行政主導の中央集権的教育行政機構に対して一定の規制をかけているという面があり、その意味でも教育行政と他の行政機関とを比較するとやや違いが見られる。

評議会のなかで「教授上および裁判上の最高の権威（la plus haute autorité pédagogique et juridictionnelle）」[三]を与えられているのが中央教育審議会（Conseil supérieur de l'éducation〔旧称　国民教育高等評議会〕）である。この評議会は、教育裁判の最終審的機能を持つと同時に、文部大臣やその下部機関である各局評議会より付託された全国的な問題に関するすべての青少年教育問題[四]を答申する義務を負い、かつ自己の判断により建議することができる。この評議会の構成は、一八八〇年二月二七日付法律以来、教育関係者が中心となっているところに特徴がある。それは、一九四六年五月一八日付法律では、評議会の構成人員は七九名の大部分を教育専門家によって占められていることからもうかがえる。ただ、教育専門家を中心とした評議会の構成も、時代の進展とともに変化していく。一九六四年一二月二六日付法律一条による国民教育高等評議会（現在は、中央教育審議会）では、私学関係委員を除けば、文部省関係者、一般の教育利害関係者、教職員の三者が三分の一ずつを占めることとなった。このように、行政側と現場教職員側とが同数となったのは労使の同数委員会的構成原理に基づくのである。

そして評議会のなかでも現場の教育機関と密接な関係があるのが、前述の県教育評議会である。県教育評議会は、一八八六年の法律によって、大まかに現在のように組織されたといえる。県教育評議会は、知事を議長とし、大学区視学官を副議長に男・女師範学校長、初等教育視学官、県会議員、小学校教員の代表、私立学校の問題が議題となるときは私立学校教員の参加が認められる。その権限は、私立学校を含めて初等学校教育に関するすべての事項にわたり、教育内容に関することや、人事に関すること、学校・学級に関すること、懲罰に関することなど多岐にわたる。(五)

第二項　教育内容へ関与する国家の権限

フランスにおける教育に関する基本法としては、まず、フランス共和国憲法三四条が挙げられる。同条は「法律は国会により表決される。法律は次の基本的原理を定める」として、国防、地方公共団体の自由な行政と並んで教育を挙げるという形式で規定されているのである。それゆえ、フランスの現実の教育行政の実体を見ても、教育の自由を憲法に明記して国家が教育内容に関与できないというような体制ではなく、むしろ前述のごとくフランスの教育行政はナポレオン体制下の制度を基本的に踏襲している中央集権的教育制度といえる。(六)

フランスの学校は知育（instruction）を施すことを主な目的としている。それゆえ、教科以外の活動を幅広く捉えている「教育課程」よりも「教科課程」の側面から「教育内容」行政を見ていく必要があるといえる。この知育を中心とした学校ということを念頭に、フランスにおける教育内容に対する国家の関与する法的根拠を以下に見ていく。

前述したように、フランスにおいて文部大臣は、各学校段階ごとの学校教育の目的の設定や教育課程と教育方法の決定の権限を有している。また、フランスの視学制度は極めて組織的であり、視学官は教職員の職務につき指導・監督し、その成績を評定し、あるいは学校教育の欠陥や不備を報告するなど強い監督権を行使している。このような文部大臣や視学官の権限の根拠となるのが、国民によって支持され法制化された教育行政制度である。当然、教育行政制度は法規範を根拠としているのである。この点、教育行政は他の行政権とは、比較的上級官僚の独立性が保たれている点、各種評議会などの充実から若干相違があることは前述したが、国家の機関である以上法規を超えてまでその独自性が支持されるわけではないことはいうまでもない。

　フランスでは、学校の種別に応じたそれぞれの学校段階の教育の目標や内容についての基本原則を法律（loi）または大統領令（décret）で規定する。また、教科の週あたり授業時数（horraires）と学年別教授要目（programmes）は、省令（arrêté）で定め、教授方法（méthodes）は訓令（instruction）で規定されている。そして、さらにこれらの解釈、解説として通達（circulaire）が出されている。

　この教育内容への法律・政令・省令の法体系（法的基準）については、初等・中等教育局長から局評議会へ提出、審議される。さらに中央教育審議会で審議、表決された後、議会・大統領ないし閣議・文部大臣決定公布という手順を経る。この法的基準は、「ごく最近までは教育専門家支配の原則の……下」にあり、実質的には大綱的な国家基準である(七)とする見解もあるが、あくまで、現在のフランスの教育行政は議会制民主主義のもと国民議会で成立した法によって国の学校内容、教育内容への詳細な規程をおいての合理的な関与である。大綱的事項ゆえに法規を度外視するというような見解は、正当な見解とは理解されないし、フランスにおいてはこのような「大綱的」事項とするというような考えは論議の俎上に上らない。

　また、フランスは法治国家であり、議会制民主主義の原理を基本としている以上、教育行政権や教育法規に問題がある場合、結局のところ大統領や国民議会の選挙結果という形で国民の批判にさらされることになる。それだけに、法の適正な手続に則って制定された法規に基づく教育行政こそ、議会制民主主義の原理に適い国民の主権を最も尊重した形態といえよう。

フランスの文部省令および文部省訓令の規定の内容を見ると、教育内容についてはわが国の場合と比べて大差のない決め方をしている。例えば、フランスの小学校の歴史においては、省令で次のように書かれている。

歴史　初級（一週二〇分・一〇分授業二回）

歴史の授業はわれわれの国民生活―偉大な表象や最も有名なエピソード―に関する簡単かつ具体的な話と、偉大な記念碑や著名人を描写した史的記録や挿絵・版画等の説明に限定される。しかし、これらの話を通して、われわれの歴史のそれぞれ異なった時代における日常生活や社会生活の状況を示すこともできる。

子どもにその地方の歴史を教えるため、見学、遠足等の教室外における学習の機会を通じて、居住市町村あるいは隣接市町村のあらゆる史的遺産（教会、記念碑、遺跡、旧跡、貨幣、メダル等）を最大限に活用するものとする。（八）

この文部省令を見るとわかるように、かなり詳細な点まで規定されている。これは、わが国の指導要領においては、「教育目標、教育内容を定めているが、原則として教育方法については規定せず教員の自由に委ねている。この点フランスでは教育方法も訓令で定めており、ある意味ではわが国の場合よりむしろ詳細に国が定めて」（九）おり、フランスの方が、国家の教育内容への関与権限が強いものといえる。また、現代のフランス教育法制に、国民の教育権説の論者がいうように教育の自由が定着しているのであれば（一〇）、本来教育内容への国の関与が禁止されなければならないが、現実には教育内容に関する省令が存立する（一一）。このことからも国民の教育権説の論者がいうところの、教育の自由があるゆえに国家が教育内容に関与することができないという論は、矛盾があるのではなかろうか。

第二節　ドイツの公教育における国の教育権能

第一項　文化連邦主義（Kulturföderalismus）の教育体制

ドイツは連邦国家であり、中央に連邦政府と連邦議会（衆参両院）があるように、各邦（Land、ラント）にも邦政府と邦議会がある。わが国の教育法制とは異なり、連邦全体を対象とする独自の統一的な教育法（Schulrecht）を持っていない。連邦法が存在しない分野では各邦が立法を行うことが可能とされ、とりわけ教育事項に関しては歴史的に形成されてきた「各邦の文化高権」（Kulturhoheit der Länder）により、各邦の立法と行政に委譲されているのであって、各邦の権限が強いといえる。

ただ、教育事項を各邦の立法事項とするドイツの教育法制の原理（邦の文化高権）に対して、国家的規模での教育計画の必要性や連邦による財政支出強化の不可欠性、教育制度における統一性を確保する必要性などの理由から連邦政府の権限強化を主張する見解が強いが、邦の文化高権は依然堅持されている。そして、この体制を文化連邦主義（Kulturföderalismus）という。

ドイツの教育法学者ヘッケル（Hans Heckel）は、この文化連邦主義体制に対して、各邦の憲法が、教育目標を異にしている点から、邦の学校教育の性格に、原則的な相違をもきたすおそれがあると考えた(二)。連邦は、このような状況の欠陥を克服し、相互適応をなすために、一九四八年、各邦の文部大臣により構成される文部大臣会議（Kultusministerkonferenz）を設け、連邦としての教育の方向づけを図り、ドイツの教育の統一を図っているのである。また、各邦の首相たちも折にふれて、学校制度の統一化を目指す協定を締結してきた。一九六九年五月のボン基本法改正による連邦権限の拡大とともに、連邦と各邦が共同で教育計画の策定にあたることが定められた。これを受ける形で連邦政府が、一九七〇年「教育報告一九七〇年」を刊行した。さらに、一九七〇年六月に設置された連邦各邦教育計画委員会（Bund-Länderkommission für Bildungsplanung）が、一九七三年六月に国家的規模の「教育総合計画」を提出した。

興味深いのが、一九七〇年にドイツ教育審議会（Deutscher Bildungsrat）が出した「教育制度に関する構造計画」と題する勧告である。このなかで同審議会は、連邦政府に教育制度に関する原則制定権を与えるというより、連邦と各邦が共同で教育計画に関する協定を行うという現在のやり方でいくほうがよいと答申していることである。この連邦と邦との調整やドイツ教育審議会答申の根底にあるのは、あくまで邦の文化高権を尊重し、文化連邦主義体制を維持していくという姿勢である。(一三)

第二項　国の学校監督権

ドイツ連邦共和国基本法は、第一章基本権の七条で、教育および学校に関する規定をおいている。七条一項においては、「全ての学校制度は、国の監督に服する」と定めている。また、各邦の憲法も類似の規定を有している。(一四)この七条一項でいう「国」は「邦」を意味する（ボン基本法七〇条以下）から、ドイツでは教育は各邦の任務とされ、各邦に文部大臣がおかれている。

各邦の教育内容行政については主として文部大臣が権限を有している。初等・中等教育の教育課程に関する事項は文部省が決定する。すなわち、各邦の文部省は、教授計画（Bildungsplan, Lehrplan）を制定し、これを省令として公布するのであり、視学官（Schulrat）は、この計画を通じてすべての学校に対し、各学年における必修および選択教科とその授業時数、教授の目的と範囲、扱われるべき教材などを指示している。この教授計画は、すべての学校における教育活動の原則を規定しているのであり、視学官は各学校におけるこの原則の適正な実施を監督するのである。個々の学校は、この授業計画の作成にあたっては、地域の特殊事情を勘案し、教授に際しては生徒の心情や精神的要求を考慮しなければならない。また、学校や教員が年間教育目的を独自なものとしたい場合は、学校監督庁の同意を要する。ただ、年間計画は各学校に対して強制力があり、日本でいう学習指導要領と同じものと捉えてよい(一五)。

学校監督に関する規定（ボン基本法七条一項）は、一八四九年のフランクフルト憲法一五三条や一八五〇年のプロイセン憲法二三条一項に源を発する。その流れをくむワイマール憲法一四四条は「全ての学校制度は国の監督に服する。国は市町村をその監督に参与させることができる。学校の監督は、これを主たる職として、専門的に予備教育を受けた官吏により行なわれる」と規定し、国（以下、この項で国といったときは邦〔ラント〕を意味する）の学校監督に市町村を参加させることと、その監督を専門的官吏に行わせるということ以外は、その文言においてもまったく同じといえる。すなわち、このワイマール憲法における学校監督の考え方は、一面で啓蒙主義や絶対主義思想につらなるものがあるが、それは自由主義的要請に基づくものであり、一九世紀以降発達して、固有の法概念になったものである(一六)。また、ワイマール憲法一四四条の目的とするところは、宗教教育からの国の監督権の保障を意味したところにある。それゆえ、学校監督権が国に属するという大きな意義は、学校教育から教会の勢力を閉め出すことにあったといえる。

このドイツの邦における教育（学校）への監督権は、専門監督（Fachaufsicht）、服務監督（Dienstaufsicht）、法的監督（Rechtsaufsicht）の三つから成り立っている。それゆえ、これらの監督権を行使しうる立場にある邦は、公教育に関しては最高の地位にあるといってよく、公教育制度を一般的、包括的に憲法秩序に基づいて形成し、規制することができる。これらの邦の権能を「教育高権」（Schulhoheit）という(一七)。

学校監督の範囲は、ボン基本法七条一項に「すべての学校制度」とされているが、これは、国立学校、公立学校、私立学校によって国の監督範囲やその度合いは異なる。それは、国によって設置された学校と私人により設置された私立学校を、同じように国の監督権が及ぶとしたのでは、私立学校の設立を保障したボン基本法七条四項の立法趣旨からも疑念が生じることになるからである。

国の学校監督権の具体的な内容を、前述の専門監督、服務監督、法的監督の面から見ていく。まず、専門監督において国は、授業その他学校における教育活動全般に対して、その学校の教育が専門的、方法的に整然と行われているか、学校監督官に命じ教育的な保護活動をなす。さらに、国立学校以外の公立、私立学校の学校管理活動に関する法的監督がある。ただ、この法的監督は学校設置者の自治に干渉するものであってはならず、法適合性のみを監督する。また、学校監督権のなかには、国の学校法や慣習法に定められている真正の監督権の範囲を超えたところの学校制度に関する重要な計画・指導・組織・保護活動も含まれる。以上のなかでも専門的監督が学校監督の本質的中心をなすのである。

国の学校監督の内容把握をなすうえにおいて注視せねばならないのは、「内的学校事項」(innere Schulangelegenheit) と「外的学校事項」(äußere Schulangelegenheit) の区分についてである。この区分の概念は一八〇八年のプロシア都市法一七九条に源を発し、立法や、判例、行政実務、学説上において発展してきた(一八)。内的学校事項は国の学校監督権の対象である学校の組織活動や教育目的、教育内容(授業活動、教育課程、教育方法、教育計画)の決定権、懲戒、就学監督、教員の服務関係などとして挙げられる。これに対し、外的学校事項は、市町村の管理権の対象である学校の条件整備的領域のみをその対象とするとする考えが一般的であり、判例、学説も認めるところである(一九)。

ただ、このように学校の事項を内的、外的事項に分けることに対して、内的学校事項と外的学校事項の概念自体が明確でなく、区分する基本が不分明であること、もともと両事項は相互に関連しあっていることや、区分することへの法的根拠が乏しいことなどから相当根強い批判が加えられる。(二〇) しかし、この批判のとおりの問題点があるとしても、学校における教育活動範囲の画定、管轄領域の明確化、学校監督と学校管理の区別のために、内的事項と外的事項の区分の概念は必要とする学説も多い。(二一)

最後に学校監督権を実際に運用する機関を見ていきたいと思う。ボン基本法は、学校監督はどの機関が行うかについて、「国」としか定めていない。それゆえ、各邦による違いは当然生じてくるものと考えられる。ここではむしろ、各邦による相違と同時に、ボン基本法二八条二項の保障する市町村の自治行政権との関係から学校監督権が問題となる。すなわち、学校監督権が自治行政権に含まれるか否かといった問題である。これに関しては、その邦の歴史的な発展に則して考慮する以外に方法がない(二二)とされ、実際上も各邦は自己の沿革にそって学校監督の組織を作りあげている。

多くの邦の学校監督組織は、下級・上級・最上級学校監督官庁（Schulaufsichtsbehörde）からなる。下級の学校監督官庁は、郡または市町村の学務課（Schulamt）である。学務課は初等・中等学校の監督を行う機関で、邦の地方視学官と当該地方公共団体の長からなる機関である。その権限は、先述の内的事項、外的事項の観念からするなら、内的事項は、視学官に、外的事項は、当該地方公共団体の長に属する。このことは、市町村の学校監督権は、学校の管理経営的な面に限られるといえる。ただ、この他に市町村の公務員で一定の専門資格要件を満たす者に、邦の視学官として委任を行うことがあり、この方がボン基本法二八条二項の趣旨にまだ適っている。(二三) この委任は小さな邦や大都市に見受けられる。(二四) 下級の学校監督官庁の上位にある上級の学校監督官庁は、県の学務部である。この機関は県長以下、種々の視学官より組織されており、県内の学校の監督をその任務とする。この県の上級学校監督官庁の上位にあるのが、邦の文部省でもある最上級学校監督官庁である。多数の邦の学校監督組織は、上述の三段階の構成になっているが、例外的な邦も存在する。しかし、例外といっても基本的なシステムはほとんど同じといってよい。

第三節　アメリカの公教育における国の教育権能

第一項　州を中心とした公教育制度

アメリカでは、公教育に関する諸事項の決定権は、連邦憲法修正一〇条（The Tenth Amendment）の連邦「憲法により合衆国に委任されず、また、州に対して禁止されていない権限は、各州および国民に留保される」という規定に基づいて、州の権限に属する。(二五) そもそも、アメリカの州はわが国の政治組織とは異なり、州独自で憲法を制定したり、州が連邦政府に対してかなりの独立した権限を持っており、いわば州そのものが、わが国の中央政府の役割を担っているといえる。

それだけに、アメリカの連邦政府においては日本の文部省のように教育に関する集権的な権限を有した官庁は存在しにくかった。しかし、一九五八年の国防教育法（National Defense Education Act）の制定や、一九七九年の教育省設置法（Department of Education Organization Act）の制定により、教育省は保健教育福祉省から分離独立した。また、連邦補助金制度の拡大、各州教育計画の調整や助言・勧告などにより、少しずつではあるが中央集権的な色彩が出てきたといえる。(二六) 教育事項の権限は州に属している。それゆえ、アメリカのすべての州の憲法は、それぞれの州独自の教育行政に関する教育規定を有するのである。(二七) このようにアメリカの教育制度は、州法によって制度化されており、当然、州によって違いが生じる。これは、州民の代表者によって組織される州議会(二八)が教育法規を制定し、この規定に基づき州独自の公教育が運営されており、教育行政のあり方も各州さまざまであることを意味する。

この州による教育制度の違いを加味しながら、次に各州の教育行政制度の共通的な側面を見ていく。(二九) 州議会の制定した法規を基にして、州の教育行政当局たる州教育委員会（State Board of Education）が教育行政方針を定める。この方針を州教育長（Commissioner of Education）をはじめとする州教育局によって具体的に執行される。

州教育委員会は、ハワイ州を除くすべての州で設置されており、委員の定数は州により幅があるが、多くの州では、三名～一一名くらいで委員会が構成されている。委員の選任方法は、州知事の任命によるものの数が最も多く、約六割を超える。後は公選によるものとその他、州独自の選任方法を用いているものがある。州教育委員会の権限は、州議会の下で州の教育政策を決定、実施することである。州教育長は、任期は四年もしくは二年で、その選任は公選もしくは州教育委員会の任命、または州知事の任命である。州教育長の権限は、法令の執行と州教育委員会の政策の実施である。

具体的に州教育委員会が決定、実施する教育政策の主なものとしては、次のものが挙げられる。まず教育課程の規制について見れば、州議会の立法は、必須の学科目、特定の学習内容、時間配当程度を定めるにとどまり、州教育委員会はこの議会の決定を具体化して基準教育課程や最低学力、中学卒業の要件などの最低基準を設定する。教育課程の規制以外では、大きく三つの点がある。第一に、教育内容に関する事項として、教育課程の基準の設定、教科書リストの発行あるいは教科書の採択・指定、教員の検定、教育計画の基準の制定などが挙げられる。第二に、教育の物的・外的条件に関係する事項として、学校建築基準の設定や学区の編成などが挙げられる。第三に、財政的事項として、教育平衡交付金あるいは補助金の交付のあり方が挙げられる。

この州教育局の下に多くの州では、中間的な行政機関（Intermediate Education Agency）として郡（County）の教育委員会がおかれる場合があり、さらにその下に基礎的行政単位として地方学区（Local School District）の教育委員会がおかれる。現実の教育行政の運用面では、地方教育委員会が中心となっており、地方教育委員会は、州教育委員会の設定した基準に基づき自己の学区に適合した基準を作って、所管の学校にそれを実施させる。そして、これら州、郡、地方学区は、上級下級の行政組織の関係が認められるが、現実には教育事項のうち委任の可能なものについては、地方教育委員会にかなり委任されているのである。(三〇)

第二項　教育内容への権力的関与

一　州が持つ教育内容に関与する権限（教育内容への関与の法制）

州議会がその州の公教育に対して及ぼす権限は、連邦と州の憲法の制約を除いては、完璧（plenary）かつ完全（complete）である。このことをコロンビア大学のロイター（Reutter）教授はその著書のなかにおいて、「教育内容の決定に関する権限も州議会がもち、この州議会に対する唯一の抑制は、連邦憲法により保護されている個人の自由と、州憲法によって定められた規定および制限だけである」として、州議会の権限が、州内の教育全般に対して一定のチェック（抑制）のもとに認められることを明言する。(三一)それゆえ、上述のように教育に対する法律や制度などが州によって違ってくることは当然といえる。さらにこの違いは、義務教育の年限、内容、教科書選定に関する事項など州の教育内容への関与の相違という形で現れる。(三二)また、州の権限が教育内容へ関与することに関して、連邦と州の憲法が保障する人権を侵害しない以上、教育権限の行使は、本人の利益、州の安全や保護、衛生、福祉の向上などの点（police power）からも本人の権利や親の権利が制限されることがある。(三三)

なかでも、教育内容の重要な事項でもある教育課程について、その決定権は州議会にあるかということに対して、ヴァーク（Gauerke）教授は、「公立学校の授業のあり方と教育課程を選考する権限は州議会にあり、学校で学ぶ教科を勉強するように生徒に指導する権限を持つのも州である。生徒が、よき市民となるよう必修科目の学習を行うように指導することができるのも州である。このように、教育課程に関する州議会の命令は完全であって、州内のすべての教育機関や人々を拘束することになる」(三四)という。この他にも教育課程だけでなく、使用教科書、教育方法などを州の議会がコントロールし、規定しようと考えれば可能なことについては、前述のように連邦および州憲法の範囲内においてという条件つきで、学説、判例も容認する。(三五)したがって、州は教育の外的事項を提供、維持するだけで、教育の内面に一切干渉せず、教員と親に一任しているという見解は、事実に反する。むしろ反対に、アメリカ社会の基本的価値とでもいうべきことに関わることについては、どの州も法律や憲法により、教育内容への内面への関与をなし、児童、生徒にこの基本的な価値観のうえつけを強要しているのである。以下、州の法制による教育内容への州の関与を主に三つの観点から見ていきたいと思う。

第一に、特定価値の教育として、愛国主義に関する教育が挙げられる。アメリカでは、ほとんどの州で愛国主義(patriotism)の教育(三六)を義務づけている。

例えば、ニューヨーク州では、「愛国的および市民的サービス並びに義務の精神を高揚させ、平時および戦時に国民としての義務を遂行すべき覚悟ができるようにするため州内の児童の道徳的、知的向上を図れるように、ニューヨーク州立大学理事会(regents)は州内の全学校が実施すべき『愛国主義及び国民』(Patriotism and Citizenship)に関する教科内容を作成指示しなければならない」とし、各学区の教育委員会に対して、この愛国主義教育を八歳以上の児童に教育(instruction)することを強制している。時間数は、ニューヨーク州立大学理事会が決定する。この愛国主義教育は、州内の私立学校も実施せねばならず、実施しない場合は、児童の進級を認めない。公立学校で実施しない場合、州教育長はその学校の所属する学区の学校予算の全部または一部支給を拒否し、取り消すことができる。さらに、ニューヨーク州では、「州内の公立学校で国旗を敬礼し、毎日国旗に対し忠誠を誓い、国旗の正しい使用法および掲揚方法を教え、その他に州の教育長は、自己の考える愛国主義を実践させるために計画を作成する義務がある」(三七)。

その他、テキサス州では、すべての公立学校は、毎日最低一〇分間は、連邦政府への奉仕の必要性、義務性を教える愛国主義教育を行わなければならないとしている。(三八)　フロリダ州では、すべての学区は、アメリカ合衆国の国旗、国歌に対する尊敬心を育成する観点から、国歌が歌われているときには必ず直立して脱帽しなければならない。国旗に対しては、右手を胸に当て「私は、アメリカ合衆国の国旗と、神の下にすべての者に自由と正義を与え、不可分の国家として存立するアメリカ合衆国の共和制に対し、忠誠を誓います」と忠誠を誓うことを教えることを義務づけている。(三九)　また、イリノイ州においては、国旗の使用に関する教育をしなければならない。それは、七年生以上の者には一週間に一時間は学ばせることを必須とし、この科目の成績の芳しくない者は卒業を認定しないというものである。(四〇)

第二に、反共産主義に対する教育を挙げることができる。一九六〇年代には、アメリカのほとんどの州において、アメリカ主義を称讃し、共産主義を批判するような教育を行っていた。

例えば、ニューヨーク州では、公立学校において、扇動的（seditious）、不忠誠（disroyal）なものや、敵戦国に有利な言説を含む教科書を使用してはならないとする。州の調査委員会（ニューヨーク州立大学理事会二名、州教育長）は、任意の者の申し立てに基づき調査した結果、問題有りと判断した場合は、その教科書に不承認決定書（certificate of dissapproval）は発行し、その教科書を発行禁止の処分にしなければならない。また、この不承認決定教科書を使用した教員は処分される。(四一)　同様に教科書に記載された内容に反国家的内容を含むものを規制する規定をおく代表的な州としては、テネシー州、ケンタッキー州、カリフォルニア州が挙げられる。(四二)　また、この他にも、アラバマ州のように、共産党員、共産主義人民戦線のメンバー、その擁護者が書いた教科書の使用を禁止する州もある。(四三)　そして、最も極端な州法は、フロリダ州の法律で、徹底した共産主義排斥を目的とし、共産主義体制の誤りを明確にして、アメリカや自由主義国にとり共産主義体制がいかに脅威になるかを、公立の高等学校において「Americanism VS. Communism」というコースを設けて三〇時間を割くように強制しているのである。(四四)

第三に、歴史教育が挙げられる。なかでも、アメリカ史に関しては各州とも強い関心をよせ、教科書の内容を制限するという州もある。

例えば、ウィスコンシン州においては、「わが国の歴史に関する事実を曲げた本、わが国の創立者を侮辱した本、彼等がそのために戦い、犠牲となった理想と目的を正しく提示しない本、または外国の政府に有利な宣伝を含んだ本は、一切の公立学校で使用してはならない」とし、歴史教科書は州教育長の検閲を受けるものとする。これはオレゴン州においても同様である。（四五）また、バージニア州においては、州内すべての公立学校は歴史教育では、州定教科書を使用しなければならない。（四六）さらにアーカンソー州においては、歴史の教育は全公立・私立学校で全学年を通して週一時間は教えなければならないとする。この教育は暗記を中心としたり、形式的に教えるのではなく、全生徒の心のなかにアメリカ合衆国の精神、愛国心、奉仕の精神を徹底して教え込まなければならないとする。（四七）

この他にも、反進化論教育など、法制をもって強制的に教育内容に干渉する条項はたくさん認められる。なかでも、基本的なアメリカ社会の価値に関わる問題については、「各州とも教育内容には無関心ではあり得ず、積極的に干渉し、規制しているのである。その内容は、戦前の日本のそれに類似しているとさえいえよう」とし、州による相違があるものの、アメリカの教育内容に関与する権限は、日本の国のそれとは比べものにならないほど強力なものという見解もある。（四八）

二　行政当局の教育権限行使と修正一条（判例検討を中心として）

以上考察してきたように、アメリカにおいて州の教育行政当局（州教育委員会）の権限は、絶大なるものがあるといってよい。しかし、この権限は無条件に認められないことはいうまでもない。それでは、州の法制による教育内容への州の関与、なかでも国家思想の強制ともいえる特定思想（愛国心的）の強要に対して裁判所はどのように判示をしているのであろうか。以下に見ていきたい。

アメリカにおいて、一九三〇年代後半以降のアメリカニズム（Americanism）の時代、各州において、公立学校での国旗の敬礼と忠誠の宣誓の義務づけの強制がなされた。この強制に対して、エホバの証人教団が、偶像崇拝を行わないという教義に反すると反発し、州の国旗の敬礼と忠誠・宣誓の義務づけが、州の教育に対する権限を逸脱しており、連邦憲法修正一条（信教の自由）と一四条（自由）の点からも許されないと訴訟が提起されるに至った。一九三九年のニューヨーク州最高裁判決では、州は安全や福祉などを憲法上確保する権限があって、国旗敬礼要求はこの権限内にあり、信教の自由の侵害にはならないとした。(四九)

このニューヨーク州最高裁判決判例と同趣旨の判決は、連邦裁判所で争われた一九四〇年判決の Minersville School District v. Gobitis 事件でも認められる。連邦最高裁判所は、同判決において「州にはよき公民を育成する権限があり、その教育の一環として国家をまとめあげ、国家に対する愛着心を育むためにも、生徒を国旗敬礼に参加させる規定を設けること自体州議会の権限に属することであり、連邦修正憲法一四条を侵すものではなく、また、同一条に触れるものでもない」(五〇)として、国民が憲法により賦与される権利や特権は、国家の存立がその前提にあり、この国家の存立のためには個人の自由は、国家の権限に従属せねばならない場合があるという考えをその根底に持っているといえる。(五一)

Gobitis 判決の後、連邦最高裁判所は、West Virginia State Board of Education v. Barnette 訴訟において判例変更を行うことになる。この事件は、上述の二つの裁判と同じく「エホバの証人」の信者である親権者が、児童に国旗礼拝とそれへの忠誠宣誓の州の規則の実施の中止を求めて出訴したのであった。これに対して、連邦裁判所は親権者の言い分を認める形で、上述の Gobitis 判決を批判して次のように違憲の判断をする。「国旗礼拝の宣誓を強制する行為は、憲法上の限界を超えており、連邦修正憲法一条の趣旨からいっても、同条の目的である知性と精神の領域を侵害するものと考えられる」と判示する。ただ、本判決は「国民的統一を目的として、州の行政当局が了解を得て本件問題［国旗礼拝と宣誓］を解決することには問題はない」「問題なのは連邦憲法の下において本件にあるように強制的に目的［国旗礼拝と宣誓］を達成することである」[五二]としている点からも明らかなように、問題は、強制的に国旗礼拝と宣誓を行うことであって、判決は決して愛国心教育まで否定したものではないのである。[五三]また、同判決をもって特定科目の履修の強制までが違憲になるわけではない。[五四]

Barnette 判決のリベラルな側面をさらに進めた判決として、Tinker 判決がある。Tinker 判決は、ベトナム戦争に反対の意思表示をするため黒腕章を着用して生徒が登校したところ、教育委員会の定めた規定に違反するとして、停学処分を受ける。この停学処分をめぐって学校は生徒の言論の自由を禁止することができるか、またその基準は何かが争われた。判決は、生徒と教員は校門の前において憲法の法衣を脱ぎ捨てていないとして、生徒は、授業を混乱させるとか秩序を乱して他人に迷惑をかけるといったものでなければ、学校やその機関は生徒の言論の自由を禁止することができないとする。[五五]

しかし、Barnette 判決、Tinker 判決に象徴されるリベラルな判例が、その後支持されたわけではなかった。連邦最高裁判所の判決の流れに沿って代表的な判決を中心に見ていくと、まず、一九七九年における連邦最高裁判所の Ambach 判決がある。この裁判は、市民権を有しない外国人の公立学校教員の採用を禁止するというニューヨーク州法が連邦憲法修正一四条の平等条項（`equal protection' clause）との関連においてその適合性が問題となった。判決は、公立学校の教員を州の機能のなかでも政体（governmental entity）と関連の深い政府機能（government function）と考え、ニューヨーク州法の外国人不採用規定を合憲と判断した。判決のなかで「教育は州及び地方政府にとり重要な機能である。……教育は良き公民を育てる基盤でもある」（at 76-77）[五六]として、この判決により、アメリカの公教育の伝統を是認する方向性を持つに至った。そしてこのことが、公民教育のための価値強制に対しての正当性を承認することになる。

　このAmbach判決の流れが、その後Pico判決（一九八二年）、Fraser判決（一九八六年）、Hazelwood判決（一九八八年）と続くのである。Pico判決では、教育委員会が、不適切と思う書籍を管内の中学校、高等学校から排除したことが、連邦憲法修正一条によって保障された生徒の権利との関連で問題となった。判決は、価値のうえつけ教育などの教育課程への教育委員会の関与する権限に関しては、裁量権を大幅に認めるが、図書の選定にはこの権限は及ばないとした（五七）。ただ、このPico判決では、図書を選定する権限こそ認められなかったものの、教育課程に関与する教育委員会の裁量を大幅に認めた点が、行政当局の教育内容に関与する権限を判決において踏襲したとして注視されるものと考える。

　続く、Fraser判決においては、生徒であるFraserが生徒会役員推薦演説の折り、性的な表現を用いて演説したことに対して、学校が三日間の停学処分を行ったことの合憲性が争われた。判決は、立会演説会において、他の生徒が不快を生じる演説をすることは、公民としての価値を生徒に教える学校の目的を逸脱してしまうことになる。ゆえに、学校がそのことを処分の対象としても連邦憲法修正一条に反するとはいえないとした（五八）。

　Hazelwood判決は、教育課程のなかにおかれている「ジャーナリズム」の授業において生徒の執筆した二つの記事を校長が不適切と判断して（五九）、学校新聞へ掲載させなかった点が、連邦憲法修正一条でいう検閲に該当し、生徒の権利を損なったとして提訴されたものである。連邦最高裁判所は、本件の削除に関しては、校長の判断は、正当な教育的判断が合理性を有しており（at 273）、連邦憲法修正一条の禁止する事前抑制に該当せず合憲であると判決した（六〇）。

　このように、アメリカでは国家（州）はその教育内容に関与する権限を憲法上、法上で認められているのではなく、判例上において是認されているといってよい。それゆえ、「わが国でなされているような公教育の実施は国政には含まれないから、国会は教育内容には一切関与できないという議論が、いかに特殊な議論であるかがわかろうというものである」という考え方もある（六一）。

注

（一）伊藤公一「教育権論争の回顧と展望」（『比較憲法学研究』第一〇号別冊一九九八年、所収）、一〇一頁、相良惟一『教科書裁判と教育権』法友社・一九七一年、五九頁。

（二）J. de Soto, *Grands services publics et Entreprises nationales*, Editions Montchrestien, 1971, p.336; 中村睦男「フランス教育法の現状」（『日本教育法学会年報』三号）有斐閣・一九七四年、二〇〇頁。

（三）P. Mayeur et R. Guillemoteau, Les reglements scolaires, 1952. p.267; 桑原敏明「各国における『教育権』の諸問題—フランス—」（真野編『教育権』第一法規出版・一九七六年、所収）二一一頁。

（四）教授要目（programmes）、試験、奨学金に関する法律案、政令案、省令案および公教育の施設とスタッフの教授上の法制（statut pédagogique des établissements et du personnel）、私教育法案などが挙げられる。

（五）フランスの教育行政組織に関しては、以下の書物に拠った。
桑原敏明・前掲論文「各国における『教育権』の諸問題—フランス—」二〇九～二一二頁、文部省内教科書研究会編集『教科書と公教育』第一法規・一九七三年、一四六頁、吉田正晴「フランス公教育政策の源流」風間書房・一九七七年、三三三～三八一頁、小野田正利「教育参加制度の展望」（『教育法学と子どもの人権』三省堂・一九九八年、所収）二八六頁、中村睦男・前掲論文「フランス教育法の現状」一九九～二〇二頁、兼子仁『教育法（新版）』有斐閣・一九八三年、八三～八五頁、内野正幸『教育の権利と自由』有斐閣・一九九四年、一八〇～一八六頁、沢田徹「主要国の高等教育」第一法規・一九七〇年、三〇〇～三〇一頁、内藤貞「中央集権的行政の展開」（『季刊教育法』一号「教師の権利と教育法」）総合労働研究所・一九七一年、八四～九五頁、Jacques Minot, *L'administration de l'Education nationale*, S. E. V. P. E. N., 2 éd., 1964, pp.14-17, 127-145, 217-227, 253-258; André de Laubadère, *Traité élémentaire de droit administratif*, L. G. D. J., t. 3 vol. 1, 2éd., 1971, pp.238-248; 中村睦男・前掲論文「フランス教育法の現状」一九九～二〇二頁、兼子仁・前掲書「教育法（新版）」八三頁。

（六）「フランス共和国憲法」（野村敬造訳、宮沢俊義編「世界憲法集」岩波書店・一九八〇年、所収）、桑原敏明・前掲書「各国における『教育権』の諸問題—フランス—」二一〇頁。

（七）桑原敏明・前掲書「各国における『教育権』の諸問題—フランス—」二一五～二一七頁。

（八）文部省内教科書研究会編著・前掲書『教科書と公教育』一四八頁。

（九）文部省内教科書研究会編著・前掲書『教科書と公教育』一四七頁。
（一〇）兼子仁・前掲書「教育法（新版）」七〇頁・七二〜七五頁、中村睦男・前掲論文「フランス教育法の現状」一九三〜一九九頁。
（一一）教科書検定訴訟を支援する全国連絡会編『家永・教科書裁判　高裁篇　準備書面篇Ⅰ』総合図書・一九七二年、三九頁。
（一二）H. Heckel-P. Seipp, *Schulrecht und Schulpolitik*, Luchterhand, 1967, SS. 50–52.; 兼子仁・前掲書『教育法（新版）』五六一頁。
（一三）H. Heckel-P. Seipp, *Schulrechtskunde*, Luchterhand, 1957. S. 122. S. 23. S. 120; 永井輝雄「各国における『教育権』の諸問題」（真野編『教育権』所収）第一法規・一九七六年、二二三〜二二四頁。
（一四）バイエルン州憲法一三三条一項、ブルーメン州憲法三一条、ラインラント・プファルツ州憲法二七条二項など。
（一五）文部省内教科書研究会編著・前掲書『教科書と公教育』一五三〜一五四頁、結城忠「公教育内容をめぐる親の教育権と国家の学校教育権」（『季刊教育法』七〇号「臨教審最終答申と今後の課題」）エイデル研究所・一九八七年、九七〜九八頁、永井輝雄・前掲論文「各国における『教育権』の諸問題」二二三〜二二四頁、天野正治『現代ドイツの教育』学事出版・一九八〇年、四一〜六二頁。
（一六）H. Heckel-P. Seipp, *Schulrechtskunde*, Neuwied, Luchterhand, 4th edition, 1969, S. 119; 伊藤公一『教育法の研究』法律文化社・一九八一年、一〇三頁。
（一七）伊藤公一・前掲論文「教育権論争の回顧と展望」一〇一〜一〇二頁。
（一八）G. Anschütz, *Die Verfassung des Deutschen Reichs*, 14. Aufl., 1933, S. 672; 結城忠・前掲論文「公教育内容をめぐる親の教育権と国家の学校教育権」九七頁。
（一九）判例としては、Urteil des Hess. VGH. vom 17. 12. 1954–DÖV 56/629; Bescheid des OVG. Münster vom 17. 10. 1955–DÖV 56/625; Beschluß des BVerwG vom 13. 3. 1973–JR. 1973, S. 436ff. 学説は、Th. Maunz-G. Dürig-R. Herzog, Grundgesetz, Kommentar, 1968. Art. 7, Rdnr. 15; H. Heckel-P. Seipp. a. a. O. S. 85; 伊藤公一・前掲書『教育法の研究』一一七頁。
（二〇）Th. Maunz-G. Dürig-R. Herzog, a. a. O. Art. 7, Rdnr. 15; H. Peters, *Die Höhere Schule als Gemeindeeinrichtung*, in: Der Städtetag, 1952, S. 100; 伊藤公一・前掲書『教育法の研究』一一七頁。
（二一）H. Heckel-P. Seipp, a. a. O. S. 86; Hermann von Mangoldt-Friedrich Klein, Das Bonner Grundgesetz, Bd. 1, 1966, S. 282; Bescheid des OVG. Münster v. 17. 10. 1955–DÖV 56/625; Urteil des OLVG. Düsseld. v. 19. 3. 1953–DÖV 53/699; 伊藤公一・前掲書『教育法の研究』一一七頁。

（一二二）　Th. Maunz-G. Dürig-R. Herzog. a. a. O. Art. 7, Rdnr. 23；伊藤公一・前掲書『教育法の研究』一一八頁。

（一二三）　伊藤公一・前掲書『教育法の研究』一一七〜一一八頁。

（一二四）　H. Heckel-P. Seipp, a. a. O. S. 124-126；伊藤公一・前掲書『教育法の研究』一一八頁。

（一二五）　この連邦憲法修正一〇条の持つ意味を、連邦最高裁判所は、「新しい連邦政府自体が、認められてもいない権限を行使したりして、本来州に留保されているはずの権限の十分な行使を阻害することの無いようにするために考えられた」とする。United States v. Darby（312 U. S 100, 124〔1941〕）; M. M. McCarthy, N. H. Cambron-McCabe『アメリカ教育法』（平原、青木訳）三省堂・一九九一年、一一頁。

（一二六）　LeRoy J. Peterson, Richard A. Rossmiller, Marlin M. Volz, *The Law and Public School Operation*, New York, Harper & Row, 1969, pp.3-5；今村令子『教育は「国家」を救えるか』東信堂・一九八七年、三七三頁。

（一二七）　初期の州憲法で教育規定を持つ州は、一三州あったが、現在は規定の程度の差こそあれすべての州の憲法に明記される。E. P. Cubberley, *Readings in Public Education in the United States*, Boston, Houghton-Mifflin, 1934, p.111；上原貞雄『アメリカ合衆国州憲法の教育規定』風間書房・一九八一年、九〜一〇頁。

（一二八）　アメリカの教育法学者であるロイター（E. E. Reutter）教授は、その著書のなかにおいて、州議会の権限を、「州議会は、その州の教育を担う完全な権限を有しており、州内の公教育（公立学校）に関する完全な監督権を有するという特徴をもつ」とする。E. Edmund Reutter, Robert R. Hamilton, *The Law of Public Education*, Mineola, N. Y, Foundation Press, 1970, p.61.

（一二九）　この点に関し、「各州の教育制度はそれぞれ独自性を有するが、ただ、州は異なっても公教育の基本的な特徴は類似している」とする。M. M. McCarthy, N. H. Cambron-McCabe・前掲書『アメリカ教育法』一一頁。

（一三〇）　E. E. Reutter, R. R. Hamilton, op. cit., pp.68-69.

（一三一）　E. E. Reutter, Schools and the Law, 1970, p.29；伊藤公一・前掲論文「教育権論争の回顧と展望」一〇三頁。

（一三二）　州による独自の教育行政に対しては、連邦裁判所といえども、連邦憲法の基本的条項に関わる場合でなければ、州の教育行政について関与できないという原則がある。Note, "Developments in the Law-Academic Freedom", *Harv. L. Rev.* 81 p.1045, pp.1051-1055（1968）; Epperson v. Arkansas（393 U.

S. 97, 104〔1968〕); Presidents Council, District 25 v. Community School Board（No. 25, 457 F 2d 289, 291〔1972〕); 教科書研究会・前掲書『教科書と公教育』一六九頁。

（三三） E. E. Reutter, R. R. Hamilton, op. cit., p.6.

（三四） Warren E. Gauerke, *School Law*, Englewood Cliffs, N. J, Prentice-Hall, 1976, p.56; 伊藤公一・前掲論文「教育権論争の回顧と展望」一〇三頁。

（三五） Arval A. Morris, *The Constitution and American Education*（American casebook series), St. Paul, West Pub. Co, 1974, pp.263-264.

（三六） この場合の教育は、instruction（訓話）、exercise（実践）によることを指す。

（三七） New York Education Law, §§801, 802; 以下注（四七）までは、教科書研究会・前掲書『教科書と公教育』一五七～一六九頁に拠った。

（三八） Texas Education Code, §21.102.

（三九） Florida School Law, §233.065.

（四〇） Illinois School Code, §§27-3, 27-4.

（四一） New York Education Law, §704.

（四二） Tennessee Public Schools Law, §704; Kentucky Education Law, §156. 435（2); California Education Code, §9240.

（四三） Alabama Law, Act No. 221〔1965〕Amended by Act No. 616（1969), §8.

（四四） Florida School Law, §§233.046, 233.09（5)(b)

（四五） Wisconsin School Law, §40.50（1); Oregon Education and Cultural Facilities Law, Textbooks, §337.260.

（四六） Virginia School Law, §22-306. 1（1952, c. 19; 1958, c. 499).

（四七） Arkansas Education Law, §80-1613.

（四八） 教科書研究会・前掲書「教科書と公教育」一五七～一六三頁。

（四九） People v. Sandstrom（279 N. Y. 523, 18 N. E. 2d 840〔1939〕).

（五〇） Minersville School District v. Gobitis（60 S. Ct. 1010〔1940〕).

（五一） Robert. L. Drury, Kenneth. C. Ray, *Principles of School Law*, NewYork, Appleton-Century-Crofts, 1965, p.287; 伊藤公一・前掲書

『教育法の研究』一三一頁。

（五二） West Virginia State Board of Education v. Barnette（63 S. Ct. 1178,〔4〕31-44,〔6〕123-125,〔16〕556-562（1943））：中島直忠「米国教育法の歴史的特質」（『日本教育法学会年報』三号「国民の学習権と教育自治」）有斐閣、一九七四年、一八八頁。

（五三） 伊藤公一・前掲書『教育法の研究』一二八～一三一頁。

（五四） R. L. Drury, K. c. Ray, op. cit., p.288；伊藤公一・前掲書『教育法の研究』一三一頁。

（五五） Tinker v. Des Moines Independent School Community District（393 U. S. 503〔1969〕）：世取山洋介「アメリカ公立学校と市民的自由」（『教育法学と子どもの人権』三省堂・一九九八年、所収）一二九頁。

（五六） Ambach v. Norwick（441 U. S. 68〔1979〕）：世取山洋介・前掲論文「アメリカ公立学校と市民的自由」一三九頁。

（五七） Board of Education v. Pico（457 U. S. 853〔1982〕）：世取山洋介・前掲論文「アメリカ公立学校と市民的自由」一四〇頁。

（五八） Bethel School District No. 403 v. Fraser（478 U. S. 675〔1986〕）：世取山洋介・前掲論文「アメリカ公立学校と市民的自由」一四二頁。

（五九） 記事の内容は、一つが、生徒の妊娠についてのことと、二つ目が、両親の離婚について実名の生徒が、両親が離婚するに際しての細かな経過が記されていた。

（六〇） 世取山洋介・前掲論文「アメリカ公立学校と市民的自由」一二五頁以下、M. M. McCarthy. N. H. Cambron-McCabe・前掲書『アメリカ教育法』一七頁、一八頁、四一～四九頁、中島直忠・前掲論文「米国教育法の歴史的特質」一八二頁以下。

（六一） 伊藤公一「公教育における国の教育内容介入権」（阿部照哉・伊藤公一編著『現代国家の制度と人権　榎原猛先生古稀記念論集』法律文化社・一九九七年、所収）四七八頁。

第四章　教育参画の政策的提唱

第一節　教育権論再編と教育参画

第一項　序

公教育の目的とするところは、子どもの学習する権利をいかに保障するかにあるということに異論はない。その意味からも、従来の教育権論争は、子どもの学習権を保障することを主眼とした「教育内容の決定権」をめぐる争いであった。国民の教育権説の論者にしても、国家の教育権説の論者にしても子どもの学習権を保障し、子どもの健全な育成を願ってその論を展開したものには変わりないのである。しかし、教育権論争を前章までのように考察した結果から筆者は、この教育権論争は、現実には子どもという教育主体とは少し離れたところでの論争であったのではないかと考えるに至った。それは、前述したように、国民の教育権説の論者のいう「国民」は、実質的には教員を中心とした国民を指している。また、国家の教育権説がいう議会制民主主義における意思の反映としての「国民」は、国民全般を指しており漠然としているのである。さらに、国家の教育権を実行する立場の行政庁自体も子どもに密着した学校運営が行われたかと考えると、縦割り行政の限界が見受けられる。いわば、双方の学説ともに子どもの学習権保障を念頭においてはいるものの、これら論争のなかには、教育権の主体としての子どもの姿があまり見えてこないのである。それだけに、一連の教育権論争において本来子どもの学習権保障を目的とした論議は、教育権の主体である子ども・保護者が、結果として空白地帯におかれることになったと思う。

教育行政は、法規により運用されている。その意味からも、国民主権・民主主義の原則からも筆者は、国家の教育権説のいう「教育は、議会制民主主義に基づいて制定された法律において運用される」という論理は決して誤っていないと考える。しかし、第二章第二節第三項において、国家の教育権説に対する問題点としても簡単にふれたが、一般の国家行政と教育行政を比べたとき、教育の持つ特質な側面から両者を果たして全く同等に考えていいのかという疑問点が、筆者のなかにはある。それは、国民の意思の反映である議会制民主主義に基づいて制定された法律において運用される教育行政に、本当に国民[一]の教育への思い（意思）がどこまで通じ、生かされているのかという疑問があるからだ。たしかに、議会制民主主義は、その形の上においては、国民の意思を国政に反映させる有効な政治原理といえよう。しかし、現在の肥大化した行政機構と議会の形骸化の傾向を考えると、現実の議会制民主主義には、形式的な性質が現存しているように思えてならない。このことは、国民と教育とを結びつけるのに、結果として課題を残した[二]のではないかと思う。

筆者は、教育の特質性からしても、教育には広く深く国民の思い（意思）がより反映される必要性があると考える。それゆえ、現在、実質的に教育行政や学校、教員が独占的に行っているといってよい公教育（私学も含む）の場に、子ども・保護者を中心とした教育主体である国民の声を反映させられる場を設ける必要性を痛感する。そして、その場を通じて出される教育主体を中心とした国民の声こそ、現在の混沌とした教育の場に新たな息吹を吹き込むのではないかと思えるのである。また何より、教育主体を中心とした国民の声が反映される場が保障されるということは、子ども・保護者の教育主体が自らの手によって「学習権の保障」を守ることが可能となり、民主主義原理本来の役割を果たすものともいえよう。

それでは、どのように国民の意思や生徒や保護者の意思が教育に反映されるべきなのかを、従来の教育権論争、最近の教育の規制緩和の論調を踏まえながら、以下、新たな法制度の創設を前提として、教育参画としての場[三]について提言していきたいと思う。

第二項　教育権主体の連携と教育参画

従来の教育権論争は、主として国民の教育権説の側も国家の教育権説の側も自己が立脚する論の方こそ、教育内容の決定権主体だという思いが強く働いていたといえる。この論争の行き着くところは、国民の教育権説は、国家は教育内容（内的事項）に介入することができないとし、国家の教育権説は、国家こそ教育内容を決定するのに最も適正であると考え、お互いとも教育内容の決定からいかに一方を排斥するかということであった。

この点注視されるものに、第二章においても引用した奥平康弘教授の論説がある。同教授は、国民は、教育権を行使するのにはその代表者によって行使されるのであり、「現実には、……国会、内閣、司法その他の国家機関（地方公共団体も含む。以下同じ）が国民に代わって、国民の権力を行使することになっている」。このことは、教育権も国家機関によって分担されることを認めざるをえない。そうすると「『国民』に『教育権』があることは、常にかならずしも『国家』の『教育権』の否定を意味しない」[四]とする。また、先述の今橋盛勝教授の「二つの教育法関係論」[五]は、教育権主体の現実に即した再編成を促しているものとも理解できるのである。これら両教授の見解は、教育権論争の教育権主体である「国家」と「国民」とが互いに反目し、截然と分かちあうものではないことを意味するものと考えられる。

筆者は、現在の学校現場の多くの問題を目のあたりにするとき、今さらながら、子どもの学習権を保障することをより真剣になって考えていくことの必要性を痛感するのである。そのためにも、教育というものに直接、間接に関わっている教育主体を見つめ、この教育主体が何を求め、そして、また何をこの教育主体に求めているのかを考察することの重要性を感じるのである。

教育主体のあり方を考えるうえで重要になっていくものが、東西の冷戦構造の終結に伴うイデオロギーの対立構造の緩和を要因とする「教育の規制緩和」であり、この規制の緩和に伴って考えられるようになった「教育参画」のあり方である。すなわち、冷戦構造の消滅は、学校や教育のあり方だけでなく、行政当局、教職員組合や教育現場における教員の意識の変化など多くの面で変革をもたらした。このことは教育権論争にも影響を与えた。中央における行政庁と日教組との融和的な動きからもわかるように、「教育権論の展開による規制の廃止や緩和の主張に対して反対していた側が、最近は教育内容にかかわる事柄についても規制緩和に動き出して」[六]きたのである。具体的には、平成八年一〇月の総選挙において自民党公約の一つとして教育政策で高等学校の教科書検定の廃止と学習指導要領の拘束力緩和を取りあげようとする動きが挙げられる。[七]平成八年一〇月の経済団体連合会が学習指導要領のより一層の大綱化を求め、さらに、教科書使用義務の緩和や採択地域設定の廃止、教員資格の一層の弾力化の要望書を政府に提出した。[八]平成九年一月には、橋本首相の「六大改革」のなかの「教育改革プログラム」で「地方教育行政システムの改善」が重要項目の一つに挙げられている。平成九年一一月の教育課程審議会での「中間まとめ」は、教育課程の大綱化などを明らかにした。[九]また、政府の地方分権推進委員会の勧告を基にして、平成一〇年九月中央教育審議会における答申「今度の地方教育行政の在り方について」[一〇]では、地方の責任を明確にするために、教育長の任命承認制度の廃止や学校運営の細目に関しては教育委員会や学校の自主性・自律性を確立すること、そして何より画期的なのは、保護者や地域住民の信頼を確保していくためにこれらの人びとの教育行政や学校への参画の必要性を、第二章の「地域住民の意向の積極的な把握・反映と教育行政への参画・協力」、第三章の「地域住民の学校運営への参画」として答申した点である。その内容は、「教育委員会は、学校教育についての方針や、学校の適正配置、学級編成などについて地域住人に対する積極的な情報提供」を図り、さらに保護者や地域の代表、ＰＴＡ役員、青少年団体の代表など幅広い範囲から学校評議委員を選任して、学校運営（授業内容、生徒指導など）に対して意見を求めることが挙げられている。

これらの提案や答申は、教育の権限（教育権）の地方分権と規制緩和をもたらし、さらに、それまで教育を実施する側の教育権主体に教育行政機関以外にも、保護者や地域の住民が参画することを認めることを提案することになった。筆者は、社会に対して開かれた学校を築くとともに、従来の教育権論争の「国家」と「国民」の教育権とが、後述する教育参画会議という場を通して国民（具体的には、各教育主体や地域住民）の声を、その代表者を通して教育行政に反映させていくことこそ必要だと考える。そのためにも、新しい形の教育参画が法制度的、社会的に整備されて機能することが大切と考えるのである。教育参画に基づいた学校運営が実施されるなら、現在学校が抱える問題に、多くの人の意見が集約され、教育行政に生かされることになり、子どもが安心して教育が受けられる学校づくりに力を発揮するものと考えるからである。

ただ、上述の中央教育審議会答申に出された、保護者や地域住民の学校への参画内容には、実現への具体性が認められない。それだけに、以下第二節においては、フランス、ドイツ、アメリカにおいて現実に行われている教育参加の実状を考察していく。そして、この比較を踏まえて、第三節においては、より具体的に、わが国において教育参画をどのように法制度化していくのが理想かを提唱していきたいと思う。

第二節　フランス、ドイツ、アメリカにおける教育参加

第一項　フランスの教育参加制度

一　フランスにおける教育参加の歴史

フランスの教育制度の特徴は、個性重視、教育の自由をその原理とはしているが、中央集権的教育体制をとることは、前章においても述べた。ただ、中央集権的教育体制に対する弊害を避けるため、文部省の高級官僚や視学官は、教育・研究の経歴のある学者などから任命されるシステムの制度化や国民の教育参加を保障するための教育に関する多くの審議会制度が設けられているのである。それゆえ、フランスは欧米諸国のなかでも教育参加制度に関しては先進的な国といえる。

フランスにおいての審議会は、その性質や、領域面から大きく二つに分けられる。一つが、戦後創設された、個々の行政・管理領域に応じた、公務員の人事や職務の管理運営について協議する機関でもある、労使同数からなる人事同数委員会（commissions administratives paritaires）や職務の能率向上などについて図る組織運営同数委員会がある。これらの委員会は、組織の合理的構成が工夫されることに意義があるといってよい。二つ目が、教育行政や学校の管理運営に関する審議会である。本項においては、教育行政や学校の管理運営の教育参加という観点からこの二つ目の審議会を中心に教育参加の先進国としてのフランスの実状を概観していきたいと思う。

フランスでは、それまで教育行政の管理の客体とみられていた被教育者の地位であった学生、生徒・保護者が、教育参加の原理から、自分たちの代表を通じて、教育行政の管理運営に参加することになる。いわば、教育行政の管理

の客体でありながら主体の地位にもおかれることになったのである。

世界的にフランスの教育参加の原理が有名になったのは、一九六八年一一月一二日の「高等教育基本法」（Loi d'orientation de l'enseignement supérieur）の制定がその要因である。保護者・生徒の参加権を法制化するまでの背景は、一九五〇年代後半からの父母の代表や教育団体などの具体案に基づく要求や働きかけが挙げられる。それにより、第三章でもふれたが、一九六四年に国民教育高等審議会（現、中央教育審議会）に保護者や学生団体が加わることが法制化されるに至った[一一]。また、大学紛争に端を発する大学の民主化の流れがあり、一九六八年のいわゆる「五月危機」を契機として法制化されるに至ったのである。いずれにせよ、この「高等教育基本法」の制定により、大学の最高意思決定機関である大学評議会への学生の参加が認められ、また、高等教育・研究地方評議会および全国評議会において、学生はその重要な構成員として参加をするに至る。さらにこの参加は、高等教育レベルのみにとどまらず、中等教育である生徒にも、一九六八年一一月一八日の政令である「各中等教育機関の管理評議会」（conseil d'administration）により、教育行政と同じく教育の主体の一翼を担う地位を得た。それにより、保護者と生徒の代表者が正式委員として選出され、教職員と同数の構成をなして学校運営への参加を認められたのである。

その後この保護者の参加制度は、一九七五年のアビ改革による「教育に関する法律」（通称「初等中等基本法」）一三条一項によって、教職員、保護者・生徒が「学校共同体」（communauté scolaire）を構成するとして、初等教育段階にまで広げられることになった[一二]。この「初等中等基本法」においては、それまでの政令による教育参加と違い法制化したというところにその意義があるといえる。

一九八九年のジョスパン改革により制定された教育基本法では、一条[一三]で、教育制度の中心に生徒をおいて組織されるものとし、生徒が自らも「教育共同体」を通じて主権者市民として教育に参加できるというようにその方針を打ち出した。この一条をより具体化するため、同法一〇条では、生徒の義務として、勤勉や学校の運営規則、集団生活の遵守を定め、権利としては情報の自由、表現の自由を享受することができる。さらに学級の生徒代表で構成される「生徒代表委員会」(conseil des délégués des élèves) も一〇条三項で定められる。同法一一条では、保護者の教育参加を「生徒の保護者は、教育共同体の構成員である。学校生活への保護者の参加、および教職員との対話は、それぞれの学校において保障される」としている。これは、「父母の選出代表を通して学校委員会や管理委員会に参加すること、父母代表が県・大学区・国の各種教育審議会に出席するにあたっての欠勤や休業補償の整備、さらには父母団体に属する父母代表の養成・研修に関する国の助成までが法定」[一四]されているのである。

一九九〇年秋には、高校生による教育条件改善要求運動（デモ）を契機として、生徒の教育参加制度に改革がさけばれ、一九九一年一二月二一日には教育基本法改正がなされ[一五]、重要教育政策の検討や教育関係法令の事前審議機関の中央教育審議会への高校生三名の参加が認められることになった。

さらに、一九九四年六月に出された、「学校改革のための新しい契約—一五八の決定」において「高校生との対話の奨励」を行うものとして「高校生の生活に関する全国審議会」(Conseil national de la vie lycéenne) の創設が規定された。一九九五年一二月には同審議会を設置する政令が公布[一六]されたのである[一七]。

二　フランスの審議会制度

フランスにおける審議会は、労使の関係を基本とする同数委員会と教育行政や学校の管理運営に関する審議会の二つに分けることは前述のとおりである。この二点目の教育行政や学校の管理運営に関する審議会は、さらに二つに分かれる。一つ目は、中央・地方の教育行政機関に対する諮問機関としての役割を果たす審議会であり、二つ目が、各段階（初等、中等、高等）の学校に対する審議とともに決定権限を持つ審議会である。現代のフランスにおいては、前にも少しふれたが、特定の教育の専門家（教員、教育関係団体）や教育行政の官僚による教育の運営と独占ではなく、「行政官、教育専門家、生徒・学生、父母その他教育利害関係者による共同管理（cogestion）が原理となっている」といってよく、「国民はそれぞれの地位と属性において、教育行政権の主体」（一八）となっている。これは審議会制度に負うところが大きいといえる。それだけに、ここでは同数委員会を除く二種の審議会を考察していく意味は大きいものと考える。

まず、一つ目の審議会であるが、重要で中心的なものとしては、中央教育審議会が挙げられる。同審議会は、一九八九年制定の教育基本法によって、それまでの国民教育高等審議会を統合する形で創設されたのである。同審議会の内訳は教職員代表四八名（私学代表七名を含む）、父母団体、学生団体および高校生の代表が一九名、議会、行政および社会の各種団体・組織の代表から二八名の合計九五名の委員によって構成される。参加には、同審議会の持つ任務である教育裁判、教育問題への答申を通じてなされる。一九九五年一二月に設置された「高校生の生活に関する全国審議会」は、議長を務める大臣を除き、三一名のすべての委員が高校生の選出された代表によって構成される。その任務は、高校生の学習や学校での生活全般に関して審議し、高校の基本政策の基本方針については義務的諮問を行うという重要な機関として位置づけられている。また、地方においても「高校生の生活に関する大学区審議会」（一九）として、大学区審議会にも参加の機会を与えられている。

二つ目の審議会への参加は、初等学校（保育学校、小学校）、中学校（コレージュ）、高等学校（リセ）、大学において、学校の管理運営に関する事項に対して審議するだけでなく決定権限を行使することによる参加をするのである。この「学校合議機関」（organes collégiaux des établissements et des écoles）は、すべての公立学校に設置することを義務づけており、校長への諮問に応える任務とともに、決定権限に属するものとして、校則の制定、予算の議決、学校の教育計画策定などがある。その構成員は三〇名からなり、保護者・生徒の代表（生徒の代表は中学で三名、高校で五名である）が全体の三分の一の一〇名を占めて、残りは管理者代表や地方公共団体代表および有識者と

なっている。(二〇)

第二項　ドイツの教育参加の実例

一　ドイツにおける教育参加の法制化

先進諸国において政治への「参加」の概念が提唱されだしたのは、一九六〇年代後半である。当時、資本主義の発展に伴う政治の集権化、社会問題の多発を背景に参加への要求が高まり、参加への運動が行われるに至る。いわば政治への参加を通じて、国民を中心とした真の参加型民主主義を構築しようという動きが先進諸国において進展したわけである。

一般の行政決定過程への市民の「参加」は、情報提供、聴聞、討議、提案権、議決などの多様な形態をとり、適宜、包括的に関与することが多い。これに対し、学校における「参加」は、この行政と市民という一般的な関係とは趣を異にする面もある。それは、学校での参加実施の展開は、教員、生徒および保護者という、それぞれに利害関係、専門知識および法的地位の異なる教育主体の関係における問題であるからでもある。それだけに、その参加についての意義は、学校での教育目標を達成するために、それぞれの主体に応じて異ならざるをえないといえる。

ドイツにおいては、親の参画（Mitwirkung）については、一九四五年以降論じられて法制化が行われてきた。(二一)その後、教育の民主化という概念とともに学生や生徒の教育への参加要求が一九六〇年代後半より論議されだし、「参加」（Partizipation）という概念がドイツにおいて提唱されだしたのは一九七〇年代に入ってからである。大学による「三者同権」（Drittenparität）の制度化は、一九七六年の連邦大学基準法の制定をもって全連邦的に確立されるに至った。(二二)大学以外の学校でも、教育を受ける者の年齢に応じて「三者同権」における参加を考えていこうとする動きが見られた。(二三)これがその後、ほとんどの邦において学校組織法が新たに制度化されるに至るのである。(二四)そこでは、教員による学校長の選出の可否、学校長と教員会議との関係、学校における決定過程への生徒および保護者の参加的要素が取り入れられた。(二五) 邦による違いはあるが、学校での行政機構のなかでより多くの人の意見を聞くといった会議の役割強化がなされてきたことが、その根底にあるといってよい。(二六)

ドイツでは、教育は親の権利であるという考えが強い。例えば、多くの州では、基礎学校（小学校）を卒業した後中等学校に進学するが、この段階でどの学校種に進むかは、最終的に親が決定する権利を持っている。基礎学校の教員は、どの学校が望ましいか勧告するだけである。ただ、勧告に従うかどうかはまさに親の権利において決定されるのである。今井重孝教授によれば、ドイツでは特にギムナジウムを希望する生徒が多いわけではないという。それは落第、転校のことを考えると自分にあった学校を選べばいいし、また、職人への社会的評価が高いから勉学だけではない要素がはたらくからである。親権者はこの点も考慮に入れ、まさに親の権利を持って子どもの将来を判断するのである。

ドイツにおける親の教育権利の強さは、親の教育参加にも現れる。保護者の組織として、学年父母評議会、学校父母評議会、郡父母評議会、市父母評議会などが構成される。そして、保護者の代表は、学校会議、職員会議などに参加する。それにより、学校の意思形成に直接参加するのである。教育に関してドイツにおいては、邦の権限が強いということは前章で述べた。それゆえ邦において差があるが、以下の教育参画法規定を有する邦やそれ以外にも、バイエルン州の学校会議では、生徒、保護者、教員の三者が均等にそれぞれ一対一対一の割合で代表を出す。そのうえで、学校会議では、学校での教育の実践的な試みや学校の内部規則の制定・見直し、宿題の出し方や生徒の処分問題まで議論されるのである。(二七) いわば、保護者の意向が学校参加という形態をとって学校の管理運営に生かされるのである。

ただ、実際の学校法の定める参加の形態は、統一的な法規定が存在しないこともあり、邦によっては広範で多様であるということは、先程述べたとおりである。邦のなかでも比較的法規定が明確なのがヘッセン保護者決定法（一九五八年制定）[二八]とザールラント学校共同決定法（一九七四年制定）[二九]、ノルトライン＝ヴェストファーレン学校共同参加法（一九七七年制定）[三〇]である。なかでも、ノルトライン＝ヴェストファーレン学校共同参加法は、ドイツにおける学校教育への生徒・保護者の学校教育参加への重要な法制度といってよく、その果たした役割は大きいといえる。それだけに以下においては、ノルトライン＝ヴェストファーレン学校共同参加法を中心としたドイツの学校参加の法制を概観する。

二　ノルトライン＝ヴェストファーレン学校共同参加法

ノルトライン＝ヴェストファーレン学校共同参加法は、まずその一条において、共同参加の定義と目的を定める。すなわち、参加とは、公聴（Anhörung）、審議（Beratung）、討議（Anregung）および提案（Vorschlag）の権利が含まれるのであり（§1 Abs. 2）、共同参加の主体は、教員、生徒の保護者（Erziehregung）、生徒、学校関係者によって、「学校の固有責任を遂行し、その陶冶・教育活動における全ての関係人の必要な協力を強めること」（§1 Abs. 1）を目的とする。

共同参加の機関として、学校に次の機関をおく。「学校協議会」（Schulkonferenz）、「教員会議」（Lehrerkonferenz）、「教科会議」（Fachkonferenz）、「教員役員会」（Lehrerrat）、「学級会議」（Klassenkonferenz）・「学年会議」（Jahrgangskonferenz）、「学校保護者会」（Schulpflegschaft）、「生徒会」（Schülervertretung）などである（§2 Abs. 1）。

共同参加にとり重要な役目を果たす教育主体をノルトライン＝ヴェストファーレン学校共同参加法の条項に従い、教員、保護者、生徒の順に見ていき、そのうえでこれら教育主体の共同参加の場である「学校協議会」のあり方を考察していく。

第一の教育参加主体である教員に対して、学校は、「教員会議」を設ける。「教員会議は、専任の教員および講師・非常勤講師・保育教員（sozialpädagogische Lehrkräfte）などで構成し、（§6 Abs. 1, 2）」「学校の陶冶・教育活動の専門的・教育的形成に関して審議する。教員会議は、授業の形成と実施に関して教員の協力を推進し、学校への陶治・教育の信託を果たすために、教員各自および校長を援助する」（§6 Abs. 3）。教員会議の議長は、校長が務める（§6 Abs. 5）。この教員会議の形態は、わが国の職員会議に似ているが、その違いは、その決定した内容を校長を含めた学校の意思決定として法制化した点である。

また、教員会議において、「教員役員会」（Lehrerat）の役員を選出する。役員は、三名ないし五名の教員で構成され、教員の諸問題について校長と相談し、また教員の勤務上の問題および生徒の諸問題を調整（§8）する役割を果たす。

教員会議は、部会として「教科会議」（Fachkonferenz）を設けることができる（§7 Abs. 1）。該当する教科の教員資格を有し、またはその教科の授業を担当している教員によって教科会議を構成し、そのなかから互選により議長および副議長を選出する。保護者および生徒のそれぞれ二名の代表が、教科会議に参加することができる面で画期的といえるが、表決権は与えられない（§7 Abs. 2）。教科会議が決定する所轄事項は次の事項がある。①教科としての方法上、指導上の原則および成績評価の原則、②教員会議（総会）に対し、学習教材の購入および調達を提案すること、③標本陳列所、教科特別教室などの設置の提案である。

さらに、学校は「学級会議」（Klassenkonferenz）を設けることができ、「学級会議」は当該学級担当教員で構成し、学級担任が議長を務める（§9 Abs. 1）。また、当該学級の保護者および生徒代表それぞれ二名が、この会議に参加できるが、生徒の進級判定または成績評価が議題に付される場合は参加は認められない（§9 Abs. 2）。学級会議は、生徒の成績について審議し、進級規則に基づく決定を行う。ただし成績評価は教員各自の責任とされる（§9 Abs. 3）。成績評価に関して、教員の責任を前面に出して生徒代表・保護者代表の参加を制約するかに見えるが、これは、生徒・保護者の教育への参加の権利を制限するというより、むしろ教員の専門性を重視している結果と考えられる。なお、成績および進級問題に関する会議の構成、司会、表決権および手続きについては、文部大臣が法命令によって定める（§9 Abs. 5）。

第二の教育参加主体である保護者に関しては、学校は「保護者会」を設ける。保護者会の形態としては、「学級保護者会」（Klassenpflegschaft）、「学年保護者会」（Jahrgangspflegschaft）があり、構成員は、当該学級または当該学年の生徒の教育権者としての保護者であるが、学級担任および七学年以上の生徒の級長、副級長その他が出席し、発言権を有する（§11 Abs. 3）。保護者会は、その学級または学年の陶冶・教育活動に参加する。上述の学級会議で述べたように、成績評定には参加できないが、次の事項について審議する。①宿題の様式と範囲、②成績再審査の実施、③同好会などの設置、④校外学校行事、⑤教材購入の要求、⑥教育上の問題点の克服である（§11 Abs. 6）。また保護者会は、指導計画基準（Lehrplanrichtlinien）の定める範囲での授業内容の選定に参加することができる（§11 Abs. 7）。保護者は、その子どもの学級の授業および学校行事を参観することができる（§11 Abs. 10）のである。

保護者会を円滑に運用するため「学校保護者役員会」（klassenpflegschaft）を設ける。その構成は、学級（または学年）保護者会会長などの学年保護者代表で構成され（§10 Abs. 1）、学校保護者役員会は、その学校の陶冶・教育活動の形成に関して保護者の利益を代表する。この会議は教科会議への保護者代表を決定する権能を有する。

第三の教育参加主体である「生徒会」（Schülervertretung）の共同参加の内容と範囲は、学校の委任するところによる。生徒会は、学校の委任により、特に次の任務を有する。①文化・教育活動の形成に関し、生徒の権益を代表すること、②生徒の専門・文化・スポーツ・政治・社会に関する関心を高めること（§ 12 Abs. 1）。生徒会代議員および生徒会は、学校政策上の利益を代弁することができる（§ 12 Abs. 2）。

「生徒役員会」（Schülerrat）は、学校生徒を代表し、学級および学年の代議員その他をもって構成する。役員会は生徒会長および副会長を互選によって選出する、役員会はまた、教科会議および教員会議部会への生徒代表および副代表を選出する（§ 12 Abs. 3）。生徒大会（Schülerversammlung）は、生徒役員会の提案により開かれる（§ 12 Abs. 6）。

生徒会の権能で興味深いのは、五学年以上の生徒は指導計画基準の定める授業内容への選定に参加することができる（§ 12 Abs. 4）とする点である。そして何より、生徒会活動を保障するため生徒は、共同参加機関での行為を理由に特に有利に、もしくは不利に取り扱われてはならない（§ 12 Abs. 10）、という規定をおいたことは、形骸化したり、教員の都合のいいように扱われやすい生徒会活動に真の保障をなすことを法制化したものとして大変重要と考える。

上記の教育参加主体が学校に対して意見を述べ、決定を出す場として、各学校に学校協議会（Schulkonferenz）を設ける。学校協議会の構成員は、教員、教育権者、および生徒の代表である。当協議会の構成比は、学校種によって違いがあり、生徒数二〇〇人未満の学校では六名、五〇〇人未満では一二名、一〇〇〇人未満では二四名、一〇〇〇人以上では三六名である。教員数三名未満の学校では、教員数の二倍を構成員数とする（§ 4 Abs. 1）と定められている。学校協議会の教員代表は教員会議により、保護者代表は学校保護者役員会により、生徒代表は生徒役員会により選出され、任期は一年である（§ 4 Abs. 3）。学校協議会の議長は、校長であるが、校長は表決権を有しない（§ 4 Abs. 6）。学校設置者代表もその会合に参加することができ、審議権を有する（§ 4 Abs. 8）。

学校協議会は、三条の範囲内で各学校の陶冶・教育活動に関して審議し、次の事項についての原則を勧告する。

①授業内容の構成と授業方法の採択、②授業の分担とコースの設定、③成績評価、評定、試験および進級に関する

規定の統一的適用（§5 Abs. 1）。

学校評議会はまた、**三条の範囲内で**各学校の次の事項を決定する。①宿題と成績審査との調整原則の確立、②学校設置者との合議に関し、設置者への提案および要望事項の決定、③補充的教育行事および研究会の開催、④授業外学校行事計画、⑤学校における会議の設置、⑥学習教材の採用、貸与、授与、⑦一般的な教育上の障害排除についての提案、⑧週休五日制か六日制かの決定、⑨教育権者および職業教育担当者の授業参観規定、父母懇談日規定、⑩学校に処分を一任された資産の活用、⑪校長および教頭の任命に関する要望、⑫他校との協力、⑬地域団体、宗教団体、職業団体との協力、⑭少年福祉、保健・精神衛生および交通監視の各担当者との協力、⑮校則制定、⑯他の共同活動機関の設置提案、⑰学校監督庁への提案および要望（§5 Abs. 2）。

なお、上述の**三条の範囲内で**ということに関しては、「共同参加によって、国家共同体の学校形成の責任は制約をうけず、州の学校監督権も影響を受けない。共同参加の機関においてその構成員が活動する場合、法令、行政規則を順守しなければならない（§3 Abs. 1）。教員各自の教育上の自由（§3 Abs. 2）および、自治体の自治権、人事評議会、労働組合および職業団体の権利（§3 Abs. 3）もそれによって侵されない。共同参加による決定は、人的・物的・予算的条件が与えられている場合に限ってこれを執行することができる（§3 Abs. 4）」[三一]という条項があり、このことは教育参加をするからといって、国家を教育の主体から除外するものでないことを法制上再確認する意味があると解されている。

第三項　アメリカの教育参加（ＳＢＭ論）

アメリカにおいては、教育改革論の提唱が以前よりなされている。なかでもＳＢＭ（School-based management）論に基づく学校改革は、教育現場を重視した教育改革ということがいえる。すなわち、ＳＢＭとは、学区教育長、学校長、教員、親の四者が中心となり、教育計画を策定したり、編成することである。それにより、それまでの州政府による教育の統括から、学校レベルで意思決定ができることになり、自分たちによる学校づくりをするという観点からも自ずと責任ある学校運営が行われることになる。このことをうけ、それまでの州政府は、教育の管理者（administrator）から推進者（facilitater）に、学区教育庁が監理者（director）から授権者（enabler）へ、校長の役割も経営者（manager）から助言者（adviser）へと変革を遂げることになった。また、それに伴い、学校現場においては、教員の権限やＳＢＭに基づいて参加する保護者の意見が、大いに反映されることになる。なかでもこのＳＢＭ論に基づく教員の権限内容は、授業の内容決定や方法、教科書の選定権、雇用や予算などの学校の運営、生徒の割り当てや教員の配置、教員の評価にまで及ぶ点で注目に値する。(三二)

アメリカでは、選択を通じた生徒・保護者の教育参加の一環として、生徒や保護者による学校選択（school choice）の自由も重要となっている。ただ、この学校選択に関しては、現場の教員からは、公立学校教育に競争原理を導入するものとして反発があるが、現実には、ニューヨーク州やマサチューセッツ州の一部の学区ではすでに導入されている。この学校現場からの反発に関して、室井修教授は、学校間格差の問題と各学校の教育課程の個性がどのように公正と質の点から保障されるかということにもよるが、学校選択の自由を「市場競争の原理に基づくものでなく、国民主権の視点からその権利を保障すべきあり方として広い意味での選択を通じた父母の教育参加の一形態における自由として考えられないのか」(三三)と問題を提起する。学校教育の現場におけるむやみな競争原理の導入は問題があると考えるゆえであろう。ただ、学校間の競争原理の導入を生徒や保護者の視点から考えるのと、教員の視点から考えるのとではおのずと違いが出てくることはいうまでもない。筆者は、学校選択には多くの問題があるにしても、これらの問題を克服しながら生徒や保護者がよりよい学校を選択するという、広い意味での教育参加としての学校選択権を保障していくことの意義は大きいものがあるように思える。

アメリカにおける生徒の教育参加で、注目すべきものとしては、学区教育委員会における「生徒の権利と責任」に関する規則が挙げられる。この規則には、懲戒処分における適正手続、表現の自由、生徒記録の開示と訂正権などがあり、学校委員会や教育委員会への生徒参加を権利・責任として明記しているのである。(三四)生徒が自分たちの基本的人権を学校生活のなかにおいて守るためにも、生徒の教育参加は当然の権利として考えていくことを認識する必要がある。(三五)

第三節　教育参画会議の法制度化への提言

第一項　教育参画の前提

一　教育参画の法制度化の目的

子どもが発達・学習する権利を有し、主権者としての自律と自覚を持った人間として成長する権利を保障していくことが、とりわけ現代日本の社会にとって必要であることはいうまでもない。それは単に個別授業や生徒会活動だけでなく、日々の学校教育活動全体のなかで、その権利行使の正しい方法と責任のとり方を磨いていくという問題と関わる。小野正利助教授は、生徒の「『権利としての参加』の保障によって、大人とともに『共同決定』だけでなく

『共同責任』をもちうるような方向性の追求こそ、今日の教育荒廃といわれる状況を打開していく道筋がある」[三六]と考える。

学校の現場においては、その生徒の年齢や状況によっては従来の学校や教員による一面的な教育も必要な場合があるが、生徒自らが自分たちが教育の主体であることの自覚に基づく「共同決定」「共同責任」論の高まりと浸透こそ今後ますます大切になっていくように思えるのである。従来型の学校が何でもまるかかえする時代は終わりを告げつつあるといってよいであろう。

その意味からも、父母の権利を求める各種の運動とともに、教育参加論がより具体性をもちうるようになったことは確かであろう。とりわけ、子どもの権利条約一二条の「意見表明権」の条項を基にしながら、学校における校則や教育内容の決定について児童・生徒の参加保障がより強く主張されはじめている[三七]ことは、時代の流れの必然であると同時に、今後わが国でも真剣に検討し法制化をしていく必要性があると考える。

また、近年の学校教育に対するアカウンタビリティ[三八]の要求の強まりは、ますます激しいものがあるといってよい[三九]。真に学校教育が開かれたものであるためには、このアカウンタビリティを前向きに受け入れていく必要があるのではないかと考える。このことは、「教員の専門性」という名のもとに従来閉鎖的であった学校や教員に、多くの国民の目が行き届くことになり、さらには、このアカウンタビリティを通じて、より多くの意見が集約されることで、現在学校が抱える問題に対応するうえでも有意義なものになることと思う。また、アカウンタビリティの実施に伴い市場の原理の法則から「学校［や教員］に圧力をかけ、教育水準を上げようという」役割も果たすといってよい[四〇]。

このアカウンタビリティの要求を取り入れていく必要性からも教育参画会議（注三を参照）を法制度として確立させていく意味は大きい。ただ、教育参画の概念は、わが国においては、まだ明確になり整理されたものとはいえない。それだけに多くの問題や課題を残しているといってよい。

二　教育参画と現行法解釈の限界

教育参画を考えていくうえにおいて現行法上の法的根拠を考えていく。小野田正利助教授は、憲法一三条の「幸福追求の権利」からその法理論の構築を試みている。同助教授は、幸福追求の権利を軸にして、国民が、学校や教育行政に「関与」あるいは「参画」していくことが可能であるとする。また、憲法二六条の「教育を受ける権利」にも、生徒とともに親の公教育の内容や形態、そして方法などの決定に対する意見表明の権利が内包されているという点からも国民が教育に参画していく権利があると考える。さらに、教育基本法一〇条は、「教育は、……国民全体に対し直接に責任を負って行われるべきもの」とする。これは、教育行政や学校運営を民主的に行うという観点から、教育行政における住民自治あるいは学校自治の主張にその法的根拠があることは間違いないとする。「したがってこれらの条項の統一的理解によって『教育における参加権』の内実が今後深められるべきもの」[四一]といえるとする。

現行法上、教育参画の法的根拠を考えていくうえにおいて、住民参画の意義を教育基本法一〇条一項の教育行政が「国民全体に対し直接に責任を負って行われるべきもの」ということを要因として種々の教育主体が学校教育への教育参画をするのであれば、教育基本法一〇条一項は、教育参画の実定法的根拠になりうるかもしれない。ただその場合、決して教育行政を度外視した教育参画が成り立つのではないことは教育基本法一〇条二項の「教育行政の前項の目的達成のため」という教育行政権の行使の必要性の観点からも明らかといえる。このことは、教育参画の参加主体から国家を排斥する理由はないことについての前述の奥平康弘教授の見解[四二]の趣旨からも明確である。

坪井由美氏は、教育基本法一〇条を「教育住民自治」の原理から捉えており、森英樹教授の「現代国家たる日本のgoverment を前提にすれば、とりわけその教育内容決定については、単純に公権力に引き渡すことはできない。さりとて純粋に私事の世界に舞い戻ることも適切ではない」[四三]という点を踏まえて、従来の文化的自治ルート論を批判的に継承し、「公教育事業独自の教育統治・社会的編成論を構築し、さしあたり、地域・自治体レベルの教育統治・行政（過程）そのものを教育人権保障的性格に規制、創造していく手続・制度を整備していかねばならない」（四四）という見解は、教育参画会議を考えていくうえにおいて興味深いものがある。

教育参画を考えるうえで注意しなければならないのは、公教育制度も含めた教育を一つの商品サービスとして捉える考えである。この考えからは生徒や保護者はサービスを受ける客体としての消費者ということになり、生徒や保護者はサービス要求の権利として学校選択権を中心に権利要求を行うという論が出てくることになり、学校選択の自由化や学習内容の多様化と選択拡大などが主眼として主張されることになる。そのようなことになると、それは教育のサービスの一環として、一面的に教育参画が捉えられることになり本来の教育参画の提言に問題を残す結果となると考える（四五）。

以上、教育参画の法的根拠を見てきたが、上記の法的解釈における根拠からいえることは、現行法上明確に教育参画に直結する法条はなく、憲法や教育基本法からの法解釈により、教育参画を導き出さねばならないのが現状である。それだけに、教育参画を明確に法制化する必要性があるといえよう。

第二項　わが国の教育参画の先例

わが国においても、本章第二節で考察したフランス、ドイツ、アメリカでの教育参画の実証例ほどではないにしても、自治体レベルや学校レベルにおいて、教育参画の制度を創設し、現実に施行している実例も存在する。ただその場合、あくまで条例レベルや一学校での実施であり、教育参画の法制度化を政策提言していく立場からは、一つの実例でしかない。しかし、これらの実例には、教育参画の法制度化を考えるうえにおいて、わが国の実情に応じた重要な内容も含まれており、以下概観していく。

自治体レベルの実例としては、準公選制度に代わって導入された中野区の「区民推薦制度」や「中野区教育行政における区民参加に関する条例」[四六]とそれを支える話し合いの場としての「教育フォーラム」、川崎市の「教育会議」[四七]、北海道宗谷の「教育合意運動」[四八]、学校レベルでは、長野県辰野高等学校学校の「私たちの学校づくり宣言」[四九]など高等学校を中心として生徒・保護者の教育参画が提唱され、現実に実施されている。また、「イベント的であり継続性をもったものとはいえないが、社会参加として各地で『子ども議会』などの取り組みも注目されてきている」[五〇]。以下、地方自治体レベルでの教育参画の実例として中野区の実例を、学校レベルでは長野県辰野高等学校学校での実例を取りあげて検証していく。

一　中野区における教育参画の実例

中野区におけるそもそもの教育参画は、「中野区教育委員候補者選定に関する区民投票条例」に始まるといってよい。同条例は、一九七九年五月に公布され、その後一九八〇年七月に一部改正を経て実施された。同条例一条は、地方教育行政の組織及び運営に関する法律（以下、地教行法）四条に定められる教育委員を任命する前に、「区民の自由な意志が教育行政に反映されるよう民主的な手続き」をもって選任することを目的とする趣旨である。教育委員候補者の選定、資格、届出、投票の資格、運用の公正と運動の公営、委任などの規定を設けており、区長が議会に同意を求める教育委員候補者を選定するにあたっては、この区民投票の結果を参考にするというシステムが、地方自治体の条例という形式をもって制度化された。これにより、「準公選」の教育委員会制度を確立するに至る。

同条例の制度の意義を古野博明教授は、区民投票は、住民の教育人権的参加の意見表明であるとする。また、選挙運動を通じて戸別訪問や集会を行うことにより住民に教育について考える機会を与え、教育行政の健全な発達を期す原動力となり、さらに、会議の公開により、住民参加の教育委員会運営が従来の教育委員会に変化をもたらすのである。それは、教育委員候補の選定に住民参加方式を勘案することで、開かれた教育行政へのルートがつくられることになる。（五一）ただその後、行政庁から教育委員の準公選制の問題点を指摘され、現在は「区民推薦制度」へと移行したが、その実質は準公選と大差ないといえる。

中野区は教育への住民参画は、教育委員の選任方法だけではなく、一九九七年に制定の「中野区教育行政における区民参加に関する条例」においても明確にする。同条例はその一条において「区民の意思が教育行政に適切に反映されるべきであるとの認識」のうえにたった区民参画の原則を基本とする。そして、二条においては、区民参画は開かれたものであると同時に、政治的に中立であることを明らかにする。教育参画を考えるうえにおいて何より参考となるものに三条の参加の形態が挙げられる。同条は、審議会、協議会、公聴会、対話集会、意向調査の実施を通じて住民の声を区の教育に反映させられるように定める。そのことにより区民の意向が教育参画という形で区の教育を形づくっていくのである。四条では、区の住民は教育に関わることに苦情を申し立てる権利を有し、それをもって不利益な扱いはされないとしている。要は、教育の内容決定には区の住民の意向を可能な限り反映させるという趣旨がこの条例のなかには読みとれる。このことは地方自治の原則の尊重と同時に、住民の教育への参画の保障を明確に打ち出したものといえる。

二　長野県辰野高等学校の実例

長野県辰野高等学校では、私たちの学校づくり宣言と称して、生徒会、ＰＴＡ、職員会の三者による「辰野高等学校のより良い学校づくりをめざす生徒・父母・教職員の三者協議会」を設置し、その要項を一九九八年一月二一日に制定するに至る。

要綱に先立つ宣言文において、「私たちは、平和と人権、自然や文化を大切にし、自覚と責任感を持って社会の主権者をめざし、自主的に本気で取り組める学習や生徒会・クラブ活動をつくっていきます。私たちは、互いに人格を尊重し、暴力やいじめ・差別のない、明るく楽しい、この学校で学んで良かったと思える学校をつくっていきます。私たちは、生徒・父母・教職員が互いに信頼し、民主的に協力しあい、地域に根ざし地域に開かれた学校をつくっていきます」としており、自主的に要綱を制定し、自分たちが中心となって自分たちの責任で学校をより良いものにしていく方針を掲げたものである。

さらに、「これらを実現するために、生徒・父母・教職員が定期的に協議する場として『辰野高等学校のより良い学校づくりをめざす生徒・父母・教職員の三者協議会』を設置します。以上について、辰野高校学校の生徒・父母・教職員の全員がともに努力していくこと」を宣言している。

同要項は、一条に目的として、「憲法・教育基本法・子どもの権利条約に則った辰野高等学校のより良い学校づくりをめざし、生徒、父母、教職員が定期的に話し合いをもつための、三者による協議会を設置する」として、法を尊重したうえで三者による話し合いの大切さを説く。

その組織は、生徒・父母・教職員の代表によって構成され、必要に応じて、代表以外の生徒・父母・教職員あるいは地域・同窓会・教育関係者の参画を求めるのである。また、会は公開とし、代表者以外もオブザーバー参加できるとする点に特徴的なところがある。代表の数は、生徒の代表九名（生徒会正副会長三名、各学年代表二名ずつ）、保護者の代表五名（ＰＴＡ正副会長二名、各学年理事長）、教職員代表三名（教頭、教務主任、生活指導主任）、事務局二名（教職員）であり（三条）、数のうえからは圧倒的に生徒・保護者が多い。

協議会の運営は、定例協議会は学期に一回開催し、その他、代表から要請のあった場合も開催する（四条一項）。また、地域との連携も大切にしてすすめていく（四条三項）ことも明記している。協議事項としては、①学校生活や規則に関すること、②学習や進路に関すること、③生徒会活動、クラブ活動、ホームルーム活動や行事に関すること、④教育環境づくりに関すること、⑤その他、より良い学校づくりに関わることがある（五条）。

ただ、協議会で話し合われたことは、その都度、生徒会評議委員会、ＰＴＡ理事会、職員会に報告をし、必要に応じて、議題として取りあげるにとどまる（六条）とし、また、協議会は学校運営上の決定権は持たないが、生徒会、ＰＴＡ理事会、職員会のそれぞれの機関で話し合ってまとまったことを要求・提案でき、この協議会で検討し、各機関はその要求・提案に対して話し合いを持ち回答しなければならない（四条二項）とする。これは、本要綱自体の理念・趣旨には共鳴するものが感じられるとしても、本要綱は運動論的色彩が強く、その実施において強制力を有しない点においては、大きな課題を残しているといえよう。

第三項　教育参画会議制度化への試論

一　教育参画の制度化への構想

日本の教育法制度のあり方を浦野東洋一教授は、「憲法・教育基本法と下位法規との間の矛盾を含みつつも、『国家支配』モデルが支配的である。『専門職支配』モデルさえ確立された歴史をもたない」とする。そのうえで「必要なことは、教員の教育権の確立と親の教育権（選択権、特に参加権）の保障という歴史的位相の異なる課題を、同時に満たす運動と立法研究も含めた法制度研究である」(五二)として、教育法制上の矛盾というものを認めたうえで教育参画の必要性を説くのである。

また、今橋盛勝教授は、教育参画を考えるうえにおいて、重要になってくるものに、教員の教育権と保護者・生徒（児童も含む。以下同様）の参画権との調和をどう図るかという点に集約されるとする。同教授は、「子どもの人権」論と「父母の教育権」論の二つを取りあげ、子どもの人権を守ろうとする保護者が「内と外のさまざまな障害に遭遇している」という認識に立ち、自身の主張の論点を、前者の子どもの人権論から後者の父母の教育権論に展開・移行していかなければ、双方の権利の保障や救済は期待できないとする。この権利保障を踏まえて既存のＰＴＡに対する疑問を提示するのである。そのうえで、学校参画の道を切り開くものとして新たな学校父母会議（父母組合）の結成を主張する。そこでは「教員の教育権」を否定するものではないとしつつも、父母の教育権と「私教育の自由」の強調によって、「国民の教育権（教員の教育権）論」の「一元主義に修正を迫る」ことを意図したということがいえる。（五三）

筆者が、教育参画のあり方を提唱する背景には、上述の浦野東洋一教授が心配する教育法制上の矛盾を教育行政を核として包括的に解消することが試みられるという利点が含まれている。また、今橋盛勝教授の説く国民の教育権説の複合的要素を包括的に解消することも教育参画のあり方を法制度的に確立し、運用していくなら可能なことと考えるからである。（五四）

以下においては、わが国においてどのような教育参画制度が可能であり目的とするところかを教育現場を念頭において、理論の提言を試みたいと思う。

二　教育参画会議の形態

筆者はまず、一点目として、参画の設置形態として、学校段階（小、中、高）に応じて、国レベル、県レベル、郡レベル、学校レベルの各レベル段階における教育参画会議を創設することを提言する。この点、参考になるのが上述のフランスの審議会形式の教育参加制度である。上述したようにフランスにおいては、国レベルでは、中央教育審議会を設置し、教育や青少年に関わる問題の処理を最終的に行うのである。さらに県教育評議会など下部審議会を設けて、中央教育審議会の権限に準じて機能させているのである。このフランスの教育参加を踏まえ、わが国においても、国レベルに、「中央教育参画会議」を設けて、その下の都道府県レベルにおいては、「地方教育参画会議」を設け、さらに、都道府県を幾つかに割った行政区画を基準とした「地域教育参画会議」を設置する必要性を感じる。また、行政区画レベルとは別に学校単独において「学校教育参画会議」を設けることは何より重要と考える。これら各レベル段階に応じた教育参画会議を設けるのは、各段階に応じて、子どもや保護者、地域住民の声をより反映させるためである。なお、より専門性を高める趣旨から、教育参画会議に部会を設けることも考える必要がある。

二点目として大切になってくるのは、これら教育参画会議にどのような権限を与えるかということである。この点、参考になるのが、ドイツのノルトライン＝ヴェストファーレン学校共同参加法や長野県辰野高等学校の事例である。これらの実例を踏まえながら、次に筆者なりに教育参画会議の権限を提言していく。

権限事項は当然、教育参画会議のレベルによっても異なるが、基本的には、公教育に関連した事項は、どの段階の教育参画会議においてもその会議の権限事項の対象とする。また、教育参画会議の具体的な権限事項に関しては、学校教育参画会議においては大きく、①教育に関すること、②生徒の懲戒に関すること、③権利侵害に関すること（アカウンタビリティを含む）を取り扱う。①は、主に、教科内容を含めた学習や進路事項、生徒会活動、クラブ活動などの課外活動、HR活動や学校行事に関することなどを主な範囲とし、②においては、生徒の懲戒事項の審議はいうに及ばず、学校生活や校則制定に関することの審議もその対象とする。③においては、特に体罰をはじめとするアカウンタビリティに関することの審議をすることを目的とする。

地域教育参画会議や地方教育参画会議においては、上述の学校教育参画会議の権限範疇以外にも郡や都道府県の教育に関する重要な政策を審議する権限を認める必要があると考える。中央教育参画会議においても、同じく教育に関する国の重要政策を審議する権限を認めていくべきと考える。また、体罰を受けたなど、一定の要件を備えた審議申し立て要件を明確にし、同要件者が、教育参画会議の決定に不服のあるときには、上位の教育参画会議に審議申し立てができるとする必要がある。

三点目として、これら教育参画会議の権限を担保するものとして、審議が形だけのものにならないためにも、審議内容の公表の義務化、公表内容の実施の義務化を法制化する必要性がある。また筆者は、フランスのように、中央教育参画会議が最終審としての教育裁判の機能を有することには、憲法七六条二項前段の規定や、適正な裁判の実施という観点から不可能と考えるが、海難審判や特許審判などのように専門性に基づく審決として高裁レベルの判断を出せる権限を与えるべきと考える。さらに、法制度的理念の相違はあるが、男女共同参画社会基本法（平成一一年六月二三日法律第七一八号）八条（国の責務）、同九条（地方公共団体の責務）の行政の責任所在の明確化のように、教育参画会議に関する事項について教育行政主体である国や、地方公共団体の責任を明確に法制化する必要があるものと考える。また、男女共同参画社会基本法二五条に明記されている、一項「審議会は、その所掌事務を遂行するため必要があると認めるときは、関係行政機関の長に対して、資料の提出、意見の開陳、説明その他の必要な協力を求めることができる」。二項「審議会は、その所掌事務を遂行するため特に必要があると認めるときは、前項に規定する者以外の者に対しても、必要な協力を依頼することができる」という条項も教育参画会議の権限を担保するうえにおいて必要になってくるものと考える。

最後に四点目として、教育参画会議の構成員は、各教育参画会議レベルに応じて異なる。また、当然、各教育参画会議レベルに応じた人数、人選は必要であるが、大切なのは教育参画の主体である生徒代表（学齢に応じて参加の可否や増減有り）、保護者代表、地域住民が教育参画会議に入り、そこで主体的に活躍してもらうことである。教育参画会議の構成員にはこの他、教員代表、学校代表（管理職）、行政庁、各教育委員会の代表が挙げられる。また、教育参画会議の構成委員の定数は、極力均等に配分することが望ましいと思う。しかし、小学校の場合、学齢などを考えるとすべて同じというわけにはいかない。また、構成員の任期は、生徒委員・保護者委員は、その身分の期間の関係から、原則として各年度（一年）とするのが適切だと思う。その他の地域住民の代表や国、教育委員会、学校代表、教員代表は、身分にも関連してくるが、二年ないし三年の任期とすべきと考える。

選考方法は、できるだけ特定の個人や特定の団体の所属員が必要以上に選出されないことを前提としなければならない。それは、特定のイデオロギー（政治団体、宗教など）や価値が必ずしも悪いというのではなく、特定のイデオロギーや価値によって教育参画会議が方向づけられるのを防ぐ意味からである。その意味からも再任に関しては、一度までというように制約を設けるのも一つの方策と考える。

選出は、学校レベルの教育参画会議では、保護者は学年ごとに一定の人数を選挙で選出し、そのなかから学年委員の数をランダムに抽出するという選出方法をとり、さらに全校の保護者の学年委員で話し合って委員を出すという方法が、上述の特定のイデオロギーの委員の集中を防ぐと同時に、保護者の意向も組み入れることができる選出方法になるものと考える。なお、郡レベルの教育参画会議に関しては、郡内の該当学校の保護者代表一〜二名が互選において選出するのがよりベターと考える。県・国レベルにおいてもこの郡レベルの選出に倣うように、郡代表や県代表による互選によるものとする。また、同じように生徒代表の委員も特定の人に集約されないようにし、より多くの生徒が教育参画会議に選出されることを考えなければならない。基本的には、保護者レベルの選出方法を範とするが、小学生の場合は、学齢的にも一定の年齢以上の制約を設ける必要性があることは前述のとおりである。教員代表は、職員会議において互選とするのが、妥当であろう。ただ、その場合も再任には、一定の規制を設ける必要があると考える。また、上級の教育参画会議の教員代表の選出は、上記保護者・生徒の選出方法に倣うものとする。ただ、これら委員の選出は学校の規模などによってもまったく同じには扱われなく、学校の実状や郡などの実状によっては若干の弾力性を持たすことも必要である。地域住民に関しては、検察審査会の検察審査委員を選出するのと同様の方法で、その地域の有権者のなかからランダムに選出するのが、より公平と考える。学校代表の、郡、県、国の代表委員選出は、保護者、生徒、教員代表選出に倣うものとする。行政主体である国、県、郡の代表は、各教育参画会議のレベルに応じた行政の長を含めた官職者が委員を兼ねるものとする。

なお、教育参画会議の議長は郡レベル以上の場合は行政の長、学校レベルの場合は、学校長とする。教育参画会議の審議結果を実行するのはあくまで行政（国、県など）、学校であるから、審議結果に対してより責任を持って実行していく意味からも、行政の長が教育参画会議の議長を兼ねることは大切と考えるからである。また、教育参画会議の委員の任命権者は、教育参画会議の各レベルの議長とする。ただ、委員の任命はあくまで各教育主体の選出方法に基づいて選ばれた者を尊重する必要があると考える。

三　教育参画の制度保障確立のために

保護者の参加に関してフランスでは、保護者の「選出代表を通して学校委員会や管理委員会に参加」したり、保護者の「代表が県・大学区・国の各種教育審議会に出席するにあたっての欠勤や休業補償の整備、さらには父母団体に属する父母代表の養成・研修に関する国の助成までが法定」(五五)されている。この点、わが国でも真に教育参画制度を考えるのであれば、フランスのこのような法制度的保障が必要といえる。そうでなければ、保護者が意欲的に教育参画に取り組むことが困難といえよう。

同様に生徒の教育参画に関しても、先述のノルトライン＝ヴェストファーレン学校共同参加法における規定（§12 Abs. 10）のように、生徒の教育参画活動を理由に特に有利に、もしくは不利に取り扱われてはならないという規定を設けて、生徒の教育参画を保障していく必要があると考える。それは、学校や教員など大人の都合どおりにだけ動く生徒の教育参画では本当の意味での自主的、主体的な教育参画を行うことができないからである。

また、先の男女共同参画社会基本法二五条と関連する面もあるが、教育参画を保障していくうえで重要な役割を持っていくものに情報公開制度の確立がある。公文書の公開は一九八〇年代に入り、各自治体において条例の制定をもって急速に進展した。住民の「知る権利」に基づく、住民の公文書開示請求権の具体的保障を柱とするこれらの情報公開制は、「地方自治の本旨」に則した政治・行政を考えるうえで、欠かすことのできない権利である。それだけに情報公開制度は条例で制定され、特に非開示事由に該当しない限り公開することが原則となるのである。

この情報公開制度に関連するように問題となるものに個人情報保護制度がある。それは、個人情報はみだりに公開されることのないように配慮されなければならないとして非公開とするものである。しかし、この個人情報制度の非公開の目的とするプライバシーの権利は、ただ、知られたくない権利だけを意味するのではなく、当事者本人が自分に関すること（情報）を統制する権利と捉えると、個人情報開示システムに基づき、自己情報を入手し、情報の誤り（不正確）の訂正を請求する権利や自己の知らないところにおいて本来の目的以外に利用されることがないように制度的に保障されることが大切であると考える。(五六) 今後、教育参画を保障していくうえにおいてもこの情報公開の必要性とその深み、精度の確かさは今以上にますます大切になっていくものと思われる。

さらに教育参画の制度保障を確立するうえにおいて、脱イデオロギー論による議論の緻密化、中立論の重要性も挙げられる。(五七)

教育参画を法制度化して社会的システムとして機能させたとしても、形のうえだけで終わるおそれが多分にある。現実に、過去に政策的に立法化され、法制度としてシステム化されながら形式と理念だけで終わったという実例は多くある。そうならないためにも大切なのは、各教育参画主体（特に教員、保護者、生徒）の意識を変革していくことこそが重要といえよう。それゆえ、制度導入の初期段階は言うに及ばず、その後も継続的に教育参画の制度の趣旨や意義を啓発、教育することが大切である。当然この啓発、教育の活動は、行政庁、各段階の教育委員会、学校や教員が率先して地域や保護者、そして何より生徒に対して啓発、教育活動を行う必要性があるといえよう。またそのためにも、行政庁、各段階の教育委員会、学校や教員は自ら研修を重ねる必要があるといえる。教育参画会議の法制化は大切であるが、わが国の教育に対する従来からの意識である、学校にすべてを任せるという思考を変革し、教育参画を通じて自らの手で学校や教育のあり方を変えていこうとする姿勢を各教育参画主体や国民が持つことこそ、真に大切なことと考える。法制化と意識の変革、これらのことが充足されたとき、はじめて教育参画制度が本当の意味で確立されるといってよいであろう。

注

（一）この場合の「国民」は、国民の教育権説がいうところの国民のように、限られた特定の職種や団体の国民を指すのではなく、教育の対象主体である生徒、保護者を中心とした教育に関連する人びとを含めた国民全般を指しているのである（以下、国民といった場合にはこの生徒、保護者を中心とした国民全般を指す）。

（二）現在の学校教育の荒廃は、国民全般の意思が学校教育の運営に反映されていないことも一つの要因ではないかという疑念を持たざるをえない。それゆえ、形にこだわった、議会や、審議会、行政当局の主導が一つの限界に達して、現在の多くの教育問題を生み出す結果となってしまったのではないかと考える。

（三）筆者はこの「教育参加としての場」を教育権主体を中心とした国民が学校教育に加わる必要性の意味から、「教育参画会議」と総称する。その形態に関しては以下において提言する。

（四）奥平康弘「国民・教師・国家の教育権」（芦部信喜編『憲法Ⅲ　人権（二）』有斐閣・一九八一年、所収）四一三〜四一四頁、内野正幸『教育の権利と自由』有斐閣・一九九四年、八二頁。

（五）今橋盛勝『教育法と法社会学』三省堂・一九八三年、二五〜二七頁、同・「教育行政と国民の権利」（『ジュリスト』八五九号、有斐閣・一九八六年、所収）六三頁。

（六）伊藤公一「教育権論争の回顧と展望」（『比較憲法学研究』第一〇号別冊、一九九八年、所収）一〇九頁。

（七）小野田正利「教育参加制度の展望」（『教育法学と子どもの人権』三省堂・一九九八年、所収）二八一頁。

（八）経済団体連合会「規制の撤廃・緩和等に関する要望」（『季刊教育法』一〇八号）エイデル出版社・一九九七年、二〇頁。

（九）教育課程審議会「教育課程の基準の改善の基本方向について」〔中間報告〕（『教職研修』三〇四号）教育開発研究所・一九九七年、一五九頁。

（一〇）中央教育審議会「今後の地方教育行政の在り方について」答申、一九九八年。

（一一）『法律』第六四－一三二五号、一九六四年一二月二六日。
（一二）桑原敏明「各国における『教育権』の諸問題―フランス―」（真野編『教育権』第一法規・一九七六年、所収）二一三～二一四頁，小野田正利・前掲論文「教育参加制度の展望」二八七～二九二頁。
（一三）Loi d'orientation sur l'éducation N°89-486 du 10 juil. 1989; 小野田正利「生徒の権利・参加の拡大政策の意義と課題」（小林順子編『二一世紀を展望するフランスの教育改革』東信堂・一九九七年、所収）三六九～三八一頁。
（一四）小野田正利・前掲論文「教育参加制度の展望」二九〇頁。
（一五）J. O., Lois et décrets, 24 déc. 1991, p.16847; 小野田正利・前掲論文「生徒の権利・参加の拡大政策の意義と課題」二二一～二二三頁。
（一六）Décret No95-1293 du 18 déc. 1995 et Circulaire N°95-288 du 27 déc. 1995. 小野田正利・前掲論文「教育参加制度の展望」二八〇頁。
（一七）小野田正利・前掲論文「教育参加制度の展望」二七九～二八〇頁。
（一八）小野田正利・前掲論文「教育参加制度の展望」二八七～二八八頁，桑原敏明・前掲論文「各国における『教育権』の諸問題―フランス―」二一四頁。
（一九）一九九一年九月一六日付政令第九一－九一六号、一九九一年一〇月九日付通達第九一－二七〇号。
（二〇）小野田正利・前掲論文「教育参加制度の展望」二八七～二八八頁，同・前掲論文「生徒の権利・参加の拡大政策の意義と課題」二二一～二二三頁，桑原敏明「フランス―強い伝統：自由と責任」（佐藤三郎編『世界の教育改革』東信堂・一九九九年、所収）一一三～一三〇頁，中村睦男「フランス教育法の現状」（『日本教育法学会年報』三号「国民の学習権と教育自治」、有斐閣・一九七四年、所収）一九九～二〇二頁，内藤貞「中央集権的行政の展開」（『季刊教育法』一号「教師の権利と教育法」、総合労働研究所・一九七一年、所収）八四～九五頁。
（二一）前原清隆「親の学校参加をめぐる法理と政策（二）」（『法政論集』一一七号）一九八七年、二五八～二六五頁。
（二二）伊藤公一「西ドイツにおける『三者同権論』と『集団管理大学』」（『大阪大学教養部研究集録人文・社会科学』第二八輯）一九八〇年、八五頁。
（二三）A. J. Müller, *Konferenz und Schulleitung*, RdJB 1977, S. 13; 頓田充「西ドイツにおける学校の会議法制」（『阪大法学会』一二二号）大阪大学法学部・一九八二年、七二頁。

(二四)　一九七三年〜一九七六年までの邦の学校組織改革法の制定は、「自治」と「参加」を不可分の原則とする教育委員会の勧告を背景として進められていった。竹内俊子「西ドイツ学校法の動向と特徴―学校における『参加権』の意義と限界―」(『日本教育法学会年報』一八号)有斐閣・一九八九年、一六四頁。

(二五)　Benno Schmoldt, Partizipation in der Erziehungsgeschichte, in: ders. (Hrsg.), *Mitbestimmung und Demokratisierung im Schulwesen*, Neuwied und Darmstadt, Luchterhand, 1985, S. 1; 竹内俊子・前掲論文「西ドイツ学校法の動向と特徴―学校における『参加権』の意義と限界―」一六六頁。

(二六)　A. J. Müller, *Konferenz und Schulleitung*, RdJB 1977, S. 13; 頓田充・前掲論文「西ドイツにおける学校の会議法制」七二頁。

(二七)　今井重孝「ドイツ―着実に普及拡大しているシュタイナー学校」(佐藤三郎編『世界の教育改革』東信堂・一九九九年、所収)一三五〜一三六頁。

(二八)　A. v. Campenhausen, Deutsches Schulrecht, Nr. 625 S. 1ff.; Gesetz über die Mitbestimmung der Erziehungsberechtigten und den Landesschulbeirat von 13. Nov. 1958, zuletzt geändert 1977 = Hess ErzMbG; 頓田充・前掲論文「西ドイツにおける学校の会議法制」七二頁。

(二九)　A. v. Campenpausen, a. a. O., Nr. 1027 S. 1ff.; Gesetz Nr. 994 über die Mitbestimmung und Mitwirkung im Schulwesen vom 27. März 1974, geändert 1980 = Saar SchMbG; 頓田充・前掲論文「西ドイツにおける学校の会議法制」七二〜七三頁。

(三〇)　A. v. Campenpausen, a. a. O., Nr. 816 S. 1ff.; Gesetz über die Mitwirkung im Schulwesen vom 13. Dez. 1977, = NW SchMwG; 頓田充・前掲論文「西ドイツにおける学校の会議法制」七三頁。

(三一)　A. v. Campenpausen, a. a. O., Nr. 816 S. 1ff.; Gesetz über die Mitwirkung im Schulwesen vom 13. Dez. 1977, = NW SchMwG; 頓田充・前掲論文「西ドイツにおける学校の会議法制」七一〜一〇一頁。

(三二)　室井修「各国の教育改革」(『日本教育法学会年報』二四号)有斐閣・一九九五年、四〇〜四三頁、平原春好編著『学校参加と権利保障』北樹出版・一九九四年、一三三頁。

(三三)　室井修・前掲論文「各国の教育改革」四二頁。

(三四)　Boston Public School. Code of Discipline. 1982. Revised 1994; Los Angeles Unified School District. Student Rights and Responsibilities. 1983; 坪井由美「教育自治と生徒参加」(『日本教育法学会年報』二五号)有斐閣・一九九六年、一四九頁。

（三五） Section J: Studente, Code JA: Student Policies Goals, in NSBA ed. Edeucation Policy Reference Manual, 6th ed, 1991; 坪井由美・前掲論文「教育自治と生徒参加」一四九頁。
（三六） 小野田正利・前掲論文「教育参加制度の展望」二九六頁。
（三七） 小野田正利・前掲論文「教育参加制度の展望」二八五頁、日本弁護士連合会『問われる子どもの人権』桐書房・一九九七年，子どもの権利条約フォーラム実行委員会『検証子どもの権利条約』日本評論社・一九九七年。
（三八） イギリスのM・コーガン教授は、アカウンタビリティの定義を、リスパンシブル（responsible）より狭く厳格に次のようにいう。「各々の役割分担者が、本来行うべき任務を怠り人々から不評をかった場合、その役割分担者は一定の批判とそれに伴う責任を負わなければならない」。Maurice Kogan, *Education Accountability*, 2nd edition, 1988, hutchinson, p.25; 浦野東洋一「学校の自治と父母参加の理論」（『憲法と教育法』エイデル研究所・一九九一年、所収）一二五～一二六頁。
（三九） M. Kogan, ibid, pp.19-20. によれば、近年公共機関や政治家に対する国民の信頼が希薄になってきているという。この国民の感情が、教育に対する不信感を生み出す要因となり、教育におけるアカウンタビリティを求める要求の高まりになってきているとする。イギリスのM・コーガン教授によれば、学校に対するアカウンタビリティをめぐる課題としては、学校の閉鎖性の問題、教育権の主体への権限賦与のあり方が挙げられるとする。浦野東洋一・前掲論文「学校の自治と父母参加の理論」一二六頁。
（四〇） 浦野東洋一・前掲論文「学校の自治と父母参加の理論」一二五～一三一頁。
（四一） 小野田正利・前掲論文「教育参加制度の展望」二八三頁。
（四二） 奥平康弘・前掲論文「国民・教師・国家の教育権」四一三～四一四頁。
（四三） 森英樹「憲法学と公共性論」（室井他編『現代国家の公共性分析』日本評論社・一九九〇年、所収）三二〇～三二一頁。
（四四） 坪井由美・前掲論文「教育自治と生徒参加」一四三～一四四頁。
（四五） 同旨として、小野田正利・前掲論文「教育参加制度の展望」二八五～二八六頁。
（四六） 横山俊「逐条解説『中野区教育行政における区民参加に関する条例』」（『季刊教育法』一一七号「教育改革における行政の役割」）エイデル出版・一九九八年、一四～二二頁、西山邦一「中野区区民参加原則条例の現代的意義」（『季刊教育法』一一七号「教育改革における行政の役割」）エイデル出版・一九九八年、九～一三頁。
（四七） 川崎市地域教育会議推進協議会『川崎の地域教育会議ハンドブック』

〈http://www.kawasaki-chiikikyouikukaigi.net/about/downroad.html〉（最終確認二〇一二年三月二〇日）

（四八）横山幸一・坂本光男編『宗谷の教育合意運動とは』大月書店・一九九〇年、五一頁，宗谷教育調査団編『宗谷教育調査報告書（第一次～第五次）』一九九三～一九九七年。

（四九）浦野東洋一『学校改革と教師』同時代社・一九九九年、七九頁。

（五〇）小野田正利・前掲論文「教育参加制度の展望」二八四頁。

（五一）古野博明「教育の地方自治と住民参加」（『憲法と教育法』エイデル研究所・一九九一年、所収）一四七～一四八頁。

（五二）浦野東洋一・前掲論文「学校の自治と父母参加の理論」一四三頁。

（五三）小野田正利・前掲書『教育参加制度の展望』二八四～二八五頁，今橋盛勝「特集・父母が学校を開く」（『世界』五四一号）岩波書店，同・前掲書『教育法と法社会学』一二五～一三八頁，一九四～二一一頁。

（五四）この点に関しては、今橋盛勝教授も教育参加というものを通じて十分に可能ということを実証している。同・前掲書『教育法と法社会学』二二二～二三七頁。

（五五）小野田正利・前掲書『教育参加制度の展望』二九〇頁。

（五六）奥平康弘『知る権利』岩波書店・一九七九年、二八五～二九一頁。

（五七）伊藤公一・前掲論文「教育権論争の回顧と展望」一〇九頁。

第五章　教育権論争をめぐる学説の変遷

第一節　新国民の教育権説の提起

一　教育権論争を振り返って

結城忠教授は、従来の教育権論争において欠けていたものとして以下の四点を挙げる。

第一に、教育権といってもその法的性質・種類・内容はさまざまである。論争においては、権利、権能、権限などの混交がみられ、また、教育権を公教育内容の決定権に縮小化している。第二に、国民主権概念と国民の教育権説か国家の教育権説かの二律背反的な概念設定は致命的な欠陥を有していると指摘する。第三に、国民主権を前提に考えるならば、法的アプローチの仕方を個別具体的に見定めていくことこそ必要とする。第四として、親の教育権と教育責任の現実化のための法制度の構成が具体化されていく必要性があると説く(一)。これらの指摘は、当を得ているといえるだけに、今後これらのことを念頭においた教育理論を構築していくことが大切になってくるといえよう。

二　国民の教育権説の停滞

国民の教育権説は、教育内容への国家の関わりを認めないという、政治運動論的意味合いの強い反国家・反体制的色彩の強い学説である。それだけにその論には当初より多くの問題点や矛盾点が含まれており、実際の学校現場での教育問題に対応するには難しい理論といえる。

戸波江二教授は、従来の国民の教育権説について、「一九六五年から三五年経過した現時点で、国民教育権論は教育法の理論・実践の表舞台に登場せず、あえていえば、国民教育権は停滞している」という。さらには、現在の国民の教育権説は、教育問題や教育改革などの理論的支柱と成りえていないばかりか「むしろ背後に退いて」〔二〕おり、再考の必要性を説く。同教授は、国民の教育権説低迷の要因として以下の点を指摘する。

まず、最高裁学テ判決において、国民の教育権説に一定の配慮を見せてはいるが、結局は、同判決により国による教育内容への介入を否定することを国民の教育権説は理論上できなくなった。それゆえ、学校現場では、学習指導要領に従った教育が行われているという現実がある。

次に、学級崩壊や校内暴力、いじめなどの教育問題は、学校・教員対生徒・親という図式であり、国民の教育権説が説く親・教員・学校が一体として教育を担うということに、現実と理論との乖離が見られる。

さらに、文部省対教員・国民という従来の論調の国民の教育権説では、実践的な理論として現実の学校で有効に機能できなくなってきたことなどが挙げられる。

このように見ていくと国民の教育権説は、「現在教育法理論として現実の諸問題を有効に解決する理論として機能しているとはいいがたい」〔三〕といえるし、「実質的な教育決定のレベルでは理論的な精緻さに欠け、あえていえば単なるスローガンとして機能するにとどまった」〔四〕という見解は至当といえよう。

三　戸波江二教授が指摘する従来の国民の教育権説の問題点

国民の教育権説には、多くの問題があるのは上述のことからも明確である。戸波教授は、この国民の教育権説の問題点として現代的な視点より以下の六点を指摘する。(五) 同教授の指摘が重きを持つのは、自身が国民の教育権説の立場に立ち、そのうえで同説の再構築と深化を目的とすることを明言していることからもうかがえる。(六)

第一に、同教授は、国民の教育権説の理論的問題として、その内容の包括性・抽象性を挙げる。それゆえ、同説においては具体的な問題解決に適した論理とはいえないとする。

第二に、同教授は、教育の自由に関して従来の国民の教育権説は、あまりにも「教員の教育の自由」にこだわりすぎてきたことを問題とする。そもそも公立学校の教員は公務員であり、公権力の担い手でもあり、人権としての教育の自由の主体たりうることは論理的に無理があるとするのである。それは、教員の思想や信念で自由に教育をすることができるわけでなく、その意味でも教員の自由は市民的自由ではない。それゆえ創造的な教育実践などは認められても、それは教育の自由とは呼べないという。いうなれば、従来の国民の教育権説が「教育の自由」を「教員の教育の自由」を前提として捉えており、個人的な人権としての教育の自由の考え方を否定するものである。また同教授は、「学習権」論においても、教育を受ける権利の内容を教育学的に説きなおしただけであり、「教育を受ける権利の権利性や法解釈論的意味を深めたものではない」という。

第三に、教科書検定において、国による教科書検定が違憲・違法だから教科書の自由発行・自由採択を主張する見解が国民の教育権説の論者により有力に説かれるが、同教授は、教科書である以上、国から一定内容の記述を要求されることがあるという。このことは、前述の教科書検定第一次訴訟最高裁判決が、通説に立脚して検定の当否を審査したことについて、同教授は、「あるべき教育内容が存在すると解した場合に、その当否の最終的な確定は現行法制度では裁判所がならざるをえない」として、「文部省による検定が政治的で不当なことを学問の成果に照らして論証することこそが要求される」とする。

第四に、かつての教育権論争では、誰が教育内容を決定するかが中心に議論が行われた。国民の教育権説の主張は、教育内容を決定する権限は国民に委ねられており、国は教育内容を決定することができないとする。しかし、「どのように教育内容の決定がなされれるのかは必ずしも明確ではない」と指摘する。また、教育主体間において教育への要求が異なる場合には、それをどのように調整するのかも明確になっていないという。それゆえ、結果として、実務では国の決定する学習指導要領に基づいて教育内容が決定されているのが現実だという。

また、従来の国民の教育権説は、教育内容の決定を教員の専門的な職務上の判断に委ねていたが、もし「軍国主義教育、天皇の神格化教育、戦争美化教育など」の許されない教育が教員によって行われた場合に、教育行政が当該教員を処分しようとしても、国民の教育権説の論者のいう「教員の教育の自由」の側面から懲戒が許されないことになり、疑問が残るという。

第五に、大綱的基準説は、国の教育内容への関与を抑制するため提唱された論理であるが、大綱的基準の範囲内で教育内容を国が決めてよく、大綱的基準の範囲においては学習指導要領には法的な拘束力があるということは、国家が教育内容を決定することを基本的に承認していることになることを意味している。また、大綱的基準説をとる場合における教育の内的事項、外的事項二分論において、内的事項と外的事項とが本来は密接に関連しているのに、この両者を画然と区別することの困難性を指摘する。

第六に、現実の学校内部でのいじめ・不登校・学級崩壊など多くの問題に対して、国民の教育権説の論理では十分な対応ができない。とくに校則・体罰は、学校・教師対生徒・保護者という権力性が問題となっているのであり、学校慣習法や在学契約説では説明できないとする。

以上の国民の教育権説の問題点を克服する意味で同教授は、新国民の教育権説の提唱を行う。

四　新国民の教育権説の提唱

戸波教授は、新国民の教育権説を提唱する基底に「自由な教育」のあり方を据え、国家主義的思想が教育に入り込むことを防ごうという考えがある。その意味でも、国民の教育権説の考え方を基本原理としつつも、その問題点を検証して、現在の教育問題にも対応できる論理を新たに再構築していくことの重要性を説く。

同教授の新国民の教育権説の提唱の論理を要約すると、以下の六点から捉えることができる(七)。

第一に、国民の教育権説では、伝統的に教育を私的なものと位置づけ、親から付託を受けた教員を含む国民に教育権があり、国家は教育に立ち入ることはできないとしている。いわば、国家と国民社会は分離しているという考え方である。この見解に対して同教授は、教育は私的な要素もあるが、その本質は公共的なものと説く。同教授は、教育の公共性を考えるうえで、「教育は国・地方公共団体によって組織され運営されている。その意味で、教育には国家の関与が前提とされている」という。元来、教育は親をはじめとした国民によって広く支えられ社会に寄与しており、その特質性ゆえ、教員と生徒との相互作用によって構築されていくものとして、人格的要素と自由の重要性を説く。これらのことを含めて考えるならば教育の公共性は、「教育権論争での国家教育権説と国民教育権説との対立という視点からではなく、教育が国家の関与も教育の自由もともに必要としているという視点からとらえるべきである」と同教授はいう。

このことは、従来の国民の教育権説が、教育行政機関は、教育基本法一〇条二項の「条件整備」において、外的事項にしか関われず、内的事項は教員の決定事項であるという考え方を一方的に取り入れることはしていない。むしろ、内的事項と外的事項とは本来は密接に関連しているにもかかわらず、両者を画然と区別している点に問題があるとして、上述の教育には公共性があるがゆえに国家の関与が認められるとする見解をとっているといえる。

また、国民の教育権説は、学習指導要領の法的性質について教育内容を法律で定めることができないという前提から、学習指導要領は、指導・助言文書であり法的拘束力を持たないとしている。しかし、実際の教育では、文部科学省が告示として教育内容について詳細に定めることができ、法的拘束力を持つ。それゆえ、むしろ教育の内的事項についても法律で定めることができるというスタンスに立って、学習指導要領を法律で定めることの必要性を説く。そして、その法律の制定は、国民的議論として審議会などの審議を通じて制定するようにした方が、法律制定に影響を与えることができる。それにより、「第二次世界大戦での日本の加害行為や戦争責任の問題などがまさに教えられるべき事項として明記されることが期待される」として、学習指導要領を法律として制定することの重要性を示す。

第二に、子どもが学校で主体的に取り組めるような学校づくりを考えていく必要性を説く。これまでの学校教育では生徒は教育の受け手にすぎず、その主体性が軽視されてきた。それだけに、これからの学校教育では、子どものニーズに即した多様な制度の構築が要求されるという。また、教育内容も誰が決定するという従来の論争より、何が教えられるかを子どもを基底において教育内容の精査を行っていかなければならないという。

第三に、保護者や地域住民の教育参画を実りあるものにして、地域に開かれた学校にしていくことの必要性を説く。そのためにも学校側がより一層のアカウンタビリティーを果たすことが重要という。

第四に、学校内部の問題解決能力を向上させることの大切さをいう。そのためにも教員間の協力体制の強化の必要性を説く。それは、教員の質を向上させることにより、学校での多くの問題点に対応する能力を高めようとすることをいう。特徴的なこととしては、教育の問題解決能力を高めるためには、客観的評価としての教員の勤務評価があってよいという。

第五に、国民の教育権説の理念を基本におきつつも、教育の充実を図るためにも教育改革の論議に積極的に関与していき、そのなかで提言していくことの必要性を説く。それは、従来の国民の教育権説の論理は、国の行為の違憲・違法性を勘案するような法解釈的な手法が重視されてきたが、今必要なのは、よりよい教育制度やどのような施策を実施すれば教育問題により対応できるかの具体的政策提言を行っていくことだという。

第六に、教育の公共性ゆえに特定の教育内容が教えられなければならず、また、特定の教育内容は排除されなければならないという。

ただ、この見解に対しては、西原博史教授より、価値教育は憲法的価値の教育であっても「政府の行為を正当化するためのマインドコントロールを是認する結果につながってしまう」（八）という指摘もある。

戸波教授は、上述の点を中心にして次のようにまとめる。国民の教育権説の論説に立脚するにしても、「実際に教育の基本的な制度・運用の指針が文部省によって決定されるという事実は否定することはできない」。それなら文部省の教育行政を批判検討するだけではなく、場合によっては、「教育の内容の充実を図るために教育行政に関与・協力していくことも必要になる」。まして、地方分権の推進に伴い、地方公共団体ごとの教育政策の方向性の持つ意味が今後ますます重要性を持ってくる。それだけに、地方教育行政とも「連携・協力して、あるべき教育を形成していくことが重要」になる。そして、このことが「子どもの最善の利益を確保し、教育内容の充実を図る」ことにつながるという。（九）

同教授は、以上のように従来の教育行政と対峙する国民の教育権説の再構築を提唱する。それにより、同説を基底に据えながらも、教育行政に深く入り込み教育決定能力に影響を与える方策をとるのである。

第二節　新国民の教育権説の検討

国民の教育権説の論者のなかには、新国民の教育権説を国家の教育権説と同様に捉える見解もある。(一〇)しかし、新国民の教育権説はやはり、国民の教育権説を基底にした学説に違いない。それは、戸波江二教授は、国民の教育権説を基底とした具体的な教育政策への提言を行うことの必要性を説くが、一方では、「政府の教育への国家主義的・イデオロギー的介入に対して、国民教育権説論を楯としていくべきである」(一一)という。このような論調は、国民の教育権説の論者の多くが陥っている「一般の人びとイコール善玉、国家権力イコール悪玉」「国家権力や法的規制の発動は悪」「教師、生徒、父母などの教育関係者の自主的な取り組みは善」(一二)という図式と何ら変わるところがない。このような一面的で結論ありきの単調な学問的姿勢では、やはり新国民の教育権説も国民の教育権説と同様の学説と考えられても仕方ないのではないか。

また、新国民の教育権説には、上述したように現実的ではない理念倒れともいうべき問題点が多く含まれている。いわば、国民の教育権説の問題点を取り繕っている側面が強い。例えば、同教授は、教育内容の一つとしての価値教育において「『愛国心』や『文化と伝統』の涵養なども、特定のイデオロギーと結びついたものとして、否定されるべきである」(一三)というが、なぜ国を愛し、自国の文化と伝統を涵養することが、特定のイデオロギーと結びつくのか世界各国の実情から考えても疑念を感じざるをえない。その意味でも新国民の教育権説の本質は、国民の教育権説の論調の域を出ないといってよい。たしかに、同教授の見解には、「日本でも戦争責任や戦後補償の問題などは、いずれも教科書に書かれるべき問題といえよう」(一四)や「教えられる教育内容に関して、消極定義は比較的容易である。軍国主義教育、天皇の神格化教育、戦争美化教育などは、教育にとってふさわしいものではないばかりか、思想注入の教育であって許されないであろう」（一五）のように特定のこだわりが感じられる面があるのが特徴として挙げられる。

同教授は、公共性の概念を「『公共』は国家ではなく、公私二分論にいう『公＝国家』ではない」として、従来の国家と社会の分離、国家と個人の対立と捉えずに、「国家と社会・個人の間に『公共空間』を設定するもの」として公私二分論の修正を試みている。

ただし、「戸波教授は、国家が教育へ関与することは否定できないとししつも、「教育の公共性を『国家的公共性』としてはならない」という。それは、国家的公共性と理解すると、従来の国家教育権説に接近することになり、教育の公共性と相容れないことになってしまうという。そのことは、「教育をもっぱら私的なものととらえることが教育のあり方を誤解しているのと同様に、教育を国家的なものととらえることもまた、国家と個人を対置する公私二分論の観点から教育の国家性を強調する不当な見解といわなければならない」という考えに基づいている。また、同教授は、「教育の公共性は国家的公共性を意味しない」としつつも、「国家による教育内容の決定の必要性は一定限度で認められ、そのために、国家関与の範囲と限界、あるいは教育内容の決定手続きが問題となる」（一六）という。いわば、国家的公共性とは、教育は一定の国家関与を前提とし、その意味では国家的公共性の要素を含むが、子どもの教育を受ける権利保障を基底に市民の自由な活動が、社会の公的な善を促進するという意味での市民的公共性という概念を展開する。

しかし、本当に「市民の自由な活動」が社会の公的な善を促進するのか疑念を持たざるをえない。同教授のいうように、教育は公共性があることはいうまでもない。それゆえ教育は公的な枠組みのなかで存立するのである。このことは、私立学校が法に基づいて存立している点からも理解できよう。その意味でも公共性における「市民の自由な活動イコール善」という単調で一面的な論調こそ、上述したように問題があるといえる。

また、戸波教授は、教育の自由という「観念そのものは、憲法上承認されるべきである。それは教師の個人的自由ではなく、むしろ、国家が教育に立ち入ってはならないという、国家の思想的介入を否定する論理として、つまり国民教育権説を人権の視点から表現するものとして構成されるべきである。これはいわば一種の『制度的自由』としての教育の自由であり、国が教育内容に権力的、恣意的に介入することを排除する憲法原則として再構成することが妥当である」。このことを同教授は、大学の自治とパラレルに考えることができる憲法原則であり、それを具体化したのが教育基本法一〇条だという。(一七)これらのことは、「教員の教育の自由」の人権性は否定されるが、制度的自由としての教育の自由であるならば国家が教育に立ち入ることができないというが、誰が、何を根拠に、どのような基準で、どの程度、国家が教育に立ち入ることができないのか、同教授の見解では不十分といえる。

さらに、同教授がいう、開かれた学校制度である学校評議員制度や学校運営協議会のような学校参画制度の必要性は認識できるし、今後ますますその必要性は高まっていくであろう。ただし、本当の教育参画は、けじめのなかにこそある。行政の権限領域にまで入り込んで参画を主張することが正しい参画のあり方ではないことはいうまでもない。たしかに、市民の意見をどんどん聞き、開かれた学校制度は良いことだ。しかし、公教育はあくまで国家が責任を負うのが本筋である。もし、教育参加のあり方を間違って特定の志向の意見に振り回されることになれば、学習指導要領の決定までも、教育参画の範疇と言い出してくる市民がいるかもしれない。そうなったら、国はやがて教育政策の方針すら出せないようになっていくだろう。第四章で述べたように、国家の教育権説の立場に立った教育参画のあり方こそ、教育の中立性が保たれたけじめのある教育参画が維持できるものと考える。

住民として自分たちの思いどおりに教育を動かしたいのであれば、議会制民主主義の下、国会や首長、地方議会を通して教育行政に政策提言を行うのが真の民主主義であり、民主的教育であろう。

従来の国民の教育権説は、教員サイドに立った教職員組合の理論的色彩が強かった。新国民の教育権説は、教員を学校側の権力主体として捉え、その権力主体と対峙する「子ども主体」を中心とした視点から論理展開をしていく研究姿勢をとる。その意味で、従来の国民の教育権説より数段優れた取り組みということができる。従来の、教員に親の教育権を信託することにより、子どもの人権を守れるという姿勢では「国民」概念の曖昧さや教育主体の不明確さからも問題があるといえる。[一八] また、学校で現実に起こっている問題を子どものことを主体に考えるという姿勢[一九]は大変有益なことである。新国民の教育権説は、そういった意味で評価できるといえよう。

第三節　新国民の教育権説の提唱の意味

現在の日本の教育制度は結局、国家の教育権説の唱えていたとおりに動いている。[二〇] このことは、学習指導要領の運用一つ見ても明確である。

つまるところ新国民の教育権説が提唱された背景は、従来の国民の教育権説では、子どもを主体とした子どもの人権が保障された学校の実現とともに、現場での多くの教育問題に対応できないという忸怩たる思いがあったのだと思う。また、教育内容を文部科学省や地方教育行政が独自に法的拘束力を持った学習指導要領を制定・運用していくばかりか、教育改革が日進月歩の流れで行われており、自分たちの思いの離れたところで自分たちの価値と異なる教育政策が構築されていくことで自分たちが社会や国民から乖離してしまうことへの危機意識が、新国民の教育権説を唱える原動力になったと思える。

従来の国民の教育権説の論理は、考えようによれば、理想論的なスローガンの色彩が強い机上の理論ともいえる学説であった。また、教育行政に対しては正面からぶつかってくる学説でもあった。それだけに一面でわかりやすく、論点がはっきりしていた。ところが、新国民の教育権説は、実質的に教育行政の内部に入り込んでくることに従来の国民の教育権説と異なるところがある。特定の価値を持ちそれを教育行政のなかに浸透させようと考えたら不可能ではないだけに、問題が潜んでいるといってよい。[二一]

同教授の新国民の教育権説の意図するところは、従来の国民の教育権説のように正面から対国家を唱えて教育行政と対立するのではなく、むしろ教育参画を通じて国民の教育権説の考え方を教育行政のなかで生かしていくことを考えているように思う。それだけに、自分たちの政治主張を教育行政に取り入れ、多くの国民の支持を得るための論理的整合性をなすために従来の国民の教育権説を再構築している気がしてならない。

同教授は、「教育内容の決定、ないし大綱的基準の決定は、本来は教育に対して直接的に責任を負うべき地方自治体に委ねることが望ましいといえる。日本では、中央集権的な体制が強いため、教育についても文部科学省の決定によって統一的に決定され、それがある種の弊害をもたらしている」とし、日本においては、「道州制を採用し、道州レベルで教育内容を決定することが考えられてよかろう」(三)と、教育内容の決定を地方自治体に移管することが望ましいという。また、道州制の導入の必要性を説く。このことは、次章にて述べるように、教育参画を通じて教育行政に関わるのには、自分たちが国より地方の方が影響を及ぼすのに都合がよいということとも関連するのではないだろうか。

教育行政庁、なかんずく地方教育行政機関は、新国民の教育権説の本質を充分留意しておく必要があると考える。

注

(一)　結城忠「国家の教育権と国民の教育権—教育権論争とは何だったのか」(『教職研修』四〇五号教育開発研究所・二〇〇六年、所収)一四七～一四八頁。

(二)　戸波江二「国民教育権論の現状と展望」(日本教育法学会編『教育法制の再編と教育法学の将来』有斐閣・二〇〇一年、所収)三七頁。

(三)　戸波江二・前掲論文「国民教育権論の現状と展望」三六～三八頁。

(四)　戸波江二「教育法の基礎概念の批判的検討」(戸波江二・西原博史編著『子ども中心の教育法理論に向けて』エイデル研究所・二〇〇六年、所収)六二～六三頁。

（五）戸波江二・前掲論文「国民教育権論の現状と展望」三八〜四一頁。戸波江二・前掲論文「教育法の基礎概念の批判的検討」一九〜六四頁。
（六）戸波江二・前掲論文「国民教育権論の現状と展望」三六頁。
（七）戸波江二・前掲論文「国民教育論の展開」一一三〜一一七頁、同・前掲論文「国民教育権論の現状と展望」四一〜四四頁、同・前掲論文「教育法の基礎概念の批判的検討」一八〜六四頁、土屋清「憲法学における『教育権論』のパラダイム」（戸波江二・西原博史編著『子ども中心の教育法理論に向けて』エイデル研究所・二〇〇六年、所収）二一三頁。
（八）西原博史「憲法教育というジレンマ」（戸波江二・西原博史編著『子ども中心の教育法理論に向けて』エイデル研究所・二〇〇六年、所収）七五頁。
（九）戸波江二・前掲論文「国民教育権論の現状と展望」四二〜四四頁。
（一〇）「新国民の教育権説を唱える者は、その理論が伝統的国民教育権論から派生したものであると述べているが、実質的には国家教育権論に近いという見方もできよう」。寺川史朗「教育改革における教育近隣政府の可能性と憲法学の課題」（三重大学社会科学学会編『法経論叢』第二四巻第二号）二〇〇七年、八四頁。

戸波教授が日本教育法学会で行った「報告への『驚き』『違和感』は、国家の教育権力を容認するかに見えるそのスタンスに向けられたものと考えられるべきであろう」。「教育内容決定に関する国家の権限を肯定する点や、教科書検定による教科書の内容審査を部分的に肯定する点、さらに政府の教育政策の遂行に協力すべきだとする点などに戸波会員独自の踏み込んだ見解が表明されている」。今野健一「『国民教育権』論の存在意義と教育法学の課題」（日本教育法学会編『教育法制の再編と教育法学の将来』有斐閣・二〇〇一年、所収）六六〜六七頁。
（一一）戸波江二・前掲論文「国民教育権論の現状と展望」四四頁。
（一二）内野正幸『教育の権利と自由』有斐閣・一九九四年、一九〜二〇頁。
（一三）戸波江二・前掲論文「教育法の基礎概念の批判的検討」二九〜三〇頁。
（一四）戸波江二・前掲論文「国民教育権論の現状と展望」四〇頁。
（一五）戸波江二・前掲論文「国民教育権論の現状と展望」二七〜二八頁。
（一六）戸波江二・前掲論文「教育法の基礎概念の批判的検討」二一〜二三頁。

（一七）　戸波江二・前掲論文「教育法の基礎概念の批判的検討」二四頁。

（一八）　奥平康弘氏の批判が大変興味深い。同氏は、国民の教育権説の論者がいう「国民」が、どの教育主体をいうのか不明確とする。そのうえで、「国民の教育権」と「国家の教育権」は二者択一ではなく、「国民」に教育権があるからといって「国家」の教育権を否定することにはならないという。奥平康弘「教育を受ける権利」（芦部信喜編『憲法Ⅲ　人権（二）』有斐閣・一九八一年、所収）四一二頁・四一四頁・四一五頁。

同様に、今橋盛勝氏は、「二つの教育法関係論」から問題を提起した。今橋盛勝『教育法と法社会学』三省堂・一九八三年、二五～二七頁，同「教育行政と国民の権利」（『ジュリスト』八五九号）有斐閣・一九八六年、六三頁。

（一九）　戸波江二・前掲論文「国民教育権論の現状と展望」四一頁。

（二〇）　このことについて、いみじくも戸波教授は、「学テ判決以降、教育の現場でも、文部省の学習指導要領にしたがい、教科書に沿った教育が行われているのが現状である」という。戸波江二・前掲論文「国民教育権論の現状と展望」三七頁。

（二一）　中西輝政・小堀桂一郎『歴史の書き換えが始まった』明成社・二〇〇七年、七八頁以下参照。

（二二）　戸波江二・前掲論文「教育法の基礎概念の批判的検討」五〇～五一頁。

第六章　教育行政制度の改革と地方分権推進の法的検討

第一節　地方分権の推進と教育行政制度の改革の流れ

わが国の地方分権のあり方は、世界的な流れということや、わが国の中央依存型政治の疲弊、地域間格差の増大、過疎化の進行、高齢化社会への移行など、さまざまな要因からその見直しの必要性が叫ばれている。その背景にあるのが、わが国の財政状況の悪化や福祉国家としての限界でもある。いわば、地方分権は、国の財政や公共サービスの行き詰まりに対する対応策の一環として推進されてきた面が強いといえよう。今日の地方分権化は、明治維新、戦後改革に次ぐ「第三の改革」ともいわれる。それほど国家・国民にとって大きな意味を有しているともいえる。

この地方分権推進の流れのなかにおいて教育改革の必要性が提唱されている。なかでも、教育行政制度の改革は重要な問題でもある。それは、教育行政機関の硬直化・形骸化に現れているようにレイマンコントロール（Leyman Control）が適正に機能せず、教育委員会制度が当初の理念と異なる「首長部局が担う一般行政と二元化されて国（文部省・文科省）の『下請け機関』として機能してきた」[一]ことがその背景にある。

そのことを是正するために平成一一年と同一三年に「地方教育行政の組織及び運営に関する法律」（以下、地教行法）の改正が行われた。しかし、この改正は教育行政機関である教育委員会制度の問題解決には十分とはいえず、中央教育審議会（以下、中教審）は、平成一七年一〇月に「新しい時代の義務教育を創造する」と題した答申を提言した。それは、教育委員会制度の地方自治体による選択制や廃止などの論議の存在を認めたうえで、政治的中立性や継続性などを根拠として教育委員会制度の存続を内容としている。

平成一八年には、世界史未履修問題やいじめ自殺問題などに対して、都道府県教育委員会と市町村教育委員会との連携や教育委員会と学校現場との連携の不十分な面が批判を浴びることになる。このことは、教育再生会議(二)においてもその問題性が指摘された。同会議は、教育委員会制度の抱える「閉鎖性、形式主義、責任感のなさ、危機管理能力の不足、委員の高齢化、名誉職化」(三)を議論して、その問題性を提起した。これらのことが基底となって平成一九年六月二〇日、地教行法を含む教育三法の改正につながったといえる。

以下、戦後教育行政制度の流れを考察し、そのうえで教育委員会制度のあり方と今後の教育行政制度について検討していきたい。

第二節　戦後教育行政制度の変遷

一　教育委員会制度の設置

「教育刷新委員会」は、米国教育使節団来日に際し協力するために、昭和二一年八月に総理大臣の諮問機関として発足した。委員会は、日本の教育制度確立にとって大変重要な建議を行った。従来の教育理念が詔勅、勅命の形をとるのに対し、初めて教育目的や目標が議会を通じて制定され、「教育基本法」「学校教育法」が昭和二二年三月三一日に公布される役割を担ったことは、(四)第一章においてもふれた。

昭和二一年一二月、教育刷新委員会の第一回建議をうけ、行政庁は教育委員会法の作成に取りかかり、昭和二三年七月一五日「教育委員会法」が公布される。この法律の制定により、都道府県や市町村に教育委員会が設置されたのである。教育委員会は議決機関であるとともに、合議制の執行機関でもあり、教育委員の他、教育長、事務局がおかれる。教育委員会の設置により、その後の教育行政は教育委員会の管理の下におかれることとなった。また、教育委員会を構成する教育委員の選任に関しては、地方議会が選ぶ一名を除いては地方住民が選挙で選ぶという画期的なことであった。さらに、教育委員会の権限は、今より強力であって、条例案や予算案の作成・議会へ提出する権限が与えられていた。いわば、首長と対等ともいえる形で存立していたといえる。

これには、連合国軍総司令部民間情報教育局（Civil Information and Education Section、以下ＣＩＥという）の意向が強く働いていた。いわば、「教育の管理は住民の手で行なうという米国の歴史的実体に基づく」(五)という考え方がその根底にあった。このＣＩＥの考え方の指針により、わが国の教育委員会においても教育の専門家以外から教育委員が選ばれることになった。

当初、教職員組合の支配を警戒した教育刷新委員会は、任命制を支持していた。ところが、ＣＩＥの意向から公選制が避けられなくなったので、現職教員の立候補禁止の条項を法制化しようとした。(六)これに対して、教職員組合は「陳情闘争、激励電報などの全国的な運動の展開」を行い、「最終的に現職教員の立候補禁止を定めた条文は削除されることになった」(七)のである。

結局、昭和二三年に行われた第一回選挙では、教職員組合によって支援された人が、全体の三分の一を占める結果となった。(八)それまで存在しなかった制度だけに、教育委員の趣旨を国民は理解できず、投票率は低いものであった。(九)この低投票率は、後に教育委員会公選制度に問題を提起することになる。また、教職員組合の活動に疑問を持つ側は危機感を持つことにもなった。

教育行政の地方分権化は、地方への分権による行政庁の中央統制の緩和や地方の実情に応じた教育の推進という点で、それまでの教育行政とは異なった制度だけに多くの混乱をきたすことになる。これらのことから、当時、教育委員会廃止論が、地方公共団体の首長や地方議会を中心にまきおこってくることになった。

二　教育委員会法の改正

昭和二六年一〇月、教育委員会制度協議会は、文部大臣に教育委員会制度の改正を答申した。この答申では委員の公選制か任命制かの結論こそ出さなかったが、同年一一月の政令改正諮問委員会の出した「教育制度改革に関する」答申に基づき、教育委員会は一五万人以上の都市におくことと、教育委員は三名とし、任命制にするという方向性を打ち出した。

昭和三〇年代に入り、中央の教育行政権は広がりを見せた。その前提となったのが、昭和二七年七月の文部省設置法（昭和二四年五月三一日公布）の改正である。この改正により、文部省の「任務規定」（同法四条）が全面的に改正された。旧法では、教育委員会などに対しては、「専門的、技術的な指導と助言を与えること」（旧四条一号）とされていたのが、「行政の組織及び運営について指導、助言及び勧告を与えること」（五条一項一九号）に改正された。また、これを受けて同法七条や八条一号の「初等中等教育の基準の設定に関すること」により、学習指導要領の制定が、初等中等教育局の所掌事務として追加された(一〇)。

昭和二九年には「教育の政治的中立性確保法」が制定され、昭和三一年三月、政府は国会に「地方教育行政の組織及び運営に関する法律案」「臨時教育制度審議会設置法案」「教科書法案」のいわゆる教育三法案を提出した。なかでも、「地方教育行政の組織及び運営に関する法律案」は従来の教育委員会法とは理念の面からも相違が見られ、教職員組合を中心とした強固な反対運動が展開された(二一)。

しかし、昭和三一年六月三日に政府原案どおり教育三法案は、成立した。それにより、教育委員は従来の公選から地方公共団体の首長が任命する制度へとなった。さらに、教育長も承認制になり、教育委員会に関する予算案・条例案についての二本建制度が廃止されることにより、首長が教育委員会の意見を聴いて同二案を作成し議会に提出することになった(二二)。

結局のところ、「教育委員会法」から「地教行法」に法改正が行われた背景には以下のような理由がある。発足当時の教育委員会制度は、住民による選挙で選ばれていたが、教育委員選挙では、教職員組合出身者が多数を占め、東西冷戦構造が激化するなか、こうした動向に保守政党である政府・与党は危機感を抱いたという点がある。それゆえ、公選による教育委員を廃止して首長による任命制を明記し、また、教育長の任命に文部大臣の承認を必要とすることにより、行政庁にとり不的確と思われる人物の就任を拒否する意図があった。さらに、教育委員会による教育予算原案の編成権・提出権を首長に一元化することにより、国と地方公共団体の結びつきを深め、行政庁が指導強化を図るとともに全国一律の教育を保障することを目指した。ただこのことは、「首長の権限が強化され、それに比例して教育委員会は、レイマンコントロールとしての機能を発揮することができず影響力が低下していった(二三)」という見解もある。

三　地方分権一括法と教育委員会制度の見直し

わが国における地方分権の推進は、新自由主義の考えの財界と政治が主導となった規制緩和や地方分権化によるところが大きい。なかでも、第三次臨時行政改革推進審議会第一次答申を皮切りに、平成五年六月の衆参両院での「地方分権の推進に関する決議」、平成七年五月の「地方分権推進法」の成立を経て、平成一一年七月の「地方分権の推進を図るための関係法律の整備等に関する法律」（以下、地方分権一括法）が成立することによりその方向性が示されたといってよい。これらを総称して「第一次分権改革」といえよう。

地方分権一括法は、平成七年七月発足した地方分権推進委員会の五次にわたる勧告を受けて、地方公共団体の事務に関する記述のある法律のなかから改正が必要な四七五本の法律改正を一本の法律にまとめて改正したものであり、今日の地方分権改革の法律的基礎となっているといえる。

この四七五本の法律のなかの一つに地教行法の改正がある。前述したように、同法はそれまでの「教育委員会法」に代わり昭和三一年に制定されたものである。地教行法の見直しがいわれだした背景には、教育委員会がレイマンコントロールの本来ある姿を機能させておらず、制度の硬直化・形骸化しているきらいがあるということや教育委員会のなかには事務局の体制が完全でない市町村教育委員会もあり、職責を果たすには難点があるといったことが挙げられる。

平成八年、地方分権推進委員会第一次勧告における教育長の任命承認制の廃止の意見を受け、文部省は中教審に諮問し、平成一〇年の「今後の地方教育行政の在り方について」という答申を提言した。この答申に沿って、平成一一年七月に「地方分権の推進を図るための関係法律の整備等に関する法律」が政府全体の一括法として制定された。いわば、地方分権の観点から国および地方公共団体が分担すべき役割の明確化や権限・関与の見直し、行政体制の整備などが図られるに至る。これにより、教育長の任命承認制度の廃止、指導などに関する規定の見直し、都道府県の基準設定の廃止が実施された。これは、地方における団体自治強化ともいえるものである（一四）。このことは、かつての免許制から資格制度になり、さらに地教行法において任命承認制をとった教育長の任命が、承認制も廃止されるということになったのである。

また、平成一三年六月には、「地方教育行政の組織及び運営に関する法律の一部を改正する法律」が成立し、教育委員の構成の多様化と保護者登用の推進、教育委員会の会議の原則公開、教職員人事に関する校長の意向の一層の反映、指導が不適切な教員を教員以外の他の職に異動させることなど、教育委員会制度の改革と活性化が求められた。この改正は、平成一一年七月改正の地教行法の団体自治強化に対し、住民自治強化の色彩が強いといえる。

四　さらなる教育委員会制度の基盤強化体制の確立へ

平成一一・一三年の地教行法の改正により教育委員会制度の基盤固めができたかに見えたが、世界史未履修問題やいじめ問題などに対する学校現場と教育行政との連携などの不的確な対応に多くの批判が集まり、さらなる教育行政制度の改正の必要性が求められることになる。

平成一七年一〇月、中教審は、「新しい時代の義務教育を創造する」と題した答申を提言する。その主要な内容は、まず教育委員会組織の弾力化を図り、地方分権を念頭において自治体の実情に合わせた体制作りをできるようにした点が挙げられる。これは、教育委員の人数を原則五人で、都道府県・政令指定都市は六人、町村は三人というように人数の決定においては自治体の判断を尊重する方針を明示した。また、首長との権限分担のあり方に関して、文化、スポーツ、生涯学習における首長の部局と関連の深いものを自治体の判断において移行してもよいとした。

このことは、「昨今台頭しつつある『教育委員会廃止論』、『教育委員会任意設置論』に対する中教審の回答でもある」。いわば、教育委員会を「すべての自治体におくという規制は維持する。しかしながら、担当する範囲については弾力性を持たせる」(二五)ということを明確にした答申ともいえる。

そして、この提言に即して現行の教育委員会制度の基本枠組みを護持することを前提とした「地方教育行政の組織及び運営に関する法律の一部を改正する法律」(以下、改正地教行法)が、平成一九年六月二〇日に成立した。この改正地教行法は、教育委員会制度の機能の充実と強化を目的としたものといえる。

改正地教行法の特徴としては、第一に、教育委員会設置の基本理念を明示し、責任を明確にした点がある。同法は、二六条において、「教育委員会は、教育委員会規則で定めるところにより、その権限に属する事務の一部を教育長に委任」することができることになった。そのなかでは、教育長の職務権限事項についての点検・評価および議会への結果報告と公表を義務化することにより、教育委員会の結果責任と説明責任を改正地教行法において明確に法定化した（一六）。

第二に、教育委員会の職務遂行能力の強化が挙げられる。これは、教育委員の研修に関し、国や都道府県教育委員会は、指導・助言を与えることが明記された。さらに、市町村教育委員会に指導主事をおくことが明記された。ただ、市町村教育委員会の規模によっては指導主事をおくことが困難な教育委員会も考えられるので、改正地教行法では教育委員会の共同設置などの連携を進めて、教育委員会体制の整備・充実への努力を明記した。問題は、いかに「財政措置などの具体的支援策」が行われるか（一七）である。

第三に、教育委員会に対する地方分権化、規制緩和を明確にした。これは、教育委員の数の弾力化と教育委員への保護者の選任の義務化、従来教育委員会の管轄事務であったスポーツと文化に関する事務を首長が担当できるようになった。また、県費負担教職員について同一の市町村内の転任に関しては、市町村教育委員会が都道府県教育委員会に対して内申を行うことができるとした。

第四に、国の教育に対する責任を明確にしたということが挙げられる。改正地教行法四九条は、「是正の要求」を文部科学大臣に認めた。これは、都道府県・市町村教育委員会の事務の管理および執行が法令に違反している場合や、当該事務の管理および執行を怠ることがある場合において、児童・生徒などの教育を受ける機会が妨げられていること、その他教育を受ける権利が侵害されていることが明らかである場合に、文部科学大臣は、地方自治法二四五条の五の規定に基づいて都道府県教育委員会に対して是正の要求ないし指示を行うことができるというものである。

同四九条の「是正の要求」を受けた教育委員会は、是正・改善のために必要な措置を講じなければならない。その際、どのような措置を行うかは教育委員会の裁量に委ねられているが、文部科学大臣が講ずべき措置の内容を示して要求していることを踏まえて、速やかに是正・改善のための取り組みを行う必要がある。

さらに、改正地教行法は五〇条において、児童生徒の生命または身体の保護のため緊急の必要があるときは都道府県教育委員会および市町村教育委員会に対して直接的に指示を与えることができるのである。同五〇条の「指示」を受けた教育委員会は、指示された具体的措置内容についてそのまま従う義務が生じる。ただ、これらの規定は決して強権的な規定ではなく、文部科学大臣は必要最小限の関与しか行うことができない緩やかな規定である。それゆえ、同五〇条では、他の措置によっては、その是正を図ることが困難である場合に限るという条件が付いている。また、改正地教行法四九条の「是正の要求」、同五〇条の「指示」を受けた教育委員会は、不服がある場合には、地方自治法二五〇条の一三の規定により国地方係争処理委員会に対して審査の申し出ができる救済策まで規定している。

第五に、私立学校に関する教育行政の関わりを明確にした。それは、都道府県教育委員会が有する学校教育に関する専門的知見を都道府県知事が活用することができる旨を規定した。このことは、私立学校に対する従来からの都道府県知事の権限の変更を意味することではない。仮に、都道府県教育委員会が都道府県知事に対して助言または援助を行う際であっても、私立学校の自主性を尊重するなどの適切な配慮を行う必要がある。また、私立学校の法律上の義務の確実な履行を担保できるよう、都道府県知事部局においては、学校教育に関する専門的知識を有する者を配置するなどその体制の充実を図る必要がある。(一八)

第三節　地方分権と教育行政制度の課題

一　文部科学省・都道府県教育委員会・市町村教育委員会および学校の関連

文部科学省（Ministry of Education, Culture, Sports, Science and Technology）は、平成一三年一月六日、中央省庁再編に伴い、旧文部省（学術・教育・学校などに関する行政機関）と、旧総理府の外局だった旧科学技術庁とが統合されて設置された。教育、科学技術、学術、文化、およびスポーツの振興を所管する行政機関である（文部科学省設置法四条）。

教育委員会（Board of Education）の設置は、前述の「地方教育行政の組織及び運営に関する法律」によって規定されており（同法二条）、教育に関する事務をつかさどる非常勤の委員で構成される合議制の行政委員会（Administrative Commission or Board）である。委員は、教育の政治的中立という観点から、当該地方公共団体の長が、住民の代表である議会の同意を得て、任命することになっている（同法四条）。教育委員会は、都道府県と市町村で存置される。教育委員会の事務処理のために、教育委員会事務局をおく（同法一八条ないし二一条）。教育委員会には、予算権、条例提案権がない。ただ、子どもの入学や教員の採用（都道府県教育委員会および政令指定都市）、学校の管理運営の指導助言、命令監督などを行う他、社会教育、学術、文化などに関する事務を管理し、執行する（同法二三条）。

政府や文部科学省が、方針や政策を学校現場に周知する現実的方策としては、方針や政策を都道府県教育委員会に通達し（地方教育行政の組織及び運営に関する法律四八条一項、同法五三条一項、文部科学省設置法四条他）、それを都道府県立学校の場合は直接学校に都道府県教育委員会が伝達する。市町村立学校の場合は、都道府県教育事務所を通じて（教育事務所の存立しない都道府県は直接）市町村教育委員会に指導助言し、市町村立教育委員会から市町村立学校に伝達させる。

教育行政の地方分権などというが、現実には「教育委員会は、政府や文部省の方針を学校に浸透させるための出先機関もしくは下請け機関のようなものになってしまっている。また、公立学校は、教育委員会の側からは、自分たちの管理する学校として位置づけてしまう」。それだけに、「政府による教育内容の統制は、教育委員会による各学校への締めつけがあって、はじめて実効的なものとなる」(一九)という見解がある。

結局のところ都道府県教育委員会(都道府県)は、文部科学省に対しては、法的な面からも財政的な面(補助金行政の現実から)からも異論を唱えにくい(唱えられない)現実があるだけに、国の方針や政策面で不服従の姿勢はとれず、通達を遺漏なきように学校現場に伝達することになる。市町村の教育委員会(市町村)も同様に制約を受け、学校現場に伝達することになる。これが四つの主体における現実の関連性である。

二　教育委員会の責任とその不明確性

現行の教育委員会制度は、数度の地教行法の改正を経たとはいえ、都道府県教育委員会と市町村教育委員会などの権限が複雑に入り組み、責任の所在があいまいになっているところが多いのが現状といえる。

権限が入り組んで複雑化しているという点では、小中学校教員の人事を例に見ていくと、そのことが一番明瞭である。一学級の児童・生徒数の人数割合などは、予算面(補助金)などから文部科学省の通達(決定)に都道府県教育委員会は従わざるをえない。都道府県教育委員会や市町村教育委員会が文部科学省と異なる指標で学級編成を実施すれば、補助金での制約を受けるからだ。このことは本来、国から独立して教育行政を実施するはずの都道府県教育委員会の教員採用計画にも関連してくる。また、任命権(採用試験実施権)は、都道府県教育委員会にある(教育公務員特例法一一三条、改正地教行法三七条)が、服務監督権は市町村教育委員会にある(改正地教行法四三条)といったように教員の採用やその後の身分関係においても、制度上複雑化していて難しい問題がある。

その意味から「現行の学校経営形態では、本店は国、支店は都道府県教育委員会、営業所が市町村教育委員会、現場事務所が学校となるでしょう。しかも、本店も支店も営業所がいずれも別会社で経営されるきわめて異例な形です」(二〇)という教育の制度面に対する批判の論調も一面で肯けるものがある。

また、平成一九年六月二〇日に地教行法の改正が行われたといっても、教育委員会における執行責任が相変わらずわかりにくい面がある。執行の責任者は教育長であるが、執行機関としての責任は教育委員会にあるとされ、最終的な責任がどちらにあるのか、国民から見たら極めてわかりにくい。さらに、教育委員会に予算制定権などの財産的権限がないことから、「費用がかかる仕事には必ず首長が絡まなければならないが、その際の責任も不明確である」。その結果、「教育委員会と教育長の関係、教育委員会と首長の関係、都道府県教育委員会と市町村教育委員会との関係、それらの間にあいまいな点が多々あるため、学校で何か問題が起きたとき」、保護者や地域の人などは「誰に責任を問えばよいか分からない」(二一)ということになってしまい、まさに責任のなすりつけあいと同時にその責任の所在がわからず、わが国の教育の実施主体のあり方が問われる状況になっている。

穂坂邦夫氏は、教育委員会の問題点についてその要因を次のようにいう。「教育委員会にはさまざまな欠陥があります。最大の要因は市町村教育委員会と学校の主体性の欠如です。主体性と自己責任の欠落は、事件の再発や未然に防ぐ小さな芽を摘むため、教育委員会を先頭に校長や教職員が総員一体となった『学校全体での対応』ができないことにつながっています」。それはまた、「教育委員会のバックアップと強いリーダーシップを持った校長のもとに、全職員が日常的に事件を未然に防ぐために連帯できる一体的な活動が、制度的にできない状況にあります」(二二)。同氏のこの見解は、いじめ問題における教育行政と学校との連携や、世界史の未履修問題に対する教育委員会の審査が形式的ゆえに充分対応できていない現状を見ればよくわかるといえる。

筆者は、これらの教育行政制度上の責任問題が近年、社会の表面に出てきたのは、学校教育の問題に対応していない教育制度上の難点にあると思う。その背景には規制緩和制度や地方分権という考えが、時代の流れとして国や地方公共団体の政策のなかに急激かつ表象的に取り入れられてきたことや、ゆとり教育に伴う学力低下や経済力における学力格差などの教育政策論議が政治レベルでも行われるようになった結果、国民の関心の強い「教育」の問題がその俎上にのり、教育行政制度が政治的意図をもって論議されだしたことが挙げられると考える。

三　教育委員会不要論と政治的中立性の確保

（一）　教育委員会不要論

前述したように、中教審は、平成一七年一〇月の答申を提言し、そのなかで、教育委員会の設置の選択制、廃止を求める主張があることをあえて認めたうえで、教育委員会制度の枠組みを護持した。教育委員会制度は、その存廃を議論せねばならぬほど、機能不全ともいえる状況を醸し出している。それがまた、教育委員会の存在意義をますます失わさせていくともいえる。

ここではまず、教育委員会の不要論の論拠を見ていきたい。地方六団体の一つである全国市長会は、平成一三年二月に「地域の自由な発想を生かす分権型の教育」「学校と家庭・地域が一体となった地域連携の教育」の二つの柱からなる「学校教育と地域社会の連携強化に関する意見―分権型教育の推進と教育委員会の役割の見直し―」を提言した。(三三)

その内容は、教育委員会が、「文部科学省を頂点とする縦系列の中での地域の自主的な活動の弱さ、学校教育関係者以外との接触の希薄さに伴う閉鎖的な印象」が強く、「市町村長との関係のあり方などいろいろな問題が指摘されており、制度としての存廃まで含めて」議論していくことを明言している。また、生涯学習などの分野に関しては、

「教育の政治的中立性確保といった理由から特に教育委員会の所管とすべき強い事情があるとも考えられないことなどから、市町村長の所管とすることが適当である」とした。そのうえで、「今後、地域が一体となった教育を推進するためには、広く教育委員会が所管する事務について、住民の代表である市町村長の意向が適切に反映されるよう、市町村長と教育委員会との間で定期的な協議を行うなど、可能な限りの意思疎通を図ることが望ましい」という立場から、教育委員会の縮小・廃止を提唱したのである。

また、住民参加を強調して教育委員会の縮小・廃止を訴える論もある。新藤宗幸教授は、「学校教育や生涯学習に地域の自治を反映させるためには、教育行政を直接公選の首長の下におくべきであり、教育委員会を廃止して首長の補助機構としての部局に改編するべきである」という。同教授は、教育委員公選制の限界を見極めて、「地域の行政に問われているのは、地域ごとに他の事業との関連性を常に図ることのできるシステムを作ることである」とする。そのうえで、「首長と議会、それを通じた教育行政への市民の参加と統制のシステムが必要とされている」ことを主張するのである。（二四）

（二）　政治的中立論

そもそも、教育委員会制度の大きな目的の一つには、「首長（知事や市町村長）から独立することで、政治的中立性を担保することにあります。国が定めたすべての教育政策を首長の意志を排除して全国一律に守っていくことが実質的な目的としている」（二五）という考えがある。

このことは、行政委員会として、教育委員会をおくことの意義として、いかに市民から直接選ばれた首長でも一人の人間が教育行政の決定を行うということは客観性、中立性という点で問題が生じるおそれがあるということを意味している。また、学校教育の現場において、特定の思想により公教育が政治的に利用されないためにも合議制機関を設けることで、政治的影響力を排除して教育の中立性を担保する必要性があるといえる。

教育の中立性を担保することについては、「首長によって国の教育方針が大きく歪められたり、政治的対立が教育にまで持ち込まれると、教育行政は大混乱に陥ります。一定の教育水準を保つためにも、教育現場は地方政治からある程度の距離を置くことは必要」(二六)という考えがある。

ただ、首長からの独立というと、当事者である首長、教育委員会、学校関係者に独立意識が実感として希薄といえる。その最大の理由として挙げられるのは、首長の予算執行権と教育委員の選任制度が根底にある。いわば、教育委員会に対する首長の権限には、教育委員の任命権と教育に関する条例の作成、教育予算を編成して議会に提出することが重要なものとしてあるからである。引治孝一神奈川県教育委員会教育長は、「首長との関係では一定の距離が必要であることは理解しています。ただ、同時に、知事は県民の付託を受けて就任される立場であることから、コミュニケーションを密にしていくため、知事と教育委員会との懇談を定期的に開催しています」(二七)という。このような実態が全国の多くの自治体でも見られる傾向にある。ただ、この場合、教育委員会の中立性との兼ね合いで、圧政的な懇談の場合には問題とされる余地があるのはいうまでもない。

上述のことから、首長の独裁的な教育運営を危ぶむ考えを荒牧重人教授は、「東京都の事例を見れば明らかなように、教育行政も首長の姿勢に左右されるなど、自治体レベルで事態をいっそう悪化させる危険性も併せ持っている」と指摘する。(二八)

たしかに、わが国の教育委員会制度は、本当の意味で、政治的中立性を保てるかどうかという問題がある。平成一九年四月二四日に実施された学力テストにおいて、全国一,九〇九の市町村教育委員会のうち愛知県の犬山市教育委員会だけが不参加であった。犬山市教育委員会の全国学力テスト不参加の表明に対して、現犬山市長の田中志典市長は参加してほしいと要請をしたが、その要請に対して、教育行政に政治的圧力はあってはならないと教育委員会が拒否をした。市議会でも二二人中一六人の議員が署名した参加要請の要望書が出されたが、教育委員会の不参加方針は変わらなかった。犬山市教育委員会がなぜ不参加なのか、市民に対する説明責任を果たしていないという声も多かった(二九)。

犬山市教育委員会は、犬山の子どもは、犬山市が責任を持って育てる。だから、競争によって学力向上を図ろうとする考え方は、豊かな人間関係のなかで人格形成と学力の保障に努めてきた犬山の教育理念と相容れないという理由で不参加を貫いた(三〇)。

ここで、留意しておく必要があるのが、この反対を貫いた犬山市教育委員会は、前市長の意向が強い教育委員によって多数を構成されているという事実である(三一)。いわばこのことは、前市長の意向を反映した特定のイデオロギーが教育委員を通じて表象されているということがいえはしないだろうか。そうだとするならば、まさに荒牧重人教授がいうように、「教育行政も首長の姿勢に左右されるなど、自治体レベルで事態をいっそう悪化させる危険性も併せ持っている」いう見解は大いに頷かされるものがあるといえよう。もしこのような市長からの影響力を完全に断とうと考えるなら、教育委員の公選の復活をはじめとした「一般行政から切り離された教育委員会と文科省の垂直的な関係を断ち切り、各地方自治体における独自な教育課題に対応出来る文科省からも首長部局からも独立した教育委員会を再構築していく(三二)」必要があるといえる。

ただ、任命制の教育委員会制度では、「首長との連携や支援無くしては強力な活動を展開できないような状況下におかれたことも否めない事実」ということを認識しておく必要がある。いわばある意味で、「極めて中途半端な制度(三三)」として存続してきたといえる。

ただ、筆者は、今回の犬山市のことのような事象が出てきた場合、任命制教育委員会のシステムが「中途半端な制度」ゆえに大きなわだかまりを感じる。それは、任命制の教育委員で構成された教育委員会が、現市長や現議会の意向を無視して、強行に自分たちの意思（価値）を貫くということの意味するところについてである。たしかに、法制度的には問題ないであろう。また、上述したように一人の首長に教育に関わる権限を集中させないとか、政治的中立性の確保や教育委員会の継続性などを考えるならば理解できる面もある。しかし、市民によって直接選出されておらず、間接的に市長から任命された教育委員が、市民の付託を受け直接選出された現市長や現議会の意向を凌駕するということで、本当に市民の意向を反映しているのか疑念を感じずにはいられない。全国一九〇九の市町村教育委員会の内、犬山市だけが学力テストに不参加だという現実に、児童・生徒、保護者や市民が不安を抱くことなく本心から納得するのかと疑問に感じざるをえないからである。(三四)

本来ならば、教育委員会の事務の適正な執行のためには、教育委員会はもとより、首長や議会の役割が重要であり、自治体は自律的に地方自治の本旨に沿った機能を発揮することが求められるといえる。その意味でも現状の教育委員会制度が存在する以上、上述の引治孝一神奈川県教育委員会教育長の「知事は県民の付託を受けて就任される立場であることから、コミュニケーションを密にしていく」ということの意味するところは大きいといえよう。

第四節　わが国における教育行政制度の今後の展望

一　わが国における地方分権の流れと教育行政制度改革

よく地方分権を推進すると民主的な教育行政制度が確立できるとする論がある。「地方への財源委譲と権限の委譲が進めば、いずれ否応なく地方も政治主導の改革が本格化していくはず」(三五)とするのである。しかし、果たして地方分権の推進こそが、わが国の教育行政制度改革を本当の意味で民主的に推し進める原動力になるのであろうか。

そのことを考えるうえで重要になるのが、前述した改正地教行法四九条の「是正の要求の方式」、同五〇条「文部科学大臣の指示」である。この改正された二条項の規定は、平成一一年七月の地方分権一括法による地教行法の改正により一度廃止になっていたのである。それを今回の平成一九年六月二〇日の改正地教行法において再び認められることになったのである。

　この二条項の規定の復活に関しては、次のような否定的な見解がある。今回の改正による二条項の規定は、「廃止された規定の『復活』というべきものであり、近年の地方分権改革動向に逆行するといわざるをえない」（三六）。「現行の地方自治法に基づけば『措置の要求』は可能であったし、何ら支障はなかったはずである。あえて屋上屋を重ねる理由は、いじめ自殺や世界史未履修問題における教育行政に対する国民の怒りや不信を払拭するための政治的演出としか考えられない。しかもその方法は、国の『関与の強化』である」（三七）。

　上述のような見解に対し、八木秀次教授は、平成一一年七月の地教行法の改正により文部省の指導権限が廃止されてから、平成一九年六月二〇日の改正地教行法制定までの状況を次のように述べる。「地方から求めがあれば指導助言を行うけれども、そうでなければ『してもよい』し『しなくてもよい』ということである。こうして文部科学省は地方への指導権限を失うことになった。同様に地方教育行政法四八条の改正で都道府県教育委員会も市町村教育委員会への指導助言の権限を失うことになっていった」という。それは、市町村教育委員会も都道府県教育委員会も文部科学省も、ともに対等な関係だとされたゆえに、文部科学省と都道府県教育委員会は市町村教育委員会に直接指導できなくなったことがその要因としていわれる。「いわば、市町村教育委員会は『自立性』の美名の下に、もうやりたい放題ではないか。もちろん市町村教育委員会が言葉の正確な意味で『自立性』を保っていれば問題はない。しかし、市町村教育委員会は教職員組合の影響下におかれている地域はまだまだ多い。事実上、組合の推薦でなければ教育委員になれないところもある。教育委員会事務局が組合と通じているところもある。組合に遠慮して偏向教育への是正指導を手控えることもある。いずれにせよ、教職員組合やそれと連携する外部団体にとって『教育の地方分権』は好都合であったことだけは間違いない。偏向教育の蔓延を許すシステムはこのようにして作られたのである」と述べて、その本質を「地方分権推進委員会が……その人事自体が社会党主導で行われたことを考えれば、地方分権の目的が何か、いかなる方向に導こうとしているのかは自ずと明らか」であり、「中央政府による統制をできる限り縮小しておいて、地方自治体を舞台に好きなようなことをする『革新自治体よ、もう一度』というのが地方分権の本質に他ならないのである」という(三八)。

たしかに、地方分権の推進は、最初でも述べたように、重要な意味を持っているといえる。ただ、教育に対する国の役割を考えたとき、当然教育のあり方について国に一定の責任を負わす必要があるのではないかと考える。その意味でも改正地教行法四九条は、「是正の要求」は、法令を遵守させることはもとより、憲法二六条の「教育を受ける権利」を保障するうえからも大きな意味を持つといえる。例えば、学校現場における国旗掲揚・国歌斉唱の問題一つとってみても、議会制民主主義の下、適正かつ民主的に国会で制定された法令に基づいて学校現場で実施が義務づけられている。それにもかかわらず、完全な実施が行われていないばかりか、教育委員会によっては、適正に実施されていない学校があっても黙認しているのではないかという実態がある以上、国家として適正な法令の遵守を行うことを指示するのが当然のことといえよう。

また、改正地教行法五〇条は、児童・生徒の生命または身体の保護のため緊急の必要があるときは都道府県教育委員会および市町村教育委員会に対して直接的に指示を与えることができるのであって、その緊急性に鑑みれば当然必要な規定であるといえる。ただ、前述したようにこれらの規定は決して強権的な規定ではなく、文部科学大臣は必要最小限の関与しか行うことができないという条件が付いているし、また、「是正の要求」や「指示」を受けた教育委員会に不服がある場合は、救済策まで規定されている現状を考えると決して不合理な規定とは考えられない。

平成二〇年二月一四日、神奈川県教育委員会が学習指導要領で選択科目となっている「日本史」を平成二五年から県独自に必修科目として導入することを決めたと発表した。文科省教育課程課はこのことについて「指導要領に反する内容でなければ、なにを必修とするかを県が決めることに問題はない」とする。この神奈川県教育委員会の意向に対して「今回の決定は、教育の地方分権という流れに沿うものだ」(三九)と賞賛するかのような見解があるが、地方分権だからといって日本中の県や市町村の教育委員会単位でこのように独自に教育科目の枠組みが必要以上に編成されてよいのであろうか。各都道府県や市町村は、規模や財政面、そして何より価値観の相違などがあり、児童・生徒が、学んだ地域により教育内容やレベルに格差が生じるということになるのなら、国として教育の提供の統一性が保たれないのではないか。そのことはまた、憲法二六条の教育の機会均等や子どもの教育を受ける権利からも問題が生じるおそれがあるといえる。

二　わが国とアメリカの教育委員会制度の根本的相違

資源の乏しいわが国にとって唯一の誇れる資源がマンパワーである。このマンパワーを支えるのが教育であるのはいうまでもない。それほどわが国にとって、教育は意義深く国家のあり方を左右する大きな原動力といえる。

わが国の教育行政制度は、戦後占領下のなかアメリカを模倣する形で整備されたことは、第一章において概説した。それだけに日本とアメリカの教育行政制度である教育委員会は、日米には共通点が多いといえよう。

しかし、そもそもアメリカでは、移民が町を開拓していき、自分たちでお金を出し合い学校を設置して教員を雇用した。いわば、下から自分たちの手によって地域の学校をつくりあげていき自然発生的に教育委員会が制度化されたのである。アメリカでは、「一般の行政単位とは異なる学区（school district）という自治体があり、その議決機関にして、執行機関でもあるのが教育委員会」であり、それは「住民自治の原則に基づいて教育委員の選挙が行われる」のである。また、アメリカの教育委員会は独自の課税権を持ち、教育税として資産税を徴収する点において、日本の教育委員会制度と大きな相違があるといってよい(四〇)。いわば、学校の成り立ちやその行政制度からして、日本とアメリカでは異なる点が多いといえる。それゆえ、本来日本とアメリカの教育委員会制度を比較考量する場合には、そのことを念頭において勘案していく必要がある。

州政府が「教育を専管するアメリカでは、文部科学省に相当する州教育局が政策立案にあたり、その傘下の学区教育委員会が学校行政の実務を担当し、さらに各学校が教育サービスを提供する三層構造」になっている。アメリカの教育委員会は、日本のように「全国一律の運営を迫られるわが国の教委と異なり、アメリカでは地域住民の自己責任、自己決定に基づく学校運営が進められて」おり、「住民ニーズに対して、教委は総じてきめ細かく対応するスタイルが定着している」[四一]といえる。

わが国とアメリカの教育委員会制度で、決定的に異なっていたのは、わが国の教育委員会制度は「自治体の中の一執行機関とされたのに対して、アメリカの教育委員会はそれ自体、完全な独立性を持つ一つの自治体」である。

国際教育到達度評価学会（IEA）のTIMSS（Trends in International Mathematics and Science Study）の結果を見ると「連邦国家制のドイツやアメリカは地域間の学力差が大きい」。地方分権が地域間格差を生み出しているといえる。また、学校の現場や住民参加の仕組みは大切だが「そこに全責任を負わせれば、格差を助長することになりかねない」。わが国においては、「草の根民主主義が母体の制度が、いつしか中央集権的に変質し、縦型の教育行政を支える仕組みとして「わが国の実情に応じて」実に有効に機能してきたと言わざるを得ない」[四二]。このことは、現状の緩やかな縦型と横型の組み合わせであるわが国の教育行政制度が、わが国の社会の実情に一番あう形で受け入れられてきたのではないだろうか。

三　学校現場の実情に即した教育行政制度確立のために

これからの教育制度は、責任の所在の明確化と同時に学校現場が独自に判断し行動できるように学校の権限強化を図る必要があると思う。その意味でも今のように複合的な教育行政制度でなく、教育委員会制度の構造のあり方のさらなる見直しと同時に徹底したスリム化を行って、わかりやすい教育行政システムの再構築こそが大切になってくるといってよい。その一環として考えていく必要性があるのが、改正地教行法で認められるようになった教育委員会の共同設置などの連携を進めていくことである。

市町村合併が進んだとはいえ、現在ある市町村教育委員会事務局のなかには教育長の他に職員が四～五名という教育委員会が今でもある。このような現状の教育委員会にいくら権限を制度上付与したとしてもそれを行使することに限界があるのは目に見えている。それゆえ、三〇万人ぐらいを一つの目処にした、複数の自治体における教育委員会の共同設置こそが大切と考える。この規模の教育委員会なら現在の都道府県教育委員会の持っている権限のかなりの部分（教員の採用などの人事権、義務教育交付金の直接配分などを含めて）を付与できると考えられる。共同設置を推進して規模の拡大と充実をさせた方が、より地域の住民に身近で有用な存在としての教育委員会になるのではないかと思うからである。

また、改正地教行法でいう教育委員の研修も大事であるが、教育委員の選出方法を工夫することが重要といえる。小川正夫教授は、その選出方法を「多様化させ、首長任命、公募、団体・機関推薦等のさまざまな選出方法やそれらの組み合わせ等で委員会を構成すること」[四三]を説く。今後の教育委員会制度のあり方を考えるうえにおいて、この教育委員の選出方法の議論は避けて通れないものといえる。当然それは、現在の任命制とかつて実施された公選制のあり方も含めた論議も必要となるであろう。

また、わが国の教育委員会制度の独立性と権限強化を考えていくのであれば、今後もっとも大切になってくるのは独自の財源保障ではないかと思う。アメリカの教育税のように独自の税源を得られるように担保していかなければ、真に独立した教育委員会制度を確立するのは困難と考えられる。

四　レイマンコントロールと市場メカニズムのあり方

教育現場である学校をよりよいものにしていくためには、教育行政制度のあり方を究明する以外にも大切なことがある。なかでも二つの点を指摘していきたい。第一点は、民主的方法で、保護者や地域住民の参画を積極的に保障していく方法である。第二点は、消費者主権的な発想で、市場メカニズム、競争原理を教育に導入して機能を活性化させるということである。

第一の保護者や地域住民の参画であるが、学校評議員制度や学校運営協議会（コミュニティ・スクール）など今後ますます保護者や地域住民の参画制度の保障が大切になってくることはいうまでもない。

第二の市場メカニズムを導入した場合、前者の学校選択制などにおいて、山間僻地など選択の余地のない地域もあるから、民主的コントロールを主に考える自治に委ねられるべきであって、社会全体の統合の維持のため選択制をとらない、ということも大切である。[四四] たしかに、消費者主権的な点でいうならば、教育行政制度を考えるうえにおいて一番大事なことである憲法二六条の「教育の機会均等」と「教育を受ける権利の保障」にも大いに関連する。それは、都会の学校でも地方の学校でも同じ教育を受ける権利が保障される必要性があるからである。

このことについて、一方的な「平等が個性や自由を奪ってきたというのが新自由主義」の立場であって、「平等を規定してきた諸々の法的規制を緩和することが自由の名で言われている」という見解を説く論者がいる。さらには、「多様化や個性の尊重の名で、学校間格差や個人の能力による格差づけが子どもの学習のみならず、教職員の評価においても容認、推進される傾向にある」[四五]ともいう。ただ、このような形式的平等論ではなく、今後の「日本の教育にとって必要なことは、これまでの形式的平等主義から脱却し、実質的な機会の平等を実現することである」そして、「公正な競争こそが社会的正義の実現と社会の進歩にとって不可欠であることを、生徒に教え込むことが必要である」(四六)という論こそ、実質的平等論説の視点として大事ではないだろうか。

また、児童・生徒の学力の保障とそれを担保していくための学校評価制度の徹底と教員の質の確保が重要になる。特に教員の質の確保においては、教育三法改正などによる免許更新制、教員の厳正な評価やそれに基づく指導力不足教員研修の徹底、諭旨免職制度の活用、教員採用システム制度の抜本的見直しなど制度上の整備の必要性が挙げられよう。

またなにより大切なことは、教員一人ひとりが、児童・生徒に対して強い責任感と危機意識を持つことの必要性である。教員の対局には、将来性のある多くの子どもがいるからである。

注

(一) 堀内孜「教育委員会制度見直しの視座」(『現代学校研究論集』二五号)京都教育大学教育経営研究会・二〇〇七年、六〇頁。

(二) 教育再生会議の設置は、平成一八年一〇月一〇日、二一世紀の日本にふさわしい教育体制を構築し、教育の再生を図っていくため、教育の基本にさかのぼった改革を推進する必要があるという趣旨の下、内閣に設置された会議である。会議は、内閣総理大臣、内閣官房長官および文部科学大臣並びに有識者により構成し、内閣総理大臣が開催する。

(三) 『教育再生会議第一次報告書』二〇〇七年一月二四日。

(四) 加藤仁平他『新日本教育史(増補版)』協同出版・一九七三年、一九五頁。

(五) 文部省『学制百年史 記述編』帝国地方行政学会・一九七二年、七〇七頁。

(六) 海後宗臣『教育改革』東京大学出版会・一九七五年、三九四~三九六頁。

(七) 小松茂久「教育委員会制度の導入と組織原理」(堀内孜編『地方分権と教育委員会制度1』ぎょうせい・二〇〇〇年、所収)三八頁。

（八）文部省・前掲書『学制百年史　記述編』七〇七頁。
（九）鈴木英一『教育行政』東京大学出版会・一九七〇年、四一九～四二〇頁によれば、第一回の都道府県平均で五六・五パーセント、第二回の市町村では三五・七パーセントであった。
（一〇）結城忠「日本国憲法と教育の地方自治（三）」（『教職研修』四二三号）教育開発研究所・二〇〇七年、一四一頁。
（一一）反対の主要な点は、第一に、公選制の廃止は、民主的な教育行政に理念にもとるものであり、それにより住民自治が損なわれる。第二に、教育長の選任に文部大臣の承認制をとることは、団体自治を弱化させることになる。第三に、教育委員会の一般行政に対する自主性・自律性を後退させることになる。
結城忠・前掲論文「日本国憲法と教育の地方自治（三）」一四四頁。
（一二）宗像誠也「教育権論の発生と発展」（永井憲一編『教育権　文献選集・日本国憲法8』三省堂・一九七七年、所収）五二頁以下、永井憲一「解説」（永井憲一編『教育権文献選集・日本国憲法8』三省堂・一九七七年、所収）四三頁。
（一三）「二一世紀の〝地域づくり・学校づくり〟日教組政策制度要求と提言二〇〇七～二〇〇八年度版」日本教職員組合二〇〇七年三月（地方分権・地方教育行政政策〔一〕教育制度等の改革にむけて政策提言二五　教育分野の地方分権）〈www.jtu-net.or.jp/teigen/023.pdf〉（最終確認二〇〇八年一月一〇月）
（一四）小川正人『市町村の教育改革が学校を変える』岩波書店・二〇〇六年、四四～四九頁。
（一五）前川喜平「わが国における教育委員会制度の変遷と課題」（『法律文化』二六一号）東京リーガルマインド・二〇〇六年、一〇頁。
（一六）地教行法一部改正法は、事務委任に関する二六条を改正して、二項に教育長に委任することができない事項を六点規定する。このなかで、「五　次条の規定による点検及び評価に関すること」が注目に値する。ただ、事務局が用意した自己点検・評価書を形だけの審議で終わるなら、従来どおりの教育委員会に多かった形式だけの委員会になり、この条項の意義が見いだせないばかりか、教育委員会制度の基盤強化のために法改正をした意味すら薄れてしまうといってよい。同旨、葉養正明「教育委員会の責任の明確化」（『教職研修』四二〇号）教育開発研究所・二〇〇七年、四八～四九頁。
（一七）加治佐哲也「地方教育行政法改正のねらいと方向」（『教職研修』四二〇号）教育開発研究所・二〇〇七年、四七頁。
（一八）平成一九年七月三一日付け、一九文科初第五三五号。都道府県教育委員会、指定都市教育委員会、都道府県知事、指定都市長に宛てた「地方教育行政の組織及び運営に関する法律の一部を改正する法律について（通知）」参照。

（一九）内野正幸『教育の権利と自由』有斐閣・一九九四年、一七頁。

（二〇）穂坂邦夫『教育委員会廃止論』弘文堂・二〇〇六年、一三一頁。

（二一）前川喜平・前掲論文「わが国における教育委員会制度の変遷と課題」一〇頁。

（二二）穂坂邦夫・前掲書『教育委員会廃止論』六二～六三頁。

（二三）全国市長会はこの提言を政府ならびに関係方面に提出した。平成一三年二月一九日には、同会を代表して社会文教分科会委員長の杉浦・安城市長が文部科学省田中壮一郎初等中等教育局担当審議官、中曽根弘文内閣総理大臣補佐官、森山眞弓自由民主党文教制度調査会長に、二月二一日に町村信孝文部科学大臣、岩永峯一自由民主党文部科学部会長代理にそれぞれ面会のうえ意見の提出を行うとともに、関係方面に要請を行った。「全国市長会の主張　意見」「学校教育と地域社会の連携強化に関する意見―分権型教育の推進と教育委員会の役割の見直し―」

〈http://www.mayors.or.jp/opinion/iken/h130219education/h130219edu.htm〉（最終確認二〇一二年三月二二日）。

（二四）新藤宗幸「教育委員会は必要なのか」（岩波書店編集部『教育をどうする』岩波書店・一九九七年、所収）二五九頁、三上昭彦「教育自治・分権と教育委員会」（日本教育法学会『講座　現代教育法3　自治・分権と教育法』三省堂・二〇〇一年、所収）一一八～一一九頁参照。

（二五）穂坂邦夫・前掲書『教育委員会廃止論』六五頁。

（二六）穂坂邦夫・前掲書『教育委員会廃止論』六五頁。

（二七）引治孝一「現場を大切にする開かれた教育委員会を目指して」（『法律文化』二六一号）東京リーガルマインド・二〇〇六年、一五頁。

（二八）荒牧重人「憲法『改正』・地方分権『改革』と自治体」（『日本教育法学会年報』三六号「教育基本法体制の危機と教育法」）有斐閣・二〇〇七年、五一頁。

（二九）『産経新聞』二〇〇七年四月二〇日付。

（三〇）「犬山における『全国学力テスト』Q＆A」犬山市教育委員会。

〈http://www.dci-jp.com/r-inuyama1.html〉（最終確認二〇一二年三月二二日）。

犬山市教育委員会は、同様に教育委員の数の論理により、さらに平成二〇年度の学力テストの不参加表明をしており、市長の意向と対立している。(『読売新聞』二〇〇七年四月二一日付)。

(三一) 教育委員の任命は、改正地教行法四条で、「委員は、当該地方公共団体の長の被選挙権を有する者で、人格が高潔で、教育、学術及び文化(以下単に「教育」という。)に関し識見を有するもののうちから、地方公共団体の長が、議会の同意を得て、任命する」となっており、教育委員の任期は、同法五条により「委員の任期は、四年とする」と明記されている。

(三二) 堀内孜・前掲論文「教育委員会制度見直しの視座」六〇~六一頁。

(三三) 小川正人「これからの教育委員会の役割と在り方」(『教育展望』五七五号) 教育調査研究所・二〇〇七年、一四頁。

小川正人教授は、日本の教育委員会が、中途半端な制度ながら存続してきた理由を、①冷戦構造を背景とした教育行政の政治対立、②自治体の首長が政治的対立の強い教育行政に直接関与することを避けてきた、③政治的対立が強いゆえに政治的中立公正さを担保するシステムとして教育委員会制度が有用に機能してきた、④教育委員会制度が、国と一体的に担う行政機関として有効に機能した、と指摘する。

(三四) 平成二〇年二月一九日付の『毎日新聞』によれば、「愛知県犬山市の教育委員会は一九日、今年の同テスト(四月二二日実施)への参加問題を協議し、投票の結果、不参加を決めた。しかし、参加に意欲を示す田中志典(ゆきのり)市長は」「地方教育行政法改正で四月から教育委員の増員が可能になったのを受け」「議会に増員を打診中といい、実際には学力テスト実施直前まで混とんとした状況が続きそうだ」という。

(三五) 荻原克男「論点整理　市民・地域が支える教育へ向けて―可能性としての地方分権・学校裁量権の拡大」(Benesse『BERD』No.Ⅲ) 教育研究開発センター・二〇〇六年、二~九頁。

(三六) 三上昭彦「教育改革関連三法」(『季刊教育法』一五四号) エイデル研究所・二〇〇七年、八頁。

(三七) 岩永定「教育における国の責任の果たし方」(『教職研修』四二〇号) 教育開発研究所・二〇〇七年、五五頁。

(三八) 八木秀次『公教育再生』PHP研究所・二〇〇七年、一八八~一八九頁、一九二頁。

(三九) 『読売新聞』二〇〇八年二月一五日付。

(四〇) 前川喜平・前掲論文「わが国における教育委員会制度の変遷と課題」八頁。

(四一) 前川喜平・前掲論文「わが国における教育委員会制度の変遷と課題」八頁、高坂晶子「わが国の教育委員会制度の課題―アメリカの事例を参考に―」(『Business & Economic Review』二〇〇七年、六月号)。

（四二）前川喜平・前掲論文「わが国における教育委員会制度の変遷と課題」八～九頁。
（四三）小川正人・前掲論文「これからの教育委員会の役割と在り方」一八頁。
（四四）前川喜平・前掲論文「わが国における教育委員会制度の変遷と課題」一一頁。
（四五）坪井由実「自治体教育政策と教育法」（『講座現代教育法三　自治・分権と教育法』三省堂・二〇〇一年、所収）七七頁。
（四六）野口悠紀雄「形式的平等主義からの脱却を」（岩波書店編集部『教育をどうする』岩波書店・一九九七年、所収）一〇八～一〇九頁。

第七章　現代の教育課題と子どもの教育を受ける権利の保障

第一節　子どもの教育を受ける権利と学校の現状

一　教育現場の現状と子どもの人権

一九九〇年代以降マスコミにおいてセンセーショナルに取りあげられたものに「校則問題」「校内暴力」「学級崩壊」「いじめ問題」がある。現在は、「学力低下に伴うゆとり教育の見直し」「指導力不足教員の問題」「経済力による学力格差」「モンスターペアレント」などが注目を集め、学校での子どもの人権侵害に関わる事象についてのマスコミの取りあげ方は一時に比べて減っている。しかし、現状の教育現場での子どもの人権侵害に関わる問題は、一九九〇年代以降も厳しいものがあり、今もって学校での暴力事件は大きな問題として立ちふさがっている。(一) 学校が荒廃するという事象に直面すると学校運営が困難になり、子どもが教育を受けるうえからも深刻な問題といえる。

また、学級崩壊や学校崩壊といわれる問題も依然教育現場では見られる事象である。学級崩壊はどんな教員でも起こりうるというのが教育の現場での一般的な認識である。報道がすべてでないにしても、現場の初等・中等教育の場で授業の実施や生活指導が困難になるということも事実である。
さらに、いじめの実態も深刻といえる。[二]戦後日本の教育において学校が荒れるという現象は多く見られたが、昨今の教育現場においても収束したとは言いがたい。むしろ増加しているといえる傾向があることは、注（一）のデータからも明らかである。このことは、子どもの教育を受ける権利が適正に満たされる状況ではないということを意味している。
学校が荒廃することは、初等教育において注目される傾向にあるが、もともとは中等教育に多く見られた。中等教育の学校荒廃で特徴的なのは、従来中学校において荒廃事象が多く見られていたものが、この頃はどちらかというと高等学校において見受けられることが多くなってきたことである。昨今、教育の現場では、教育の方向性を実質的意味で見失って迷走し、教員は自分たちの教育の限界を感じ教育者として混沌たる思いでいる実情がある。[三]
上記のことは、当然すべての学校や教員に当てはまることではないことはいうまでもない。ただ、高等学校でいうと従来教育困難校に固有の問題のように思われていた生徒の問題行動に起因する学校荒廃が、進学校をはじめとしたどの高等学校でも多かれ少なかれ見受けられるようになったといってよい。ときには進学校といわれる学校の方が、一部生徒・保護者による「自由と権利」の一面的な主張により学校荒廃が生じている場合もある。[四]
学校荒廃の要因として考えられるものには多くのことがあるが、なかでも社会が本来の学校の教育以外のことまで学校に求めすぎることによる学校や教員の仕事量の増大と、それに伴い生徒の指導が手薄にならざるをえない現実や教員の質の低下、塾の氾濫やスポーツクラブの存在、冷暖房など学校と家庭での教育環境の優劣、マスコミが行うセンセーショナルな報道による教員や学校の権威の喪失や萎縮、保護者の高学歴化、一部教員による偏った平等観・自由観などが挙げられよう。これらの要因が複合的にからみあって学校本来の役割やその意義を生徒・保護者や一部教員のなかに理解できていないところに、学校荒廃が生じる要因があるように思う。

学校荒廃が生じている学校においては、生徒が教科書を開いて静かに授業を聞いてくれないということが往々にしてある。教員は授業の体制づくりをするのに困難を極めている。いかに授業を成立させ問題行動のある生徒やその他の生徒の学習権を保障していくかが当面の課題となる。それはまた、学校が荒廃して、いじめや校内暴力が横行するなかにおいて問題になるのが、児童・生徒の教育を受ける権利や平穏な学校生活をいかに保障していくかということとも関連していくのである。

本節においては、子どもや親の教育権とともに、学校や教員が児童・生徒とどう向き合うかということを教員の教育権の実効的行使という視点から検証していく。また、公教育制度や教育行政制度からも子どもの教育を受ける権利の保障を考察していきたいと思う。これらの分析を行うことは、普通の子どもが、普通に学校で教育を受けることができることを担保するための憲法上の権利を考えるうえでも重要なことといえるからである。

二　児童・生徒が平穏に教育を受ける権利

（一）　学習権理論の検討

憲法二六条一項は、「すべて国民は、法律の定めるところにより、その能力に応じて、ひとしく教育を受ける権利を有する」と規定し、同条二項後段で義務教育の無償を明記している。教育を受ける権利に関しての学説は、生存権説（経済権利説）、公民権利説、学習権説などが挙げられる。

学習権説は、経済的権利要素や公民的権利要素とともに、発達の途上にある子どもの学習する権利を中心にして捉えるべきであるという見解である。(五)もともと、学習権は教育学者の立場から堀尾輝久博士が最初に提唱したものである。(六)その後、子どもの学習権を保障するためには教員の教育の自由が必要であるとして、国民の教育権説と結びついて説かれた。いうなれば、もともと学習権説は、国民の教育権説や教師の教育の自由を基礎づけるために主張されたといってよい。

この学習権説の考えは、法律分野において有力説となる。しかし、教育思想や生徒を教育する者の心構えとしては意義はあるが、学習権が法律学的に有用とはいえない。(七)「学習権本来の意味を達成するには、なぜ教員が学校教育の内容を決定することになり、国は原則として法的には一切それには関与することができなくなるのか」(八)理解できないという見解もある。

上述のように、学習権の理論は、国民の教育権説を基礎づけるために主張されたものであるが、子どもの学習権に言及したうえで国家の教育権説に立脚する判決が現れるに至る。(九)いわば、子どもの学習権を認めたからといって、それが国民の教育権説を基礎づける結論には至らないということを判示したといえよう。ただ、学習権を人間が成長し発達していく権利と理解するなら、至極当然の権利として考えていく必要がある。

以下、適正に学習できない学校教育の場においては、児童・生徒の学習権をいかに守っていくかを見ていきたい。

(二)　学習権の保障と教員の教育権の実効的行使

教育評論家の小浜逸郎氏は、九割以上の日本の教育論の論調においては、決まって子どもに競争を強いたり、管理を押しつける教育は悪い教育とし、もっと子どもの個性を尊重して、子どもが自由に学ぶ意欲を持ち、のびのび育つような教育を実践せよという考えであるという。(一〇)

一部教員のなかにも、同様の考え方を是とする傾向がいまだにあるのも事実である。果たして、管理教育だから本当に学校が荒れるのであろうか。筆者は、学校の荒廃の原因を管理教育だけで捉えるのはあまりにも一面的ではないかと考える。誤解を恐れずあえて書くなら、適切に学校管理や学級管理、生徒管理（生徒の心を掴まえることもあえて管理に含める）ができていない（できなくなっている）から学校荒廃が起こる素地が生じるのである。たしかに、学校荒廃は多くの要因が複合的にからみあって生じていることは上述したとおりである。

しかし、酷ないい方かもしれないが、学校現場にあっては一次的には教員が児童・生徒に適正に対応しない（できない）限り学校荒廃を止めることは困難である。これは、どんなに素晴らしい学校制度を確立したとしても、実施する学校や教員に生徒や学校をよりよいものにしていこうという意欲がなければ、その学校制度自体が機能していかないといえよう。

それゆえここでは、教員が授業をはじめとした生活指導を行ううえで、前向きに取り組めるための法的論拠を考察していきたいと思う。

①授業中における学習権を担保するために

学則の制定に関して「地方教育行政の組織及び運営に関する法律」は、第二三条一号において「教育委員会の所管に属する……学校……の管理……に関すること」および五号において、「学校の組織編成、教育課程、学習指導、生徒指導……に関すること」を明記する。これは、いわば教育委員会に広義の意味での学校管理に関わる校則を制定する権限を明らかにしたのである。そして、文部科学省は、文部科学省設置法第四条三号、文部科学省組織令三四条四号、三六条三号、三七条八号、三八条六号、三九条五号、四〇条四号により、教育委員会の学則制定に関して指導と助言を与えることができるのである。

ただ、教育委員会が学則制定の権限を持つといっても、学則の細部まで決定するということは望ましいことではない。学校の主体性をある程度確保できる範囲で、学校管理に関する権限を校長に授権することが望ましい（二二）。それゆえ、「校則の細部の内容は、各学校ごとに、校長、教員、生徒、保護者が十分に協議して決定すべき」であり、「校則は、その性質上、関係当事者の基本的な合意がなければ、機能を発揮することができず、その効果を期待しえないからである」（二三）。

従来、学則（以下狭義の意味での学則を指して、校則とする）は、生徒の学内での権利や身分を制約するだけに、生徒の在学関係をどのように捉えるかというその性質をめぐって以前より論議されてきた。大きく、特別権力の範疇として捉える説（当然一定の制約はある）と契約関係として捉える説に分けられる傾向がある（その他にも部分的社会制約説などの見解がある）。

ここでは、校則のなかの教務内規に則した生徒の在学関係を中心に考察する。教員は、教員免許に基づいて教科教育に対する専門性が認められている。それだけに授業を中心にした在学関係は、生活指導を中心とした在学関係より生徒に対する学校の制約は厳格に対処される。ただ、その場合にも一定の制約があることはいうまでもない。

学校荒廃に対して、教員の授業指導などが困難な状況を教員の権利から、内野正幸教授は次のような問題提起をする。今橋盛勝氏がいうように、生徒が教員に暴力をふるうことより、教員が生徒に体罰をあたえることの方が多くて問題があるというのであれば、教員における「体罰の事例よりも、生徒が不まじめなため授業がきちんとできない事例のほうが、比べものにならないほど多い、ということも確認しておく必要がある」のではないかという。さらに内野正幸教授は、学校現場の荒廃の実態やそのなかで苦悩している教員に対して今まで「教育法学の側でも、それに関心を示さず」にきた。それだけに、「学校現場にこのような実態や悩みがあるのだとすれば」、教育法学の側でも「教師の教育権のあり方を考えなおすべきであろう」[一四]とする。

内野教授は、この教員が授業をきちんとできる権利を「教師の実効的教育権」という。これは、教員の授業妨害の排除を求める権利も含まれており、さらには、正当な理由なく授業を欠席しないように生徒に要請する権利も含まれているとする。[一五]

この場合、「教師の実効的教育権」により、学校や教員が生徒の生活指導に関与できるかという問題がある。この点に関し市川須美子教授は、教育内容に関する決定においては、教員の方針が生徒や保護者の見解を上回るが、生活指導については教員の側の方針が保護者や生徒の考えを上回ることはないとする。[一六]これに対して、丹羽徹教授は生活指導に関する見解を二つの観点から分析する。すなわち、一つがパターナリズムに類型されるもの、もう一つが、授業と深く結びついた授業妨害などに対する生活指導である。後者に関しては、教科指導の一環として教員に強い指導権限を認めることができるというものである(一七)。

市川・丹羽教授の見解の根拠としては、在学契約関係説が見受けられる。これは、児童・生徒との関係を契約関係で説明しようとする考え方である。この説は、生徒の在学関係を、国公立学校と私立学校とを同じように捉えて、対等な当事者として学校と生徒を考えている。すなわち、各学校と各生徒が合意により契約をした関係と解するのである(一八)。高等教育機関の判例の中には、昭和女子大事件最高裁判決(一九)のように、在学契約関係を前提にしているかのような論述を行うものもある。通常、私立学校の場合、契約関係を容認する判決が多いのも一つの特徴といえる。この論拠をとる場合、生徒に対する教員の権限は大きく制約される。

この点、内野教授は「教師の実効的教育権」の根拠を、教員の教育権を親権の部分的委託と教育労働者の勤労権の観点から基礎づける。すなわち、「親が監護教育権によって子どもを従わせる関係に準じた関係が、教師と生徒の関係にも成立する」ことになり、そのことから教員に実効的教育権が行使されるというのである。また、同教授は「教師にたいする生徒の攻撃だとか、授業の実施困難などは、教育労働者の勤労権(とくに良好な環境のもとで働く権利)」の観点からも根拠づけられるとする(二〇)。教員も労働者である以上、平穏な労働環境の下で働くことが求められる。騒然とした教育環境や教員の身に危険が及ぶような状態のなかで勤務することは当然避けられなければならない。この場合、教員が行う生徒への学校教育上の生活指導は、親の監護教育権に基づく教育権能には至らないが、少なくとも在学契約関係説よりは、生活指導が広範囲にわたって行使することができる。また、その生活指導内容の程度も強く生徒に対して行使することが可能と考えられる。

そもそも「教師の実効的教育権」を同教授が提唱する意義は、教員の専門性に基づく教科教育である授業を平穏に実施することにあるが、その背景には二つのことがあると思える。一つが、授業を妨害している生徒に本来の授業を受けさせることである。もう一つが、平穏に授業を受けられたはずの普通の生徒が、授業妨害をしている一部の生徒のため、本来受けられるはずの授業を受けられなかったとしたら、まさに教育を受ける権利や学習権が侵害されたことになる。これら二つのなかでも後者の自己の責任でなく学習権を侵害される生徒の学習権保障の意味からも教員の「実効的教育権」に基づく指導権限強化の必要性があるといえよう。

②広い意味での学習権を担保するために

授業以外の学校生活で、普通に学校生活を望む生徒がいじめや校内暴力などにより、学校内で平穏に生活できなかったり、登校を躊躇するようなことがあるとするなら、これも教育を受ける権利や学習権の侵害として考えていく必要性がある。

この場合、丹羽教授の説く、授業と深く結びついた授業妨害などに対する生活指導を是認するという見解(二一)とは異なった視点から生活指導を見ていく必要があるように思う。それは、学校内の秩序維持のためにも「地方教育行政の組織及び運営に関する法律」第二三条一号および五号に基づく、学校管理権の発動としての面からの懲戒権(学校教育法一一条)を含めた生活指導の強化の必要性からでもある。

従来、校則問題を議論する場合の校則の捉え方は、学校による制約・制裁としての校則であり、問題行動を起こした生徒の人権を学校が侵害しているかしていないかの論調であった。しかし、今後は学校内を中心に問題行動を起こした生徒の適切な教育(懲戒権の発動を含めた)も大事であるが、それ以上に学校内の秩序維持が的確に行われることにより、一般の生徒が平穏に学校生活を送れる環境作りこそ必要になってくると考える。

また、教員や学校は、学校も社会のなかの一部であるということを改めて認識するべきである。筆者は以前現職の裁判官と話をしていて、裁判官から「なぜ学校のなかでの刑事事件を学校は刑事告発(告訴)しないのか」と疑問を呈されたことがある。

学校のなかでも、一般の社会同様（学校によってはその何倍もの）、暴行・傷害事件や恐喝、器物損壊などさまざまな事件がある。これらの事件が、いうほど明るみにならないのは、学校内において処理してしまうからである（二二）。理由は、法律違反を起こした生徒の将来を考えてのことが一番であろうが、実態としては、マスコミで報道されると学校（管理職）の評価や印象が悪くなるということが大きいのではないだろうか。また、誤解のないようにいうなら、通常教育行政は学校が警察へ告発することに制約を加えているということはまったくないし、本来絶対あってはならないことである。刑事訴訟法第二三九条二項は、「官吏または公吏は、その職務を行うことにより犯罪があると思慮するときは、告発をしなければならない」と、犯罪を認知した場合の公務員の告発の義務を明記している。学校は、こういった点も今後は考えていく必要性があるのではないだろうか。

また、学校内において犯罪や不当ないじめなどの被害にあった場合、児童・生徒の保護者も毅然とした態度をとる必要があると考える。事案によっては、加害者に対する刑事告訴はいうに及ばず、民事訴訟も選択肢の一つとして考えておく必要がある。たとえ、加害者が一四歳未満の児童・生徒であって刑事罰を問えないとしても少年院には「おおむね一二歳以上」なら収容できる（少年院法二条）。また、公的機関による児童福祉法二六条、二七条における福祉的措置をとることも可能である。被害を被った保護者や児童・生徒は、必要に応じて学校や教員、監督官庁を刑事・民事において訴えることがあってもよいであろう。

筆者は訴訟社会が決して良いとは思わない。ただ、学校の社会においても一般社会と同じ観点から悪いものは悪いという自覚を児童・生徒に認識してもらう必要があるのではないかと思う。法令に反することは反することとして、法制度や社会通念に基づいて処理することの必要性が、学校での教育を受ける権利や学習権保障の観点からも今後ますます求められなければならないと考えるからである。

三　公立学校での教育を受ける権利の保障のあり方

公教育で学校が荒廃する事例が見られるなか、児童・生徒の教育を受ける権利や学習権が保障されにくいということから、一九九〇年代以降、私立学校への志向がいっそう強まっている。

このことは、経済不況の長期化により家計収入が伸び悩んで低下傾向にあるにもかかわらず、大都市を中心に私立学校への志望が強くなり[二三]、この傾向は、地方にも及んできている[二四]。また、私立学校の割合は一九九〇年から二〇〇五年の間にシェア、在学者数ともに大きくなり、「なかでも従来公立が圧倒的だった小・中学校でも私学化の傾向が強まったのが注目され」[二五]、義務教育においても私立学校志望者が多くなっている現状がある。

私立学校志望の傾向が強くなった背景には、一九八〇年代中頃より公教育への民間活力導入を臨時教育審議会が提唱しはじめてからである。なかでも、臨時教育審議会委員で「学校（教育）自由化」論者の香山健一氏の[二六]「今や教育の中心は次第に公立学校から私立学校へ、官学から私学へと移行してきている。……私立学校重視に切り換えていくことを目指す」[二七]という見解が顕著であった。

また、私立学校への志望の傾向の要因は、公立学校の学級・学校崩壊の問題だけではない。公立学校での学校週五日制導入や総合学習時間の設定など、いわゆる「ゆとり教育」に伴う「学力低下」[二八]の問題が、保護者や児童・生徒に私立学校を選択させる要因となっている[二九]。

このことは、経済的理由により、公立学校を選択せざるをえない児童・生徒がいることも事実であり、公立学校と私立学校でこのような授業時間数の差があること自体、学力格差を増幅させ、今後、ますます公立学校で学び児童・生徒の教育を受ける権利保障が確保できない状況になることはいうまでもない。

第二節　学校現場での国旗掲揚・国歌斉唱をめぐる法的問題

第一項　わが国の国旗・国歌の歴史的意義とその法的位置づけ

一　問題の所在

初等・中等学校の現場では、教職員が国旗掲揚・国歌斉唱を適切に実施しないことにより、職務命令違反で該当の都道府県教育委員会より懲戒処分を受ける事象が見られる。この懲戒処分を不服として、各地で処分の取消を求めるなどの訴訟が提起されている。原告側の主張の基底的な部分は、かつての教育権論争の「国民の教育権」説の論を敷衍している感が否めない。

大まかな裁判の論点としては、次の三点が挙げられる。①国旗掲揚・国歌斉唱の実施を定める学習指導要領の法的性質について、②国旗掲揚・国歌斉唱と教員の教育の自由をどう捉えるか、③国旗掲揚・国歌斉唱を職務命令として命じることは、教員の思想・良心の自由の侵害になる。①と②の点および③の憲法一九条を中心とした論点については、本節第二項以下において論述する。

本項においては、③の点に関連して、国歌を斉唱することを強制されるということは、国旗・国歌は、歴史上国家神道と密接に結びついており、結果として天皇を尊重するということにつながり、憲法二〇条一項の信教の自由の侵害となり、また、同一条の国民主権にも違反するという原告主張に対して検討を加えていきたいと思う。

本項では、まず国旗・国歌の歴史的な経緯とその意義を究明していきたい(三〇)。そのうえで、「日の丸」「君が代」の憲法学的位置づけを明らかにし、イギリスの君主制と象徴性を踏まえて、憲法一条、同二〇条一項違反の原告主張をめぐる判例の分析をしていきたいと思う。

二　わが国の国旗・国歌の歴史と意義

（一）「日の丸」の歴史

「日の丸」（日章旗）の基になっている日本の国号は、「聖徳太子の隋への国書に見える『日出づる処』」、即ち〝日本〟に遡る」という。(三一) この「日の丸」をデザインとして用いた例としては、『続日本紀』の記述がもっとも古いものとして挙げられる。すなわち、大宝元年（七〇一年）正月元旦に、文武天皇が「藤原宮大極殿で行われた朝賀の儀において『左（東）に日像・青龍・朱雀の幢、右（西）に月像・玄武・白虎の幢』を樹て」て、この日章をデザインに用いたという。ただ、現在の「日の丸」とは少しイメージが異なる点があるといえる。(三二)

むしろ、現在の「日の丸」に近いものは、平安末期の源平の時代に見られ、その後、戦国時代には武田、上杉、伊達氏など多くの武将が「日の丸」を用いた。(三三) 江戸時代には、幕府の公的な印として使われだした。幕末の天保頃には外国船との識別のために広く公的に用いられるようになる。特筆に値するのが、「日の丸」は、大名や武士だけの間だけで用いられたのではなく、「農民たちの田植え踊りや民俗芸能『三番叟』等では『日の丸』の入った扇子が用いられた」。つまり、天下泰平や五穀豊饒を祝う民俗芸能で日の丸は盛んに使われたのである。(三四)

明治三年一月二七日に明治政府は、太政官布告五七号「郵政商船規則」により「日の丸」を国旗に定めている。また、同年五月には太政官布告第三五五号で「陸軍御国旗」、同年一〇月には同布告第六五一号で「海軍御旗章、国旗章ならびに諸旗章」に定められた。

（二）「君が代」の歴史

国歌である「君が代」の歌詞の伝来は、山田孝雄博士によると延喜五年（九〇五年）『古今和歌集』の「巻七、賀歌の部のはじめに題しらず讀人しらすと標して我君は千世に八千世にさゝれ石の巖となりて苔のむすまでといふ歌を載せてある。之が今いふ『君が代は』の歌の古い形だといはれてゐる」[三五]という。

この歌の「初句の『わが君』は、長寿を祝う敬愛する相手ならば誰でもよく、大君の天皇のみをさすとは限」られないし、初句が「我が君」から「君が代」に変わった時期は明確にしにくいとことがある。大切なのは「君が代」の歌詞が、元々「我が君」ということであって「中世から近世にかけて、いろいろな形であらゆるクラスの人々に普及し愛唱されて」きて、「『古今集』以前から賀歌として民謡のごとく親しまれ、やがてそれよりも賀歌としてふさわしい『君が代は』という表現に改められて広まるようになった[三六]」ということである。

山田博士は、「君が代」の本質を「その普及の點即ち上下一般に行き亙つてゐる點から見て、又その古くしてしかも千二百年間絶えず謡はれて來たといふ點から見て、又その祝賀の意の永遠の生命を祝ひつゝある點から見て日本國民の祝歌としてこれ以上のものも無く、これにかはるものも無く、又新にこれ以上のものを何人が作りうべきであらう」といい、そのうえで「明治の始めに…國歌となつてしまつたのは自然のことでもあり、當然の事でもあつたといはねばなるまい[三七]」という。

明治二年、薩摩藩の砲兵隊長大山巖が選んだ「君が代」に同藩軍楽隊の教師フェントン（John William Fenton）が、曲をつけた。これに明治一三年に林広守が唱譜をつくり、海軍省の軍楽教師のエッケルト（Franz Eckert）が和声をつけた。同年一一月三日天長節宴会で演奏された。これが現在に伝わる「君が代」である[三八]。

現在、外国で歌われている国歌のほとんどが一九世紀の資本主義の発達とともに国家統一のなかでの国家意識の高揚の必要から作られたものである[三九]。そう考えると、日本の国歌である「君が代」は、いにしえより国民の祝歌として謡われたことを源流として現在に至っているということが特徴としていえる。

（三）　学校での国旗・国歌に関する教育の経緯

上述の歴史を経て、現代に受け継がれている国旗・国歌の学校での取り扱われ方を以下に見ていく。

国旗については、明治一〇年代より日本の官庁、学校、家庭に普及した。なかでも学校では、文部省令の第四号「小学校祝日大祭日儀式規程」が明治二四年に発布されると、祝祭日に行われる儀式などを通じて、また修身・国語・音楽を通して全国に「日の丸」の意義深さが広まっていった。

また、「君が代」は、明治一四年に文部省が作成した小学校唱歌の教科書『小学校唱歌集　初編』を学校教育において用いたことが国民に浸透していく契機だといってよい。その後、上述の明治二四年の文部省令、同二六年八月一二日官報における「小学校において祝日大祭日の儀式を行ふの際、唱歌用に供する歌詞並びに音譜」を告示したと同時に、「君が代」を単旋律譜で掲げている。また、明治三三年には「小学校令施行規則」二八条で、学校儀式では「君が代」を合唱することが定められた。このように学校での授業や儀式において「君が代」の斉唱を行うことで、児童にとって「君が代」が国歌として当然のものとの意識が定着し「『君が代』に『国歌』の文字をわざわざ冠する必要性は強くなかった」(四〇)。この後、「君が代」を国歌として公的に扱ったのは、昭和一二年に公布された国定教科書『尋常小学修身書　巻四　児童用』においてである。

戦後、連合国軍総司令部（ＧＨＱ）は、日本の占領と同時に「日の丸・君が代」の掲揚・斉唱を全面的に禁止する。その後ＧＨＱは、昭和二二年五月より、強い制限を設けながらもごく特定の場合に掲揚・斉唱を認めた。昭和二四年元旦、マッカーサーは日本国民への年頭挨拶のなかで、国旗掲揚の制限を解くことを明らかにする。ただ、この戦後三～四年の間で、「日本人が敗戦で自信を失い、占領政策にも幻惑されて自虐意識に陥ったり、国歌や愛国心の否定を〝民主化〟とか〝平和教育〟と錯覚して、言論界や教育界などで『日の丸・君が代』にあえて反対するよう

な運動が繰り広げられ」、国民は国旗・国歌への関心を失っていくことになる。(四一)

昭和二五年一〇月一七日、天野貞祐文部大臣は談話を発表した。それは、学校において祝日などに行事を催す際は、「国旗を掲揚し、国歌を斉唱することもまた望ましい」というものであった。これに対して、教職員組合などから反発があった。(四二)

昭和三三年、文部省は「学習指導要領」を全面的に改訂する。これによって、「国民の祝日などにおいて儀式などを行う場合には、……国旗を掲揚し、君が代を斉唱させることが望ましい」と規定された。さらに、昭和五二年の「学習指導要領」の改訂では、「君が代」を国歌と改めた。昭和六二年、塩川正十郎文部大臣が「文部広報」で、小中学校長に式典での国旗掲揚・国歌斉唱を要請した。しかし、これらのことは、「望ましい」という程度や「要請」ぐらいなら「実施しなくてもよい、と曲解して反対する現場の教員も少なくない」現状があった。(四三)

平成元年に、文部省は「学習指導要領」を改訂する。それにより、「入学式や卒業式などにおいては、その意義を踏まえ、国旗を掲揚するとともに、国歌を斉唱するよう指導するものとする」と国旗掲揚・国歌斉唱を義務化した。翌年には高等学校にも義務化が広げられる。それにより、平成二年の式典での「日の丸」の掲揚率は九〇パーセント、「君が代」斉唱が、小中学校で六五パーセント、高等学校で七五パーセントの学校で実施された。(四四)

三　「日の丸・君が代」の日本国憲法下における法的検討と国旗・国歌法の制定

（一）　慣習法としての国旗・国歌

上述のように、歴史的・慣習法的な側面から「日の丸・君が代」を国旗・国歌として認める立場から佐藤秀夫氏は、「法制で規定しようと慣行のままでいようと、国家形成理念の表象として国民多数の主動的な支持や承認を得ているならば、国旗・国歌の機能を十分にもち得る」(四五)と「日の丸・君が代」をあえて国旗・国歌として法制化せずとも、慣習法としてすでに成立しており、必要条件ではないといった。また、同様の観点から所功教授は、「法令」第二条の「公の秩序又は善良の風俗に反せざる慣習は……法律と同一の効力を有する」としており、すでに「日の丸・君が代」は百年以上の実績があり、まさに慣習法として相応の法的根拠を有するとする立場をとった。(四六)

これに対して、慣習法としての「日の丸・君が代」は、日本国憲法下において、国旗・国歌としての法的根拠を持っていない。それは、「『日の丸』のケースと同様に、『君が代』も……国歌であることを通達したわけだが、これまた国旗と同様に国会で議決し法制化したわけではない。その点今もって変わりはない」(四七)という見解がある。これは、「日の丸・君が代」は、議会制民主主義の下、立法機関において国旗・国歌と明確に法制化されていない。だから「日の丸・君が代」が国旗・国歌として慣習的に認められていても、それは法的根拠には成りえないという論調である。(四八)

(二)　国旗・国歌の法制化

国旗掲揚・国歌斉唱が学校現場において法令に基づいた適正な運用に問題が多いなか、平成一一年二月二八日、卒業式を翌日に控えた広島県立世羅高等学校で、校長が自殺するという痛ましい出来事があった。校長の自殺は、国旗掲揚・国歌斉唱を文部省通達に基づき実施を迫る県教育委員会と、それに反対する教職員組合などとの狭間に立たされたことが要因ではないかといわれた。これを機に、平成一一年八月一三日「国旗及び国歌に関する法律」が国会で制定・施行された。同法は、第一条一項で「国旗は日章旗とする」、同第二条一項では「国歌は君が代とする」としている。これにより、「日の丸・君が代」の法的根拠は確固たるものとなったともいえる。(四九)

日本弁護士連合会は、「君が代」については、「事実上国歌として位置づけられてきたが、他方、国民の間には、日本国憲法の国民主権などの基本原理と相容れないのではないかという意見も根強くある」(五〇)と問題提起を行う。同様に、結城忠教授は、「君が代」は、「歴史的な由来はともかく、その歌詞は大日本帝国憲法下の天皇主権＝絶対主義的天皇制国家にはよく適合しえても、民主主義を標榜し、国民主権を基本原理として象徴天皇制をとる現行憲法とは相容れない、というべきであろう」（五一）という。

これら国民主権の観点から問題あるという見解に対して、政府は平成一一年六月一一日、「国旗・国歌法案」の閣議決定で、「君が代」の「君」は、「日本国及び日本国民統合の象徴である天皇」を意味しているとする。また、「君が代の歌詞は、日本国憲法のもとでは、日本国民の総意に基づき天皇を日本国及び日本国民統合の象徴とする我が国の末永い平和と繁栄を祈念したものと理解することが適当であり、憲法の主権在民の精神に合致するものである」（五二）と考えられるとする。

具体的には、終戦後、日本国憲法が制定されたことにより、天皇の地位が変わり、「君が代」の「君」を憲法一条で「日本国及び日本国民統合の象徴であり、その地位が主権の存する日本国民の総意に基づく」天皇のことを指して、「君が代」は、「日本国民の総意に基づき、天皇を日本国及び日本国民統合の象徴とする我が国のことであり、『君が代』の歌詞も、そうした我が国の末永い繁栄と平和を祈念したものと解するのが適当であると考えている」という。そのうえで、「『代』とは、本来時間的概念をあらわすものでありますが、転じて、国をあらわす意味もあると理解いたしております。また、日本国憲法下で君が代とは、日本国民の総意に基づき天皇を日本国及び日本国民統合の象徴とする我が国のことであり、『君が代』の歌詞も、そうした我が国の末永い繁栄を祈念したものと解することが適当であると考えております。したがって、日本国憲法の主権在民の精神にいささかも反するものではない」との旨の見解を政府として明らかにしている。（五三）

（三）　国旗・国歌の憲法上の位置づけをめぐる学説の対立

憲法上、「日の丸」「君が代」を国旗・国歌として受け入れることの是非が解釈上の問題とされる。いわば、「日の丸」「君が代」の憲法上の位置づけを「天皇制の象徴・表徴と考えるか、それとも価値中立的に国家の象徴と考えるか」(五四)、または、両者を包含して捉えるかにより、おのずと見解に相違が生じてくるといえる。

①否定説

憲法上、「日の丸」「君が代」を国旗・国歌とするのを否定する考え方は、「日の丸」は、もともとは天皇制に由来したのではないが、「天皇制的な精神と結合するように解釈され、排外主義・軍国主義」に利用された。「君が代」については、「歌詞そのものが天皇制支配を賛美するもの」であり、「天皇制権力が強化される過程と一体のものであった」。それゆえ、両者とも天皇制と深い関係を有しており、国民主権をとる現憲法とは、相容れられず、大日本帝国とともに「日の丸」「君が代」の「表徴する対象としての国家そのものを喪失することになった」(五五)のであって、仮に法律によって「日の丸」「君が代」を国旗・国歌としても、それは現憲法上は認めることはできないとする。

また、「君が代」だけ否定する次のような見解がある。「日の丸」は、「君が代」と同様に、「国民を統合する機能を果たすことはいうまでもない」とししつも、「君が代」とは異なって、「直接的には天皇と関係がないし、天皇統治とも関係がないし、また日本の侵略とも関係はない。したがって、『日の丸』が内容的に日本国憲法と矛盾するとはいえない」とする。これに対し、「君が代」の「君」は、明治以降には天皇を意味しており、天皇を讃える歌であり、「国民主権原理をとる日本国憲法時代にはまったくふさわしくない」として、「『君が代』を国歌とすることは違憲であるばかりか、国歌としてではなくても公的機関が『君が代』を強制すること、また公的に歌うことはすべて違憲とされなければならない」とする。(五六)

さらに、否定説との関連において独自の見解としては、「日の丸」「君が代」が国旗・国歌として法制化されることは憲法違反とは考えないが、法制化された国旗・国歌を国民に義務化したり、強制することは憲法に反し、許されないとする立場がある。この見解をとる論者は、なかでも学校現場での国旗・国歌の強制や義務化に対して否定的に捉える。(五七)この点、西原博史教授は子ども中心主義の立場から国歌斉唱を行うか否かは、子どもの主体性に委ねることを重視している。それゆえ、官や学校からの義務化・強制だけではなく、教員による強制をも否定的に捉える。(五八) 同教授の見解が注視されるのは、国歌斉唱参加の任意性を担保する意味での強制回避の論理から学校式典中での「国歌斉唱！」の号令は、あくまで拘束力のないものであることを事前に児童・生徒に周知させておく必要性を説いている点においてである。(五九)

②肯定説

大石義雄博士は、「日の丸」「君が代」を法制以前の問題として慣習法的に国旗・国歌とする見解をとる論者として天皇の象徴的性格を次のように捉える。帝国憲法における天皇の地位は、「皇祖皇宗以来の天皇固有の物」であったが、日本国憲法では、天皇は、主権の存する国民の総意がその根拠となっている。しかし、同博士は、「国民主権といっても、日本国憲法上のそれはアメリカやスイスなどの国民主権とはちがって、天皇を国家および国民統合の象徴と認める国民主権である」というように考えて、天皇に対する忠誠と国家との関係を次のように述べる。「日本では、国家に対する忠誠の道と別に天皇に対する忠誠の道があるわけではなく天皇に対する忠誠すなわち国家に対する忠誠の道なのである」。(六〇) 上述のことからも、大石博士は、「日の丸」「君が代」を天皇制の象徴と同時に国家の象徴としての役割から捉えているといえる。

また、小森義峯博士は、憲法一条の「象徴」について、「象徴には、人的象徴と物的象徴とがあり、人的象徴即ち一個の人格を以て」象徴としているとする。いわば天皇を人格的象徴と考えるのである。同博士は、人格的象徴である天皇制の存在意義を次の点から立論する。すなわち天皇は、①日本民族の歴史的伝統の所産、②日本民族と共に運命共同体として国難に立ち向かってきた、③国家権威の人的表現者である、④民族文化としての神道の護持者であり実践者である、⑤君主としての偉業である。(六一) これらのことからも同博士は、天皇の君主としての立場を是認しており、「日の丸」「君が代」は天皇の象徴性から憲法上肯定されるものと考える。

所功教授は、「日の丸」「君が代」と象徴について、日本国憲法一条における「日本国民の総意」を憲法制定当時の日本国民だけに限定すべきではなく、「過去と現在と未来にわたる日本国民の総意において、天皇が日本国の象徴であり、そして日本国民統合の象徴にほかならない」という。これは、過去から未来にわたり「天皇を日本国の象徴と仰ぎ、また国民統合の象徴と仰いでいかなければならない」ことを意味しているという。(六二)

同教授は、「君が代」の歌詞の「君」は、いにしえより国民を指しその祝賀を意味するところであった。ところが、明治になって「天皇陛下を奉祝する」ことを意味するようになる。(六三)それゆえ、「明治以来の国歌『君が代』を今も慣習的に受け継いでいる」限り、「君が代」の「君」は天皇を指すと考えられる。そうすると天皇個人の御長寿を祝うことが、国歌として相応しいかという問題が生じてくる。これを解明するうえで大切になってくるのが、「日本は今なお〝君主国〟なのか、それとも君主なき〝共和国〟なのか、をハッキリさせることにより結論が変わってくる」という。日本国憲法は、第一章で立憲君主制を明確にしており、天皇は「単なる個人ではありえず、まさに二千年来の歴史的連続性を担って、日本国の独立性と日本国民の統制を体現される〝至高の公人〟」にほかならず、当然「君が代」の「君」も天皇を指し、天皇の御長寿を祈念することは、「天皇により象徴される日本国および日本国民をすべての長久繁栄を祈る」(六四)ことになり、国民主権との整合性の観点からも憲法上「日の丸」「君が代」の問題が生じる余地はないとする。

同様の視点から百地章教授は、憲法一条でいう「国民主権」という場合の「国民」には、天皇を含むすべての国民を指すのであり、国民一人一人に主権があるというのではなく、天皇を含めた国民全体に主権があると考えるべきである。このことは「国家権力が天皇を含むすべての国民から発し、国家活動が国民全体の意思に基づいて行われていくことを意味する」(六五)のであって、それゆえ憲法一条の国民主権と天皇制は矛盾するものではないとする。

君主に関しては、次の四つの要素が含まれていると考えるのが一般的である。①統治権の重要な部分（行政権が特に大切）を掌握している、②世襲制の独任機関である、③対外的な代表権を有する、④国の象徴である。①の権能を天皇に認めることを日本国憲法は否定している。しかし、世界の君主制をとっている国の多くの君主が。名目的・抽象的な君主として形式化している実情を勘案すれば、かりに天皇に政治的な実質的権能が乏しいとしても、君主としての性格を認めることは可能といえる。このように考えるなら上述の肯定説に立つ論者の論である「君が代」の「君」は天皇を指すとしても、憲法上の「国民主権」と「君が代」の歌詞の間に齟齬があるとはいえない。

さらに、平成一一年八月一三日施行の「国旗及び国歌に関する法律」は、一般国民に何ら法的義務を課しておらず、[六六]憲法一九条、二〇条一項、二一条一項に違反するとはいえない。

以下においては、イギリスにおける君主の象徴性を見ていき、近時の学校現場における国旗掲揚・国歌斉唱をめぐっての職務命令違反における処分を不服とした訴訟における原告側主張の憲法一条、二〇条一項違反について判例を検討していきたい。

四　イギリスにおける君主の象徴性と国歌

日本国憲法における天皇の象徴性は、国民主権と君主制を両立させているイギリスの君主制を範とした。

イギリスの君主制度は、「一一世紀にさかのぼり、継続しつづける世襲的な君主制度であり、国歌及び国民統合の人格的象徴とされ、国民の忠誠心に基づき希望を託する中核的な存在」[六七]である。「イギリスの国王は主権者(sovereign)と呼ばれているが、これはイギリスの形式上の主権者は国王であることを示している」[六八]。それゆえ、イギリスの国家機関は女王の政府、女王の軍隊などと呼ばれるが、それは形式上のことにおいてである。伝統的に女王が持っていたコモン・ロー上の大権は、議会制定法によって制限されたり、廃止された。[六九]榎原猛博士は、国会議員を含む英国人のアンケートの結果を踏まえて、「女王の大権がほとんど形式化してしまっている現在、英国においては、女王のこの象徴機能は……実際政治上の機能よりむしろ重要である」[七〇]という。まさに、国民から尊重されるべき象徴の地位と役割を満たしているのがイギリスの君主制といえる。

同博士は、イギリスの君主制の威厳的効用を象徴（symbol）という用語を用いて説明したバジェット理論から、イギリスの君主制とわが国の天皇制の象徴概念を分析する。それによれば、イギリスの君主制における象徴とわが国の天皇制の象徴ではその意味内容においてかなりの隔たりがあるという。それは、日本国憲法下の天皇が政治的に無権力・無能力である点においてイギリスの女王と大きな差があると考える。同博士は、むしろパジェットのいう象徴は、帝国憲法のおける天皇に近いという。しかし、女王は政治に関与しないのであり、この点において帝国憲法下の天皇とは異なり、むしろ日本国憲法における象徴に近いものがあるという。元来、「両者はともに実際政治から隔離されていながら象徴であるという点ではきわめて類似する。しかし、天皇は主権者ではなく、女王は主権者である。この点が根本的に異なる」と、同博士は考える。女王が主権者であるということはあらゆる国権の源泉であり、法上、国家の意思は女王の意思である。この法的な現実が、「国王大権の形式化という現実にもかかわらず、女王を象徴とみて愛国心および忠誠の中核とする観念を容易にしている」という。そのうえで、同博士は、「国王大権の実質的減少ないし消失、国民教育の向上にもかかわらず君主の象徴的機能がかえって増大した最大の理由はイギリス帝国主義の発展に伴うこのコモンウェルス（The British Commonwealth: 筆者）の自由な結合の象徴としての女王の威厳的効用の発見およびその増大以外のものではない」[七一]という。

同博士の見解からも明らかなように、日本国憲法は、イギリスの君主制を模範としているかに見えるが、やはり根本的な点で異なる。これは、終戦後ＧＨＱが帝国憲法の天皇制を廃止するため「元首」という言葉を避けるために、「総司令部のマッカーサー草案起草担当者の一人、ケイディス大佐は、『象徴』という表現を、特にどこかに根拠を求めたのでなく、『ふっと考えついて、つくり出したもの』だといっている」[七二]ことからも明らかなように、当時緻密な論拠をもった整合性のある憲法草案づくりが行われたのか疑念を持たざるをえない。

イギリスにおける国歌は、法制化されているわけではなく、一九世紀に入ってから慣習上用いられている。規模の大きな公式行事や皇族が臨席する場において斉唱されることが多い。その第一節の歌詞の〝God save our gracious Queen〟(神よわれらが慈悲深き女王陛下を守りたまえ)、〝Long live our noble Queen〟(われらが高貴なる女王陛下の永らえんことを)を見ると、イギリス国民が女王を国の象徴として尊厳の念をもって迎えいれていることがよくわかる。

わが国の場合、象徴天皇を讃える国歌として「君が代」を捉えると、「憲法の基本的精神に反する」といわれるかもしれないが、「むしろ逆に、第一条で言うところの、日本国及び日本国民統合の象徴である天皇の御代は、『千代に八千代に、さざれいしの』、というように私は解釈するわけで、その解釈に基づけば(イギリスの国歌も日本の君が代も:筆者)同じだと思う」(七三)という見解もある。

五　憲法一条、二〇条一項違反の主張に対する判例

(一)　憲法一条違反

国歌ピアノ伴奏拒否裁判(七四)の一審、二審において原告は、「憲法一条は、主権が国民に存することを宣言するところにその本質があり、天皇は日本国及び日本国民統合の象徴でしかないことを示す規定である」とする。そのうえで、「『君が代』の『君』とは天皇のことであるという政府答弁によれば、『君が代』は主権者ではない天皇を礼賛するものであることになり、主権者は国民であると宣言した同条と真っ向から衝突する違憲の歌であることになる」とし、原告に違憲の歌のピアノ伴奏を強制する本件職務命令は憲法一条に違反すると主張する。

これに対して、一審、二審の判決は、「原告は、主権者ではない天皇を礼賛する『君が代』は憲法一条に違反する

旨主張するが、天皇は日本及び日本国民統合の象徴であるから（憲法一条）、『君が代』の『君』が天皇を指すからといって、直ちにその歌詞が憲法一条を否定することには結び付かない」として原告の主張を退けた。

（二）　憲法二〇条一項違反

　国歌斉唱義務不存在確認等請求事件一審判決[七五]において原告は、国旗掲揚・国歌斉唱は、信教の自由の侵害になると主張する。その言い分は、①日の丸、君が代は、歴史上国家神道と密接な結びつき、宗教と不可分の関係にある、②君が代を尊重するということは、天皇を尊敬するということであり、神道を信仰するということになる、③それゆえ、憲法二〇条一項に基づき、「外部的強制から自己の信仰を保護、防衛するため不可欠な場合、入学式、卒業式等の式典において、国旗に向かって起立しない自由、国歌を斉唱しない自由、国歌斉唱に際してピアノ伴奏をしない自由」の不存在を主張する、また、④原告らがこのような信教の自由を享受することによっても、入学式、卒業式などの式典における学校運営に重大な支障が出たり、他の教職員、生徒、保護者の基本的人権を侵害することはないともいう。

　これに対して、判決は、第一に、日の丸、君が代は、明治時代以降、第二次世界大戦終了までの間、皇国思想や軍国主義思想の精神的支柱として用いられてきた。第二に、国旗・国歌法により、日の丸、君が代が国旗、国歌とされても、なお国民の間で宗教的、政治的に見て、日の丸、君が代が価値中立的とは認められない。第三に、国民の間には、式典において、国旗掲揚・国歌斉唱に反対する者も少なからずいるとして、「このような世界観、主義・主張を持つ者の思想・良心の自由も、他者の権利を侵害するなど公共の福祉に反しない限り、憲法上、保護に値する権利というべきである」と判示した。

　本判決には、多くの問題点がある。まず、帝国憲法では天皇は現神人であったが、日本国憲法においては、象徴である。これが、なぜ国家神道の宗教的価値観と直結するのか疑問である。また、かりに原告らのいうように信教の自由に関する主張を認めても、地方公務員である原告らは、思想・良心の自由と同様に、信教の自由も、公共の福祉の見地から職務の公共性に由来する内在的制約を受けるのは当然のことである。また、国民のなかに、国旗掲揚・国歌斉唱に反対する者が、少なからずいるいるから、その権利は憲法上の保護に値するとのことであるが、上述したように「国旗及び国歌に関する法律」は、一般の国民に何ら法的義務を課しておらず、それをもって少数の国民の反対意見から公務員である教員の信教の自由が保障されるという論はあまりにも飛躍しているのではないかと思われる。

最後に、今後わが国において国民に、国旗・国歌の法的尊重義務を明確にする必要という意見を取り入れようとするのであれば、憲法を改正して憲法にそのことを明確に規定することも必要と思われる。ただし、その場合であっても他の基本的人権の抵触に配慮がいることはいうまでもない。

第二項　初等・中等学校における教員の教育の自由に対する法的一考察

一　国旗掲揚・国歌斉唱をめぐる訴訟の提起

戦後日本における、教育界のイデオロギー対立は熾烈をきわめた。これが、教育権の所在をめぐり「国家の教育権」説と「国民の教育権」説の対立に発展することは、第一章、第二章において論述したとおりである。

ただ、この対立も昭和五一年の最高裁学テ判決や一連の家永教科書訴訟判決によって収束に向かっていっていた。ところが、昨今における学校現場での国旗掲揚・国歌斉唱をめぐる職務命令違反で教育行政機関より処分を受け、それを不服として提訴している原告側の主張には、かつての「国民の教育権」説が提唱していた教員の教育の自由などの論調が、再び裁判のなかにおいて繰り返されている。それゆえ、本項においては、従来の教育権論争の時代的背景や諸学説を考察するとともに、一連の裁判の対立の根本を明確にすることで、教育行政と原告教員側双方の主張する論点を浮かびあがらせ、学校現場での国旗掲揚・国歌斉唱施行に伴う問題点を整理して、教員の教育の自由を法的に検討していきたい。

なお、一連の国旗掲揚・国歌斉唱をめぐる裁判における原告側主張の主な論点は、前項において、次の三点に分類されることは述べた。すなわち、第一に、国旗掲揚・国歌斉唱の実施を定める学習指導要領の法的性質について、第二に、国旗掲揚・国歌斉唱は行政による教育への不当な介入であり、教員の教育の自由を守るということをどう捉えるかということについて、第三に、国旗掲揚・国歌斉唱を職務命令として命じることは、教員の思想・良心の自由の侵害になり憲法一九条の保障の観点から許されないというものである。

本項では、歴史的な対立のなかで争われた教育権をめぐる憲法論争の中核的な部分を占めているといってもよい、第一点目を含めた第二点目の教員の教育の自由に関わる対立構図を以下に検討していく。

二　教育権論争と教員の教育の自由に関する学説

（一）　教員の教育の自由を憲法上の権利として提唱する諸説

教員の教育の自由を憲法上の権利として捉える見解は、国民の教育権説に立脚する論者によって強く提唱されてきた。なかでも、教員の教育の自由を憲法上の権利として捉える学説に強い影響を与えたのが、宗像誠也博士、有倉遼吉博士、高柳信一博士、兼子仁博士、永井憲一博士、中村睦男博士らの国民の教育権説の論者の立論である。これらの論者は、憲法的自由権説（憲法一三条説）、教育の自由権説（憲法二三条説）、憲法二六条説、教育権限の独立説（憲法二三条・二六条による複合説）、憲法二三条・二六条・一三条による複合説などを根拠として、教員の教育の自由を憲法上の権利として提唱してきた。

（二）　教員の教育の自由を実定法上の権限として捉える学説

奥平康弘氏は、教員の教育の自由に関しての法的根拠について、教員は親の信託や国民一般の抽象的な信託に基づき成立するものであるから「『教育人権性』とは具体的になにを指すのか明らかではない」(七六)として、権利というよりは、実定法上の権限とした。

（三）　教員の教育の自由を否定ないしは制限する学説

橋本公亘博士は、憲法二三条の解釈と教育基本法一〇条の本来の趣旨から考えて、教員の教育の自由を制限的に捉える立場をとる。すなわち、憲法二三条は本来、下級教育機関の教員には認められない。また、行政が外的条件整備のみしか関われないなら公教育の目的を達成することはできなくなる。行政庁は、国会の制定した法律によって機能しており、国民の教育に関する総意を実現する唯一の主体は教員ではなく行政庁であるとする(七七)。

なお、教員の教育の自由に関する学説に関しては、第二章の教育権論争での国民の教育権説、国家の教育権説双方の学説の論議のなかで分析しており、詳細は第二章を参考にして頂ければと思う。

三　教育権論争における教員の教育の自由に関する判例の流れ

憲法二三条の教育の自由を大学に限定した最高裁判決としては、最高裁ポポロ事件大法廷判決(七八)が挙げられる。判決は、憲法二三条の学問の自由は、「大学が学術の中心として深く真理を探究することを本質とすることに鑑みて、特に大学におけるそれらの自由を保障することを趣旨としたものである」。「教育ないし教授の自由は、学問の自由と密接な関係を有するけれども、必ずしもこれに含まれない」が、憲法二三条や学校教育法五二条により定められた「大学において教授その他の研究者がその専門の研究の結果を教授する自由は、これを保障される」として、憲法二三条が、大学においてのみ教育の自由を認めるということを判示したものである。

教員の教育の自由をめぐる下級審の判決で、教員の教育の自由を前向きに捉えた判決として注目を浴びたのが、第二次家永訴訟第一審判決である。このいわゆる杉本判決の特徴は、児童・生徒に対して「教育的配慮」を行うことを前提に、憲法二三条の学問の自由から教員の教育の自由を認めるというものである。また、同判決では、憲法二六条から子どもの学習権を導き出す。そして、教員は親を中心とした国民の集団からの信託を受けているから、教員の教育の自由が保障されるとした。この判決は、宗像説の多くを取り入れた判決といってよい。(七九)ただ、この杉本判決の後、国民の教育権説に立脚して教員の教育の自由を一方的に支持した判決は出ていない。

この杉本判決とは反対に、従来の通説的見解を踏襲し、教員の教育の自由を否定的に捉えたのが、第一次家永訴訟第一審判決(八〇)のいわゆる高津判決である。判決は、上述の最高裁ポポロ事件大法廷判決から引用し「教育ないし教授の自由は、学問の自由と密接な関係を有するが、必ずしもこれに含まれない」とする。

最高裁学テ判決は、教員の教育の自由に関しては、「学問の自由を保障した憲法二三条により、学校において現実に子どもの教育の任にあたる教師は、教授の自由を有し、公権力による支配、介入を受けないで自由に子どもの教育内容を決定することができるとする見解も採用することができない」とする。また、「教授の具体的内容及び方法につきある程度自由な裁量が認められなければならないという意味においては、一定の範囲における教授の自由が保障されるべきことを肯定できなくはない」としつつも、児童の批判能力、教員の児童への影響力、生徒の側に学校や教員を選択する余地が乏しいこと、教育の機会均等から「教師に完全な教授の自由を認めることは、とうてい許されないところといわなければならない」とする。

また、教員の教育の自由を担保する意味から、教育行政機関は、教育基本法一〇条二項の「条件整備」においては、外的事項にしか関われず内的事項は教員の決定事項であるという主張に対して、最高裁学テ判決では次のように判示する。「教育に対する行政権力の不当、不要の介入は排除されるべきであるとしても、許容される目的のために必要かつ合理的と認められるそれは、たとえ教育の内容及び方法に関するものであっても、必ずしも同条の禁止するところではない」として、教育行政機関が条件整備において内的事項にも関われるものとする。

最高裁学テ判決は、国民の教育権説と国家の教育権説の双方に気を配っており、教員の教育の自由も一定範囲で認めているように見えるが、(八一)明らかに国家の教育権説を基底においた見解を示したものと解する。(八二)このことは、後の教科書検定第一次訴訟最高裁判決、(八三)同第三次訴訟最高裁判決、(八四)以下で見ていく伝習館事件最高裁判決からも明らかである。

学習指導要領に関しては、最高裁学テ判決は、「右指導要領の下における教師による創造的かつ弾力的な教育の余地や、地方ごとの特殊性を反映した個別化の余地が十分に残されており、全体としてはなお全国的な大綱的基準としての性格をもつものと認められるし、また、その内容においても、教師に対し一方的な一定の理論ないしは観念を生徒に教え込むことを強制するような点は全く含まれていないのである。それ故、上記指導要領は、全体としてみた場合、教育政策上の当否はともかくとして、少なくとも法的見地からは、上記目的のために必要かつ合理的な基準の設定として是認することができる」と学習指導要領の法規性を認める判示をした。この最高裁学テ判決の学習指導要領の法規性に対する認識をより深めたのが、伝習館事件の最高裁判決(八五)である。同判決は、「高等学校学習指導要領は、法規としての性質を有するとした原審の判断は、正当として是認することができ、右学習指導要領の性質をそのように解することが憲法二三条、二六条に違反するものではない」として、合憲性の面からも学習指導要録の法規性を是認したのである。

四　教育権論争を中心とした教員の教育の自由の検討

憲法二三条の学問の自由の規定は、大学教員と初等・中等学校の教員を同じように論ずることができないとするのが一般的といってよい。その理由は、上述の最高裁学テ判決における教員の教育の自由が制約される判決理由や、上記の「教員の教育の自由を否定ないしは制限する」学説で、橋本公亘博士が説かれた理由からも明らかである。また、佐伯宣親博士は、教員の教育の自由は一般的人権ではなく、教職に付随する権限であって、当然制限を受けるとする。同博士は、初等・中等学校の教員に「無制限に教授の自由を認めれば、場合によっては教師間の価値観の対立がそのまま学校現場に持ち込まれ、児童生徒を混乱させるという好ましくない結果をもたらす」おそれを指摘する。また「教師の自律的抑制にのみ期待するという論には何の制度的保障もない」とし、相応の公的規制もやむをえないという独自の知見を明らかにしている。(八六)

そもそも、教科指導を主たる目的とした教員免許状だけをもって「親の信託」を受け、「真理の代理人」に教員がなぜなれるのかという点からも、憲法二三条によって、教員の教育の自由が保障されるとする見解には、理解しがたい面がある。また、ドイツ、アメリカの初等・中等学校において、教員に広い教育の自由が認められないことは、上述の日本における教員の教育の自由を否定ないしは制限する学説の理由とほぼ共通している。(八七)伊藤公一博士は、これらの教員の教育の自由を制限無く認めると、「批判能力のない者達に対する教育の自由は、一方的な押しつけの教育が行なわれる危険があり、これこそ生徒の学習権の侵害に結びつく可能性が出てこよう」(八八)という。このことは、教員の教育の自由を広く認めて児童・生徒に教育が行われた場合、教員の教育の自由という名の下に、教員に恣意的な教育権を付与する結果となるおそれがある。そうなれば、例えば教員が、特定の思想や特定の政治団体の偏向的な教育を実施したとしても、「親の信託」を受けた「真理の代理人」の教員の教育の自由に基づいた真理教育を行ったということになってしまうこともありうる。

教員の教育の自由を憲法上の権利とする見解の論者は、立論のなかにおいて親が子どもを教育する権利を教員に信託し、教員はその信託に基づいて児童・生徒を教育する関係と解している。しかし、この信託の程度や範囲、根拠となる法がない以上、信託があるとする論は到底成り立たない。

また、憲法二六条において、教員の教育の自由を人権として捉える見解があるが、教員は学校教育法二八条・四〇条・五〇条の規定からも明らかなように、あくまで公的な機関に所属しており、その機関の服務規律に従属するのであり、通常の市民と同じ立場ではないのは明白である。それゆえ、公的な機関に属する立場の教員に、教育の自由の人権性を認めるということは、人権本来の意味からも齟齬があるといえる。内野正幸教授のいう「裁判救済にかんする……帰結と結びつけるためには、教師の教える自由に人権性を認めたほうがよかろう」(八九)という考え方は、教育というものの特質性を考慮しても、公的な機関の組織員たる教員に裁判上の救済を念頭において人権性を認めるという意義が見いだせないといえよう。

さらに、教育基本法一〇条二項の「条件整備」に関しては、教育行政機関は外的事項しか関われず、内的事項は教員の決定事項であり、教員の教育の自由を担保するとの見解がある。これに対しては、上述した最高裁学テ判決からも教育行政機関が条件整備において内的事項に関われることは明らかである。なお、この内的事項、外的事項の論議については、第二章において詳細に論述している。

教員の教育の自由を憲法上の権利とする学説の見解は多くの問題を含んでいるが、なかでも不可解なのが、国家の屋台骨ともいえる重大な国策である教育を、教員が教育の自由という名の下に自分たちで自主的にその教育内容を決めて教育を自由に行えるのなら、なぜ憲法は明文でもって明確にそのことを規定していないのかということである。

ただ、国家の教育権説に立脚する論者も、「教育における教師の自由裁量の余地を否定しきっているわけではない」(九〇)という考え方はそのとおりである。いみじくも、橋本公亘博士は、「国家が教育内容にどのような介入を加えてもよいなどといっているのではない。教育内容については、できるだけ権力的介入を避けることが当然の要請であると考える」（九一）という。また、伊藤公一博士は、「ただし、教育は精神的・人格的作用を内容とする活動であるから、教員にも教育の自由は当然に必要であり、憲法二三条の学問の自由はそれを保障していると解する」（九二）としており、教育の特質性を一方的に否定しているわけではない。

五　学校現場での国旗掲揚・国歌斉唱と教員の教育の自由

（一）国旗掲揚・国歌斉唱に関わる判例検討

学校現場での国旗掲揚・国歌斉唱は、一部の都道府県においてその実施をめぐり論争が活発化している。なかでも東京都においては、平成一五年七月二日の東京都議会平成一五年第二回定例会における質問で次の二点が問題となった。一つが、国歌斉唱時「内心の自由があるから」と国歌斉唱を暗に拒否することの意味合いを司会者が事前に教員に説明をするのはなぜなのかという点、もう一つが、国歌斉唱時の教員の不起立である。この東京都議会の質問を発端に、東京都教育委員会は、学習指導要領に基づく卒業式、入学式の適正実施に向けて指導の徹底を図るとして、「入学式、卒業式等における国旗掲揚及び国歌斉唱について」（平成一五年一〇月二三日）という東京都教育委員会教育長名の通達を出した。これに基づき都下の学校の教職員に職務命令が発せられることになる。

この職務命令に対して、原告総数四〇一名が、四次にわたって国歌斉唱義務不存在等確認請求訴訟（予防訴訟）を提起した。これ以外にも国旗国歌斉唱に関わって職務命令に従わず、処分された教職員ら約九五〇人余りが、全国で一一三件（うち東京都一〇件）の同種の訴訟を起こしている（平成一九年二月時点での把握数）。

これら一連の裁判の原告側主張の共通点は、国歌の斉唱や起立の強要は、憲法一九条の「思想良心の自由」違反であって許されない。学習指導要領には法規性がなく、職務命令の適法性に問題がある。また、職務命令は、教育行政機関による教育への不当な支配につながり、教育基本法一〇条違反であって許されないとするなどである。

なお、本項においては、最初でも述べたように、「教育への行政による不当な介入を阻止して教員の教育の自由を守る」という原告側の主張を主眼に以下、考察していく。

まず、学習指導要領の法的根拠を見ていく。上述したように、伝習館事件の最高裁判決において、学習指導要領は、憲法二三条、二六条に違反しないとし、その法規性を是認した。そもそも学校教育法は、二〇条、三八条において小・中学校の「教科に関する事項」、同法四三条において高等学校の「学科及び教科に関する事項」は、「監督庁が、これを定める」と規定している。また、同法一〇六条において、「監督庁は、当分の間、これを文部大臣とする」と規定し、同法施行規則二五条、五四条の二、五七条の二は、小学校・中学校・高等学校の「教育課程については、この節（章）に定めるもののほか、教育課程の基準として文部科学大臣が別に公示する小学校（中学校・高等学校）学習指導要領によるものとする」と規定しており、学習指導要領の法的な根拠が論証され、法的効力が認められている。

この学習指導要領第四章第三の三には、「入学式や卒業式などにおいては、その意義を踏まえ、国旗を掲揚するとともに、国歌を斉唱するよう指導するものとする」と明記されている。それゆえ、学校における式典などでの国旗掲揚・国歌斉唱は、学習指導要領の条項に基づいて実施されており、学校教育法二八条・四〇条・五〇条における公的な職務に従事する教員としては遵法の義務があり、従わない場合には懲戒処分の対象になる。

この点、被告の東京都が敗訴した国歌斉唱義務不存在確認等請求事件一審判決[(九三)]においても「学習指導要領は、原則として法規としての性質を有するものと解するのが相当である」とその法規性を是認している。それは、この判決が、上述の最高裁学テ判決、伝習館事件の最高裁判決の「学習指導要領の個別の条項が、上記大綱的基準を逸脱し、内容的にも教職員に対し一方的な一定の理論や観念を生徒に教え込むことを強制するようなものである場合には、教育基本法一〇条一項所定の不当な支配に該当するものとして、法規としての性質を否定するのが相当である」という制約の部分を、学習指導要領の国旗掲揚・国歌斉唱条項にあてはめると、入学式や卒業式において国旗掲揚・国歌斉唱を「するように指導するものとする」とだけ規定しており、どのように教育するかまで定めていない。それに「具体的方法等については、各学校の判断に委ねており、その内容が一義的なものになっているということはできない」ので、国旗掲揚・国歌斉唱条項に「法的効力が有すると解するのが相当である」という。さらに、同条項は「教育の自主性尊重」や「教育における機会均等」といった「大綱的基準」を定めており、「教職員に対し一方的な一定の理論や理念を生徒に教え込むことを強制しないとの解釈の下で認められるものである」としており、その意味でも同条項が大綱的基準において適法性を有するという判示をする。

ただ、同判決は「同条項から、原告ら教職員が入学式、卒業式などの国歌斉唱の際に国旗に向かって起立し、国歌を斉唱する義務、ピアノ伴奏をする義務まで導き出すことは困難である」として、東京都教育委員会の通達（平成一五年一〇月二三日）が教育基本法一〇条一項の「不当な支配」に該当し、また憲法一九条の面からも問題があって違憲・違法とするのである。

この判決はいわば、学習指導要領の法的効力をまずは、「合憲限定解釈」で認めて、「教育の自主性の余地のない細目的規制の職務命令による実施には合憲適法化の余地」を認めなかったといえる(九四)。本件判決は、旭川学力テスト最高裁大法廷判決、伝習館事件の最高裁判決の判示を、意図的に原告の主張に合わせているように思える。入学式、卒業式などにおいて、国旗に向かって起立し、国歌を斉唱する義務およびピアノ伴奏をする義務が、伝習館事件最高裁判決の「その内容においても、教師に対し一方的な一定の理論ないしは観念を生徒に教え込むことを強制する」ことに該当するのであろうか。

この点に関して、福岡地方裁判所戒告処分取消等請求事件判決(九五)は、「普通教育においても、日本人としての自覚を養い、国を愛する心を育てるとともに、児童、生徒が将来国際社会において尊敬され、信頼される日本人として成長していくためには、児童、生徒に国歌に対しての正しい認識を抱かせ、それを尊重する態度を育てることは重要なことである」とする。そのうえで、学習指導要領の各定めは「特定の見方に偏るものでない限り……教師の裁量を否定するものといえないことは明らかであり、合理的な範囲の大綱基準といえる」とするのである。

また、大阪地方裁判所枚方個人情報保護条例事件判決(九六)においては、学習指導要領の国旗掲揚・国歌斉唱条項は、「国旗及び国歌を国の象徴として相互に尊重することが国際的な儀礼であること、日本人としての自覚を持たせ、国を愛する心を育てるためには、国旗・国歌を尊重する態度を育てることが重要なことであること、そのためには、入学式及び卒業式という重要な式典の際、国旗を掲揚し、国歌を斉唱することが望ましいこと、このような国旗・国歌に対する教育は、全国的にされるべきであることなどから、教育における機会均等の確保と全国的な一定の教育水準の維持という目的のために」制定され、「教職員に対し、国旗・国歌について一方的な一定の理論を生徒に教え込むことを強制するものとはいえず、必要かつ合理的な大綱的基準として法的効力を持つ」と判示した。

国歌ピアノ伴奏職務命令拒否最高裁判決(九七)では、学習指導要領の法的検討を行わず、「小学校学習指導要領(平成元年文部省告示第二四号)第四章第二D(一)は、学校行事のうち儀式的行事について、『学校生活に有意義な変化や折り目を付け、厳粛で清新な気分を味わい、新しい生活の展開への動機付けとなるような活動を行うこと。』と定めるところ、同章第三の三は、『入学式や卒業式などにおいては、その意義を踏まえ、国旗を掲揚するとともに、国歌を斉唱するよう指導するものとする。』と定めている」と、憲法一五条二項、同一九条を中心に判示をしている。このことは、今回の一連の国歌斉唱をめぐる職務命令拒否に関しての裁判において、学習指導要領の法規性を議論することの意味を、最高裁学テ判決、伝習館事件の最高裁判決の大綱的基準という考え以前の問題として同判決が捉えたものといえよう。

（二）　国旗掲揚・国歌斉唱に関する私見

国旗・国家をめぐる世論調査を見ると「公立の小・中・高校では、入学式や卒業式などでの『日の丸』『君が代』についでは、『日の丸』『君が代』とも『望ましい』とする考えが六四パーセントで、『日の丸は良いが君が代は望ましくない』一六パーセントと併せて、『日の丸』については肯定する意見が八〇パーセントにのぼった。一方、『君が代斉唱を望ましい』としたのは六七パーセントで、『両方とも望ましくない』は一二パーセントだった」(九八)。

この世論調査からもわかるように、国民の多数の人が、学校における式典において、国旗を掲揚し、国歌斉唱を厳粛に実施してほしいと望んでいることが考えられる。当然、保護者や地域の方にも同様の希望をする人が多数いるだろう。ただ、保護者の場合、子どもを学校に通学させていると、学校の教員の意向に反した意見を言いにくいというジレンマが強い。また、地域の方も必要以上に学校の教員との軋轢を望まないこともあり、意見を述べにくい面があると考えられる。

学校現場での国旗掲揚・国歌斉唱をめぐる一部の教員の論調には、「国旗、国歌」を一方的に悪として考える傾向が強く、そのことを前提に議論をはじめるという趣がある。例えば、国歌ピアノ伴奏職務命令拒否最高裁判決における原告教員は、「『君が代』がアジア侵略で果たしてきた役割等の正確な歴史的事実を教えず、かつ、自発性の告知等の思想・良心の自由を実質的に保障する措置がないままに『君が代』を歌わせるという子どもの人権侵害に加担することはできない」と裁判において訴えている。国歌を式典で歌わせることが、この教員にとり、「子どもの人権侵害に加担すること」になるというのである。これは、自己の主義主張と異なるものは、誤った思想として、児童・生徒に押しつけるのは許されないという前提があるように思えてならない。

国歌ピアノ伴奏職務命令拒否最高裁判決においては、所属長である校長が、「上告人に対して、特定の思想を持つことを強制したり、あるいはこれを禁止したりするものではなく、特定の思想の有無について告白することを強要するものでもなく、児童に対して一方的な思想や理念を教え込むことを強制するものとみることもできない」と教員の思想の自由が職務命令により侵されないことを認めている。

教員が自分の価値観で、これを教えると子どもの人権侵害になるから教えないなどということを判断する権限があるのか疑問である。このことは、上述したように教員免許にそのような権限が付与されていないのはいうまでもない。いみじくも、内野正幸教授は、特定の内容の教育を教員が押しつけることに対して次のようにいう。最高裁学テ判決は、「子どもの自由かつ独立の人格として成長することを妨げるような国家的介入」による一方的な教育の強制は、「憲法二六条、一三条の規定上からも許されない」としており、「教員が国家の命令にもとづいて、このような教育をおこなう場合が、とりあげられている。しかし、教育を受ける子どもの側からみると、それは、教師が自分の判断で同じような教育をおこなう場合と大きくかわるものではない。その意味では、公教育の場で『誤った知識や一方的な観念を子どもに植えつける』ことなどは、国家の命令にもとづく場合に違憲になるだけでなく、そうでない場合にも違憲になることがある、と考えるべきであろう」(九九)と。

学校での厳粛な式典を望む多くの児童・生徒や保護者がいることは上述の世論調査からも明らかである。そうすると、一部の教員が国旗・国歌に対する自己の価値観に基づいて、子どもの人権侵害になるからと職務命令に反してまで儀式で反法令的行為をとることが許されるのであろうか。教員が式典で起立しなかったとしたら、式典に参加している児童・生徒や保護者は、不作為による教員の表象された思想信条を感じることになる。これでは、学習指導要領第四章第三の三に基づく、「入学式や卒業式などにおいては、その意義を踏まえ、国旗を掲揚するとともに、国歌を斉唱する」という目的が達成できないことになるように思える。

また、何より筆者が懸念することは、特定の教員の価値観に基づく不作為を含む行動により、学校の式典で国旗を掲揚し、厳粛に国歌を斉唱するということを見て学び、国を愛する心を育み、国際社会において尊敬され、信頼される日本人として成長しようとする児童・生徒の学習権や憲法二六条の「教育を受ける権利」を、結果として奪っていることになるのではないかということである。教育の特質性は、たしかに考えねばならない面はある。しかし、いうまでもなくわが国は法治国家であって、議会制民主主義において国民の総意を反映している国会で制定された法令に則って教育が行われていくる必要がある。その意味からも法令に従って、教員が適法かつ適正に教育を行われなければならないことは当然のことである。

今後は、「[東京都]教育委員会の[国旗掲揚・国歌斉唱に対する]毅然とした態度は大きな効果を生んだ。五年、十年たったら、恐らく首をすくめて眺めている地方は、全部東京のまねをするでしょう」(一〇〇)ということが重みを増し、さらには、「伊吹文部科学相は七日の衆院教育再生特別委員会で、地方教育行政法改正案に盛り込まれた文科相から教育委員会への『是正の要求』をめぐり、学校が入学式や卒業式で国旗掲揚や国歌斉唱をしなかった場合について『学習指導要領どおりやってくださいということは、是正要求しなければならない』と述べ、発動の対象となりうるとの考えを示した」(一〇一)というように、国旗掲揚・国歌斉唱が全国的に適正かつ均等に実施されていくものと考える。

そして、この石原都知事や伊吹元文部科学相の考えは、現在大阪府での条例制定という新たな展開を迎えている。(一〇二)

第三項　思想・良心の自由と国旗掲揚・国歌斉唱

一　思想・良心の自由をめぐる学説

学校現場における国旗掲揚・国歌斉唱をめぐる訴訟における主な論点は、おおむね三点に要約されるのは上述した。本項においては、第三番目の国旗掲揚・国歌斉唱は、教員の思想・良心の自由の侵害かそれとも制約かという憲法一九条をめぐる問題を中心に論を展開していきたいと思う。

日本国憲法は一九条において「思想・良心の自由」を明記している。これは、公権力が人の内心に踏み入り、その内心の告白の強制や内心を推知したり、特定の思想の強要を行ったり、または、特定の思想を理由とする不利益的取り扱いを禁止することにより、人の内心を公権力から保護するものである。

諸外国においては、「良心の自由」とは「信仰の自由」を意味すると解することが通例である。(一〇三) ただ、わが国の憲法は、二〇条において「信教の自由」を保障する規定を設けている。それだけに、一九条は、信教の自由から区別された世界観や人生観などの主義や信条に基づく内心の自由を指していると考えられる。

一九条における「良心」は倫理的な側面をいい、「思想」はそれ以外の精神作用に関わるものと解される。ただ、両者を区別することは、同条が両者を包摂して保障する以上、特別な意味があるとは思われない。(一〇四)

問題は、一九条が保障する精神活動の範囲をどこまで認めるかである。通説である信条説は、保障の範囲を一定の信条、主義、世界観であると狭義に解する。(一〇五) これに対して内心説は、内心の活動一般であると広義に解する。(一〇六)

判例は、謝罪広告事件における最高裁大法廷判決で、(一〇七) 田中耕太郎裁判官が補足意見で信条説の見解を明確にする。その後、長野勤務評定事件における長野地裁判決で、(一〇八) 同裁判官の補足意見を参照して、「『思想及び良心』の自由の保障すなわち沈黙の自由の保障の対象は宗教上の信仰に準ずべき世界観人生観等個人の人格形成の核心をなすものに限られ、一般道徳上、常識上の事物の是非、善悪の判断や一定の目的のための手段、対策としての当不当の判断を含まないと解すべきである」とし、後の最高裁も同様の見解をとることになる。(一〇九)

二　学校現場における国旗掲揚・国歌斉唱と思想・良心の自由

平成元年制定の「学習指導要領　特別活動」(小・中・高) において「入学式や卒業式などにおいては、その意義を踏まえ、国旗を掲揚するとともに、国歌を斉唱するよう指導するものとする」と定められた。しかし、現実は「日教組などの反対によって、平成元年当時、都立学校の卒業式において国旗を掲揚していたのは全体の二二・四パーセント、国歌を斉唱していたのは全体の僅か一・四パーセントにすぎなかった」(一一〇)。それが、平成一一年八月一三日「国旗及び国歌に関する法律」が施行されることにより、平成一四年度には、国旗掲揚は、小・中学校九九・九パーセント、高等学校一〇〇パーセント、国歌斉唱は、小学校九九・二パーセント、中学校九九・三パーセント、高等学校九九・八パーセントとなり、正常化されたかに見える(一一一)。しかし、現実は、このような高い実施率が本当に確保されているのかという疑念や実施自体が適正に行われていないのではないかという指摘もある(一一二)。

平成一九年二月一六日に日本弁護士連合会は、「公立の学校現場における『日の丸』・『君が代』の強制問題に関する意見書」を出した。意見書では、国民の間には、国旗・国歌に対して多様な考えがあり、「『日の丸』に敬意を示すことや、『君が代』を歌うこと自体が、自らの思想・良心の自由に抵触し、抵抗あると考える者」(一一三)がいるとし、各自の信条、主義、世界観などは憲法一九条により保護されるべきとする。

たしかに、国民の間には多様な意見があるのは事実であるし、その意見は憲法一九条により保護されるべきものでもあろう。しかし、教育公務員の思想・良心の自由が国民一般と同じ視点で保護されるのかははなはだ疑問である(一一四)。以下、判例検討を加えながら考察していきたいと思う。

三　教員の思想・良心の自由と国旗掲揚・国歌斉唱が争われた判例検討

教員の思想・良心の自由を考えるうえにおいて重要になってくるものに、「内心領域」と「外部的行為」との関連をどう捉えるかという点と教員の職務の公共性の考え方の問題がある。この二つの問題を、北九州市国歌斉唱時不起立教員処分事件判決(一一五)、国歌斉唱義務不存在確認等請求事件一審判決(一一六)、国歌ピアノ伴奏拒否裁判判決(一一七)の三つの裁判例を中心に分析していく。

（一）　教育公務員の「内心」と「外部的行為」における学説の検討

①内心・外部的行為不可分説

内心・外部的行為不可分説の基底は、上述の内心説に立脚する。この学説に立脚した判例としては、国歌斉唱義務不存在確認等請求事件一審判決が挙げられる。

本訴訟は、「入学式、卒業式等における国旗掲揚及び国歌斉唱について」（平成一五年一〇月二三日）という東京都教育委員会教育長名の通達に基づき、都下の学校の教職員に国旗掲揚・国歌斉唱の適切な実施の職務命令が発せられた。その職務命令に対して、原告総数四〇一名が、四次にわたって国歌斉唱義務不存在等確認請求訴訟（予防訴訟）を提起したものである。

判決では、「人の内心領域の精神的活動は外部的行為と密接な関係を有するものであり、これを切り離して考えることは困難かつ不自然」であり、日の丸、君が代は、「皇国思想や軍国主義思想の精神的支柱として用いられてきたことがあることは否定し難い歴史的事実」であって、公立学校の入学式や卒業式で「このような世界観、主義、主張を持つ」思想・良心の自由は「公共の福祉に反しない限り、憲法上、保護に値する権利というべきである」とする。それは、「国旗・国歌法により、日の丸、君が代が国旗、国歌と規定」されていたとしても、「教職員に対し、一律に、入学式、卒業式等の式典において国歌斉唱の際に国旗に向かって起立し、国歌を斉唱すること、ピアノ伴奏をすることについて義務を課すことは、思想・良心の自由に対する制約になる」として、内心と外部的行為は不可分であるという立場から教職員への国旗掲揚・国歌斉唱の強制は、思想・良心の自由の侵害になるとした。

内心と外部的行為は不可分とするこの判決を、市川須美子教授は、「裁判所が、命令に対する消極的不作為、すなわち、単に命じられたことをしなかったもしくはできなかったという行動形態を、積極的妨害行為や生徒に対する扇動行為と比較したうえで、内心と直結した必要最小限の外部行為と評価した」（二一八）という。同様に、戸波江二教授は、

「日の丸、君が代の反対の意思表示として、積極的な反対行動をとって式典を混乱させることになれば、それは反対の意思表示として過剰」であるが、「君が代斉唱の際の不起立や不唱和などの消極的な意思表示は、式典の運行を乱すものではない限りで、許される行為と見なされるべきである」(一一九)という。

上述の見解に対し、百地章教授は、内心と外部的行為は、基本的には区別することが可能とする立場から、内心・外部的行為不可分説をとる国歌斉唱義務不存在確認等請求事件一審判決に対して、内心と外部的行為の「両者は常に区別できないと考えるならば、国は国民個々人の思想・良心に反するような内容の法律を遵守するよう要求することさえできなくなろう」(一二〇)といい、内心・外部的行為不可分説をとることによる思想・良心の自由の広範な広がりの問題点を指摘する。

②内心・外部的行為密接説

内心・外部的行為密接説に立脚した判例としては、まず北九州市国歌斉唱時不起立教員処分事件における福岡地裁判決が挙げられる。同訴訟は、国歌斉唱時に起立しない教員が処分を受け、その処分の取り消しと精神的苦痛に対する損害賠償を求めて起こした裁判である。

判決では、本件職務命令をもってして、「一定の外部的行為を命じるものにすぎないことは明らかであり、それ自体が個人原告らの内心における精神的活動を拒否したり、個人原告らの思想、良心に反する精神的活動を強制するものではない」とした。そのうえで「人の内心における精神的活動は外部的行為と密接な関係を有するもの」とした。ただ、「君が代を歌えないという考えは、個人原告らの人間観、世界観と直接に結びつくものではなく、君が代を歌うこと自体は必ずしも個人原告らの思想、良心に反する外部的行為であるということはできない」とした。これは、内心と外部行為は密接に関連してはいるが、君が代の歌詞についてはさまざまな解釈があって、君が代を歌うことが、原告らの思想・良心の自由に反する外部的行為であるとはいえないとしたのである。

同様の論旨の判決としては、国歌ピアノ伴奏拒否裁判一審、二審の判決が挙げられる。同裁判は、音楽専科の教諭として東京都内の小学校に勤務していた原告が、校長より入学式において、国歌斉唱の際、ピアノ伴奏を行うよう職務命令が出されたにもかかわらず、その命令に従わなかった。この職務命令不服従に対して東京都教育委員会は原告に戒告の懲戒処分を行った。この処分の取り消しを求めて起こされたのが本件訴訟である。

本件訴訟においては、一、二審ともに、ピアノ伴奏を行うことを命じる職務命令判決は、「一定の外部的行為を命じるものであるから」原告の「内心領域における精神的活動までも否定するものではない」が、「人の内心領域における精神的活動は外部的行為と密接な関係を有するものといえるから、『君が代』を伴奏すること」を拒んでいる原告に、「『君が代』のピアノ伴奏を命じることは」「思想・良心に反する行為を行うことを強いる」ことになると判示する。しかし、教育公務員の思想・良心の自由は、公共の福祉の見地から、公務員の職務の公共性における内在的制約を受け、公教育に携わる教育公務員として受忍せざる範囲であって、このような受忍を強いたとしても憲法一九条には違反しないとする。

いわば、この内心・外部的行為密接説は、内心と外部行為は密接に関連しているという点において、一面で内心・外部的行為不可分説の色彩が強い面がある。そのことは、国歌ピアノ伴奏拒否裁判一・二審の判決では、国歌斉唱の伴奏という外部的行為が、原告の内面的精神活動の強制につながるという不可分説を否定するということを出発点としており、原告が「君が代の伴奏を行ったとしても、自らが有する君が代に対する価値判断はそのまま維持しうるという厳格な『内外二元論』を採用している」（一二）ことからもうかがえる。

たしかに、本件一、二審判決の場合、範囲こそ明確にはしていないが、「公務員として受忍せざる範囲」を超越した場合には、憲法一九条に反するおそれがあるという論理構成を用いており、内心と外部行為を分けて考えたものとして捉えることができる。それゆえ、内心・外部的行為密接説は、どちらかといえば、内心・外部的行為可分説に近い学説ということがいえよう。

③内心・外部的行為可分説

人の内心と外部的行為を分ける可能性を説いたのが、内心・外部的行為可分説である。この説は、「内心の自由は絶対的保障を受けるが、外部的行為の規制にすぎない起立斉唱・伴奏命令は内心の精神活動を制約するものではなく、思想・良心の自由の侵害にはならない」（二三）とする考えである。

この学説に立脚したのが、ピアノ伴奏拒否事件最高裁判決の多数意見である。それは、上告人にとって、ピアノ伴奏を拒否することは歴史観、世界観に基づくものであっても、「一般的にはこれと不可分に結び付くものということはできず」、ピアノ伴奏を命じる本件職務命令が、ただちに上告人の歴史観、世界観それ自体を否定するものと認めることはできないという。さらには、「上告人に対して、特定の思想を持つことを強制したり、あるいはこれを禁止したりするものではなく、特定の思想の有無について告白することを強要するものでもなく、児童に対して一方的な思想や理念を教え込むことを強制するものとみることもできない」として、あくまで職務命令は外面的行為にしか及んでいないことを明確にした。

いわば、国歌のピアノ伴奏は、多数意見によれば、一般的には特定の歴史観、世界観の表明とは考えられないという。それゆえ、ピアノ伴奏を命じる職務命令が、教員の思想・良心の自由を侵害すると考えるのは無理がある。また、起立や国歌斉唱についても同様のことがいえる。現に、式典において「求められているのは、あくまで『国旗に向かっての起立』や『国歌斉唱』という外部的行為のみであって、それ以上のことが求められているわけではない」からである。このことは、主観的に見れば「内心・外部的行為不可分説」ないし「内心・外部的行為密接関連説」が成立する可能性を認めつつも、客観的に見れば内心と外部行為を別のものと評価することは可能であるとして「内心・外部的行為可分説」を採用しているといえよう。それは、「ピアノ伴奏を命ずることは特定の思想の強制、禁止に当たらないし、思想の表明を命ずるものでもないから憲法には違反しない」[一二三]からである。

この内心・外部的行為可分説の見解に対して、西原博史教授は、「外部行為と思想・良心の接続を断ち切っていく考え方には、本質な部分で見落としがある」という。それは、「憲法による思想・良心の自由の保障が必要なのは、思想・良心が個人の自律を支える鍵としての役割を果たす」[一二四]からだとしている。

たしかに、同教授がいうように思想・良心の自由が個人の自律を支えることには間違いではないであろう。しかし、そのことを必要以上に強調しすぎると、思想・良心の範囲が広範なものとなりすぎるおそれがあり、個人の自律の名の下に、国家は適正な法律の運用が行えなくなり、結果として、国家の存立が難しくなるおそれすら出てくるといえる。

（二）　教員の思想・良心の自由と教員の職務の公共性による制約

上述の国歌ピアノ伴奏拒否裁判においては、前掲の最高裁判決は、教育公務員の思想・良心の自由を認めつつも、地方公務員は、全体の奉仕者であって（憲法一五条二項）、職務の遂行にあたっては、全力を挙げて専念する義務があるのであり（地方公務員法三〇条）、公共の福祉（憲法一二・一三条）の見地から教育公務員の職務の公共性に由来する内在的な制約を受けるものとするのが相当であるとする。これは、教育公務員は、その職務の公共性から思想・良心の自由には内在的に制約がかかるのであり、国旗掲揚・国歌斉唱の職務命令は、教員の思想・良心の自由侵害にはならずに、国歌斉唱時に起立することは、教員の職務としての内容であり、教員の思想・良心の自由に内在する一定の制約であるとする。

これに対して、公務員の職務の公共性を楯にして思想・良心の自由の制約に反対する立場から、以下のような見解が挙げられる。

第一説は、思想・良心の侵害が正当化されるか否かを、「個人としての」教員の思想・良心の自由に基づいて、教員の職務命令に従う法的義務の免除の可否（利益衡量）から考察する見解である。これは、教員の思想・良心の自由に重きをおいた見解といえる。(二二五)

第二説は、西原博史教授が説く、子どもの思想・良心の自由を守るため、教員が国歌斉唱時に実行した不作為を含む行為の正当性である。同教授は、国旗掲揚・国歌斉唱に関して教員の立場には、二重性があるという。第一は、教員「個人としての思想・良心に対する侵害」の問題であり、第二は、子どもたちを国旗掲揚・国歌斉唱の強制から守るため自らが職務命令に従わなかった場合、その教員の活動の違法性は阻却されるという「教員の抗命義務論」である。(二二六)

第三説は、佐々木弘通教授の見解で、子どもの人権を守る教員としてではなく、教員が自己の思想・良心の自由を守るためにこそ意を用いる必要があるという。同教授の論の基底には、外部的行為の強制の捉え方に特徴がある。同教授は、外部的行為の強制を公権力による強制が憲法上許されない「自発的行為の強制」と「外面的行動の強制」に分類する。前者は、違憲無効になるが、後者は、「非常に深いレベルでの内心と衝突していれば例外的に義務免除が認められるが、それほどでない場合にはその義務は義務として維持される」(二二七)という二段階で思想・良心の自由の制約を検討している。

上記の見解の内容を踏まえて、渡辺康行教授は、教員の思想・良心の自由が侵害されることが正当化されるか否かについて、第一説は、教員の「職務命令に従う法的義務の免除の可否」から捉えている。それに対して、第二説は、子どもの人権を保護する教員（教員の抗命義務論）の違法性の阻却として捉えており、一見すると、この両説は相違しているように見える。しかし、同教授はそうではないという。第二説の教員の抗命義務論は、結局のところ「職務命令に従う法的免除の可否」論であると捉えられるからである。それは、「義務の免除」を、教員個人としての思想・良心の自由の問題として考えるか、それとも教員の抗命義務として考えるかの相違だからである。同教授は、基本的には「個人としての」教員の思想・良心の自由の問題として侵害の正当化を勘案していくことの妥当性を説いている。(一二八)

上述の見解とは立場を変えて、百地章教授は、制約の持つ意味について、思想・良心の自由における「制約」と「侵害」は別のものという。「憲法上許されないのはあくまで『侵害』の方である。それ故、たとえそれが『思想・良心のかかわりのある―かかわりうる―外部的行為』であっても、その性格や内心とのかかわり方如何では、思想・良心の自由の『侵害』とまではいえない場合、つまり『公共の福祉』による『制約』ないし『内在的制約』として許されるケースが、当然ありうる」といい、同判決が、起立や国歌斉唱、さらにピアノ伴奏の職務命令を発したとしても、思想・良心の自由の「制約」になるとして、そのことから直ちに思想・良心の自由の「侵害」とするのは早計という。いわば、国歌斉唱義務不存在確認等請求事件一審判決は、「国旗・国歌に反対する教師たちに対して、『処分』をもって強制することは『思想に基づく不利益』を課すに等しいと述べているが、『処分』はあくまで職務命令に違反した結果であって、その逆ではない」(一二九)ことを重視すべきであるという。

同様に、西原教授は、子ども中心主義の立場から次のようにいう。国歌斉唱義務不存在確認等請求事件一審判決は、教員公務員の職務の公共性を度外視したうえで、「国歌斉唱義務不存在をおおっぴらに宣言するこの判決は、教師の思想・良心の自由を極限まで拡大した」とする。判決では、「『国旗掲揚・国歌斉唱に反対する』ことを『世界観、主義、主張』と同視」しており、「こうした論法を採れば、好き嫌いを含むあらゆる意思決定が思想・良心の自由の下で不可侵となってしまうだろう。実際に判決は、個々の原告ごとの侵害認定を行っていない。イヤなことをやらされたら良心の自由の侵害、自分たちの政治信条とズレることをさせられたら思想の自由の侵害、という論理だが、これが法的に通用する命題であるはずはない」(一三〇)という。

また、坂田仰教授は、「自らの選択で地方公務員としての教員という職業を選択した以上、その職務との関係で外面的行動の部分に限っては、一定の制約を受けざるを得ない」と、思想・良心の自由の制約の正当性を説明する。（一三一）すなわち、「内心に関わること」と「内心の自由の侵害」とは別問題であり、内心の自由の「制約」をもってして、そのことが直ちに内心の自由の「侵害」になるわけではないのである。（一三二）

そもそも、思想・良心の自由には、一定の制約が内在している。それだけに、思想・良心の自由は、思想・良心が危機的な状況に直面した場合や、個人のアイデンティティが保持できないような現状において、はじめて具体的に法や国家の命令が思想・良心の自由への侵害として認められ一九条において保護に値する。そうでなければ、思想・良心の自由が無限大に認められることになり、自分にとり不都合なことすべてが思想・良心の自由の名の下に否定されるということになりかねない。まして、公務員としての身分から考えれば国歌ピアノ伴奏拒否最高裁多数意見のなかにもあるように、一定の制約は当然のことといえよう。

四　子どもを中心とした思想・良心の自由と国歌斉唱

（一）　子どもの思想・良心の自由の侵害の問題

国旗掲揚・国歌斉唱をめぐっては、教員の思想・良心の自由を中心とした一面的な論調が多いなか、子どもを中心とした視点から問題を提起したのが、西原博史教授である。同教授は、『世界』七六五号のなかにおいて、子ども中心主義の観点から子どもの思想・良心の自由の尊重の重要性を踏まえた議論を展開する。

同教授は、自身の友人の体験談を次のように述べて国旗掲揚・国歌斉唱の議論に一石を投じた。「Y氏が小学校六年生だった頃も、卒業式で『君が代』斉唱を実施しようとする学校管理職と、その斉唱に反対する教職員との間に激しい対立が存在した。……その結果、Y氏は卒業式に先立つ時期、『君が代』は差別と侵略を象徴する歌であり、現在の日本人として決して歌ってはいけない歌であるという教育を徹底して叩き込まれることになった。しかし、Y氏は子どもながらそれとは違う信条を持っていた。……卒業式当日、『君が代』の場面で立ち上がったのは、校長、教頭とY氏だけだった。……その時の教師たちの、非難のこもった目をY氏は決して忘れられない。黙って座りながら、自らの良心に従って行動しようとする幼い小学生に対して、裏切り者をそしる目を」教員らはY氏に向けた。

この問題は、Y氏にとり、「教職員が集団として、教育公務員としての職権を乱用し、国歌シンボルの評価に対する特定の評価を子どもに押しつけた。卒業式は、教師たちに対する忠誠の証として座り続けられるかどうかを問う、子どもたちの踏み絵の場だった」のである。そして、子どもの思想・良心の自由は、「教師たちの政治信条の前で、配慮に値しないちっぽけなものとして踏みにじられた」という。

教員の思想・良心の自由に基づいた国旗掲揚・国歌斉唱に反対するため結果として、Y氏のような一部の生徒の思想・良心の自由を否定することになる。それは、教員自身が「子どもの思想・良心の自由に対する侵害主体」であることを意味する（一三三）。

同様の視点から米沢広一教授は、「自己の信義に基づいて日の丸・君が代を拒否する生徒がいる一方、他方では、卒業式等の式典では日の丸を掲揚し、君が代を斉唱すべきであるとの信念を有する生徒も存するという状況下で、教師が消極的妨害行為を行うことは、前者の生徒の人権保障には仕えるが、後者の生徒にとっては、結果的には、妨害行為となりうる（一三四）」という問題を指摘する。

上述の問題に対して、渡辺康行教授は次の指摘をする。「大多数の教師や生徒などが起立しているいう状況下において、ごく少数の教師による消極的な行為が『日の丸・君が代』に賛成する生徒の思想・良心の自由に対する『妨害行為』となるということは考えにくい（一三五）」。

しかし、同教授がいう「ごく少数の教師」と生徒との関係が、クラス担任や部活動の顧問のように、濃厚である場合どうであろうか。その生徒は、やはりその教師の顔色をうかがうことによって、自分の思想・良心を曲げてしまい

「ごく少数の教師」に従うおそれはないだろうか。また、「ごく少数の教師」であっても、生徒や保護者、他の教員などに影響力のある教員が起立しない場合、児童・生徒を含めた式典全体の森厳なる雰囲気に与える悪影響が大きい場合が多い。さらに、同教授は、「ごく少数の教師」というが、注（一一二）で述べたように、都道府県や学校によっては現在でも相当数の教員が起立せず、生徒に起立しないように教員の価値の押しつけを行って、学校現場を混乱させている実体を知っているのであろうか。たとえ少数の教員であっても、場合によっては少数の場合ほど、子どもの思想・良心の自由に及ぼす悪影響が大きいこともある。

（二）　子どもの思想・良心の自由と判例検討

上述したように、国歌斉唱義務不存在確認等請求事件一審判決と国歌ピアノ伴奏拒否最高裁判決多数意見の判示を思想・良心の自由における「内心領域」と「外部的行為」の学説に当てはめると、前者は、内心・外部的行為不可分説、後者は、内心・外部的行為可分説に該当する。この見解の相違は、式典における国歌斉唱時に教員が起立し斉唱することの必要性の有無の判断に大きな影響を与える。

すなわち内心と外部行為が不可分であるならば憲法一九条により教員の思想・良心の自由は保護され、教員への国歌斉唱の強制は行えず、不起立や不唱和などは、消極的な意思表示として、式典の妨げにならない限り許されることになる。このことは「教師に対する強制がそれだけにとどまらず、子ども・生徒に対する強制と一体的であり、教師としての自身に対する強制を甘んじて受け入れることは、子ども・生徒に対する強制に加担することをも意味する」[一三六]という考えからは、教員の思想・良心の自由を守ることこそが、児童・生徒の思想・良心の自由を教育行政から守れることを意味すると解せられる。ただ、この見解の限界は、教員中心の論調が強く、結果として児童・生徒が教員に従属しているという点である。それは、従来の教員を中心とした国民の教育権説の論調そのものといえる。

これに対して、内心・外部的行為が可分とする見解によれば、職務命令による国家斉唱時の起立や伴奏命令は外面的行為に対する適正なる命令として効力を有することになる。それゆえ、教員は自身が職務命令に従う義務と同時に、児童・生徒に対しても適正に指導を行う必要性が出てくるのである。結局のところ、上述の二つの結論が異なる裁判からは、両極端な結論が導き出されることになる。

国歌斉唱義務不存在確認等請求事件一審判決では、もし児童・生徒が自分の意思で起立することを望んでいたにしても、教員に従属しているように扱われたのでは、子どもの思想・良心の自由に与える悪影響は計り知れないものがある。このことを西原博史教授は、学校での子どもを中心に考える必要性を説く立場から次のようにいう。教員の「思想・良心の自由の主張の前に再び学校における子どもの無権利状態を確立しようとするものである。また、同じ枠組で子どもの思想・良心の自由に関する主張を取り上げるならば、およそ教育の名に値するプロセスは一切成り立たないことになる」。「この結果を防ごうと、子どもが人格形成の途上にあることを理由に憲法一九条の保障を相対化するならば子どもは片方で学校行政を主体としたイデオロギー強化に、他方で教師の思想・良心の自由に基づいた洗脳に対して、何の防壁もなく直面することになるだろう」(一三七)と指摘する。

しかし、なぜ学校行政が教育に関わることと「イデオロギー強化」がつながりをもつのであろうか。現状の学校は法に基づいて運用されており、教員も学校組織の一員である。議会制民主主義の下、教育委員会制度など国民の多数の支持を得て存立している教育行政制度(学校制度)が現状において、一番政治的中立性を担保できる制度であろう。それだけに、教育行政が、すなわちイデオロギー強化であるというような一面的な決めつけは違和感を否めない。

また、同教授は、国歌ピアノ伴奏拒否最高裁判決多数意見の問題点を「最高裁多数意見の枠組も、学校で子どもに対する組織的マインドコントロールが行われても歯止めをかけられない憲法一九条論になっていきかねない。子どもが暴力的に国歌斉唱に参加させられても、『一般的・客観的にいって』思想・良心の自由を侵害するものではない、という論理が成り立つからである。そして、この『一般的・客観的』な内容を好き勝手に入れ替えれば、国民多数派の圧力による少数派の見解の抑圧、否定も許されることになりかねない」（一三八）という。

「組織的マインドコントロール」は、何も官が行うのではない。むしろ、上述したように従前より「組織的マインドコントロール」を行っているのは、一部の教員や教職員組合である。現状の国の政治は国民主権の下、前述したように議会制民主主義により行われており、もし、国家が不当な強制を行おうとすれば、国民は選挙を通じて意思の表示ができる。しかし、恣意的な要素が入るおそれが強い一部教員や教職員組合が過度の「組織的マインドコントロール」を行ったとしても国民には制御することができず、そのことの方がより深刻だといえる。

なお、国歌ピアノ伴奏拒否最高裁判決多数意見に対する藤田宙靖裁判官の反対意見は注視すべきところがある。同裁判官は、教員の思想・良心の自由の制約について、公共の利益の「究極目的」として「子供の教育を受ける権利の達成」を考える。それは、学習指導要領で定められた式典における国歌斉唱を通じて、それを実現するための「秩序・規律」や校長の指揮権確保という「具体的目的」を媒介にして、ようやく職務命令にたどり着くというものである。いわば、「教師が職務の公共性に基づいて思想・良心の自由に対する制約を甘受せざるを得ない場合があるとしても、その職務の公共性は、究極目的としての『子どもの教育を受ける権利の達成』との関係で評価する必要がある」という。具体的には、「子どもの教育を受ける権利は、独立して思考、判断する人格の育成を指向する」として、憲法二六条で保障された教育を受ける権利が憲法一三条の個人の尊重条項などとの関連性のなかにあって、「あくまで個人の独立した人格を尊重しようとする人権体系の中に位置づけられている」（一三九）といえる。

ただ、同裁判官の反対意見は、思想・良心の自由の制約が認められる要因を「公共の利益」である「子供の教育を受ける利益」を考量の基準としているが、後述するように教育には、一定の強制が必要であり、子どもの思想・良心の自由をもって公共の利益と考えて必要以上の保護をするならば、おおよそ教育というものが成立しなくなるおそれがある。同裁判官は、上告人は、突然伴奏を拒否したわけでないし、「実力をもって式進行を阻止しようとしていたものでもない」という。また、式典では上告人の不作為を埋め合わせる形でテープによる伴奏が行われ「基本的には問題なく式は進行している」としたうえで、テープによる伴奏が生のピアノ伴奏と比して、どちらが厳粛・荘厳かは判断できないという。

しかし、例年行われているピアノ伴奏が急にテープによる伴奏に変わったとしたら、式典に参加した人から見れば強い違和感を持つのが普通ではなかろうか。さらに、上述した反対意見のなかの職務命令にたどり着くまでのプロセスを考えると、現実的には思想・良心の自由の名の下、教育公務員に対しては、事実上職務命令を発することが困難になる。それでは、多数意見が思想・良心の自由の制約の合理的理由として説いた、憲法一五条二項や地方公務員法三〇条、同三二条などの規定が形骸化してしまうのではないか危惧される。

特筆すべきは、国歌ピアノ伴奏拒否裁判最高裁判決における那須弘平裁判官の補足意見である。同裁判官は、特定の信念を有する教員にとり、ピアノ伴奏が精神的苦痛を与えることを是認したうえで、公務員は「全体の奉仕者」であり、校長の監督権や公務員の上司の命令に従う義務があるとし、もしピアノ伴奏を行うかどうかが「教師の個人的な裁量に委ねられたりしたのでは、学校教育の均質性や学校の秩序を維持する上で深刻な問題を引き起こす」ことになる。いわば、教員の専門性にだけ任せていただけでは学校教育はそもそも成り立たなくなる。そして何より、「子どもたちが入学式に参加し国歌を斉唱することを通じ新たに始まる学年に向けて気持ちを引き締め、学習意欲を高めるための格好の機会を奪ったり損ねたりすることにもなり、結果的に集団活動を通じ子どもたちが修得すべき教育上の諸権利を害することとなる」という。

教員の思想・良心の自由により、憲法二六条で定められた子どもの「教育を受ける権利」を阻害することを許さないという趣旨において、大変含蓄のある補足意見といえる。

この最高裁判例における教員の思想・良心をめぐる判決は、後の最高裁判例においても踏襲されており、良心の自由に対して、「間接的制約となる面がある」としつつも、地方公務員の職務の公共性などから「命令は思想・良心の自由を保障した憲法に違反しない」との趣旨の合憲判決が相次いでいる（一四〇）。

㈢　子どもの思想・良心の自由と学校教育のあり方

子どもには、憲法一九条や子どもの権利条約一四条一項によって、思想・良心の自由が保障されている。当然、親の思想・良心の自由は、「第一次的には、親の教育権それ自体に根拠をもつと言えよう。子どもの世界観や人生観に関する教育は、親のもっとも根源的な精神の内的自由領域に属し、したがってそれは、親の教育権の最重要かつ中核的な内容として、当然にこの権利に包摂されているからである」（一四一）。「ドイツの権威ある学校法学説が親の教育権を狭義には『親が自己の観念に基づいてその子を教育する権利』と定義しているゆえんである」（一四二）。また、「子どもの権利条約が、子どもに『思想・良心の自由への権利』を保障したうえで、これらの権利を子どもが行使するに際して、親に対し『子どもに指示を与える権利』を法認しているもの（一四条二項）、上述のような親の教育権理解に立っているものと解釈できる」（一四三）からである。このことは、教員の思想・良心の自由の対局には、時として子どもの思想・良心の自由だけにとどまらず、親の教育権に裏打ちされた親の思想・良心の自由があることを認識しておく必要がある。

教育の問題を考えていくうえにおいて、従来の教員を中心とした学校の運営から子ども中心主義に移行する考え方は、意義深いことといえよう。それは、学校は教員や教員集団のためにあるのではないからだ。その意味で西原教授の学校での子ども中心主義は、従来の教育法学や国民の教育権説の論者が説く、教職員組合を中心とした教員の権利主張や権限行使に一定の限界を与えるものといえる。

百地教授は、バーネット事件裁判（一四四）の事例を引き合いにして、国旗掲揚・国歌斉唱と思想・良心の自由について次のように述べる。学校では、テストや出席、履修科目の規定などのように、教育と強制は切っても切り離せないものがある。そこで、「問題は『許される強制』と『許されない強制』の区別であって、『許されない強制』の典型が、バーネット事件で違憲とされた、退学処分や罰金といった強制まで伴う形での『国旗への忠誠宣誓』であ」る。「このように考えるならば、教師による国旗・国歌についての指導や、『国旗掲揚の際の〔単なる〕起立』や『国歌斉唱』は『許される強制』に含まれ、それらが児童・生徒らの思想・良心の自由の『侵害』に当たらないことは当然といえる」(一四五)という。

百地教授の見解は、至当といえる。国旗掲揚・国歌斉唱は法に基づいて適正に運用されるべき性質のものである。(一四六)わが国の国旗・国歌は、法制上からも歴史的な慣習からも「日の丸」「君が代」である。学校での教員が、子どもの自主性を金科玉条にしたり、子どもの好き嫌いだけで教育を行ったのでは、それはもはや教育の体をなさないであろう。その意味でも公教育の場である学校において、自国の歴史を正しく認識させ、自国を愛する心をもった国際常識をわきまえた国民を育成する必要からも児童・生徒に国旗・国歌に対して正しい認識と尊敬する心を教育していく(一四七)のは当然である。

また、学校での式典における国旗掲揚・国歌斉唱は、学習指導要領に基づき厳粛に行わなければならない。そのことが自国に対する敬愛とともに、他国に対する敬意の表れにもつながるのである。しかし、一部の教員のなかには思想・良心の自由や教員の教育権などを主張して国歌斉唱に対して拒否的行動に出るものが今でもいる。もし、教員が思想・良心の自由を楯にして、起立しなかったとしたら、式場の中にいる児童・生徒は教員の姿を見て式典において起立することは容易なことであろうか。それゆえ、消極的な不作為も積極的妨害行為も児童・生徒の教育を受ける権利に悪影響を与えるという点では同じといえよう。他校では国歌斉唱時に、ピアノ伴奏を行っているのに自分の学校ではピアノ演奏が行われなかったとしたら厳粛な式典を望む子どもの教育を受ける権利保障の面から問題といえる。

教育を行う主体である教員に課せられた職責は絶大であり、児童・生徒はもとより保護者、地域社会、国家、国民に対しても大きな責務があるといえる。教員の教育のあり方によって一人の児童・生徒の一生涯を変えてしまうおそれさえある。いわば、教員の職務はきわめて崇高な職務であるとともに、その責任は深淵なるものがあるといえよう。それだけに、教員の思想・良心の自由の過度の主張のあり方については十分慎重な対応が望まれることはいうまでもない。

今後は、子どもの教育を受ける権利を保障する意味からも、法に則って学校での式典で適正に国旗掲揚・国歌斉唱が運用されることが望まれる。

第三節　指導が不適切な教員と分限・懲戒処分に関連しての法的一考察

一　指導が不適切な教員認定制度の法制化

（一）　法制化への経緯

教育基本法は、教育公務員の研修について、その職務の「崇高な使命を深く自覚し、絶えず研究と修養に励み、その職務の遂行に努めなければならない」（九条一項）とする。このことを担保する意味でも「研修の充実が図られなければならない」（同条二項）ことが明記されている。また、教育公務員には研修の機会が与えられなければならず、その法的根拠は、教育公務員特例法（以下、教特法）二一条、同二二条、地方教育行政の組織及び運営に関する法律（以下、地教行法）四五条に求められる。

戦後、わが国の普通学校における教員の研修制度は、各都道府県教育委員会が、改正前教育公務員特例法一九条および二〇条の規定に基づき、独自に実施してきた。このことは、教員研修を実施する都道府県教育委員会の教員研修への姿勢や、実施される教員研修の質において、各都道府県間に格差を生み出す要因になる。この格差を是正し、また、教員の資質・能力の相違を解消するために、教員研修の充実と全国的に均等な研修の必要性が提唱されることになる。

昭和六一年度、臨時教育審議会から「教育改革に関する第二次答申」が提出された。これを受けて、教育改革に関わる諸提言の具体化に取り組み、それが逐次実施される。具体化するにあたり、教育職員養成審議会に「教員の資質能力の向上方策等について」の諮問が行われ、昭和六三年一二月一八日、答申が行われた。

これらのことを踏まえて、臨時教育審議会の第二次答申において、初任者研修制度が明記されることになった。初任者研修制度は、昭和六三年には創設され、平成元年度から学校種ごとに段階的に初任者研修の運用が開始されだし、平成四年度には、小学校・中学校・高等学校・特殊教育諸学校の初任者を対象に全校種において実施された。

また、平成一二年一二月二二日の「教育改革国民会議」報告で、「効果的な授業や学級運営ができないという評価が繰り返しあっても改善されないと判断された教師については、他職種への配置換えを命じることを可能にする途を広げ、最終的には免職などの措置を講じる」ことが提言された。これに基づき、平成一三年「地教行法の一部改正」に、「県費負担教職員の免職及び都道府県の職への採用」（四七条の二）の制度が導入されたのである。この改正を受けて、「指導力不足教員」および「研修を受けても改善されない教員」の人事上の対応制度の構築が必要になり、四七都道府県一五政令指定都市において「指導力不足教員の人事管理システム」に関する教育委員会規則が制定され運用されるに至った。

平成一九年六月二〇日「教育職員免許法及び教育公務員特例法の一部を改正する法律」が制定され、翌二〇年四月一日より施行され、指導が不適切な教員の研修を任命権者へ義務づける（教特法二五条の二第一項）ことになった。

（二）　指導が不適切な教員が問題とされだした背景

教員は、学校教育の直接の担い手であり、児童・生徒に与える影響の大きさは計り知れないものがある。それだけに、指導が不適切な教員の存在は、学校教育へマイナスの影響を与えるだけでなく、公教育への信頼を失墜させることにもなる。

指導が不適切な教員の問題が指摘されだした背景には、次の六点が考えられる。第一に、平成一二年五月一日に文部省が一六府県市に指導力不足教員に関する人事管理の調査研究を委嘱したことがマスコミで話題になり、指導力不足教員の対応や教員全般の資質向上策が全国的な潮流になっていった。（一四八）第二に、新自由主義の考え方による市場主義原理の浸透（一四九）が挙げられる。第三に、学校教育への参画制度（学校評議員制度、学校運営協議会など）による保護者や地域住民の学校教育への参画による意識の目覚めがあり、それにより、それまで閉鎖的であった学校の実情が徐々に明らかになってきたこと。第四に、地域社会や家庭の教育力が弱まり、全体として学校や教員に求められるものが大きくなって、教員の負担増とともにその要望に追いついていけない教員がおのずと現出してきたのではないかと思える。第五に、日本の子どもの学力低下は、「ゆとり教育」だけの要因ではなく、学校や教員の競争原理の不足による学校教育の質の低下（一五〇）という観点から世論の厳しい視線が向けられるようになる。第六に、教職員組合の組織率の低下による弱体化（分裂などの要因による）に伴い、それまで、組合員の教員に遠慮して自由に意見が言えなかった保護者が声を上げやすくなった。これらにより世間から乖離していた一部の学校教員の行動に目が向けられ出してきたといえる。

（三）　指導が不適切な教員に対する行政庁の取り組み

教特法第二五条の二第一項は、「公立の小学校等の教諭等の任命権者は、児童、生徒又は幼児に対する指導が不適切であると認定した教諭等に対して、その能力、適性等に応じて、当該指導の改善を図るために必要な事項に関する研修（以下、指導改善研修）を実施しなければならない」とする。

具体的には、文部科学省（以下、文科省）は、平成二〇年二月一三日に「指導が不適切な教員に対する人事管理システムのガイドライン」を発表した。それによれば、「『指導が不適切である』教諭等とは、知識、技術、指導方法その他教員として求められる資質、能力に課題があるため、日常的に児童等への指導を行わせることが適当ではない教諭等のうち、研修によって指導の改善が見込まれる者」をいうとする。

文科省は、「指導が不適切である教員」に該当する場合の具体的な例として以下のものを例示する。①教科に関する専門的知識、技術などが不足しているため、学習指導を適切に行うことができない場合（教える内容に誤りが多かったり、児童などの質問に正確に答えることができないなど）、②指導方法が不適切であるため、学習指導を適切に行うことができない場合（ほとんど授業内容を板書するだけで、児童などの質問を受けつけないなど）、③児童などの心を理解する能力や意欲に欠け、学級経営や生徒指導を適切に行うことができない場合（児童などの意見をまったく聞かず、対話もしないなど、児童などとのコミュニケーションをとろうとしないなど）である。これらの例示を参考に、各教育委員会は、教育委員会規則で定める手続に従い、個々のケースに則して適切に判断することとするのである。

なお、指導が不適切な教員の研修期間は原則一年間とし（教特法二五条の二第二項）、研修該当者の認定、研修終了後の改善程度の認定を行う（同二五条の二第四項）際には、教育学や医学、心理学その他の専門家、保護者の意見を聴かなければならない（同二五条の二第五項）。また、指導改善研修を命ぜられている者は研修が終了するまでは、免許状更新講習を受講できない（教育職員免許法〔以下、教免法〕九条の三第四項）。さらに、懲戒・分限免職処分を受けた場合などは、その者の免許状は失効（同一〇条一項第二号、同三号）し、その免許状を取りあげる（同一一条二項第一号）。特筆すべきは、任命権者は指導の改善が不十分でなお児童などに対する指導を適切に行うことができないと認める教諭などに対して、免職その他の必要な措置を講ずる（教特法二五条の三）ことが可能になった点である。

従来は、都道府県教育委員会により指導力不足教員の定義や認定基準、特別研修の内容や期間などが異なっており、運用状況に差があると指摘されていた。また、後述するように、憲法三一条への対応などの面で問題のある教育委員会規則があり、指導力不足教員の認定などをめぐって裁判で争われることにもなった。

この教特法や教免法の改正により、指導が不適切な教員に関して全国的に統一した指針が与えられたことになったことは評価に値するといえる。また、後述するが従前は、指導力や勤務態度に大いに問題がある教員を学校の現場から離れてもらうには、各都道府県の教育委員会規則で定めた「指導力不足研修」後といえども基本的には分限処分しかなく、分限処分を行えばかなりの確率において訴訟に発展することが考えられた。それゆえ、処分権者としては相当な覚悟と確信がなければ分限処分に踏み切ることができにくい現状があった。その意味でも、教特法二五条の三（指導改善研修後の措置）の規定が法制化されたことはきわめて意義深いといえる。

二　指導が不適切な教員をめぐる裁判事例の分析

（一）　訴訟提起の状況

指導が不適切な教員をめぐっては、前述したように平成二〇年四月一日に改正教特法が施行されるまで、各都道府県教育委員会が、独自に規則を制定し運用してきた。そのようななかにおいて、指導が不適切な教員の研修制度をめぐり訴訟が提訴された。

平成一四年宮城県内の教諭による研修命令取消・損害賠償訴訟をはじめとして、東京都、神奈川県、千葉県、兵庫県、静岡県、島根県、岡山県などで同様の訴訟が起こされている（一五一）。これら訴訟に見られる主な争点を以下見ていきたいと思う。

（二）　指導が不適切な教員の認定の取消

千葉県で争われた事案に、指導が不適切な教員に認定された教員が、その取消をめぐり提訴した事件がある。（二五二）

千葉県では、市町村教育委員会の申請に基づき、県教育委員会が指導が不適切な教員に認定し、研修によって該当教員の指導力の改善を図り、現場復帰を認めるという人事管理システムが構築されていた。行政事件訴訟法三条二項によれば、抗告訴訟の対象となる「行政庁の処分その他公権力の行使に当たる行為」とは、「国または公共団体が行う行為のうち、その行為によって、直接国民の権利義務を形成しまたはその範囲を確定することが法律上認められているもの」をいう。

原告によれば、本件認定は、「市町村教育委員会教育長等の申請に係わる教員が特別研修教員に該当するか否かを、被告県教育長において実質的に審査し、決定するものであり、原告の法律上の利益に重大な関わりを持つものであるから、抗告訴訟の対象となる行政処分に当たると主張」した。

これに対し、千葉地裁は、県教委の認定の決定は、「行政機関相互間の意見の表明及び意思表示にとどまる」として、「申請に係わる教員に対し直接、研修を命じる等、当該教員との直接の関係において、その権利義務を形成し又はその範囲を確定する効果を伴うものとはいえないから、本件決定は、抗告訴訟の対象となる行政処分には該当しない」と判示した。これは、県教育長の決定とは別に、「当該教員に対し研修を命じる権限を有する市町村教育委員会教育長等が、その固有の権限に基づいて、当該教員に対し研修命令を発するか否かを独立に判断し決定する」ことができるということが、その理由として考えられるからである。

（三）　研修命令の違憲・違法性の主張

研修命令が、教育内容への介入であり、違法として提訴されたのが宮城県の事件である。(二五三) 本件事案は、市立小学校教員である原告が、学校での協調性や児童への関わり不足などの指導力不足から計二年間の研修を命令されたものである。

原告の主張は、「教育公務員には、憲法二三条により教育の自由が保障されており、そのことは、［改正前］教育基本法二条、同一〇条一項、［改正前］学校教育法二八条六項（同法四〇条により中学校に準用）からも明らか」だというものである。

この原告の主張に対して、仙台地裁の判決は、「教育内容への介入」については、「大学教育の場合には、学生が一応教授内容を批判する能力を備えていると考えられるのに対し、普通教育においては、児童生徒にこのような能力がなく、教師が児童生徒に対して強い影響力、支配力を有することを考え、また、普通教育においては、子どもの側に学校や教師を選択する余地が乏しく、教育の機会均等をはかる上からも全国的に一定の水準を確保すべき強い要請があること等に思いをいたすときは、普通教育における教師に完全な教授の自由を認めることは、とうてい許されないところといわなければならない」とする。また、子どもの人生のなかで貴重な時間を失うことなく、有用な教育を受けることの必要性から、指導が不適切な「教員の教育内容に必要かつ合理的な限度で介入することは……憲法二六条及び教育基本法一〇条の趣旨に反するものではない」とした。

本判決は、最高裁学テ判決(二五四)をはじめとした、従来の判例の流れに沿った妥当な判示を行ったといえる。

（四）　本人への告知・意見聴取

宮城県の事件で原告は、憲法三一条の面から「教育活動からそれ以外での研修活動へと変更され、実質的には転任処分としての性格を有しており、その研修内容も不合理なもの」であり、「本件研修命令は、原告にとって不利益な処分」であって、「長期特別研修命令は、不利益な処分として憲法三一条の適用があるところ、その制度及び手続」は、要件の不明確性、告知聴聞の機会の欠如、認定手続きの不適正により、憲法三一条に違反する。ゆえに、「本件要綱［宮城県公立学校教員長期特別研修に関する要綱］は、憲法三一条に違反し無効なものであり、それに従ってなされた本件処分も無効違法なもの」と主張する。

上記原告の主張に対して、仙台地裁は、原告の研修は不利益処分の性格を有することを否定できないとするが、教員としての身分や給与に影響を与えていないとする。そのうえで長期研修命令は、教員の主体的意欲や児童への指導力の向上を増し、「子どもの学習する権利を擁護し、教育の機会均等を実現する」ことに目的があるとする。同地裁は、最高裁平成四年七月一日大法廷判決(一五五)を引用しながら、憲法三一条によって保障される子どもの学習権の観点から相手方に、「事前の告知、弁解、防御の機会を与えるかどうかは、行政処分により制限を受ける権利利益の内容、性質、制限の程度、行政処分により達成しようとする公益の内容、程度、緊急性等を総合較量して決定されるべきものであって、常に必ずそのような機会を与えることを必要とするものではなく」、本件要綱が憲法三一条の法意に反するものではないとする。

この判決と結論は同じであっても、指導力不足教員に認定するに際しては、判定の誤りのないことを期する意味から、教員に弁明の機会を与えることの大切さを判示したものに、横浜地裁の判決(一五六)がある。

認定理由や認定に至る事実関係を「事前にどのようなかたちで本人に知らせ、誰がどのように意見聴取するのが適当か」(一五七)ということや、本人の弁明をどのように審議したうえで認定に生かしていき、認定の可否についての結果をどこまで告知するかが今後の課題となるだろう。

三　教育公務員の分限処分、懲戒処分についての裁判事例の検討

（一）　教育公務員の分限処分

指導が不適切な教員と分限処分との法的な相違は、指導が不適切な教員は、知識、技術、指導方法その他教員として求められる資質、能力に課題があるため、日常的に児童などへの指導を行わせることが適当ではない教員のうち、研修によって指導の改善が見込まれる者をいうのである。

これに対して、分限処分である。それは、公務員が身分保障の重厚性を前提としたうえで、公務の能率の維持・向上確保のために行われる不利益処分であり、本人の意思に反して行われ、一定期間に継続する職員の能力、資質、性格などに基づいて行われる。分限処分には、免職、降任、休職、降給などの種類がある。また、分限処分は公正でなければならず、法律、人事院規則または条例に定める事由がなければ行うことができないものと規定されている（地方公務員法（以下、地公法）二七・二八条、国家公務員法（以下、国公法）七四条一項、七五・七八・七九条）。

地公法二八条一項によれば、分限は、①勤務実績が良くない場合、②心身の故障のため、職務の遂行に支障があり、またはこれに堪えない場合、③前二号に規定する場合の外、その職に必要な適格性を欠く場合、④職制もしくは定数の改廃又は予算の減少により廃職または過員を生じた場合の一～四号の四種類がある。

分限処分を行うかどうか、どの種類の分限処分を行うかは、任命権者の裁量行為といえるが、事実に反したり、社会通念から逸脱した分限処分は、裁量権の乱用になるおそれがある。上述の地公法二八条一項に定める分限処分の要件のうち一～三号までは、官職としての公務員の能力に関わるものといえる。四号は、行政整理に関するものである。

この地公法二八条一項の規定のなかでも三号については、一号・二号を補足する包括的条項であるといえよう。この点、芦屋郵便局職員分限免職事件控訴審判決（一五八）において、「三号は適格性欠如に関する一般規定であり、一号及び二

号はその例示規定であって、……それぞれが他の号と重複該当することもあり得るのであって、三号は、一号及び二号の意義をも内包する包括的な規定」と判示する。それゆえ、本事件では、心身の故障で医師の受診命令拒否は二号の他に三号の「その職に必要な適格性を欠く場合」にも該当して、分限処分が可能であるとする。このことからも、三号の「その職に必要な適格性を欠く場合」とは、どのようなことを指すかということが重要になってくる。

最高裁は、広島県公立小学校長降任事件（一五九）において、地公法二八条一項三号における「その職に必要な適格性を欠く場合」とは、「当該職員の簡単に矯正することのできない持続性を有する素質、能力、性格等に基因してその職務の円滑な遂行に支障があり、または支障を生ずる高度の蓋然性が認められる場合をいうものと解すべきである」として、任命権者の裁量権を肯定して「適格性を欠く場合」に対して一定の方向性を与えた。この判決が先例になり、後の分限処分に関しての判決に影響を与えていく（一六〇）。

なお、教員の裁判事例ではないが、大曲郵便局職員分限免職事件において最高裁（一六一）は、国公法七八条三号に規定する「その官職に必要な適格性を欠く場合」について、より具体的に以下のような判断を示した。

同事件は、秋田県大曲市にある大曲郵便局の郵政外務事務に従事していた職員が、約七年にわたり上司の職務命令に従わず、「胸章不着用、始業時刻後の出勤簿押印、標準作業方法違反、研修拒否、超過勤務拒否等の非違行為その他類似の行為を反復継続し、著しく職場秩序をびん乱したもの」であるとして、大曲郵便局長から国公法七八条三号により「適格性を欠く」者として分限免職処分を受けた。この分限免職処分を不服として、その取り消しを求めたのが本件事案である。

一審判決（一六二）は、上述の広島県公立小学校長降任事件最高裁判決を引き合いにして、原告の非違行為の多くは是正改善されており、原告の非違行為を「簡単に矯正することのできない持続性を有する素質、能力、性格等に基因するということはできない」とした。また、非違行為の内容が、「原告の郵政外務事務と直接かかわらない職場規律に関するものが多く」、郵政外務事務への支障が証拠上明らかでない。それゆえ、原告の「郵政事務官としての適格性の有無の判断につき、慎重さを欠いており……裁量権の行使を誤った違法があるとして」原告の分限免職処分を取り消す判断をした。二審判決も一審を支持して、大曲郵便局長の控訴を棄却した。(一六三)

これに対して、最高裁は、国公法七八条三号の「その官職に必要な適格性を欠く場合」における「適格性の有無」は、「当該職員の外部に表れた行動、態度に徴してこれを判断すべきであり……個々の行為、態度につき、その性質、態様、背景、状況等の諸般の事情に照らして評価すべきであることはもちろん、それら一連の行動、態度については相互に有機的に関連づけて評価すべきである」とした。さらに、「当該職員の経歴や性格、社会環境等の一般的要素をも考慮する必要があり、これら諸般の要素を総合的に検討した上、当該職に要求される一般的な適格性の要件との関連において同号妥当性を判断しなければならない」とする。

そのうえで、本件事案が国公法七八条三号の「適格性を欠く」者に該当するかどうかについては、合計九三七回の指導および職務命令、一三回の注意、一一八回の訓告、五回の懲戒処分に付されており、「上司の指導、職務命令に従わず、服務規律を遵守しない被上告人の行為、態度等は、容易に矯正することのできない被上告人の素質、性格等によるものであり、職務の円滑な遂行に支障を生ずる高度の蓋然性が認められる」として、原判決を破棄、一審判決も取り消した。

原判決は、国公法七八条三号の「適格性」ということを個々の非違行為の持続性から判断した。それゆえ、個々の非違行為の改善、改善可能性の有無のみを重要視して、非違行為の反復継続している現状を考慮しなかったといえる。これに対して、最高裁は、当該職員の素質、能力、性格などの持続性から判断すべきであると考えて個々の非違行為の改善、改善可能性の有無より、非違行為が、反復継続している事実を重視したのである。

非違行為が、「反復継続している場合に公務能率を低減させることは明らかであるから、公務能率の維持及びその適正な運営の確保という分限制度の目的からすれば、最高裁の採ったこの評価方法は、当該目的に沿ったきわめて妥当」（一六四）な見解である。国民全体の奉仕者である公務員の職務の性質や今後の公務員の勤務のあり方を考えれば、本件最高裁判決は大変意義深いものがあるといえる。被上告人の職務上の行為、態度などは、明らかに社会通念上受け入れがたく、本件事案がもし分限処分の対象外になるのであるなら公務員の勤務形態だけが、今後ますます一般社会と乖離した存在となり、国民に受け入れられないのは明らかである。

（二）　教育公務員と懲戒処分

上述のように、分限処分が、職員が職務を十分に果たしえないことを理由とする処分に対して、懲戒処分は、特定の身分関係における秩序維持のために、公務員の義務違反その他の非行、道義的責任に対して科される制裁ということがいえる。その特徴は、第一に、公務員関係における内部規律権の行使ということ、第二に、公務員の非違行為責任の追及のための制裁であること、第三に、公務員の特定の行為に対して責任を問うことであり、継続状態に対する措置ではないといえる。

分限処分と懲戒処分は、法的な性格においては明確に区分できる。しかし、現実の事例では極めて近似しているケースが多くあるのも事実である。なかでも、「職員が一定の非行を犯した場合であっても、それが一過性の非行と評価され当該行為に対する道義的責任が問われるに留まらず、当該職員に適格性欠如が認められると判断される場合、すなわちそれらの個々の非行が適格性欠如の状態の表れであると考えられる場合は、両方の事由に該当する」（一六五）可能性があるといえる。

分限事由と懲戒事由の双方に該当し、分限処分とされたケースの判例としては、福岡県立久留米高校教諭事件（一六六）がある。本件は、福岡県高等学校教職員組合（以下、福岡県高教組）員である原告が、昭和四九年四月三日付けで赴任してきた自校の校長人事で、福岡県高教組の事前推薦がなかったとして、校長着任拒否闘争を行っていた最中において常軌を逸した言動を繰り返し、その処分をめぐって起こされた裁判である。

原告は、一年二か月にわたって校長の朝礼への出席妨害、校長主宰の各種会議を放歌や机を棒で叩くなどしての運営妨害、校長の再三の命令・指導無視、校長に暴力をふるったり粗野な言動の繰り返し、生徒の指導に適切さを欠くなどの行為を重ねた。

福岡県教育委員会は、地公法二八条一項三号に規定に基づいて原告を分限免職処分に付したところ、処分の裁量権の乱用を主張して、その取消を求めて提訴したのが本件事案である。一審は、原告の請求を棄却した。原告は、一審を不服として福岡高等裁判所へ控訴した。

控訴審での控訴人の主張は、問題とされる言動は、校長人事に際して福岡県高教組の事前推薦を得ていなかったことや職員会議の最高決議機関性、校務分掌の公選制などの従来の教育現場での慣行を急激に変えたことを原因とする。それゆえ、控訴人の言動は、県教育委員会や校長に対して「対抗関係などの特殊な場面におけるもの」であって、控訴人の「素質、能力、性格等に基因」するのではないという。

これに対し、福岡高裁は、校長が従前の教育現場での慣行を変えたことは、学校教育法五一条、同二八条、福岡県学校管理規則などに照らして何ら違法とはいえないとした。それゆえ、校長が慣行を変えたことをもって、控訴人が校長に対して行った「著しく常軌を逸した乱暴な言動にでることが正当視されることはない」とする。そのうえで、本件分限免職処分が、任命権者の裁量権の行使に違法性があることは認められないとして控訴を棄却した。

分限処分にするか懲戒処分にするかは、乱用がない限りは、任命権者の権限である。本件では、任命権者の福岡県教育委員会が、控訴人の度重なる非違行為が、地公法二八条一項三号の「その職に必要な適格性」の欠如と見て分限免職処分とした。しかし、判決文のなかに出てくる控訴人の著しく常軌を逸した乱暴な言動が、単にその場限りの偶発的なものとは考えられない。それは、校長への暴力行為一つをとってもみても、その行為は明らかに懲戒事由に該当するといえよう。それだけに本件事例において、分限処分での免職で本当に正しかったのかはなはだ疑念を感じざるを得ない。

この点、町田市立木曾中学校教員事件（一六七）では、厳正な処分が行われたといえる。本件は、原告が、町田市教育委員会の同意を得ずに、大学院修士課程に入学し、派遣決定および出張命令を受けることもなく、昭和六〇年四月一六日から同年一一月まで大学院の授業を受講した。この受講に際して、校長および町田市教育委員会は再三にわたり勤務に就くことの出校命令を出すが、それを無視して、まったく出校せず勤務をしなかった。そのことから原告の行為は、全体の奉仕者たる地位に反し、かつ、地方公務員としての職務上の義務に違反するとして、地公法二九条一項一号ないし同三号によって東京都教育委員会が原告の懲戒免職処分を行った。この処分の取消を求めて提起されたのが本件事案である。東京地裁は、原告の職務上の義務違反、職務命令違反を理由に、東京都教育委員会の懲戒免職処分の妥当性を是認して、取消請求を棄却した。

本件と福岡県立久留米高校教諭事件との相違点をあえて挙げるならば、福岡県の事件は、組合活動が発端となった事件であったが、木曾中学校教員事件は、あくまで原告個人の職務上の義務違反、職務命令違反が問題とされたといってよい。上述したように、処分内容の決定権は、任命権者の権限である。しかし、両判決文を見る限り、非行の適格性の欠如や継続性からほぼ同じ非違行為の処分でありながら、なぜ福岡の事件と町田市の事件が分限処分と懲戒処分に分かれてしまうのか大いに疑問といえる。

四　教員研修と教員の資質向上について

（一）　指導が不適切な教員の教員研修の検討

文科省によれば、平成一九年度に指導が不適切な教員として新たに認定された教員は、一三〇人である。これは、前年比八二名減である。平成一八年度からの継続認定が二四一人で、平成一九年度の一三〇人を合わせると平成一九年度時点の認定者は三七一人である。そのなかで、平成一九年度の研修対象者になったのは二六八人である。このうち八七人が現場に復帰を果たしたが、依願退職八五人、免職五人、他職種への転任二人、合計九二人が現場を去り、休職が一六人、定年退職と育児休業が各一人である。平成二〇年度も研修を継続している者が、七一名いる。(一六八)

文科省では、指導が不適切な教員の人事管理システムに関する調査研究を平成一二年に、全国の一六の教育委員会に委託した。翌年には全国の都道府県・政令指定都市で同様の調査研究が行われた。文科省の統計によると、平成一二～一九年度に指導が不適切な教員に認定された教員は、二五〇六人になる。(一六九)この認定者を公立学校教員の総数約一〇〇万人で割ると約四〇〇人に一人認定されていることになる。ただしこの数字には継続認定者も含まれており、実態の認定率はもっと低くなると思われる。国立教育政策研究所の千々布敏弥総括研究官は、平成一九年度一年間で、「一都道府県あたりで一〇名弱、全国の公立学校教員の約〇・〇五パーセントが認定」(一七〇)されているという。この計算でいくと大規模高校（五〇人規模）だと約四〇校に一人、小中学校だと普通規模校（三〇人規模）で六七校に一人の認定ということになる。

八尾坂修教授は、「分限処分の対象とはなっていなくても、このような指導力不足教員として校内で問題視される教員（府立学校教員）は、全教員の四パーセントほど存在するとの報告が大阪府ではなされている」(一七一)という。

自分のことを棚に上げて恐縮だが、筆者のかつての教員としての経験からも、大規模高校では、どの学校でも少人数ではあるが、指導の不適切さを疑う教員がいたように思う。だから同教授が挙げた四パーセントは妥当な数字ではないかと考える。ただ、筆者の周りで指導が不適切な教員の認定を受けた教員は一人もいなかった。一般の社会では考えられない言動や教育に問題のある教員であっても、現実には認定を受けていない事例が多くあるのではないだろうか。

上述の文科省のガイドラインでは、指導が不適切な教員の認定制度に関しては、「指導が不適切な教員」と「指導に課題がある教員」を分けたうえで、後者については学内で予防的研修（一七二）を校長が行っていくのであり、その指導の重要性を説く見解（一七三）や、後者に力を入れたゆえに、指導が行き届きだして、指導が不適切な教員の認定件数が減ったとの考え（一七四）がある。

しかし、校長による現場での予防的研修の指導で不適切な教員の認定が本当に減ったのであろうか。いみじくも、平成一九年九月一四日付の『読売新聞』に「指導力不足教員　まだまだ『氷山の一角』なのでは」という社説が掲載された。その内容は、「都道府県などの教育委員会から指導力不足と認定された教員の数が、二〇〇四年度の五六六人をピークに二年連続で減少している。〇五年度は五〇六人、昨年度は四五〇人だった。文部科学省は『認定制度が〇四年度までに全国の教委で整備され、その段階で指導力不足教員は、ある程度、出たのではないか』と分析する。だが、とても楽観はできない。専門家からは『認定されるのは、ほんの一握りの教員だ』という指摘がある。学校長の中には、教員に問題があっても本人や組合などの反発を恐れ、教委に対する指導力不足の認定申請をためらうケースもあるという。担任から外すなどして急場をしのぎ、他校への異動を待つ。これでは何の解決にもなるまい」というものである。

筆者は、指導が不適切な教員への認定に際しては、十分な慎重さの必要性を痛感する。認定される教員にとり、その苦しさは、その人の人生を変えてしまうといってよいのではないか。例えば、認定された教員が平成一八年に自殺した事例もある。

従来の認定制度であれば、実質は校長の意向に基づいた上申で一連の認定までの流れが決まっていっている。よく、校長が、組合活動などをしている人に不利益を与えるため、指導が不適切な教員の具申を行うという人がいる。しかし、学校現場という特殊な社会では、それとは反対の場合も往々にしてある。教職員組合の強いところでは、今でも組合の意向が、校長の具申に影響を与えている。そうなれば、組合の恣意的な意向が校長の具申に反映され、組合にとって都合の悪い普通の教員が認定されるおそれがある。それだけに、認定に関しては、専門家による客観的な審議が必要であり、改正教特法で認定のプロセスに専門家からの意見聴取などの制度が取り入れられたことは大変意義深いといえる。ただ、慎重な審議は必要であるが、度の超えた時間稼ぎのような審議には問題があるといえる。

昨今、団塊の世代の退職で小学校教員を中心に大量の教員が採用された。なかには、実質倍率で二倍を切っているところもある。その関係から今後ますます、指導が不適切な教員が潜在的に増えていく可能性がある。その意味でも教員の自己省察の必要性と上述の予防的対応策の実施や教育評価制度の徹底は急務といえる。教育評価制度に関しては、大阪府では、以前より進んだ取り組みが実施されている。ＳＡＢＣＤの五段階で評価が行われる。これによりＳ評価とＤ評価とでは、年収が約七〇万円異なっていくといわれる。その結果、生涯賃金で三〇〇〇～四〇〇〇万円の違いが生じる。(二七五)

今後は、他の都道府県でも真面目に教育に取り組んでいる教員のためにも、児童・生徒のためにも是非とも積極的かつ有用にこの教育評価制度を取り入れていく必要があるのではないかと思う。

(二)　教員の適格性と採用システムの抜本的見直し

①条件附採用制度の機能不全

地公法二二条では、条件附採用制度が六か月間ある。教員は、職務の専門性から六か月間での能力実証では不十分として、教特法一二条により条件附採用期間が一年間とされており、その間に初任者研修を受けることとなっている。

この条件附採用に附された新任教員は、平成一四～一八年度で九万六二一六人である。それに対して、条件附採用期間後に、不採用の決定がなされたのは、六八人である。(一七六)率にしてみると実に〇・〇〇〇七パーセントである。これでは果たして本当に条件附採用制度を運用している意味合いがあるのか考えざるを得ないし、そのことが後に指導が不適切な教員を生み出す要因になっていくように思える。

②仮採用制度の必要性

以前より教員の社会性の問題が指摘されている。その背景としてよくいわれるのが、新卒で教員になると視野が狭くなるということである。たしかに、教員はベテランであろうが新任であろうが、児童・生徒や保護者の前では同じ一教員である。当然それに伴う責任を果たさなければならない。それだけにいくら教員免許があるからといっていきなり一人前の教員として教壇に立てという方がむしろ酷である。

それゆえ、司法修習所や海上保安学校、警察学校、税務大学校のように採用後に独自の研修を行い、修了試験ないしは修了適格検査に合格したものだけが、正規の教諭として教壇に立てるという制度を設ける必要があるのではないかと思う。研修においては、国際的な視点に立脚したうえで、厳格な教育と国家・国民に奉仕する精神を基本とすることこそが大切と考える。

③今後の日本の教育

これからの日本を支えていくうえで最も重要なのは、教育力による人材の育成である。教育の現場では、教員の資質に裏づけされたマンパワーこそが大切であり、それが学校を支えていくのである。

それゆえ、学校法制を整備して、教育に関わる制度をどれだけ改革しても、それを支える教員がやる気をもって教育に取り組まなければ制度自体を維持していけないだろう。つまるところ、教員力しかないといえよう。教員は、国民の声に率直に耳を傾け、国の将来を担う子どもを育てるというプロ意識に基づいた気概を持ち、国際社会で通用する国民の育成に全力を注ぐべきだと思う。

それだけに、学校において、指導が不適切な四パーセントの教員に足を引っ張っぱられていては、上述の教育の浸透はなかなかできない。いわば、指導が不適切な教員が学校のなかで跋扈していると、教員集団のなかの多数である普通の教員がやる気をなくし、萎縮してしまうおそれがある。今後の学校現場での課題は、いかに普通の教員に活躍してもらう場を担保していくかである。

要は、今の学校のなかで一番欠けているものは、一生懸命やっている教員を適切に評価することのシステムである。今までは、頑張っている教員でも指導が不適切な教員でも給料が変わるわけでなく、管理職になっても現場の教員に協力してもらえない。これでは、志を有した教員が報われることはなく、いたずらに意気を沮喪することになる。また、大学や都道府県教育委員会、市町村教育委員会、学校管理職などには、それぞれの役割を明確にし、教員の養成・採用・研修・人事の各面で連携しなければ「志の有る先生」は生まれない。それだけにこれらの機関にも、今後より一層の努力が求められるといってよい。

国鉄がＪＲになって何が一番変わったかというアンケートをすると、トイレが綺麗になったことという回答が多いという。今の学校現場にとっては、誰も手を付けるのが嫌な汚い仕事を自ら進んで行う教員力こそ大事である。これができなければ、日本の未来は暗然たるものといえよう。すべては、子どもの教育を受ける権利の保障のためであり、何より、この国の将来のためでもある。

注

（一）文部科学省発表の平成二一年度「児童生徒の問題行動等生徒指導上の諸問題に関する調査」の結果によれば、暴力行為の発生件数は、小学校七一一五件（前年度より六三一件増加）、中学校四万三七一五件（前年度より九六一件増加）、高等学校一万八三件（前年度より二九七件減少）の合計六万九一三件（前年度より一二九五件増加）であり、小・中学校においては過去最高の件数に上る。内訳は、「対教師暴力」は八三〇四件（前年度より一八四件増加）、「生徒間暴力」は三万四二七件（前年度より一八三二件増加）、「対人暴力」は一七二八件（前年度より四件増加）、「器物損壊」は一万六六〇四件（前年度より七二五件減少）である。目を引くのは生徒間暴力の多さとその増加率である。

〈http://www.mext.go.jp/b_menu/houdou/22/09/_icsFiles/afieldfile/2010/09/14/1297352_01.pdf#search='平成22年度における児童生徒の問題行動等'〉（最終確認二〇一一年七月一三日）、穂坂邦夫『教育委員会廃止論』弘文堂・二〇〇五年、八頁。

（二）前掲注（一）の文部科学省調査結果によれば、いじめの認知件数は、小学校三万四七六六件、中学校三万二一一一件、高等学校五六四二件、特別支援学校二五九件の合計七万二七七八件である。

二〇〇六年に学校での深刻ないじめによる自殺が多く見られた。これは、警察庁が統計を取り始めた一九七八年以来、「学生・生徒の自殺過去最悪」である（『朝日新聞』二〇〇七年六月七日付）。「学校問題の増加は著しく、警察庁では、今年一月から動機に『いじめ』を新設して調査している」（『読売新聞』二〇〇七年六月七日付）。「平成一八年度中における自殺の概要資料」（二〇〇七年六月）警察庁生活安全局地域課

〈http://www.npa.go.jp/toukei/chiiki8/20070607.pdf〉（最終確認二〇一一年八月二九日）。

この二〇〇六年以降、いじめによる自殺件数は減っているものの、依然として後を絶たない。

（三）加野聡子「県教委の『かけ声』はもういい。欲しいのは実利だ」（『読売新聞』二〇一〇年一一月二四日付）、「教壇から降りた新人教員」（『産経新聞』二〇一〇年一〇月二七日付）、「公立学校の真実」〈http://hidehide333.blog.shimobi.jp/Category〉（最終確認二〇一一年八月二九日）、諸富祥彦「教師はいかにして疲れてしまうか」（重松清編著『教育とはなんだ』筑摩書房、二〇〇四年、所収）二六九頁以下、清水一彦他編著『最新教育データブック（第一〇版）』時事通信社・二〇〇四年、九四～一〇七頁、穂坂邦夫・前掲書『教育委員会廃止論』二一～一三頁、渡邉美樹『教育崩壊』ビジネス社・二〇〇六年、二五～二八頁、前屋毅『学校が学習塾にのみこまれる日』朝日新聞社・二〇〇六年、一〇四～一三六頁、森口秀志編『教師』晶文社・一九九九年、一四四～二〇二頁、ＮＨ

K放送文化研究所編『NHK中学生・高校生の生活と意識調査』NHK出版・二〇〇三年、一九〇～二一五頁、小浜逸郎『子どもは親が教育しろ！』草思社・一九九七年、八〇～八四頁、九五～九八頁、朝日新聞社会部編『なぜ学級は崩壊するのか』教育史料出版会・一九九九年、一一〇頁以下、朝日新聞社会部『学級崩壊』朝日新聞社・一九九九年、花輪兵庫『なぜ学校は荒廃したか』文芸社・一九九八年、三頁以下。

（四）特定の教員が誤った「自由と権利」の思想教育を生徒に行っている場合も多い。一止羊大『学校の先生が国を滅ぼす』産経新聞出版・二〇〇九年、伊藤玲子『中山成彬はなぜ日教組と戦うのか』kkベストセラーズ・二〇〇八年。

（五）金子宏他編『教育学小辞典（第三版）』有斐閣・一九九九年。

（六）堀尾輝久『現代教育の思想と構造』岩波書店・一九七一年、二九七頁。

（七）奥平康弘『憲法Ⅲ』有斐閣・一九九三年、二〇七頁、内野正幸『教育の権利と自由』有斐閣・一九九四年、二一〇頁。

（八）伊藤公一『教育法の研究』法律文化社・一九八一年、五頁。

（九）第一次教科書訴訟の地裁判決である高津判決（東京地判昭和四九年七月一六日『判例時報』七五一号、一九七五年、四七頁）、同高裁の鈴木判決（東京高裁昭和六一年三月一九日『判例時報』一一八八号、一九八六年、一頁）、学力テスト旭川事件最高裁判所判決（最大判昭和五一年五月二一日『刑集』三〇巻五号、六一五頁）。

（一〇）小浜逸郎・前掲書『子どもは親が教育しろ！』一五～一八頁。

（一一）鈴木勲『教育法規の理論と実際』教育開発研究所・一九八一年、二八頁。

（一二）伊藤公一「校則の法的性格」（『季刊教育法』四八号）エイデル研究所・一九八三年、二一頁。

（一三）今橋盛勝編著『教育実践と子どもの人権』青木書店・一九八五年、一六六頁。

（一四）内野正幸・前掲書『教育の権利と自由』一三七頁。

（一五）内野正幸・前掲書『教育の権利と自由』一三八頁。

（一六）市川須美子「教師の教育権と子どもの人権」（『行政法の諸問題〔上〕』有斐閣・一九九〇年、所収）三六五頁。

（一七）丹羽徹「教育裁量権の公法学的検討」（『日本教育法学会年報』二四号）有斐閣・一九九三年、九三頁。

（一八）上井長久「学校における子どもの権利と法的地位」（『講座教育法第五巻』エイデル研究所・一九八一年、）三三頁。

（一九）最判昭和四九年七月一九日（『民集』二八巻五号）七九〇頁。

(二〇) 内野正幸・前掲書『教育の権利と自由』一三八〜一三九頁。
(二一) 丹羽徹・前掲論文「教育裁量権の公法学的検討」九三頁。
(二二) 前掲注(一)の文部科学省調査結果によれば、校内暴力の加害児童生徒数は、小学校で六八一四人(前年度より七五一人増加)、中学校で四万四五六六人(前年度より二〇一二人増加)、高等学校で一万二五三〇人(前年度より二〇六人減少)の合計六万三九一〇人(前年度より二五五七人増加)である。この加害児童生徒に対して学校が何らかの措置をとった児童生徒数は、小学校で四三人(前年度より一一四人減少)、中学校で一三二三人(前年度より二三八人減少)、高等学校で一万三一六人(前年度より二五九人減少)である。また、加害児童生徒のうち関係機関により何らかの措置がとられた児童生徒は、小学校で一一一人(前年度より六三人減少)、中学校で四三三六人(前年度より四四七人増加)、高等学校で五四一人(前年度より一三六人減少)である。また、いじめを理由とする出席停止の措置件数は二件(前年度より一件増加)である。
(二三) 二〇一〇年五月一日現在の東京都内の私学在学者の割合は、小学校四・五パーセント、中学校二六・二パーセント、高等学校五六・三パーセントである。東京都生活文化局「東京の私学行政―平成二三(二〇一一)年―」〈http://www.seikatubunka.metro.tokyo.jp/shigaku/shigakugyousei/pdt/zoll parth.pdf〉(最終確認二〇一一年七月一三日)。
(二四) 永山彦三郎『現場から見た教育改革』筑摩書房・二〇〇二年、九六頁。
(二五) 市川昭午『教育の私事化と公教育の解体』教育開発研究所・二〇〇六年、六一頁。
(二六) 右寄りの新保守主義者「小さな政府」論を唱える立場。内野正幸・前掲書『教育の権利と自由』一五三頁。
(二七) 香山健一『自由のための教育改革』PHP研究所・一九八七年、一〇九頁。
(二八) 原田泰「事実を見ない日本の教育論議」(西村和雄編『学力低下が国を滅ぼす』日本経済新聞社・二〇〇一年、所収)九八〜一〇六頁、和田秀樹『私の愛国教育論』PHP・二〇〇五年、一四〜四六頁参照。
(二九) 現に、首都圏にある私立中学校三年生の平均授業時間数は、公立学校と比べて英語が一・九倍、数学と国語が一・六倍である(『朝日新聞』二〇〇三年一月四日付)。
(三〇) 榎原猛博士は、「立憲君主制度」に基づく国を「正統的意味の君主国にして立憲政体を採用している国家をさすものと理解され、民主国における君主制度は、普通、議会主義的君主国の範疇で理解されている」という。榎原猛『君主制の比較憲法学的研究』有信堂、一九六九年、四六頁以下。

（三一）　田中卓『「日本」の国号と「日の丸」「君が代」について』國民會館・一九九九年、一二頁。暉峻康隆氏は、神話における天照大神に「日の丸」の原点を見いだす。暉峻康隆『日の丸・君が代の成り立ち』岩波書店・一九九一年、一八～一九頁。

（三二）　所功『日本の国旗・国歌―「日の丸・君が代」の歴史と意義―』國民會館・一九九五年、八～九頁。また、否定的な見解があることを断りながら同旨の意向として、エイデル研究所編集部「日の丸・君が代の歴史」（『季刊教育法』五八号）エイデル研究所・一九八五年、一二頁。

（三三）　『愚管抄』や『保元物語』『平家物語』『太平記』『梅松論』などに明記されている。また、戦国時代においては、『甲陽軍艦』『会津陣物語』『藤葉栄衰記』などに記述がある。所功・前掲書『日本の国旗・国歌―「日の丸・君が代」の歴史と意義―』九～一〇頁。

（三四）　高橋史朗編『私たちの美しい日の丸・君が代〔改訂版〕』明成社・二〇〇三年、三四～三五頁。

（三五）　川口久雄・志田延義校注『和漢朗詠集　梁塵秘抄』岩波書店・一九六五年、二五〇頁、山田孝雄『君が代の歴史』宝文館出版・一九五六年、三頁。

（三六）　所功・前掲書『日本の国旗・国歌―「日の丸・君が代」の歴史と意義―』一七～一九頁。

（三七）　山田孝雄・前掲書『君が代の歴史』一七二頁。また、「君が代」が歌われだしたのは「鎌倉時代以降のことで、それも長寿を祝う賀歌として」である。それゆえに、「ことさら天皇をさして歌っていたものではないというのが通説」とする。エイデル研究所編集部・前掲論文「日の丸・君が代の歴史」一八頁。

（三八）　皇室事典編集委員会編著『皇室事典』角川学芸出版・二〇〇九年、二八三頁、結城忠『生徒の法的地位』教育開発研究所・二〇〇七年、一七一～一七三頁、田中卓・前掲書『「日本」の国号と「日の丸」「君が代」について』三〇～三三頁。

（三九）　世界の国ぐにで歌われている国歌は、大別すると次の三点に分類できる。第一に、君主に対して忠誠を誓いその栄光を称えるもの、第二に、君主制に対する反逆や革命を称えるもの、第三に、国家の繁栄と自由を願うものである。エイデル研究所編集部・前掲論文「日の丸・君が代の歴史」三一頁。なかには、フランス「ラ・マルセイエーズ」や中国の「義勇軍行進曲」、アメリカ合衆国の「星条旗」などに代表されるような、いかにも勇ましく、激しい内容のものもある。

（四〇）　エイデル研究所編集部「学校教育と日の丸・君が代」（『季刊教育法』五八号）エイデル研究所、一九八五年、一二三頁。

（四一）　所功『国旗・国歌と日本の教育』モラルジー研究所・二〇〇〇年、三九頁。

（四二）　日本教職員組合は、「君が代」反対とともに、「新国歌」制定の運動を強固に展開する。佐藤秀夫編『日本の教育課題　第一巻

「日の丸」「君が代」と学校』東京法令出版・一九九五年、五六九～五七三頁。
(四三) 所功・前掲書『国旗・国歌と日本の教育』四〇頁。
(四四) 『朝日新聞』平成二年六月一九日付。
(四五) 佐藤編・前掲書『日本の教育課題　第一巻「日の丸」「君が代」と学校』一一頁。
(四六) 所功・前掲書『国旗・国歌と日本の教育』四七頁。また、結城忠教授は、わが国においては、「日の丸・君が代は長年の慣行によって国旗・国家として取り扱われてきており、また多くの国民から支持されているという現実もあり」、「『事実たる慣習』の域を超えて、国民の間にすでに法的確信が成立し、ともに慣習法によって根拠づけられている、と解されなくもない」といい「国旗『日の丸』については、このようにその法的根拠を慣習法に求めることは可能だと認められる」とする。結城忠・前掲書『生徒の法的地位』一四八頁。
「日の丸」を国旗とした判例としては、平成五年三月二三日那覇地判、平成八年二月二二日大阪地判がある。
(四七) 暉峻康隆・前掲書『日の丸・君が代の成り立ち』六〇頁。
(四八) 結城忠教授は、「仮に日の丸・君が代に十分に確たる法的根拠があったとしても、その義務化は法律によることが憲法の要請するところであり、文部省告示による義務づけは法治主義原理に違背し認められない、と解すべきこととなる」とする。結城忠・前掲書『生徒の法的地位』一四八頁。また、「君が代」を「国歌と定めるのであるならば」、学習指導要領により「君が代」を国歌として法的に拘束力を与えるのではなく、「法律の形式によるべきである」とする見解もあった。鉢生誠吉・横田耕一『国民主権と天皇制』法律文化社・一九八三年、三七四頁。
(四九) 日の丸・君が代を国旗・国歌とする立場のなかにも、そもそも法制化すべきことに疑念を呈する見解もある。いわば、法制化するということは、国旗国歌法の施行前は、学校で国旗・国歌を教える根拠がなかったことにもつながりかねないという問題点や慣習的にわが国の国旗・国歌として定立しているものをなぜあえて法制化する必要があるかという考えからである。石川水穂「それでは国籍不明の地球市民は育っても『日本人』は育たない」(産経新聞社『月刊正論』九月号) 二〇〇七年、一〇二～一〇九頁。
(五〇) 日本弁護士連合会「公立の学校現場における『日の丸』・『君が代』の強制問題に関する意見書」(二〇〇七年二月一六日)。
(五一) 結城忠・前掲書『生徒の法的地位』一四八頁。
(五二) 平成一一年六月二九日、衆議院衆院本会議における「国旗及び国歌に関する法律案」(内閣提出) の趣旨説明の小渕恵三内閣総理大臣の答弁。

（五三）平成一一年七月二一日、衆議院内閣委員会における小渕内閣総理大臣答弁。一連の政府の見解に関しては、所功『日の丸・君が代の法制化と公教育の役割』國民會館・一九九九年、一一～四八頁に詳細な記述がある。

（五四）横坂健治「象徴としての国歌・国旗」（大石・石川編『憲法の争点』有斐閣・二〇〇八年、所収）四三頁。

（五五）奥平康弘「国歌・国旗・元号」（奥平・杉原編『憲法学（六）』有斐閣・一九七七年、所収）一八七～一八八頁。

（五六）鉢生誠吉・横田耕一・前掲書『国民主権と天皇制』三七四～三七六頁。

（五七）藤井俊夫『学校と法』成文堂・二〇〇七年、二四二頁。

（五八）西原博史「『君が代』伴奏拒否訴訟最高裁判決批判」（『世界』七六五号）岩波書店・二〇〇七年、一三八～一三九頁。

（五九）西原博史『良心の自由と子どもたち』岩波書店・二〇〇六年、一二八頁。

（六〇）大石義雄『日本憲法史と日本国憲法』嵯峨野書院・一九八四年、一五八頁、一九九～二〇〇頁。

（六一）小森義峯『天皇と憲法〔改訂新版〕』皇學館大学出版部・一九九一年、七〇～七八頁。

（六二）所功・前掲書『国旗・国歌と日本の教育』一五〇～一五一頁。また、園部逸夫教授は、国民の総意に基づく象徴に関して、わが国の歴史において、皇室が国民との関係を大切にし、歴代の天皇が「国民と苦楽を共にし、国の安寧を祈る存在としての位置」から も「象徴天皇という制度のあり方は、長い歴史を経て現在に至る皇室の国民に対するお気持ちに沿う制度であるとともに、……憲法制度上、皇室に対する国民の意識と密接に関係あるもの」として十分尊重していくことの必要性を説く。園部逸夫『皇室制度を考える』中央公論新社・二〇〇七年、六六～六八頁。

（六三）昭和一二年に公布された国定教科書『尋常小学修身書　巻四　児童用』において、掲載された解釈では次のように説明されている。

「君が代」の歌は、「我が天皇陛下のお治めになる此の御代は、千年も萬年も、いや、いつまでも続いてお栄えになるやうに」といふ意味で、まことにおめでたい歌であります。私たち臣民が「君が代」を歌ふときには、天皇陛下の萬歳を祝ひ奉り、皇室の御栄えを祈り奉る心で一ぱいになります。

（六四）所功・前掲書『国旗・国歌と日本の教育』四八～五二頁。

（六五）百地章『憲法の常識　常識の憲法』文藝春秋・二〇〇五年、七九頁。

（六六）「国旗及び国歌に関する法律」が成立するに伴い、平成一一年八月九日に内閣総理大臣は談話を発表している。そのなかで「今回の法制化は、国旗と国歌に関し、国民の皆様方に新たに義務を課すものではありません」としている。また学校での国旗・国歌の運用に関して、「法制化に伴い、学校教育においても国旗と国歌に対する正しい理解が促進されるものと考えております。我が国のみならず他国の国旗と国歌についても尊重する教育が適切に行われることを通じて、次代を担う子どもたちが、国際社会で必要とされるマナーを身につけ、尊敬される日本人として成長することを期待いたしております」としており、その法的義務を否定している。〈http://www8.cao.go.jp/chosei/kokkikokka/kokkikokka.html〉（最終確認二〇一一年一〇月二二日）

（六七）United Kingdom Information Services, *The Monarchy in the United Kingdom*, 1960, p.8.

（六八）佐藤寛行・西修『日本国憲法を考える』学陽書房・一九八四年、一一三頁。

（六九）Attorney-General v.De Keyser' Royal Hotel Ltd. 1920. AC508.

（七〇）榎原猛・前掲書『君主制の比較憲法学的研究』三二四～三二六頁。

（七一）榎原猛・前掲書『君主制の比較憲法学的研究』三二七～三三一頁。

（七二）江藤淳編『占領史録　第三巻』講談社・一九八二年、高柳賢三・大友一郎・田中英夫編著『日本国憲法制定の過程Ⅱ』有斐閣・一九七二年、佐藤寛行・西修・前掲書『日本国憲法を考える』一一三～一一四頁。

（七三）黛敏郎・星野安三郎対談「日の丸・君が代と天皇制」（『季刊教育法』五八号）エイデル研究所・一九八五年、五〇～五一頁。

（七四）東京地判平成一五年一二月三日（『判例時報』一八四五号、二〇〇四年、一三五頁）。東京高裁平成一六年七月七日〈http://www.hiraoka.rose.ne.jp/C/k 040707tky.htm〉（最終確認二〇一一年一〇月二二日）。最判平成一九年二月二七日（『民集』第六一巻一号、二九一頁）。

（七五）東京地判平成一八年九月二一日（『判例時報』一九五二号、二〇〇七年、四四頁）。

（七六）奥平康弘「教育を受ける権利」（芦部信喜編『憲法Ⅲ　人権（二）』有斐閣・一九八一年、所収）四一七頁、四二〇頁。同様に教育人権性に疑問を呈する見解として、野中俊彦・浦部法穂『憲法の解釈Ⅱ　人権』三省堂・一九九〇年、一八五～一九三頁の浦部法穂教授の見解がある。

（七七）橋本公亘「教科書検定判決を読んで」（『法律のひろば』第二七巻第一〇号・帝国地方行政学会・一九七四年、所収）四五～四六頁。

（七八）最大判昭和三八年五月二二日（『最判刑集』一七巻四号、三七〇頁）。

（七九）我妻栄・宮沢俊義・蠟山政道・小林直樹座談会「教育・教科書を考える」（『ジュリスト』臨時増刊号　有斐閣）一九七〇年、二〜三頁。

（八〇）東京地判昭和四九年七月一六日（『判例時報』七五一号、一九七四年、四七頁）。

（八一）中村睦男博士は、「最高裁旭川学テ事件判決も、『子どもが自由かつ独立の人格として成長することを妨げるような国家的介入』は、『憲法二六条、一三条の規定上からも許されないと解することができる』として、憲法二六条、一三条が教育の自由の根拠になりうることを認めている」という。中村睦男・前掲書『憲法三〇講（新版）』一四二頁。

（八二）同旨の見解として、伊藤公一・前掲書『教育法の研究』一八四頁、同・前掲論文「教育権論争の回顧と展望」、（『比較憲法学研究』第一〇号別冊、一九九八年、所収）、内野正幸・前掲書『教育の権利と自由』二七頁において、内野正幸教授は、「私としては、弱い歯止めのついた『国家の教育権』説として、とらえておきたい」という。

（八三）最判平成五年三月一六日（『民集』四七巻五号、三四八三頁）。

（八四）最判平成九年八月二九日（『民集』五一巻七号、二九二一頁）。

（八五）最判平成二年一月一八日（『民集』四四巻一号、一頁）。

（八六）佐伯宣親・高乗正臣『現代憲法学の論点（第二版）』成文堂・二〇〇〇年、二四一〜二四二頁。

（八七）伊藤公一・前掲書『教育法の研究』一四四〜一八二頁において西ドイツ、アメリカの教員教育の自由について学説、判例の検討分析がなされて詳細な論証がされている。

（八八）伊藤公一・前掲書『教育法の研究』一八六頁。

（八九）内野正幸『憲法解釈の論理と体系』日本評論社・一九九一年、一〇五〜一一二頁、同・前掲書『教育の権利と自由』一一三頁。

（九〇）内野正幸・前掲書『教育の権利と自由』四九頁。

（九一）橋本公亘・前掲論文「教科書検定判決を読んで」四六頁。

（九二）伊藤公一・前掲書『教育法の研究』一八四頁。

（九三）東京地判平成一八年九月二一日（『判例地方自治』二八五号）二〇〇七年、七八頁。

（九四）市川須美子「日の丸・君が代強制と教師の良心の自由」（『季刊教育法』一五一号）エイデル出版・二〇〇六年、八九頁。

（九五）福岡地判平成一七年四月二六日

〈http://www.courts.go.jp/hanrei/pdf/B8C02ABE0F0B99214925701900BC34A.pdf〉（最終確認二〇一一年三月二二日）。

（九六）大阪地判平成一九年四月二六日〈http://www.courts.go.jp/hanrei/pdf/20070529094313.pdf〉（最終確認二〇一一年三月二二日）。

（九七）最高裁判所平成一九年二月二七日〈http://www.courts.go.jp/hanrei/pdf/20070301113512.pdf〉（最終確認二〇一一年三月二二日）。

（九八）『読売新聞』一九九九年四月一日付。

（九九）内野正幸・前掲書『教育の権利と自由』一五〇頁。

（一〇〇）平成一六年四月九日「東京都教育施策連絡会」における石原慎太郎都知事の発言。

（一〇一）『東京新聞』二〇〇七年五月八日付。

（一〇二）「産経ニース」二〇一一年五月一四日。

「大阪府の橋下徹知事が代表を務める地域政党『大阪維新の会』（維新）の府議団が、府立学校の入学式や卒業式などで国歌を斉唱する際、教職員に起立を義務づける条例案を五月定例府議会に提出する方針を固めたことが一四日、分かった。維新は府議会で過半数を占めており、可決される公算が大きい。府教委によると、教職員の国歌斉唱時の起立を都道府県で条例化したケースはないという」「国旗の常時掲揚に加え、府立学校の教職員に対し入学式や卒業式での国歌斉唱時に起立することを義務付ける条例案を検討している。罰則規定は盛り込まない見通し」「府教委は一四年以降、府立学校の教員に対し、国歌斉唱時には起立するよう文書で指示している」。

〈http://sankei.jp.msn.com/life/news/110514/edc11051411270004-n1.htm〉（最終確認二〇一一年七月一九日）

（一〇三）ドイツにおいて良心の自由（Gewissensfreiheit）は、信仰の自由（Glaubensfreiheit）と「その根源が、一体として宗教と結びつき、宗教の自由と共に発達してきた」。すなわち両者は、「同一の根源を有」するといえる。小林宏晨『良心の自由と国家』政光プリプラン・一九九五年、一二頁、四七頁。

良心の自由と信仰の自由の不可分性は、歴史的・沿革的に見てもドイツだけではなく「欧米各国の憲法の条文や国際人権規約などを見ても、『良心の自由』と『信仰の自由』は同時にかつ並列的に規定されていることが多い」のが実情である。百地章「思想・良心の自由と国旗・国歌問題」（日本大学法学会『日本法学』第七三巻第二号）二〇〇七年、九一頁。

（一〇四）佐藤幸治『憲法〔第三版〕』青林書院・一九九五年、四八四～四八五頁。

（一〇五）佐藤幸治教授は、思想・良心は、信教や学問と内的関連性を有すべきものであって、内心領域一般にまで広めることは広汎に失するとする。佐藤幸治・前掲書『憲法〔第三版〕』四八五頁。

（一〇六）浦部法穂氏は、「人が心の中でなにを思おうとなにを考えようと、誰に迷惑をかけるというものではないから、内心におけるものの見方や考え方の自由を広く認めたとしても、決して、広範に『失する』ことはありえない」とする。浦部法穂『憲法学教室〔全訂第二版〕』日本評論社・二〇〇六年、一二五頁。同旨、根森健「思想・良心の自由」（『憲法の争点〔第三版〕』有斐閣・一九九九年、所収）八六頁。また、土屋英雄教授は、思想・良心の自由を狭く限定すると、子どもが成育過程で信条・主義・世界観等が定まっていないので思想・良心の保障対象から排除される可能性があるという。土屋英雄『思想の自由と信教の自由—憲法解釈および判例法理』尚学社・二〇〇三年、一二頁。

（一〇七）最大判昭和三一年七月四日（『民集』一〇巻七号、七八五頁）。

（一〇八）長野地判昭和三九年六月二日（『判例時報』三七四号、一九六四年、八頁）。

（一〇九）最判昭和四七年一一月三〇日（『判例時報』六八九号、一四頁）。

（一一〇）百地章・前掲論文「思想・良心の自由と国旗・国歌問題」九三頁。

（一一一）文部科学省初等中等教育局長「学校における国旗及び国歌に関する指導について」報道発表一覧・平成一四年七月三一日、一四文科初第五四〇号。

（一一二）『朝日新聞』二〇〇〇年五月三一日付。「〝同調〟圧力の結果、法制化後の最初の卒業式・入学式（二〇〇〇年春）では、国旗掲揚・国歌斉唱の実施率が各地で急上昇した。例えば高校の入学式における国歌斉唱実施率を見ると、三重県、大阪市、神戸市では前年の〇パーセント台から一挙に一〇〇パーセントになった。東京都も前年の五・九パーセントから九九パーセントに跳ね上がった。」

〈http://dspace.lib.niigata-u.ac.jp:8080/dspace/bitstream/10191/6065/1/18_0037.pdf〉（最終確認二〇一二年三月二二日）。

『産経新聞』二〇〇四年六月五日付神奈川県版。「県内小中学校の卒業式七校国歌斉唱せず市民団体調査『一〇〇パーセントと食い違い』」、式典での国旗掲揚といいながら、「実際は国旗を式場入り口におざなりに張ってあったり、国歌のテープが突然式場に流されて斉唱できない学校が複数あった」。

『産経新聞』二〇〇四年三月二六日付。「都立板橋高校では、式に招待された元同校教師が都教委の通達を批判的に報じた週刊誌のコピーを配り、卒業生の九割が国歌斉唱の際に着席してしまった。ほかにも、多くの生徒が起立しなかったり、卒業生が式をボイコットしたりした高校がある。特定の教師集団による意図的、あるいは不適切な指導が招いた結果といえる」。『産経新聞』二〇〇八年三月二七日付。「大阪市門真市の市立第三中学校で今月一三日に行われた卒業式で、約一七〇人の卒業生のうち男子生徒一人を除く全員が、国家斉唱時に起立せず、その多くが斉唱もしなかった」「事前に教員が卒業生に不起立を促した可能性がある」。

『毎日新聞』二〇〇八年一一月一七日付によれば、神奈川県教育委員会では、平成一八年三月の卒業式から式典で国家斉唱時に起立しない教員の氏名と指導内容などを校長に収集、報告させていた。このことが「思想・信条に関する情報の収集は県条例に反して違法」として情報の消去と慰謝料を求めて教職員一八人が提訴したとある。

『毎日新聞』二〇〇八年一一月一八日付。この神奈川県の現状に対して、「塩谷立文部科学相は、一八日の閣議後会見で『国歌斉唱時に起立するのは国際的にも常識。それが理解されていないのなら、国として何らかの指導をする必要がある』と述べた」。

このように入学式や卒業式において、国旗掲揚・国歌斉唱の不実施や不適切な実施に関して、毎年ニュースとして報道されている。筆者の体験からいえば、むしろ問題なのは、不実施や不適切な実施が報道すらされない一部の都道府県である。それは、不実施や不適切な実施に対して官の側が実質的に黙認しているからではないか。いわば、職務命令や処分以前の問題だといえる。

（一一三）　日本弁護士連合会「公立の学校現場における『日の丸』・『君が代』の強制問題に関する意見書」二〇〇七年二月一六日、二二頁。

（一一四）　日本弁護士連合会は、国旗・国歌については、多様な意見があるのは事実であるし、その意見は憲法一九条により保護されるべきであるとし、「このような思想・良心の自由の意義・効果を前提として、公立の学校現場の現状を踏まえながら」「教職員の思想・良心の自由」を論じていくとする。日本弁護士連合会、前掲注（一四四）意見書二二頁。

（一一五）　福岡地判平成一七年四月二六日

〈http://www.courts.go.jp/hanrei/pdf/B8C02ABE0F0B99214925701900BC34A.pdf〉（最終確認二〇一一年一〇月二日）。

福岡高裁平成二〇年一二月一五日（判例集未登載）。

最判平成二三年七月一四日

（一一六）　東京地判平成一八年九月二一日（『判例時報』一九五二号、二〇〇七年、四四頁）。

〈http://www.kcat.zaq.ne.jp/iranet-hirakata/110714kokorosaiban-saihan.pdf〉（最終確認二〇一一年三月二二日）。

（一一七）　東京地判平成一五年一二月三日（『判例時報』一八四五号、二〇〇四年、一三五頁）。

東京高裁平成一六年七月七日〈http://www.hiraoka.rose.ne.jp/C/k040707tky.htm〉（最終確認二〇一二年三月二二日）。

（一一八）市川須美子「日の丸・君が代強制と教師の良心の自由」（『季刊教育法』一五一号）エイデル研究所・二〇〇六年、八八頁。最判平成一九年二月二七日（『民集』第六一巻一号、二九一頁）。

（一一九）戸波江二「『君が代』ピアノ伴奏拒否に対する戒告処分をめぐる憲法上の問題点」（早稲田法学会『早稲田法学』八〇巻三号）二〇〇五年、一二六頁。

（一二〇）西原博史、前掲論文「思想・良心の自由の国旗・国歌問題」九九～一〇〇頁。同様の見解として、佐藤幸治教授は、自己の思想・良心の自由に「反することを理由に一般的法義務を拒否する自由を」「一般的に承認するならば、おそらく政治社会は成り立たないであろう」という。佐藤幸治・前掲書『憲法〔第三版〕』四八八頁。

（一二一）坂田仰「入学式における君が代伴奏拒否と懲戒処分の適法性」（『月刊高校教育』二〇〇四年八月号）学事出版・二〇〇四年、六六頁。

（一二二）市川須美子・前掲論文「日の丸・君が代強制と教師の良心の自由」文八八頁。

（一二三）百地章・前掲論文「思想・良心の自由と国旗・国歌問題」九八～九九頁。

（一二四）西原博史『良心の自由と子どもたち』岩波書店・二〇〇六年、四三頁。

（一二五）「国歌斉唱強制に対する福岡県弁護士会の警告書」（『法学セミナー』五六二号）二〇〇一年、四七～四八頁、戸波江二・前掲論文「思想・良心の自由の国旗・国歌問題」一二八頁以下。

（一二六）西原博史「教師における『職務の公共性』とは何か」（『世界』七二五号）岩波書店・二〇〇四年、七九頁以下。

（一二七）佐々木弘通「『人権』論・思想良心の自由・国歌斉唱」（成城法学会『成城法学』六六号）二〇〇一年、三〇八頁、三一一頁、三三〇頁。

（一二八）渡辺康行「『思想・良心の自由』と『国家の信条的中立性』（一）」（九州大学法政学会『法政研究』七三〔一〕）二〇〇六年、一六頁以下。

（一二九）百地章・前掲論文「思想・良心の自由の国旗・国歌問題」一〇〇頁、一〇二頁。

（一三〇）西原博史「『君が代』伴奏拒否訴訟最高裁判決批判」（『世界』七六五号）岩波書店・二〇〇七年、一四〇頁。同旨、西原博史・前掲書『良心の自由と子どもたち』五一頁以下。

（一三一）坂田仰・前掲論文「入学式における君が代伴奏拒否と懲戒処分の適法性」六七頁。

（一三二）百地章・前掲論文「思想・良心の自由の国旗・国歌問題」一〇二頁。

（一三三）西原博史・前掲論文「『君が代』伴奏拒否訴訟最高裁判決批判」一三七～一三九頁。

（一三四）米沢広一『憲法と教育一五講』北樹出版・二〇〇五年、五九頁。

（一三五）渡辺康行・前掲論文「『思想・良心の自由』と『国家の信条的中立性』（一）」二五頁。同様の指摘は、注（一四九）（一五〇）。

（一三六）市川須美子「教師の思想・良心の自由と教育の自由」（『法律時報』九七九号）日本評論社・二〇〇七年、七二頁。

（一三七）西原博史・前掲論文「『君が代』伴奏拒否訴訟最高裁判決批判」一四三～一四四頁。

（一三八）西原博史・前掲論文「『君が代』伴奏拒否訴訟最高裁判決批判」一四四頁。

（一三九）西原博史・前掲論文「『君が代』伴奏拒否訴訟最高裁判決批判」一四二～一四五頁。

（一四〇）平成二三年五月三〇日、同六月六日、同六月一四日、同六月二一日、同七月四日二件の計六件の最高裁判所判決が出ている。なお、宮川光治裁判官における反対意見がある。また、自由法曹団は、これら一連の判決を批判して、平成二三年六月三〇日「『君が代』斉唱時に起立を求める職務命令を合憲と判断した最高裁第三小法廷二〇一一年六月二一日判決に抗議し、処分の撤回を求める」という談話を出している。そのなかで、多数意見は、「思想良心の自由の優越的地位を軽視し、本件職務命令が発出された背景を見ていない点で、全く評価できない」とする。
〈http://www.jlaf.jp/html/menu2/2011/20110701105628_5.pdf〉（最終確認平成二三年七月一八日）

（一四一）E. W. Bockenforde, *Elternrecht-Recht des Kindes-Recht des Staates*, In: Essener Gesprache zum Thema Staat und Kirche（14）, 1980, S. 86-87; 結城忠『生徒の法的地位』教育開発研究所・二〇〇七年、一四四～一四五頁。

（一四二）H. Avenarius/H. Heckel, Schulrechtskunde, 7 Aufl. 2000, S. 436; 結城忠、前掲書『生徒の法的地位』一四五頁。

（一四三）結城忠・前掲書『生徒の法的地位』一四五頁。

（一四四）「エホバの証人」の信者のバーネット家の姉妹は、アメリカ国旗への敬礼は旧約聖書で禁じている偶像崇拝にあたるとして、起立はしたものの敬礼を拒否し、国家への忠誠宣誓の朗読文も彼ら独自のものを朗誦したため学校から退学処分を受けた。両親と姉妹が、州法律の差し止め命令を求めて訴訟を起したものである。West Virginia State Board of Education v. Walter Barnette, 319US624（1943）。

（一四五）百地章・前掲論文「思想・良心の自由と国旗・国歌問題」一一四〜一一五頁。
　百地教授は、児童・生徒の思想・良心の自由と教育の正しい「強制」のあり方を、以下の平成一一年八月二日の参議院における「国旗及び国歌に関する特別委員会」における文部省初等中等教育局長答弁からも見いだす。「すべての子供に一定のことを教えることが直ちに強制であるということになりますと、これはおよそ公教育は成り立たないわけでございまして、内心にかかわるかどうか、あるいは内面的な作用にかかわってくるかどうかという問題と、それが内心にわたって憲法が保障するような内心の自由を侵害することに当たるかどうかと、この問題は教育上きちっと分けて論議をされるべきだと思っております」第一四五回参議院「国旗及び国歌に関する特別委員会会議録第四号」文部省初等中等教育局長答弁、一九九九年八月二日。
（一四六）大西斎「初等・中等学校における教員の教育の自由に対する法的一考察—学校現場での国旗掲揚・国歌斉唱をめぐる裁判事例の討証を含めて—」（大阪大学国際公共政策学会『国際公共政策研究』一二巻一号）二〇〇七年、一三六〜一三八頁。
（一四七）百地章教授は、郷土愛（パトリオティズム）は、自然と身につく感情であるが、「国家意識さらには愛国心（ナショナリズム）は、本能だけでなく教育等によって初めて育まれるものである」。「そのような愛国心を育成するためには、意識的な努力や自覚的な営み、さらには教育が必要である」という。百地章・前掲書、二九〜三〇頁。また、高橋史朗教授は、「国旗・国歌論議には健全な日本人を育成するという教育の視点が欠けており、義務教育において子どもたちに国旗と国歌の意義を理解させ、これを尊重する態度を育てることの教育的意味について十分に考慮されてきませんでした」と学校でのこれまでの取り組みの問題点を指摘する。高橋史朗編『私たちの美しい日の丸・君が代（改訂版）』明成社・二〇〇三年、一八一頁
（一四八）八尾坂修「わが国における指導力不足教員の判例などからみた様相と対応策の展望」（『教育制度学研究』）日本教育制度学会・二〇〇一年、二九一頁、八尾坂修「指導不足教員の今日的課題」（八尾坂修編集『「指導力不足教員」読本』教育開発研究所・二〇〇一年、所収）六頁。
（一四九）学校選択制、株式会社の学校経営、コミニュティ・スクール、教育バウチャー制度、産学連携、民間人校長など。
（一五〇）苅谷剛彦教授は、学校が相当熱心に教育指導をしている場合においては、たとえ塾に通っていない子どもでも、学力の低下を相当程度抑えることができるという。苅谷剛彦他『「学力低下」の実態調査』岩波書店・二〇〇二年、三六〜七一頁。

　教育現場では、学校や教員の教育力の低下を防ぐため、予備校講師による教員への教授法の研修を行うところも見られるようになった。例えば、予備校の代々木ゼミナールは、東京の他、仙台、大阪、福岡でも教員研修の講座を開いている。駿台予備校は、東

京と大阪など六会場で「数学難問演習」「英作文の指導例」といったタイトルで約三〇講座を設けて講座を実施している。『読売新聞』平成一七年四月一六日付〈http://www.yozemi-eri.com/seminar/trip/research-class.html〉（最終確認二〇〇九年二月一五日）、〈http://www.edu.pref.ibaraki.jp/board/news/h16/photo/m08/8-photo29.html〉（最終確認二〇〇九年二月一五日）。

また、生徒の学力を保障していくため東京杉並区立和田中学校では、地域本部が行う「夜スペ」と名づけた補習授業が、平成二〇年一月二六日より実施された。これは、学力の上位の生徒の学力伸張を目指して成績上位者を集めて、大手進学塾より講師を派遣してもらい学校の校舎を使用して有料で実施された。これには、教育の機会均等の面などから課題も残されているが、成績下位の生徒にも教員志望の大学生による補習「土曜寺子屋」という補習授業が別に実施されている。同中学では、この補習授業を始めてから入学希望者が学区内外から大幅に増えている。なお、同様の取り組みが大阪の市立池田中学校でも始まっている。『AERA』二〇〇八年九月一五日号、三一頁、『産経新聞』二〇〇八年八月二六日付。

（一五一）　中澤貴生「『指導力不足教員』などに関するこれまでの裁判・判例を読む」（『教育研修』四二〇号）教育開発研究所・二〇〇七年、七〇～七五頁。

（一五二）　千葉地判平成一七年三月二九日（『判例地方自治』二七六号、二〇〇六年、八九頁）。

（一五三）　仙台地判平成一八年三月二八日〈http://kohoken.hp.infoseek.co.jp/cgi-bin/folio.cgi?query=/case/20060328.txt〉（最終確認二〇〇八年一〇月二五日）。

（一五四）　最大判昭和五一年五月二一日（『刑集』三〇巻五号、六一五頁）。

（一五五）　最大判平成四年七月一日（『民集』四六巻五号、四三七頁）。

（一五六）　横浜地判平成一七年一二月二二日（『教育委員会月報』二〇〇六年一二月号、九頁）。

（一五七）　中澤貴生・前掲論文「『指導力不足教員』などに関するこれまでの裁判・判例を読む」七三頁。

（一五八）　大阪高判平成一二年三月二二日（地方公務員制度研究会編集『季刊地方公務員研究』第六二号、三協法規出版・二〇〇一年、一二六頁）。

（一五九）　最判昭和四八年九月一四日（『民集』第二七巻八号、九二五頁）。

（一六〇）　長崎地判平成二年一二月二〇日（「長崎市立川平小学校教員事件」）は、職務上の義務を拒否し、歴代校長の職務命令に従わず、小学校児童指導要領の観点学習状況欄の評価記入を行わなかった事例について、分限処分を是認した。本事案で、同地裁が非違行為の内容を検討し、分限処分の判断基準としたのが、最判昭和四八年九月一四日「広島県公立小学校長降任事件」である。また、この最高裁判決は後述する福岡県立久留米高校教諭事件控訴審の原告主張など多くの裁判に引用されている。

（一六一）最判平成一六年三月二五日（『訟月』五一巻三号、二〇〇四年、五八四頁）。

（一六二）秋田地判平成一三年二月二三日（『速報』三〇四号、二〇〇一年、二九頁）。

（一六三）仙台高判秋田支部平成一四年三月二七日（地方公務員制度研究会編集『季刊地方公務員研究』第七九号、三協法規出版・二〇〇四年、六五～六九頁）。

（一六四）地方公務員制度研究会編集・前掲書『季刊地方公務員研究』第七九号、六二頁。

（一六五）地方公務員制度研究会編集『季刊地方公務員研究』第三一号、三協法規出版・一九九二年、一九頁。

（一六六）福岡地判昭和六一年一〇月二九日、福岡高判平成四年五月二六日　地方公務員制度研究会編集・前掲判例『季刊地方公務員研究』第三一号、二一～二五頁。

（一六七）東京地判平成三年一二月一八日（『労働判例』六〇四号、四三頁）。

（一六八）『毎日新聞』二〇〇八年一〇月一七日付。

（一六九）文部科学省『教育委員会月報』六八六号、第一法規・二〇〇七年、四～五頁。

（一七〇）千々布敏弥「指導が不適切な教員に対する人事管理システムが意図するもの」（『教育研修』四三〇号）教育開発研究所・二〇〇八年、九五頁。

（一七一）八尾坂修・前掲論文「指導力不足教員の今日的課題」八頁。

（一七二）八尾坂修・前掲論文「わが国における指導力不足教員の判例などからみた様相と対応策の展望」二九八～三〇一頁に詳しい。

（一七三）千々布敏弥・前掲論文「指導が不適切な教員に対する人事管理システムが意図するもの」九六～九八頁。

（一七四）文科省は平成一九年度の指導が不適切な教員が減少した理由に学校での予防的研修を行うなど早期対応の取り組みが進んだことなどを挙げている。『毎日新聞』二〇〇八年一〇月一七日付。

（一七五）〈http://www7b.biglobe.ne.jp/~kinpyo-saiban/onegai/20080309leaf.pdf〉（最終確認二〇〇八年一〇月二五日）。

（一七六）〈http://www.mext.go.jp/b_menu/houdou/19/09/07091303/001.htm〉（最終確認二〇〇八年一〇月二五日）。

■著者紹介

大西　斎　（おおにし　ひとし）

九州産業大学国際文化学部准教授
大阪大学大学院国際公共政策研究科博士後期課程修了
エディンバラ大学客員研究員（H23.9.15 ～ H24.9.14）
博士（国際公共政策）
『バードビュー憲法』（共著）嵯峨野書院、2009 年

憲法と学校教育

2012 年 9 月 30 日　初版第 1 刷発行

■著　　者——大西　斎
■発 行 者——佐藤　守
■発 行 所——株式会社 **大学教育出版**
〒 700-0953　岡山市南区西市 855-4
電話（086）244-1268　FAX（086）246-0294
■印刷製本——サンコー印刷 ㈱

ISBN978 - 4 - 86429 - 165 - 1